18,50

Geschichten zum Nachdenken

GESCHICHTEN ZUM NACHDENKEN

Ein Lesebuch für Schule, Gruppe und Familie

Herausgegeben von
Lore Graf, Martin Lienhard und Reinhard Pertsch

KAISER · GRÜNEWALD

Dieses Lesebuch ist zum Gebrauch im Religionsunterricht
der Sekundarstufe I bestimmt.
Das entsprechende LEHRERHANDBUCH mit didaktischen Ratschlägen zu den einzelnen Texten ist eigens zu beziehen.

ISBN 3-459-01096-7 (Kaiser)
ISBN 3-7867-0608-5 (Grünewald)
 – Umschlag von Ingeborg Geith.
Foto: Erika Drave – Gesamtherstellung: Georg Wagner, Nördlingen.
Printed in Germany.

Die Geschichten in diesem Buch sind wie Bilder:

Man muß manchmal länger hinsehen, bis man versteht.
Denn nicht immer sagt der Vordergrund schon alles.
Und nicht immer ist der Hintergrund ganz ausgemalt.
Auch kann man verschieden urteilen über das,
was dargestellt ist.
Nicht jeder sieht dasselbe.

Es ist gut, darüber zu reden.

Die Geschichten sind in drei Gruppen angeordnet. Jede Gruppe beleuchtet eine andere Seite des Lebens:

Im
Blickpunkt
steht zuerst der
einzelne Mensch, der
fragt, wie er leben soll.
Dann die Menschen, mit denen wir
leben und die unser Leben bestimmen.
Zuletzt geht es um die Welt, in der sich
entscheidet, ob wir leben konnen oder nicht.

Alle drei Blickrichtungen hängen zusammen, wie die Seiten eines Dreiecks. Jede ergänzt die beiden anderen. Die Standorte wechseln. Im Blickpunkt bleibt immer das Leben, um das es geht.

INHALT

Das Leben bestehen

Selbstsein

HERMANN GILHAUS

Der Adler

Ein Mann ging in einen Wald, um nach einem Vogel zu suchen, den er mit nach Hause nehmen könnte. Er fing einen jungen Adler, brachte ihn heim und steckte ihn in den Hühnerhof zu den Hennen, Enten und Truthühnern. Und er gab ihm Hühnerfutter zu fressen, obwohl er ein Adler war, der König der Vögel.

Nach fünf Jahren erhielt der Mann den Besuch eines naturkundigen Mannes. Und als sie miteinander durch den Garten gingen, sagte der: »Der Vogel dort ist kein Huhn, er ist ein Adler!« – »Ja«, sagte der Mann, »das stimmt. Aber ich habe ihn zu einem Huhn erzogen. Er ist jetzt kein Adler mehr, sondern ein Huhn, auch wenn seine Flügel drei Meter breit sind.« »Nein«, sagte der andere. »Es ist noch immer ein Adler, denn er hat das Herz eines Adlers. Und das wird ihn hoch hinauffliegen lassen in die Lüfte.« – »Nein, nein«, sagte der Mann, »er ist jetzt ein richtiges Huhn und wird niemals wie ein Adler fliegen.«

Darauf beschlossen sie, eine Probe zu machen. Der naturkundige Mann nahm den Adler, hob ihn in die Höhe und sagte beschwörend: »Der du ein Adler bist, der du dem Himmel gehörst und nicht dieser Erde: breite deine Schwingen aus und fliege!« – Der Adler saß auf der hochgereckten Faust und blickte um sich. Hinter sich sah er die Hühner nach ihren Körnern picken, und er sprang zu ihnen hinunter. Der Mann sagte: »Ich habe dir gesagt, er ist ein Huhn.« – »Nein«, sagte der andere, »er ist ein Adler. Versuche es morgen noch einmal.«

Am anderen Tag stieg er mit dem Adler auf das Dach des Hauses, hob ihn empor und sagte: »Adler, der du ein Adler bist, breite deine Schwingen aus und fliege!« Aber als der Adler wieder die scharrenden Hühner im Hofe erblickte, sprang er abermals zu ihnen hinunter und scharrte mit ihnen.

Da sagte der Mann wieder: »Ich habe dir gesagt, er ist ein Huhn.« »Nein«, sagte der andere, »er ist ein Adler und er hat noch immer das Herz eines Adlers. Laß es uns noch ein einziges Mal versuchen; morgen werde ich ihn fliegen lassen.« Am nächsten Morgen erhob er sich früh, nahm den Adler, und brachte ihn hinaus aus der Stadt, weit weg von den Häusern an den Fuß eines hohen Berges. Die Sonne stieg gerade auf, sie vergoldete den Gipfel des Berges, jede Zinne erstrahlte in der Freude eines wundervollen Morgens. Er hob den Adler hoch und sagte zu ihm: »Adler, du bist ein Adler. Du gehörst dem Himmel und nicht dieser Erde. Breite deine Schwingen aus und fliege!«

Der Adler blickte umher, zitterte, als erfülle ihn neues Leben – aber er flog nicht. Da ließ ihn der naturkundige Mann direkt in die Sonne schauen. Und plötzlich breitete er seine gewaltigen Flügel aus, erhob sich mit dem Schrei eines Adlers, flog höher und höher und kehrte nie wieder zurück.

HEINRICH BÖLL

Anekdote zur Senkung der Arbeitsmoral

In einem Hafen an einer westlichen Küste Europas liegt ein ärmlich gekleideter Mann in seinem Fischerboot und döst. Ein schick angezogener Tourist legt eben einen neuen Farbfilm in seinen Fotoapparat, um das idyllische Bild zu fotografieren: blauer Himmel, grüne See mit friedlichen, schneeweißen Wellenkämmen, schwarzes Boot, rote Fischermütze. Klick. Noch einmal: klick, und da aller guten Dinge drei sind und sicher sicher ist, ein drittes Mal: klick. Das spröde, fast feindselige Geräusch weckt den dösenden Fischer, der sich schläfrig aufrichtet, schläfrig nach seiner Zigarettenschachtel angelt. Aber bevor er das Gesuchte gefunden, hat ihm der eifrige Tourist schon eine Schachtel vor die Nase gehalten, ihm die Zigarette nicht gerade in den Mund gesteckt, aber in die Hand gelegt, und ein viertes Klick, das des Feuerzeuges, schließt die eilfertige Höflichkeit ab. Durch jenes kaum meßbare, nie nachweisbare Zuviel an flinker Höflichkeit ist eine gereizte Verlegenheit entstanden, die der Tourist – der Landessprache mächtig – durch ein Gespräch zu überbrücken versucht.
»Sie werden heute einen guten Fang machen.«
Kopfschütteln des Fischers. »Aber man hat mir gesagt, daß das Wetter günstig ist.« Kopfnicken des Fischers.
»Sie werden also nicht ausfahren?«
Kopfschütteln des Fischers, steigende Nervosität des Touristen. Gewiß liegt ihm das Wohl des ärmlich gekleideten Menschen am Herzen, nagt an ihm die Trauer über die verpaßte Gelegenheit. »Oh? Sie fühlen sich nicht wohl?«
Endlich geht der Fischer von der Zeichensprache zum wahrhaft gesprochenen Wort über.
»Ich fühle mich großartig«, sagte er. »Ich habe mich nie besser gefühlt.«
Er steht auf, reckt sich, als wollte er demonstrieren, wie athletisch er gebaut ist. »Ich fühle mich phantastisch.«
Der Gesichtsausdruck des Touristen wird immer unglücklicher, er kann die Frage nicht mehr unterdrücken, die ihm sozusagen das Herz zu sprengen droht: »Aber warum fahren Sie dann nicht aus?«

Die Antwort kommt prompt und knapp. »Weil ich heute morgen ausgefahren bin.«
»War der Fang gut?«
»Er war so gut, daß ich nicht noch einmal auszufahren brauche, ich habe vier Hummer in meinen Körben gehabt, fast zwei Dutzend Makrelen gefangen.«
Der Fischer, endlich erwacht, taut jetzt auf und klopft dem Touristen beruhigend auf die Schultern. Dessen besorgter Gesichtsausdruck erscheint ihm als ein Ausdruck zwar unangebrachter, doch rührender Kümmernis.
»Ich habe sogar für morgen und übermorgen genug«, sagt er, um des Fremden Seele zu erleichtern. »Rauchen Sie eine von meinen?«
»Ja, danke.«
Zigaretten werden in Münder gesteckt, ein fünftes Klick, der Fremde setzt sich kopfschüttelnd auf den Bootsrand, legt die Kamera aus der Hand, denn er braucht jetzt beide Hände, um seiner Rede Nachdruck zu verleihen.
»Ich will mich ja nicht in Ihre persönlichen Angelegenheiten mischen«, sagt er, »aber stellen Sie sich mal vor, Sie führen heute ein zweites, ein drittes, vielleicht sogar ein viertes Mal aus, und Sie würden drei, vier, fünf, vielleicht gar zehn Dutzend Makrelen fangen. Stellen Sie sich das mal vor!«
Der Fischer nickt.
»Sie würden«, fährt der Tourist fort, »nicht nur heute, sondern morgen, übermorgen, ja, an jedem günstigen Tag zwei-, dreimal, vielleicht viermal ausfahren – wissen Sie, was geschehen würde?«
Der Fischer schüttelt den Kopf.
»Sie würden sich in spätestens einem Jahr einen Motor kaufen können, in zwei Jahren ein zweites Boot, in drei oder vier Jahren könnten Sie vielleicht einen kleinen Kutter haben, mit zwei Booten oder dem Kutter würden Sie natürlich viel mehr fangen – eines Tages würden Sie zwei Kutter haben, Sie würden . . .«, die Begeisterung verschlägt ihm für ein paar Augenblicke die Stimme, »Sie würden ein kleines Kühlhaus bauen, vielleicht eine Räucherei, später eine Marinadenfabrik, mit einem eigenen Hubschrauber rundfliegen, die Fischschwärme ausmachen und Ihren Kuttern per Funk Anweisung geben. Sie könnten die Lachsrechte erwerben, ein Fischrestaurant eröffnen, den Hummer ohne Zwischenhändler direkt nach Paris exportieren – und dann . . .« – wieder verschlägt die Begeisterung dem Fremden die Sprache. Kopschüttelnd, im tiefsten Herzen betrübt, seiner Urlaubsfreude schon fast verlustig, blickt er auf die friedlich hereinrollende Flut, in der die ungefangenen Fische munter springen. »Und dann«, sagt er, aber wieder verschlägt ihm die Erregung die Sprache.
Der Fischer klopft ihm auf den Rücken wie einem Kind, das sich verschluckt hat. »Was dann?« fragt er leise.
»Dann«, sagt der Fremde mit stiller Begeisterung, »dann könnten Sie beruhigt

hier im Hafen sitzen, in der Sonne dösen – und auf das herrliche Meer blicken.«
»Aber das tu ich ja schon jetzt«, sagt der Fischer, »ich sitze beruhigt am Hafen und döse, nur Ihr Klicken hat mich dabei gestört.«
Tatsächlich zog der solcherlei belehrte Tourist nachdenklich von dannen, denn früher hatte er auch einmal geglaubt, er arbeite, um eines Tages einmal nicht mehr arbeiten zu müssen, und es blieb keine Spur von Mitleid mit dem ärmlich gekleideten Fischer in ihm zurück, nur ein wenig Neid.

GÜNTER WALLRAFF

Am Fließband

Eine Frau arbeitet mich ein. Sie ist schon vier Jahre am Band und verrichtet ihre Arbeit »wie im Schlaf«, so sagt sie selbst. Ihre Gesichtszüge sind verhärtet wie bei einem Mann.
Nach zwei Tagen Einarbeiten wird die Frau versetzt zum Wagenwaschen. Sie fürchtet um ihre Hände, die vom Benzin ausgelaugt werden. Aber danach fragt keiner. Der Meister geht ihr aus dem Weg.
Punkt 15.10 ruckt das Band an. Nach drei Stunden bin ich selbst nur noch Band. Ich spüre die fließende Bewegung des Bandes wie einen Sog in mir.
Wenn das Band einmal einen Augenblick stillsteht, ist das eine Erlösung. Aber um so heftiger, so scheint es, setzt es sich danach wieder in Gang. Wie um die verlorene Zeit aufzuholen.
Die Bandarbeit ist wie das Schwimmen gegen einen starken Strom. Man kann ein Stück dagegen anschwimmen. Das ist erforderlich, wenn man einmal zur Toilette muß oder im gegenüberliegenden Automaten einen Becher Cola oder heißen Kaffee ziehen will. Drei, vier Wagen kann man vorarbeiten. Dann wird man unweigerlich wieder abgetrieben.
J., vom Band nebenan, 49 Jahre, erinnert sich an frühere Zeiten: »Da ging es noch gemütlicher am Band zu. Wo früher an einem Band drei Fertigmacher standen, arbeiten heute an zwei Bändern vier. Hin und wieder kommt der Refa-Mann mit der Stoppuhr und beobachtet uns heimlich. Aber den kenne ich schon. Dann weiß ich: bald wird wieder jemand eingespart, oder es kommt Arbeit dazu.« J. beklagt sich nicht. »Man gewöhnt sich daran. Hauptsache ich bin noch gesund. Und jede Woche ein paar Flaschen Bier.«
Jeden Tag nach Schichtende, 23.40 Uhr, setzt er noch ein paar Überstunden dran und kehrt mit zwei anderen unseren Hallenabschnitt aus.
Einer von meinem Bandabschnitt erzählt, wie der dauernde Schichtwechsel

»langsam, aber sicher« seine Ehe kaputtmacht. Er ist jungverheiratet – ein Kind – seit drei Monaten neu am Band.
»Wenn ich nach Hause komme, bin ich so durchgedreht und fertig, daß mich jeder Muckser vom Kind aufregt. Für meine Frau bin ich nicht mehr ansprechbar. Ich sehe kommen, daß sie sich noch scheiden läßt. Bei der Spätschicht ist es am schlimmsten. Meine Frau ist jetzt für eine Zeitlang mit dem Kind zu ihrer Mutter gezogen. Das ist mir fast lieber so.«
Wer am Band mein Meister ist, weiß ich noch nicht. Es kam einmal jemand vorbei – an seinem hellbraunen Kittel ein Schildchen: »Meister Soundso« – und fragte nach meinem Namen. Er sagte: »Ich weiß, Sie sind neu. Ich komme jeden Tag hier mal vorbei. Falls Sie was haben sollten, fragen Sie nur.« Von ihm erfahre ich auch, daß ich »Fertigmacher« werden soll. Was das ist, erfahre ich nicht. Und wie man so etwas wird und wie lange es dauert, verrät er auch nicht.
Die vor mir am Band arbeiten und die hinter mir kenne ich nicht. Ich weiß auch nicht, was sie tun. Manchmal begegnen wir uns am Band im gleichen Wagen. Sie sind mit der Montage an ihrem Abschnitt nicht fertig geworden und in mein Revier abgetrieben – oder umgekehrt. Dann sind wir uns gegenseitig im Weg.
Da schlägt mir einer eine Wagentür ins Kreuz, oder ich beschütte einen mit Lack. Wir entschuldigen uns nicht. Jeder wird so in Anspruch genommen von seinem Handgriff, daß er den anderen übersieht.
Das Zermürbende am Band ist das ewige Eintönige, das Nichthaltmachenkönnen, das Ausgeliefertsein. Ungefähr alle zehn Minuten ein Blick auf die Hallenuhr. Wenn wenigstens jede Stunde das Band für einige Minuten stillstünde, man hätte etwas, worauf man hinarbeiten könnte. Die Zeit von 6.40 Uhr bis zur Mittagspause um 12.00 Uhr und von 12.30 Uhr bis zum Schichtende um 15.10 Uhr ist zu lang.
Man hat mir von einem Arbeiter erzählt, der sich auf seine Art gegen das Band zu wehren wußte. Er soll am vorderen Bandabschnitt eingesetzt gewesen sein. Um eine einzige Zigarette rauchen zu können, beging er Sabotage am Band. Statt seinen Preßluftbohrer an die vorgesehene immer gleiche Stelle der Karosserie zu halten, bohrte er kurz ins Band hinein, und alles stand augenblicklich still: Tausende Mark Ausfall für das Werk, für ihn drei bis fünf Minuten Pause, die er sich nahm, weil das Werk sie ihm nicht gab.
»Drei- oder viermal hatte er's innerhalb von zwei Wochen getan, dann kam's heraus und er flog.«
Ich stumpfe bei der monotonen Arbeit mehr und mehr ab. Vielleicht ist das die Gewöhnung. Eingespannt in den Rhythmus der wechselnden Schichten, bin ich nur noch für die Arbeit da. Essen, trinken, schlafen zur Erhaltung der Arbeitskraft. Was darüber hinausreicht ist Luxus, den man sich nicht oft leisten kann.

Der Zusammenhang des Produktionsablaufes ist mir fremd. Ich weiß, daß in der Y-Halle Tausende von Arbeitern beschäftigt sind. Wo und wie sie eingesetzt sind, weiß ich nicht. Ich weiß nicht einmal, was unmittelbar vor mir am Band geschieht. Durch Zufall habe ich jetzt denjenigen kennengelernt, von dem ein Teil meiner Arbeit abhängt. Er steht 30 bis 50 Meter vor mir am Band und notiert auf den Laufzetteln der Wagen Lackschäden, die ich ausbessern muß. Er ist stolz darauf, daß er nicht mehr zur »Produktion« gehört, sondern zur »Inspektion«. Er muß die Wagen auf vier Bändern gleichzeitig kontrollieren. Er meint: »Praktisch ist das einfach nicht zu schaffen.« Darum übersieht er auch so viele Lackschäden, nach denen ich dann suchen muß, obwohl das seine Aufgabe wäre.
Er ist bereits sieben Jahre bei den Ford-Werken. Er meint: »Lieber heute als morgen würde ich hier Schluß machen. Aber wenn du so lange Zeit bei einer großen Firma bist, traust du dich nicht mehr. Kündigungsschutz, erneutes Einarbeiten und so. Als ich anfing, wurde hier doppelt soviel bezahlt wie in anderen Werken. Heute ist es im Verhältnis zur geleisteten Arbeit weniger als anderswo.«
Viele wollen bei der nächsten Gelegenheit kündigen. »Noch ein Jahr, zwei Jahre, drei Jahre, dann bin ich drei Jahre, fünf Jahre oder zehn Jahre dabei. Dann mach' ich Schluß hier, eh' es zu spät ist und ich mich kaputtgearbeitet habe.« So reden sie.
Alle setzen ihre Hoffnung aufs Lottospielen. »Wenn die sechs Richtigen kommen, bin ich am gleichen Tag hier weg.« An die Säule über dem Feuermelder hat jemand eine Karikatur geheftet: ein Arbeiter, der aufs Fließband pißt. Darunter steht: »Sechs Richtige! Ich kündige!!!«
Ich weiß mit Sicherheit, daß das normale Bandtempo oft noch beschleunigt wird. Kein Meister gibt das zu, aber wir merken es, wenn wir trotz größter Anstrengung unsere Stellung nicht halten können und immer wieder aus unserem Bandbereich abgetrieben werden. Dann übersehe ich manches und werde immer wieder vom Meister oder Inspekteur nach vorn gerufen. Dadurch gerate ich in noch größere Zeitnot. Das Band rollt weiter. Ich muß zu meinen Lacktöpfen zurück. Zwei, drei Wagen haben in der Zeit, wo ich vorn war, meine Stelle passiert, ich muß hinterher. Meine Arbeit wird immer flüchtiger und unsauberer. Auf jeden Laufzettel ist die Parole bedruckt: »Qualität ist unsere Zukunft!«

JOSEF HEN

Der Tod des Millionärs

Joe Heavy lag im Sterben. Er hatte immer noch seine Millionen, aber seine Stunden waren bereits gezählt. Er vermochte nicht mehr, den Kopf vom Kissen zu heben. Wenn er seine Hände auf den Bettrand stützte und seinen unförmigen Körper hochzuheben versuchte, sperrte er dabei so die Augen auf, daß alle im Zimmer Anwesenden mit Entsetzen dachten, daß Joe auf den Fußboden springen wollte. Aber nichts geschah. Keuchend und schwitzend fiel der Millionär wieder auf die Kissen zurück. Sein einst fettes Gesicht war jetzt zerknittert und grau. Er atmete schwer, den Blick an die Decke geheftet.

Sein alter Schulfreund, der Habenichts Fred, schob seinen Stuhl näher heran. Die aus der Familie schlichen an den Wänden entlang oder sahen aus dem Fenster. Heavy beobachtete sie aus den Augenwinkeln. Er ächzte schwer: »Fred?«

»Ich bin da, Alter.«

»Ich werde wohl sterben . . .«

»Wie du meinst«, stammelte der Freund. Er wußte, daß er sich ungeschickt ausgedrückt hatte, und wollte den Eindruck etwas verwischen. »Ist es dir nicht zu stickig hier, Joe?«

Der Millionär brummte: »Sie sollen rausgehen . . .«

»Er bittet Sie hinauszugehen«, wiederholte Fred schüchtern. Man hatte ihn heute unerwartet hierher gebeten. Und er fühlte sich fremd. Zwanzig Jahre hatte er Joe nicht gesehen. – »Ich glaube, es wäre besser, wenn Sie hinausgingen. Er bittet darum.«

Während die aus der Familie einzeln hinausgingen, trat Fräulein Peggy, eine hübsche Platinblondine, an das Bett des Kranken. »Ich schüttele dir die Kissen auf, Joe«, bot sie ihm an.

Heavy knurrte: »Mach dir keine Umstände. Geh hinaus.«

Sie zuckte die Achseln und ging hinaus. Der Millionär fragte, immer noch zur Decke starrend: »Alle?«

»Alle«, bestätigte Fred.

»Ich habe keine Lust, mit ihnen zu sprechen«, sagte der Millionär. »Ich habe ihnen so viel vererbt, wie nötig war. Jetzt will ich meine Ruhe haben.«

Fred ließ sich trüb vernehmen: »Ich habe nicht gewußt, daß es so schlecht mit dir steht, Alter. Ich wäre früher gekommen, ich hätte dich besucht.«

Joe machte eine abrupte Bewegung. »Ich hätte dir sowieso keinen Cent vererbt!«

Fred fühlte sich verletzt. »Ich brauche deine Cents nicht. Ich werde auch bald sterben, Joe. Es ist Zeit für uns. Der schielende Jim ist vor zwei Wochen gestorben.«

»Wer war das?«
»Der, der in der ersten Reihe saß«, erinnerte ihn Fred. »Der, der dir den Federkasten geklaut hat. Erinnerst du dich?«
»Gordien? Jim Gordien?«
»Genau. Also auch ich werde nicht mehr lange machen, Joe. Was soll mir da dein Geld? Wenn du nicht magst, daß ich bei dir sitze, dann verschwinde ich.«
Fred hatte sich sogar schon vom Stuhl erhoben, aber Joe sagte heiser: »Laß schon, Fred . . . Laß schon, sei nicht albern. Du weißt doch, daß ich eigens nach dir geschickt habe . . . ich würde mir jetzt gern eine Zigarre anstecken. Eine dicke Zigarre«, fügte der Millionär mit einem Seufzer hinzu.
»Na und, zünde dir doch eine an.«
»Der Doktor hat es verboten. Vielleicht werde ich doch noch eine Weile leben? Was meinst du, Fred?«
»Vielleicht. Die kennen sich in diesen Dingen aus, die Doktoren. Sie nehmen verdammt viel Geld.«
Fred dachte bei sich, daß er den alten Freund irgendwie trösten müßte. »Du kannst nicht klagen, Joe. Was du genossen hast – das hast du genossen. Du hattest ein prima Leben.«
Der Millionär schwieg. Er sah mit stumpfen Augen zur Decke. Dann flüsterte er: »Nein, Fred. Ich hatte kein gutes Leben. Nein.«
Fred sah den Sterbenden überrascht an. »In ganz Illinois gab es keine schönere Villa als deine!«
»Keiner meiner Träume hat sich erfüllt«, sagte der alte Heavy, die Worte des Freundes überhörend.
Und so sprachen sie aneinander vorbei:
Fred: »Dein Jahreseinkommen hätte ausgereicht, fünfzigtausend Familien zu unterhalten.«
Joe: »Ich habe immer Mittelstürmer sein wollen.«
Fred: »Dein Leben war so reich wie das von fünfzigtausend Männern.«
Joe: »Einmal haben sie mich ins Tor gestellt, und ich habe sieben Tore durchgelassen. Bob hat mich schrecklich ausgeschimpft.«
Fred: »Durch dein Kabinett sind an die zwanzig Sekretärinnen hindurchgegangen, von denen jede ein Pin-up-girl hätte sein können.«
Joe: »Einmal habe ich Bob gebeten: Setz mich im Sturm ein. Weißt du, was er darauf geantwortet hat? Daß ich eine Flasche bin.«
Fred: »Du hattest jeden Gouverneur in der Tasche, Joe. Du hattest den ganzen Staat in der Hand. Ich weiß das, obwohl ich mich nicht speziell mit Politik beschäftige.«
Joe: »Ich erinnere mich, einmal hast du mich als Mitglied zum Klassenvorstand vorgeschlagen. Nur du allein hast damals für mich gestimmt.«
Fred: »Ich habe niemals eine solche Frau wie Peggy in den Armen gehabt.«
Der Millionär wurde böse: »Fred, du bist ein alter Dummkopf! Versteh doch:

ich habe immer Mittelstürmer spielen wollen. Ich hatte sogar einen eigenen Plan. Pfiff, ich gebe den Ball dem Halblinken, der gibt ihn zum Flügel weiter, dann in die Mitte. Ich stoppe – nichts, ich nehme ihn aus der Luft auf – gehe an dem Läufer vorbei, an den beiden Verteidigern, Schuß – Tor. Eins zu Null. So habe ich mir das vorgestellt.«
»Na und? Warum hast du nicht Mittelstürmer gespielt?«
»Bob hat mich nie in die Mannschaft aufgenommen. Er behauptete, daß ich eine Flasche sei. Einmal hat er mich ins Tor gestellt – ich habe sieben Tore durchgelassen.«
Der Freund riß die Augen auf, er versuchte, den Sterbenden zu verstehen, aber er konnte es nicht. »Du hast den ganzen Staat in der Hand gehabt, Joe«, argumentierte er. »Du hast den Fußballmannschaften Pokale gestiftet. Einer trägt sogar deinen Namen: *Heavy Lions.* Die Zeitungen sind heute voll von dir. Willst du sehen? Ich habe hier die *Chicago Tribune.* Sogar die New Yorker Blätter. Willst du sehen?«
»Nein, nicht nötig . . . Erinnerst du dich, wie wir dieses Schulkonzert gaben?«
»Im *Alhambra*?«
»Nein, im *Goldfinch-Club.* Ich sollte damals Shelley rezitieren. Weißt du: *Music, when soft voices die, vibrates in the memory* . . . Ich hatte Bob gebeten, meinen Namen aufs Plakat zu geben. Ich wollte, daß auf dem Plakat zu lesen stand: Joe Jeavy. Er hat es nicht gemacht.«
»Du hast ihn zwanzig Jahre später bei den Wahlen überrundet«, bemerkte Fred. »Er hat es nicht gedruckt«, wiederholte der Millionär. »Er sagte: ›Du kannst mich am Abend besuchen, solche Fatzken werde ich wirklich nicht aufs Plakat setzen.‹ Ich erinnere mich an jedes seiner Worte, Fred.«
»Habe ich dir schon gesagt, Joe, wie sehr ich dich um deine Peggy beneide? Du bist ein Glückspilz.«
»Fred, und erinnerst du dich an die kleine Barry aus der ersten Bank?«
»Barry? Die, die sitzengeblieben ist? Natürlich erinnere ich mich. Ein hübsches Mädchen. Jack Hudson ging mit ihr.«
»Ja, dieser Schuft! Er sang schön, das muß ich zugeben. Fred, ich war in diese kleine Barry verliebt. Das war die erste und einzige Liebe meines Lebens. Ich habe sie wirklich geliebt. Noch heute, wenn ich an sie denke, treten mir Tränen in die Augen.«
»Hast du ihr wenigstens gesagt, daß du sie liebst?«
»Ja.«
»Und?«
»Sie hat mich ausgelacht.«
»Dich ausgelacht?«
»Ja, Fred. Mich. Ich war damals noch schlank, und trotzdem habe ich ihr nicht gefallen. Warte, das ist noch nicht alles. Zehn Jahre nach der Penne, oder vielleicht zwölf Jahre danach, denn ich hatte damals schon die *South Bank* in

den Händen und auf dem Bauch eine Menge Speck – mit einem Wort, nach vielen Jahren traf ich sie bei Bekannten auf einer Party. Sie warf sich mir an den Hals. ›Joe, Liebster‹, sagte sie. Sie sagte wirklich Liebster! ›Wie habe ich mich nach dir gesehnt.‹ Und sie begann, verstehst du, mich zu bluffen, wie das Frauen so können. Daß ich ein schönes Profil habe, daß ich mich geschmackvoll kleide, daß sie kein Auto habe und daß ich ihr unbedingt meine Villa zeigen müsse. Sie wohnte zwei Wochen bei mir. Kürzlich ist sie gestorben. Ich habe es in der Zeitung gelesen. Ich liebte sie nicht. Ich liebte die andere Barry – aus der Schulbank, aber die hat mich ausgelacht.«
»Aber sie war doch die deine!«
»Wie stur du bist«, seufzte Joe. »Das zählt nicht. Es zählt nur das andere!«
»Joe«, fragte Fred schüchtern, »wenn du dein Leben noch einmal beginnen könntest?«
Der Millionär dachte nach. Dann sagte er: »Zuerst würde ich die *South Bank* übernehmen. Und dann den Rest ...« Er verstummte, berührte mit der runzligen Hand die Kehle.
»Tut's weh?«
»Stickig ...«
Sie schwiegen eine Weile.
Dann fragte Joe unruhig: »Fred?«
»Hm ...«
»Vielleicht soll ich dir was vererben?«
»Nicht nötig, Joe. Ich lebe allein, was brauche ich Geld. Schade darum. Der Dollar, mein Alter, muß in berufene Hände gehen.«
»Ich weiß, du magst mich wirklich.«
»Ich habe dich immer gemocht. Ich habe immer mit dir reden wollen, aber es gab nie Gelegenheit dazu. Es kam schon mal vor, daß ich eine Anleihe gebraucht hätte. Ich habe dich bei dem zweiten Spiel Dempsey gegen Tunney gesehen. Ich habe dich sogar gegrüßt, aber du hast mich nicht bemerkt.«
»Ja, du magst mich«, gab der Kranke zu. »Du als einziger hast mich zum Klassenvorstand gewählt. Es ist stickig«, klagte der Millionär. Dann schrie er: »Fred!«
»Ich bin da.«
»Was hast du gesagt?«
»Ich bin bei dir.«
»Ich höre nichts«, flüsterte Heavy. »Ich höre nichts.« Er schloß die Augen: »Jack Hudson, der konnte singen.«
»Er, er war unvergleichlich. Aber es hat ein übles Ende mit ihm genommen. Und Bob hast du bei den Wahlen überrundet«, versuchte Fred den Sterbenden hitzig zu überzeugen. »Und dann hattest du Barry. Deine geliebte Barry! Und zwei Dutzend andere. So eine Peggy! Niemals im Leben hatte ich so eine Frau ... Du hast gewählt und die Gouverneure weggefegt. Du hattest die

schönste Villa in Illinois!« Der Millionär hörte ihn nicht. Röchelnd flüsterte er: »Ich hatte einen eigenen Plan. Pfiff, ich gebe an – Schuß, Tor! . . .«
»Du hattest ein phantastisches Leben.«
»Ich habe immer Mittelstürmer sein wollen«, flüsterte Heavy und verstummte. Sein Kopf fiel schwer auf die Seite.
»Joe?« fragte Fred scheu.
Schweigen.
»Joe?« wiederholte er. »Diese Barry . . . Ich stelle mir vor, was das für eine . . . Joe?«
Heavy entgegnete nichts.
Fred sprang entsetzt vom Stuhl hoch und lief zur Tür.
Er schrie: »Fräulein Peggy! Fräulein Peggy!«

OLIVER STORZ

Finale eines Stürmers

Sie liefen in dem halb lässigen, halb geschäftigen Trott, über den er immer hatte lächeln müssen, solange er Fußball spielte, aus der tiefliegenden, bunkerartigen Betonluke in das riesig geschwungene Rund des Stadions ein. Dicht hintereinander liefen sie, und beim Verlassen des Durchgangs duckten sie sich unmerklich, so jäh überfiel sie nach der schweißigen Enge des Massageraums die dröhnende Weite der Arena. Von der anderen Seite her, wo sich die Militärkapelle postiert hatte, stach ihm das Blitzen der Instrumente scharf in die Augen, und dahinter, über dem Grün des Spielfelds, wo sich die wimmelnde Wand der Köpfe emporrichtete, wurden nun quäkende Trompeten, Hupen und Glocken laut, kurz nur, wie zur Probe, damit später die ohrenbetäubende Musik des Siegs den Sturm auf das Tor begleiten konnte.
Das Herz klopfte ihm im ganzen Körper. Er tat die paar Schritte über die Aschenbahn auf den Rasen und hielt den Blick starr auf den Kniekehlen seines Vordermanns. Er hatte Angst. Aber es war nicht die Angst, die er jetzt, kaum aufschauend, in dem unsicher tätschelnden Schlag fühlte, mit dem Tscharko, der Trainer, ihnen nacheinander auf die Schulter klopfte. Nicht die Angst um den Sieg, um das Ergebnis, das in den Tabellen erschien, in Gestalt von Titeln und Pokalen erstrahlte. Es war etwas anderes, vergleichbar nur jenem Gefühl, das er einst während eines Urlaubs am Meer empfunden hatte, als er weit hinausgeschwommen war, ganz allein. Die Furcht, das Wasser werde ihn nicht mehr tragen, das Element werde ihn als Fremdling erkennen

und abweisen, er werde aus dem glücklichen Traum süßer Sicherheit fallen, stürzen, irgendwohin, wo er nichts war und ihm nichts gelang.
Die Zeremonie des Spielbeginns, die ihm immer zu lange gedauert hatte. Sie standen in einer Reihe mit der anderen Mannschaft, die blauen Dreß trug, während die blechernen Akkorde der Nationalhymnen über dem Platz schwebten. Sonst hatte er es nie erwarten können, bis er auf seine Position laufen konnte, an die Mittellinie, vor den sorgfältig auf die richtige Härte gepumpten Ball, um mit dem Pfiff einzutauchen ins Element des Spiels, mit ein, zwei schnellen Zügen mitten hineinzugleiten, dorthin, wo er sicher war und ganz allein, ins Zentrum des Sturms, in die Stille, auf den Grund des Traums. Heute aber stand er, eingeklemmt zwischen den Ellbogen seiner Nachbarn, und ertappte sich bei dem Wunsch, ewig so stehenbleiben zu können.
Ingrid saß jetzt zu Hause vor dem Fernsehapparat. Freundinnen waren gekommen. Aufgeregtes Gezwitscher. »Seht ihr ihn? Der dritte von rechts?« Ingrid, die Fußballkönigin, Ingrid, seine Frau.
Tscharko kam ihm nach, als er schon vorne an der Mittellinie stand. »Franz, wir schaffen's. Vergiß nicht, sie werden sich zu dritt an dich hängen, und dann kann Killner durchkommen. Mach nicht zuviel allein, schick Killner auf die Reise, auf den passen sie nicht auf.« Er blickte zu Killner, dem Halblinken. Killner, das Baby, der Jüngste, der sein zweites Länderspiel machte. Er mochte Killner nicht sehr. Und er hatte sich lächerlicherweise schon bei dem Gedanken überrascht, daß so irgendwann einmal ein Nachfolger aussehen könnte – irgendwann –.
Der kurze Pfiff, der alles in Bewegung brachte. Die Wände aus Lärm, die jetzt enger um das Spielfeld rückten. Der weiße Ball, den er leicht nach rechts gestoßen hatte, der dann von seinem Nachbarn flach nach hinten gespielt worden war und nun halbhoch wieder nach vorn kam, in die feindliche Hälfte hinein, dorthin, wo er jetzt laufen müßte, im freien Raum, um mit dem Ball dicht am Fuß ins Mittelfeld der Blauen einzubrechen, zwei, drei Gegner an sich zu ziehen, während Killner weit vorausgelaufen war und dort lauerte. Killner würde dann vielleicht gleich schießen können, wenn nicht, würde er Zeit haben, um weit auf den linken Flügel hinauszugeben, wo Fuchs dann starten würde, an der Auslinie entlang. Dann die Flanke von links, und er würde da sein, wie er hundertmal dagewesen war, wie durch Zauber seinen Bewachern entrückt, genau dort, wo der Ball hereinkam. Ein Schuß aus der Drehung heraus ins kurze Eck, während der Torwart ins lange flog – Anstoß, und in vier Zügen zum Tor, nur so war diese Mannschaft zu besiegen.
Aber er war nicht in den freien Raum gelaufen, er hatte den Ball nicht zu Killner gegeben, er hatte ihn gar nicht erreicht. Um ihn standen die Männer im blauen Dreß und starrten an ihm vorbei hinauf zu seinem Tor. Die riesige Uhr über dem Stadioneingang zeigte die zweite Spielminute, und weit unten, vor

dem Tor, setzte der blaue Halbrechte aus einem Gedränge von sechs Beinen zum Schuß an. Ein Verteidiger glitt stürzend in die Schußbahn, der Ball sprang dem blauen Mittelstürmer vor die Füße, der holte aus – das brüllende Mosaik der Köpfe heulte auf, doch der Schrei, der sich schon zu einem siebzigtausendfachen »Toor« hatte formen wollen, stolperte und weitete sich zu einem breiten, erlösten Laut bewundernder Überraschung. Der linke Verteidiger war in das ungedeckte Tor geflogen und hatte den Ball mit dem Kopf erreicht.

Franz schüttelte den Kopf. Er sah nun auch Killner im eigenen Strafraum auftauchen. Er verstand das nicht, er starrte und schaute zu wie bei einem Kartenspiel, dessen Regeln er nicht kannte. Dann kam aus dem Hinterfeld plötzlich ein hoher Ball, senkte sich in seiner Nähe, er startete, aber der Mittelläufer der Blauen fing ihn ab.

Die Sonne bohrte sich schmerzend in seine Augen. Er mußte zurück, um den Ball aus der eigenen Hälfte zu holen. Franz Rucknagel, der Stürmer, der überall auftauchte. Er lief auf das Getümmel von Spielern zu, aus dem sich nun plötzlich eine zuckende Gestalt löste und in rasendem Lauf, den Ball dicht am Fuß, nach vorn kam. Killner! Die Hupen und Glocken rührten sich, das berauschende Tosen setzte ein, mit dem die Masse ihre Mannschaft in einem brüllenden Sog nach vorne zog. Killner trieb den Ball vor sich her. Meter um Meter. Aber er mußte abgeben, bevor die zurückeilenden Läufer ihm den Weg abschneiden konnten. Warum gab Killner nicht ab! In diesem Augenblick fiel die Hülle aus Lärm, die über dem Stadion lag, in sich zusammen. Killner hatte abgegeben, und der Ball kam genau auf den Fleck, wo er noch vor Sekunden gestanden hatte, während er sich keuchend vor ohnmächtigem Eifer in der falschen Richtung laufend fand. Er riß sich herum, rannte blindwütig zurück und sah auf halbem Wege, wie ein weit aufgerückter blauer Verteidiger unbehindert den Ball mit einem gewaltigen Schlag wieder weit in die andere Hälfte trieb.

Er hörte kaum die Pfiffe ringsum, das brodelnde Murren. In seinen Augenwinkeln war es schwarz, er sah wie durch winzige Löcher in einem dunklen Vorhang. Das Spiel ließ ihn nicht herein. Der Ball rollte, aber er hatte ihn seit Spielbeginn kaum berührt. Die Zeit mußte schon gegen die Pause gehen.

Ingrid vor dem Fernseher. Ingrid, die »charmanteste Fußballfrau« der Boulevardblätter, Ingrid, die ihm damals, einem wildfremden Mann, auf dem Spielfeld um den Hals gefallen war, als er vor Jahren im Semifinale[1] des Europapokals fünf Sekunden vor dem Schlußpfiff das Siegestor geschossen hatte.

Der Schweiß rann ihm in die Augen. Dabei war er noch kaum gelaufen. Er konnte nicht laufen, weil er mit der verlogenen Genauigkeit einer Zeitlupen-

[1] Halbfinale

aufnahme in jeder Chance schon ihr Mißlingen, in jeder Situation ihr Ende sah. Das alles ging ihn nichts an. Er stand draußen, ein Statist[2], den man der Vollständigkeit halber auf den Platz gestellt hatte. Täuschte er sich, oder ließen seine blauen Bewacher wirklich schon locker, zogen sich zu Killner, zu Maurer hin? Er lief verzweifelt, rannte jedem Ball nach, der in seine Nähe kam. Aber sie spielten Fangen mit ihm, klärten mühelos die Situation. Die Leute schrien, die Fernsehkameras liefen, die Funksprecher krochen in ihre Mikrophone. Es war alles wie sonst. Nur der Zauberfaden zwischen ihm und dem Ball war gerissen.
Dicht am Spielfeldrand schnupperte ein herrenloser Hund. Seine Leine schleifte hinter ihm auf der Aschenbahn. Ein Platzwart kam und wollte die Leine greifen. Aber der Hund entwich, und der Mann bückte sich völlig sinnlos ins Leere. Er lachte. Das ganze Stadion lachte. Aber sie lachten gar nicht. Sie schrien, sie heulten, denn unten an seinem Tor strich ein unheimlich schneller Schuß um Millimeter am Pfosten vorbei.
Ingrid war wohl still geworden auf der Couch. Vielleicht war sie schon hinausgegangen in den Garten. Sie hatte ihn ja nie schlecht gesehen, denn schlecht war er nie gewesen. Unglücklich manchmal, aber nie unter diesem Zwang der Hoffnungslosigkeit. Im Garten standen leuchtend die Lupinen, und die Geranien flammten auf der Terrasse. Sein Stolz, die Terrasse. Drei Leute hatten daran gearbeitet, genau nach Ingrids Wünschen. Und am Tag, als sie fertig war, hatten sie dort mit den Journalisten Drinks genommen, die gekommen waren wegen eines Interviews: »Der Ball-Magnet in seinem Heim.«
Er schreckte auf. Wie durch Glaswände sah er Killner, jetzt auch Maurer hinten auftauchen, verzweifelt bestrebt, der Abwehr zu helfen und den Angriff anzukurbeln. Wenn sie jetzt den Ball zu ihm durchbrachten, konnte er starten. Die Blauen waren zu weit aufgerückt. Das war die Chance. Die Lärminstrumente rührten sich auf den Rängen. Killner kam durch, wurde abgedrängt. Er lief hin, wollte sich Killner anbieten, als Killner wieder loskam und in die andere Richtung weit hinaus zu Fuchs abspielte. Fuchs kam nach vorn, ein schneller Flügelstürmer, nur ungenau im Abspiel. Franz sah die Gasse, in die der Paß von Fuchs kommen mußte, flog nach vorn, schielte im Augenwinkel, ob er nicht abseits lief. Fuchs trat den Ball, er würde plaziert kommen – endlich, das Spiel ließ ihn herein, der Zwang war da –, er spürte den Fall kaum, er hörte nur den unwilligen Aufschrei, der auf ihn herunterfiel, bäumte sich vom Boden auf und sah – wieder mit der fürchterlichen Deutlichkeit des Zeitlupenfilms –, wie der Mittelläufer der Blauen den Ball sehr ruhig abfing, sich ihn vorlegte und dann hoch zu seinen Stürmern gab. Zwei, drei Spielzüge der Blauen. Dann kam aus dem Durcheinander sich streckender

[2] Darsteller einer Nebenrolle

Beine ein Schuß. Es war einer jener gefährlichen undeutlichen Schüsse, die halb dem Tor gelten und halb nicht. Rex, der Torwart, zögerte, lief dann weit heraus, sah, daß einer der Stürmer mit ihm startete, verhielt, taumelte zurück – aber die Menschenmauer warf schon ihr erbarmungsloses »Tor, Tor« über den Platz. 0 : 1.

Als sie mit dem Halbzeitpfiff zu den Kabinen gingen, verkündeten die Ziffern 0:2. Sie sprachen nicht viel, während sie dasaßen und massiert wurden, und die wenigen Worte drangen undeutlich durch den schweißigen Dunst an sein Ohr. Tscharko stand drüben in der anderen Ecke und sprach mit den Verteidigern. Franz saß auf seiner Holzbank. Vor ihm brach eine Bahn Sonnenlicht durch die schräggestellten Rollos, es flimmerte ihm vor den Augen, und ab und zu wurde es dunkel vom Schatten eines Vorbeigehenden. Aber keiner blieb stehen. Es war alles sehr klar. Peinlich, darüber zu sprechen. Manchmal, spät nachts, auf der Heimfahrt im Taxi von einer Siegesfeier, wo die Hochrufe auf ihn, den »Kaiser Franz«, nicht hatten enden wollen, da hatte er sich flüchtig gefragt, wie es wohl sein würde, irgendwann: das Ende. Das Ende des Traums. Und nun war es da. Ein Spiel wie tausend andere, nur er gehörte nicht mehr dazu.

Killner saß drüben lang ausgestreckt und lutschte an einer Zitrone. Es war Killners Stunde. Vielleicht wußte er es noch nicht. Er wußte, daß dies keine Krise war, sondern das Ende. Franz Rucknagel, der Ball-Magnet, war fertig. Basta.

Ingrid würde ihn abholen. Ingrid, die vor Aufregung nicht ins Stadion gekommen war, weil irgendwo, verborgen in der Mauer der Köpfe, die Fußballbonzen aus Südamerika saßen, die Verwalter der Traumgagen, um ihn spielen zu sehen. Ingrid, die lächelnd die Wagentür aufhalten würde. »Macht nichts, Franz. Das nächstemal wieder . . .« Die Aussichtslosigkeit, ihr klarzumachen, daß alles anders geworden war. Ihre fürchterliche Bewunderung. Ihre ahnungslose Heiterkeit, ihn zu trösten.

Ein Schatten stand vor ihm in der Sonnenbahn. Tscharko beugte sich herab. »Franz –« Er sah nicht auf. Er blickte zwischen seinen Knien hindurch auf den Boden. »Du brauchst mir nichts zu sagen, Tscharko, ich weiß schon selbst Bescheid.« Der Schatten trat einen Schritt zurück. »Natürlich weißt du Bescheid, Franz, ich will nur noch mal betonen, das war genau die richtige Taktik. Du nimmst die Brüder großartig auf den Arm. Die zwei Tore tun uns nicht weh, wenn das klappt. Mach so weiter, jag sie in die Irre, wenn Killner auf die Tour einmal durchkommt, haben wir sie.«

Das war Tscharko. Sein Entdecker, sein Freund. So nobel war Tscharko. Rettete ihm das Gesicht für die zweite Halbzeit, stellte ihm mit todernster Miene das beste Abgangszeugnis aus. Keine Kritik, kein Tadel. »Mach so weiter . . .« So vorbei war es also, so endgültig aus.

Der Pfiff zur zweiten Halbzeit schrillte. Dicht vor ihm die ersten Spielzüge der

Blauen. Gut war das, aber zu artistisch, zu verspielt. Jetzt dazwischenspringen, ihnen mit einem langen Spreizschritt die Fäden verwirren, den Ball nicht zu weit in die eigene Hälfte lassen. Er hatte keine Angst mehr. Es war ja alles entschieden.

Und plötzlich war es tausendfach da, hallte im Rund, von fern kam es und wuchs wie Brandung. Das Meer rollte an. Und dann nur noch das Grün des Rasens, der sich unter ihm wegzog, die zuckenden Schatten der Gegner. Er begriff, daß er in voller Geschwindigkeit rannte, auf dem linken Flügel. Er mußte dort an den Ball gekommen sein, weit im feindlichen Feld schon. Er fühlte das Leder mit den Zehen, mit dem Spann, und es tat, was er wollte. Und er wollte, daß es bei ihm blieb. Ihm entgegen streckten sich Beine, und von beiden Seiten rasten noch mehr Beine auf ihn zu. Aber er hatte Zeit, sah sich selbst laufen, aus großer Höhe, vom höchsten Sitz des Stadions aus, sah das ganze Feld, wußte, daß Killner rechts von ihm gestartet war, daß Fuchs schon im Abseits lief, und während von oben die Sprechchöre hereinbrachen »Franz, alleine! Franz, alleine!«, erschien Ingrid vor ihm, an jenem letzten Ferientag. Naß und glitzernd ihr Gesicht, wie es aus der Flut tauchte. Jetzt mit zwei Schritten plötzlich stehen, die Beine der anderen an sich vorbeihetzen lassen, nach innen kurven, so daß die Burschen einen Paß zu Maurer erwarteten. Jetzt stand Killner frei. Kurve nach links, Körpertäuschung, tief atmend stand er einen Augenblick in der taumelnden Stille. Dann hob sich der Ball von seinem linken Fuß ins Blaue, über zwei Gegner hinweg in die rollende Brandung des Lärms. Killner flog schräg in die Höhe, schnellte das Bein seitwärts aus dem Körper, nahm den Ball direkt aus der Luft. Hände reckten sich, wütende, flehende Torwarthände. Dann der helle Knall, mit dem die Kugel an die obere Torlatte klatschte, und der weite Bogen des Abpralls.

Hoch über dem Strafraum schwebt der weiße Mond, senkt sich langsam, zögert, schwebt noch, will sich niemand anderem schenken als ihm. Er weiß es, es ist sein Ball, er muß ihm entgegen. Einmal noch die magische Berührung, den Rausch der Eroberung. Und er drückt sich vom Boden ab. Der Rasen federt ihn nach oben, waagrecht ins Leere, über das Quirlen von Leibern und Beinen hin, die von unten stoßen, wirft er sich rücklings unter den Ball, rauschend kippt das Stadion hinüber, Blau aus der Tiefe des glühenden Himmels, Sonnenglanz in den Augen, süße Stille einen zitternden Sekundenschlag lang, indem schon die brüllenden Wände des Triumphs über ihm zusammenstürzen. »Tor, Toor . . .«

Er lag mit geschlossenen Augen. Lag und lauschte. Wußte, daß vom Spielfeldrand Tscharko geeilt kommen würde, der Mannschaftsarzt, die Sanitäter. Aber er fühlte keinen Schmerz. Der Rasen weich, der Duft, und das Glück, noch einmal das Glück.

All dies kannte er. Es war seine Welt. Die dicken Waden, die um ihn herumstanden, die tastenden Griffe des Arztes, der Blick des Schiedsrichters nach der Uhr, die unruhige, von Pfiffen durchschnittene Stille, und Ingrids große Augen vor dem Fernsehschirm. Es war seine Welt, ausgespart in einem grünen Oval, umsäumt von siebzigtausend Augenpaaren, überströmt von Lautsprechern, die schon die ersten Weisungen für die Abfahrt von den Parkplätzen röhrten. Es war der Abschied.

Während die Sanitäter die Bahre fertig machten, kniete Tscharko neben ihm. »Schmerzen, Franz?« Er schüttelte den Kopf. »Tscharko, so ein Tor schieß' ich nie wieder –« »Sei ganz ruhig, mein Junge. Es war dein schönstes. Es war das Traumtor.« »Tscharko, du weißt Bescheid. Es ist aus, Tscharko, du hast es gesehen. Ich und du. Es ist vorbei –« Tscharko sah hinunter ins Gras, neben das Kopfende der Bahre. In seinem Gesicht regte sich nichts. »Junge, was redest du denn. Du hast die Partie gerettet. Jetzt schaffen wir sie –« Er blickte schräg hinüber zum Schiedsrichter. »Wenn er nur die Zeit nachspielen läßt . . .«

Er lag in Tscharkos Zimmer. Der Arzt hatte ihm erlaubt, noch die Rundfunkübertragung zu Ende zu hören. Das riesige Summen der Arena drang undeutlich von draußen und vermischte sich mit der donnernden Stimme aus dem Radio. »Franz Rucknagel hat mit seinem herrlichen Alleingang das Spiel aus dem Feuer geholt. Der Bann ist gebrochen. Unaufhörlich rollt jetzt der Angriff unserer Elf. Killner ist in den Strafraum eingebrochen, könnte schießen, nein, spielt ab zu Maurer. Maurer hart bedrängt, kann Killner bedienen, Killner im Ballbesitz, müßte schießen, schießt –« Franz schloß die Augen. Die Wellen der Siegesmusik trugen ihn. Unbestimmt stechende Schmerzen, wenn er sich drehte. Dann später wieder in der Stille Tscharkos Gesicht und Worte, die er kaum verstand. »Franz, die Herren aus Südamerika. Kannst du sie einen Moment sprechen?« Er schüttelte den Kopf. Er war zu weit weg. Es war zu lange her. »Sie sollen mit Killner sprechen –« hatte er es nur gedacht, hatte er es gesagt?

Endlich, im schüttelnden Krankenwagen, Ingrid. Ihr Haar, das seine Wange streifte. Ihr Lächeln. Wie damals am See. Der letzte Tag am Strand. Der Abschied vom Meer. »Ich mache Schluß, Ingrid –« Ein Nicken von ihr. Und das gellende Signal des Wagens.

Der Abend kam kühl und brachte Regen. Die ersten Sportnachrichten flatterten in die spiegelnden Straßen. »Dramatischer Sieg unserer Elf« – »Rucknagel schwer verletzt« – »Franz will abtreten« – »Unverständlicher Entschluß unseres besten Stürmers«. Niemand wußte, wie sie es so schnell erfahren hatten. Aber damit wurde es unwiderruflich. Und Tscharko schwieg. Bis sie Franz vergessen hatten. Nur das Tor, das Traumtor geisterte noch hie und da durch die Lokale, und es wurde mit feuchtem Finger auf die Biertische gemalt.

Im nächsten Jahr verkauften die Sportgeschäfte Fußballstiefel, an deren Schnürbändern Killners Bild mit Autogramm hing.

HEINZ REIN

Rattenfänger der Publicity

Die Maschine aus Paris, Flug 317 der Air France, planmäßige Ankunftszeit 14 Uhr 10, schwebt ein, setzt auf, rollt auf der Landebahn aus, schwenkt ein, wird eingewinkt und steht, eine Treppe wird herangeschoben, die Bordtür wird geöffnet, eine Stewardeß erscheint, die Passagiere steigen aus.

Ein Wettlauf beginnt, Kameraleute und Reporter setzen sich in Bewegung, sie rennen, laufen, stolpern auf die Treppe zu, Mikrofone und Kameras werden gezückt, Tonbänder und Kugelschreiber bereitgehalten. Ungeduld, Spannung, Erregung. Die Informationen waren doch zuverlässig. Ist er etwa nicht mitgekommen? Da, endlich erscheint er in der Bordtür, nicht inmitten des Rudels der anderen Passagiere, sondern als letzter. Der Auftritt ist wohlberechnet, der Mann versteht sein Geschäft. Er bleibt zunächst auf der obersten Stufe stehen und blickt auf die Schar der Reporter und Kameraleute und auf die auf ihn in Anschlag gebrachten Filmapparate, dann schreitet er langsam, gemessen die Treppe hinunter, wie in Zeitlupe nimmt er Stufe um Stufe, er, ein großer, schlanker, eleganter, hellblonder junger Mann mit dunkler Sonnenbrille.

Als er die vorletzte Stufe erreicht hat, winkt er mit der Rechten, mit der Linken hält er seinen hellen Regenmantel, den er schwungvoll über die Schulter geworfen hat; sein Anzug ist von bestem Stoff und neuestem Schnitt, den Hut hat er in den Nacken geschoben, den Kragen seines Hemdes geöffnet, die Krawatte, diskret gemustert, flattert ihm voran.

Die Kameras klicken, Blitzlichter flammen auf, Filmbänder und Tonbänder surren, Mikrofone werden dem blonden jungen Mann hingehalten, sobald er die letzte Stufe der Treppe verlassen hat, Fragen prasseln auf ihn ein.

»Herr Wahlberg, Sie sind zurückgekommen, obwohl Sie verdächtigt werden, der Autobahnfrauenmörder zu sein. Was haben Sie dazu zu sagen?«

»Herr Wahlberg, Ihre frühere Geliebte beschuldigt Sie der Zuhälterei. Halten Sie das für einen Racheakt?«

»Herr Wahlberg, ist es zutreffend, daß Sie der uneheliche Sohn des Fürsten von Niederlohe zu Hatzfeld sind?«

»Herr Wahlberg, haben Sie Ihre Story schon verkauft, an wen und für welches Honorar?«

Der blonde junge Mann steht willig Rede und Antwort, spricht in die Mikrofone, posiert für die Kameras, lächelt, nickt oder schüttelt den Kopf, rückt seine dunkle Sonnenbrille zurecht, dann winkt er den Stewardessen zu und geht langsam auf das Empfangsgebäude zu.

Der Schwarm der Reporter und Kameraleute hält mit ihm Schritt, immer noch haben sie Fragen, und jedes Wort, das der blonde junge Mann sagt, wird eifrig

aufgeschrieben, von den Tonbändern festgehalten, jede Geste wird auf Film gebannt.
Der blonde junge Mann, Herr Werner Wahlberg, ist ein Nichts an Bedeutung, aber ein Rattenfänger der Publicity. Seine Story wird über die Fernschreiber gehen, auf Schreibmaschinen getippt, auf Linotypes gesetzt, über Rotationsmaschinen laufen und schließlich viele Seiten wehrlosen Papiers füllen.

Die Maschine aus Dakar, Flug 16 der Senegal Airways, planmäßige Ankunftszeit 17 Uhr 23, schwebt ein, setzt auf, rollt auf der Landebahn aus, schwenkt ein, wird eingewinkt und steht, eine Treppe wird herangeschoben, die Bordtür wird geöffnet, eine Stewardeß erscheint, die Passagiere steigen aus.
Als letzter verläßt ein großer, schlanker Mann die Maschine. Auch er trägt eine dunkle Sonnenbrille, darin gleicht er dem jungen, blonden Manne, der ein paar Stunden zuvor hier von Bord gegangen ist. Sonst ist er ihm in jeder Beziehung unähnlich, er ist etwa sechzig Jahre alt, sein Haar ist grau, seine Kleidung nicht modern und ein wenig salopp, er zieht den rechten Fuß nach und geht gebückt wie jemand, der eine schwere Last trägt.
Der Mann winkt niemandem zu, weil niemand da ist, ihn zu begrüßen oder zu empfangen, schon gar nicht, um ihn zu filmen oder zu interviewen, keine Kamera klickt, kein Tonband surrt, kein Blitzlicht flammt auf – er hat ja auch keine Story zu verkaufen.
Der Mann trägt einen unbekannten Namen und ist nur Arzt, hat über zwanzig Jahre in einem Urwaldhospital unter Einsatz seiner Gesundheit gearbeitet. Kein Rattenfänger der Publicity.

REINHARD PERTSCH

Nur noch eine Fünf

»Jetzt nur noch eine Fünf«, murmelt er. Er zieht hastig an der Zigarette, die fast nur noch Filter ist. Seine Augen starren nervös auf die drei kleinen Fenster im Automaten. Sie sehen nichts sonst. Nicht die gelb verräucherten Wände und das dunkle strapazierte Gestühl; nicht die Menschen im Lokal, die Menschen einer fremden Stadt sind. Sie warten nur auf die Zahl. Die dritte Zahl. Die blaue Fünf. Die ist seltener, als es die roten Fünfer waren. Die bringt keinen Krach zu Hause. Keine ewigen Vorhaltungen. Nicht das Gefühl, daß sowieso alles sinnlos ist. Man wird schon sehen zu Hause. Es geht auch so.
Die Maschine bleibt stehen. Klack, Klack. Sie spuckt aus.
»Mensch, hast du Glück!« Der andere hinter ihm hatte schon einige Zeit

unbemerkt zugesehen. Er trägt eine schwarze Lederjacke mit verchromten Beschlägen wie der, der in seiner Klasse alle paar Monate mit einem neuen Moped ankam.
»Ganz schönes Glück«, wiederholt der fremde Zuschauer und deutet auf die beiden Silberstücke, die sein Gegenüber in die Brusttasche steckt. »Du bist nicht von hier?«
»Nein.«
»Setzen wir uns. Ein Bier zu zweit ist besser.«
Sie setzen sich.
»Wie heißt du?« fragt der Fremde.
»Michael.«
»Mich nennt man Roy. Kannst mich auch so nennen. – Zigarette?«
»Danke.«
Die Bedienung mit den knallrot lackierten Fingernägeln stellt wortlos zwei volle Gläser auf den Tisch. Michael sieht ihr nach.
»Gefällt sie dir?« fragt der andere, den man Roy nennt.
»Ja.«
»Ich mag sie auch. Alle mögen sie.«
»So?«
»Sag mal, hast du was?«
»Wieso?« Michael nimmt einen tiefen Zug aus dem Glas.
»Das sieht doch ein Blinder. Und die Sprache hast du wohl auch verloren?«
»Ich bin weg von zu Hause. Die machen einem ja alles kaputt.«
»Bedienung, noch ein Bier!« ruft Roy.
Nach zwei Stunden, kurz vor zehn, brechen sie auf. Der Laden liegt in einer Seitenstraße ganz nahe bei der Jugendherberge, in der Michael übernachtet. Im Schaufenster brennt noch Licht. Michaels Augen gleiten die Schnur entlang, an der die Kettchen aufgereiht sind: Kettchen aus winzigen bunten Glasperlen, aus Holz wie Rosenkränze und mit Kreuz, aus dünnen Lederschnüren mit großen Metallbuchstaben, aus feinem Silber mit kleinen Herzchen daran. »Gelegenheit! Das Stück nur 10 Mark!«, steht handgeschrieben auf einem Zettel, der an der Scheibe klebt. Der Inhaber weiß, was in der Nähe der Jugendherberge geht. Ein Geschenk für den Abschied. Ein Andenken für das Mädchen, das man mag. Michael denkt an Sonja.
Ein paar Häuser weiter an der Straßenecke steht Roy. Michael schaut hinüber. Noch kein Zeichen. Roy gibt noch kein Zeichen. Michael schlägt den Kragen hoch und zählt die Kettchen. Macht ungefähr 300 Mark. 300 Mark ist ganz schön, hatte Roy gesagt. Seine Umrisse sind ganz gut zu sehen, dort an der Straßenecke. Roy ist nicht dumm. Er weiß, wie man's macht. Er wird gleich das Zeichen geben. Sich eine Zigarette anzünden.
Am Ende des Sträßchens glimmt ein roter Punkt auf. Michael nimmt den Stein. Das Glas klirrt. Gut getroffen. Schnur zerschneiden. Kettchen zu dreien

und zu vieren um den Hals. Hemdkragen zu, Jacke zu. Für alle Fälle. Wer sucht dort schon.
Michael ist fertig. Er hebt die Hand in Richtung Roy und beginnt zu laufen. Laufen, was geht. Für alle Fälle, wie geplant. Nicht geplant ist, daß es gerade jetzt in der Straße hell wird. Im Laufen dreht sich Michael um. Was er noch sieht, ist dies: Roy kommt. Aber zwei Scheinwerfer haben ihn in ihrem Kegel. Roy hat nicht gewußt, daß die Polizei hier um diese Zeit täglich Streife fährt. Am nächsten Morgen, am Bahnhof, dem Treffpunkt für alle Fälle, wartet Michael vergebens. Um seinen Hals trägt er zwei Dutzend Kettchen aus bunten Glasperlen und Kettchen, an denen Kreuze, Buchstaben und kleine Herzchen hängen.

Wagnis

SIEGFRIED LENZ

Jäger des Spotts

Der Wind war gut. Er trug Atoqs Geruch nicht zu den Hunden hinüber, die sich vor der Hütte einschneien ließen; unbemerkt kam der Mann an den schiefen, leeren Fleischgestellen vorbei. Als sein Vater noch lebte, ein großer Jäger, waren die Fleischgestelle voll gewesen, aber jetzt standen sie leer und schief vor der Hütte; in der Rundung der Seitenbank war kein Speck, die Felle auf der Schlafbank waren durchgelegen und die Darmfellscheiben an den Fenstern zerrissen.

Atoq kam unbemerkt an den schlafenden Hunden vorbei. Er schritt über die graue, tote Ebene und hörte das Knallen des Frostes von den Seen und wußte, daß das Neueis seine Risse bekam. Er schritt über die Ebene, bis er zum großen Farnkrautberg kam, dann sah er zurück, und er sah, daß sein Aufbruch unentdeckt geblieben war.

Er war heimlich zur Jagd aufgebrochen, der schlechteste Jäger von Gumber-Land[1]; er hatte die Hunde schlafen lassen und schob selbst den Schlitten, und er hatte die Flinte quer über den Schlitten gelegt und das Futteral aufgeknöpft.

Er lauschte, aber es war kein Geräusch zu hören; sie wußten nicht im Dorf, daß er unterwegs war, sie lagen auf ihren Bänken und wußten nicht, daß er heimlich aufgebrochen war, um ihren Spott zu widerlegen, und er dachte an die hundert Spottgesänge, in denen sein Name erwähnt wurde, Atoq, der Jäger mit dem leeren Fleischgestell: diesmal würde er mit vollem Schlitten zurückkommen, diesmal hatte er sich vorgenommen, erst zurückzukehren, wenn er Fleisch für beide Gestelle hatte. Er war heimlich hinausgegangen, weil sie auch seinen Aufbruch mit Spott bedacht hätten, ihr Spott hätte ihn aufgebracht, und das wäre nicht gut gewesen für die Jagd. Diesmal würde er ihren Spott widerlegen, er würde seinen Namen ein für allemal aus den Spottliedern tilgen, er hatte sich alles zurechtgelegt für diesen Tag.

Langsam glitt Atoq über den Farnkrautberg; er sah auf seine Flinte hinab, die auf dem leeren Schlitten lag, und er stellte sich vor, daß die Flinte, wenn er zurückkäme, nicht mehr unter ihm liegen würde: sie würde hoch auf dem Fleisch in der Höhe seiner Augen liegen, Atoq war diesmal zuversichtlich.

Ein kleiner Ruf drang zu ihm herüber, er wandte den Kopf und erkannte ein Schneehuhn: rote Augenlider, brauner Rücken, das Schneehuhn duckte sich

[1] Gebiet auf Grönland

hinter einer Schneewehe, als Atoq näher kam. Er wollte zum alten Jägerversteck seines Vaters, er wollte zu dem Tal in den Bergen, wo die schwarzen Moschusochsen[2] ästen, es war ein weiter Weg, und er wollte keine Zeit verlieren. Und er dachte an die großen schwarzen Moschusochsen, an ihr sorgloses Äsen, aber er dachte auch an die Kraft ihrer Flanken und an ihre Klugheit, und er erinnerte sich, wie die Pfeile seines Vaters durch das Tal schwirrten und zitternd in der Brust der Tiere standen. Atoq hatte den Bogen seines Vaters mitgenommen, er hatte auch seine Harpune mitgenommen, aber er glaubte, daß er sie nicht brauchen würde; er hatte seine großkalibrige Flinte, und die würde genügen. Atoq sang, als er über die tote Ebene fuhr, der schlechteste Jäger von Gumber-Land sang. Er hatte noch immer den rechten Fuß auf der Schlittenkufe, er hatte noch nicht gewechselt, denn er wußte, daß er mit den Stößen des linken Fußes schneller vorwärts kam; es waren lange, kraftvolle Stöße, und der Schlitten glitt gut über die Ebene.
Er dachte an den Schrecken, von dem die Tiere jedesmal geschlagen wurden, wenn eines getroffen war und zu Boden stürzte, und er sah seinen Vater wieder, den großen Jäger: lautlos sah er ihn über den Sumpf kriechen, naß von eisigem Wasser, ungesehen, Bogen und Pfeil zwischen den Zähnen, er sah den Alten in Schußweite vorkriechen, und dann flog der Pfeil: ein Tier stürzte, und das Rudel zerstreute sich. Atoq dachte daran, und er dachte auch, während der Schlitten über die Ebene glitt, an sein eigenes Mißgeschick, an das Pech bei der Jagd, das ihn ständig begleitete: er hatte ein gutes Auge, seine Hand war sicher, aber wenn er hinausgegangen war zur Jagd, war der Wind gegen ihn gewesen, oder die Tiere waren zu nervös, oder die Decke des Moores zu brüchig, so daß er sich nicht anschleichen konnte, und er war oft ohne Fleisch zurückgekehrt und fand Spott, fand tödlichen Spott, und sein Name hatte Eingang gefunden in ihre Spottlieder. Er mußte ihn tilgen, jetzt, da er heimlich aufgebrochen war.
Acht Stunden fuhr Atoq über die Ebene, dann sah er durch den Dunst die verwitterten Gletscher, und er glitt über wellenförmige Hügel, an grauen Felsblöcken vorbei, auf die Gletscher zu, bis er zu dem Tal und der verfallenen Jagdhütte seines Vaters kam. Sein Vater hatte das Gerüst der Hütte aus Walrippen gebaut, das Dach aus Moos und Grassoden[3]; die Stürme waren über die Hütte hinweggegangen und hatten das Dach heruntergerissen, nur die Walrippen standen noch, breit und blaßgrau standen sie in fast vollkommenem Kreis, ein letztes Zeichen des großen Jägers. Atoq stellte den Schlitten an die Steinmauer, die zum Schutz gegen Bären um die Hüte lief; dann begann er, die Hütte und die Mauer auszubessern, er richtete sie notdürftig wieder her, denn er wußte, daß er mindestens eine Nacht in ihr verbringen mußte,

[2] Sonderart wild lebender Ochsen
[3] Grasplanken

und als er das Dach fertig hatte, setzte er sich in die Hütte, aß und legte sich hin.
Atoq hielt es nicht lange aus, die große Unruhe war über ihn gekommen, die große Unruhe des Jägers; er fühlte, daß Tiere in der Nähe waren, und er streifte den Bogen seines Vaters über den Rücken, nahm die Harpune mit dem Seil in eine Hand und die Flinte in die andere, und dann trat er aus der Hütte heraus und blickte über die Hügel, die mit Felsbrocken übersät waren. Er ging zur Moräne eines Gletschers hinauf, wo er früher mit seinem Vater gesessen hatte, aber hier traf er die Tiere nicht. Er durchstreifte das Gebiet des Gletschers und ging über die Hügel, und am Nachmittag fand er die Tiere in einer schmalen, nebligen Schlucht. Es waren fünf Tiere, er sah das braune Fell des alten Bullen und die schwarzen Felle der beiden Kühe und Kälber. Der Wind war gut.
Atoq ließ sich auf den Boden nieder, verbarg sich hinter einem Felsblock und beobachtete die Tiere: sie bewegten sich langsam, hoben nur selten den Kopf. Plötzlich verschwand der alte Bulle im Nebel, er war offenbar tiefer in die Schlucht hineingegangen. Atoq entschloß sich, zunächst eine der Kühe zu töten. Er verließ sein Versteck und kroch weiter auf die Tiere zu; er mußte, wenn der erste Schuß ohne Risiko abgefeuert werden sollte, näher herankommen, denn der fließende Nebel machte das Auge unsicher. Die Tiere boten außerdem ein schlechtes Ziel, sie hatten sich abgewandt und schienen dem alten Bullen zu folgen, der im Innern der Schlucht verschwunden war. Atoq folgte ihnen, folgte ihnen vorsichtig und langsam, denn er kannte die Klugheit des Moschusochsen und seine Kraft. Und dann erreichte er einen Hügel von Felsbrocken, der ihm Sicht bot und Schutz bei einem Angriff der Tiere von vorn, und Atoq kauerte sich hin und zielte auf eine der schwarzen Kühe.
Der Schuß warf ein dumpfes Echo durch die Schlucht, aber bevor das Echo noch erfolgte, wußte Atoq, daß er gefehlt hatte, denn im Augenblick des Schusses war vor ihm ein Schneehase aufgesprungen; er hatte so dicht vor ihm gelegen, daß Atoq erschrak und den Lauf hochriß. Er war so betroffen davon, daß er den Kopf hob und dem Hasen nachsah, der in wilder Flucht durch die Schlucht stob, er sah dem Hasen nach, bevor er sich um die Wirkung des Schusses kümmerte. Da hörte er sie dröhnend herankommen, und als er die Flinte zum zweiten Mal hob, schoß er auf das erste Tier, er schoß auf das Tier, das ihn als erstes zu erreichen drohte, und er sah, wie es in donnerndem Lauf stürzte, durch die Gewalt des Schusses zu Boden gerissen wurden und sich mehrmals überschlug. Aber die andern kamen näher, sie würden ihn erreichen, bevor er die Flinte zum dritten Mal heben konnte: diesmal wollte er nicht fliehen. Er hatte gesehen, wie die Hunde seines Vaters den angreifenden Tieren auswichen, er hatte sich diesmal auf alles vorbereitet, und er rollte sich blitzschnell von einem Felsblock zum andern und ließ die wütenden Tiere vorbeilaufen. Und Atoq lachte, als sie ins Leere vorbeistürzten, er lachte und

spürte, daß es das Lachen seines Vaters war, mit dem er den Angriff begleitete, das einsame Lachen des großen Jägers. Er sah ihre langen, spitzen Hörner, die starken Nacken, er sah ihre wütenden kleinen Augen und lachte. Aber auf einmal hörte er ihren dröhnenden Angriff von beiden Seiten, und als er zurücksah, entdeckte er den alten Bullen, der in seinen Rücken gelangt war, und Atoq wußte, daß es nur einen Weg für ihn gab: er mußte hinauf auf den Felsen, bevor sie bei ihm waren, er mußte auf den glatten Felsen hinauf. Er warf die Harpune auf die Plattform, sammelte Kraft für den entscheidenden Absprung und gebrauchte den Kolben der Flinte, um sich abzudrücken; der Kolben fand guten Halt, er geriet in eine Spalte, setzte sich fest, aber als Atoq, schon im Sprung, die Flinte nachreißen wollte, ließ die Spalte den Kolben nicht frei. Sie hatte ihn so festgeklemmt, daß er ihn nur senkrecht hätte herausziehen können, und um seinen Sprung nicht zu gefährden, mußte Atoq die Flinte loslassen. Er erreichte die Plattform, warf sich hin und sah zurück; hastig ergriff er die Leine der Harpune und ließ sie zu der Flinte hinab, er wollte die Leine unter den Abzug oder um das Schloß werfen und so versuchen, die Flinte nach oben zu ziehen, aber die Leine blieb am Lauf hängen, und durch eine kurze, heftige Bewegung wurde der Lauf nach hinten gerissen, der Spalt gab den Kolben frei, die Flinte überschlug sich und fiel hinab. Atoq stöhnte, als die Flinte hinabfiel, er beugte sich unwillkürlich weit über die Plattform, und er wäre hinabgesprungen, wenn nicht die Tiere in diesem Augenblick den Fuß des Felsens erreicht hätten.

Er hörte das Schnauben des alten Bullen, sah seinen mächtigen Nacken unter sich und die pulsenden Flanken, und dann sah er, wie der alte Bulle in seinem Zorn auf die Flinte trat, sie mit den Hörnern gegen den Felsen warf und in den Kolben biß, daß es splitterte. Der Mann beobachtete es unbeweglich, doch dann riß er den Bogen von seinem Rücken, nahm einen Pfeil und schoß ihn aus kurzer Entfernung mit aller Kraft in die Seite des alten Bullen, aber der Pfeil traf auf eine Rippe und drang kaum in das Tier ein: der Schaft und über die Hälfte des Pfeiles ragten heraus, und das Tier biß den Pfeil ab und zertrat ihn mit den Hufen. Atoq nahm einen neuen Pfeil, und dieser drang tief und zitternd in die Brust des alten Bullen ein, doch der Bulle stürzte nicht, er zog sich zu den übrigen Tieren zurück, die auf der anderen Seite des Felsens auf einer Klippe standen.

Während Atoq die Tiere beobachtete, stieg er von der Plattform hinab, er mußte in den Besitz der Flinte gelangen, nur mit der Flinte würde er die Schlucht verlassen können, und er sprang auf den Boden. Aber bevor er sich gebückt hatte, hörte er schon ihren donnernden Angriff, und er erklomm sofort wieder die Plattform. Bebend standen sie unter ihm, er hörte ihr Scharren, ihren heftigen Atem, und um Pfeile zu sparen, nahm Atoq Steine und schleuderte sie auf die Tiere hinab, um sie zu vertreiben. Es gelang ihm, sie zogen sich auf die Klippe zurück und warteten. Abermals stieg er hinab,

um die Flinte zu holen, und diesmal hatte er Glück; er ergriff die Flinte am Lauf und brachte sie in Sicherheit; der Kolben war gesplittert, der Lauf verbogen, das Schloß öffnete sich nicht mehr: Atoq, der schlechteste Jäger von Gumber-Land, hatte den Spott nicht hinter sich gelassen.
Aber er gab nicht auf; er war heimlich hinausgegangen, um seinen Namen aus ihren Spottliedern zu tilgen, er hatte diesen Tag lange vorbereitet, hatte mit allem gerechnet, und Atoq, der Jäger des Unglücks, schleuderte die Flinte wieder hinab und lachte, und es war das bittere Lachen seines Vaters. Er blickte in die Schlucht, er sah auf dem Boden der Schlucht das schwarze, schwere Tier liegen, das er beim ersten Angriff getötet hatte, es war seine Beute, Fleisch, das ihm jetzt schon gehörte, obwohl ihm der Zugang noch verwehrt war. Es würde den halben Schlitten füllen, es war genug, um ein Fleischgestell zu bedecken, genug, um dem Mann neue Kraft zu geben. Die Flinte war wertlos, aber er hatte noch Harpune und Bogen, und er stieg von der Plattform hinab, um die Tiere zu neuem Angriff zu reizen. Sie kamen, als sie ihn am Boden erblickten, donnernd heran, der alte Bulle, der den Pfeil in der Brust trug, zuerst, und auf ihn allein richteten sich die Augen des Jägers. Atoq wußte, daß sich die anderen Tiere endgültig zurückziehen würden, wenn er den alten Bullen getötet hatte, und er machte sich einen Plan. Er band das Ende der Harpunenleine um eine Felskante und nahm die Harpune in die Hand, er riß sie hoch, berechnend und kraftvoll, er hielt den schweren Schaft, ohne das Gewicht in seinem Arm zu spüren. Er drehte die eiserne Spitze nach unten und warf, warf mit aller Kraft, und die Harpune schoß herab und verschwand mit der Eisenspitze im Nackenansatz des Tieres. Der Bulle warf seinen Körper zur Seite, aber er strauchelte nicht, er knickte nicht ein, er raste mit den anderen Tieren zur Klippe zurück, schüttelte sich, zerrte, biß in die Leine, aber die elastische Leine aus Seehundsfell riß nicht: das Tier erreichte die Klippe, aber es erreichte sie mit der Harpune im Rücken, und Atoq nahm nun den Pfeil. Er legte den Pfeil auf den Boden und stieg hinab und ging aufrecht und langsam auf die Klippe zu, er sah, daß die schweren Tiere sich zusammendrängten und den Nacken senkten, aber er änderte nicht seinen Weg; er ging auf sie zu, und als sie ihn angriffen, schoß er, und er traf den alten Bullen in den Hals. Er traf ihn im Sprung, und das Tier stürzte und blieb am Fuße der Klippe liegen. Atoq sah, daß auch dieser Pfeil nicht tödlich gewesen war, das Tier mußte sich einen Fuß gebrochen haben, jetzt hatte er gewonnen. Er rollte sich hinter einen Felsen und ließ die Angreifer ins Leere stürzen, und als er ihnen nachblickte, sah er, daß sie auf einen neuen Angriff verzichteten: sie wandten sich nicht um, sie verließen die Schlucht, sie ließen ihn allein.
Atoq tötete den alten Bullen, und nachdem er ihn getötet hatte, erkannte er, wer vor seinen Füßen lag; es war der, den sie Agdliartortoq nannten, »den ständig Wachsenden«, er war der, den schon viele Jäger ergebnislos gejagt hatten, das größte und stärkste Tier, das sie alle kannten und von dem sie mit

schaudernder Ehrfurcht sprachen. Er hatte einige ihrer Leute getötet, er hatte selbst Atoqs Vater in Verlegenheit gebracht, den großen Jäger.
Obwohl der Kampf den Mann erschöpft hatte, begann er mit der Arbeit. Er wollte das Fleisch nicht über Nacht in der Schlucht liegen lassen, und er lud sich, soviel er jeweils tragen konnte, auf den Rücken und brachte das Fleisch zur Hütte. Er ging mehrmals, obwohl er sehr erschöpft war, er gönnte sich keine Rast und lief immer wieder von der Schlucht zur Hütte, und auf seinem letzten Weg nahm er die mächtigen spitzen Hörner des Bullen mit und die wertlose Flinte.
Atoq war am Ende seiner Kraft, aber eine Gewißheit erfüllte ihn: er wußte, daß sie seinen Namen aus den Spottliedern tilgen würden, sie mußten es tun, denn er hatte ihren Spott für alle Zeit widerlegt. Und er warf die mächtigen Hörner in die Hütte und schichtete das Fleisch vor der Mauer auf und bedeckte es mit großen Steinplatten; es waren Steinplatten, die schon sein Vater zum Zudecken des Fleisches benutzt hatte, sie waren groß und schwer zu bewegen, und als Atoq mit der Arbeit fertig war, brach die Nacht herein.
Es war keine entschiedene Nacht, ein stumpfes Licht lag über der Hütte, und wenn Atoq durch das Guckloch sah, hatte er den Eindruck, daß es Tag sei, zaghafter Tag unter diesem toten Himmel. Doch er wußte, zu welcher Zeit er aufgebrochen war und was er getan hatte, und er breitete die Felle auf dem Boden der Hütte aus, verbaute den Eingang mit Steinen und legte sich hin. Er spürte nichts als das dumpfe Glücksgefühl der Erschöpfung. Er rollte sich zusammen, schob den Arm unter die Wange, und während er tief und gleichmäßig atmete, wartete er auf den Schlaf, aber er konnte nicht einschlafen. Und nach einer Weile öffnete er die Augen und tastete mit der Hand hinter sich, wo die Hörner des alten Bullen waren: er berührte sie, und dann legte er sich auf den Rücken und blickte durch das Guckloch, blickte hinauf in den winzigen Ausschnitt des Himmels und dachte an seinen Vater. Er erinnerte sich, daß auch sein Vater nach der Jagd nie hatte schlafen können; wenn er selbst erwacht war, hatte er den alten Jäger in einem Winkel hocken sehen, schweigend und in ungeduldiger Erwartung des Lichts; nie hatte er ihn anzusprechen gewagt, er hätte auch nie eine Antwort erhalten. Atoq erinnerte sich daran.
Plötzlich hörte einen knirschenden Schritt, und dann hörte er ein Rollen und Kratzen und gleich darauf ein mahlendes Geräusch von Zähnen. Er sprang auf, ergriff den Bogen und trat an das Guckloch, und innerhalb der Mauer, so nah, daß er ihn fast berühren konnte, sah Atoq einen Eisbären. Es war ein riesiges, mageres Tier, dessen Fell in dem stumpfen Licht einen grünlichen Schimmer hatte. Atoq sah, wie der Bär en großes Stück von der Schulter des alten Bullen aufhob und gierig zu kauen begann. Der Geruch des Fleisches mußte ihn zur Hütte geführt haben, vielleicht kannte er den Platz noch aus der Zeit, da Atoqs Vater hier sein Fleisch zugedeckt hatte. Es war ein altes

Muttertier, das sah Atoq sofort. Doch während er den einzelnen Bären beobachtete, hörte er von einer anderen Seite heftiges Kratzen, und als er an das zweite Guckloch trat, entdeckte er vier Bären, die die Steinplatten hochzuheben versuchten. Sie waren durch ein Loch in der Mauer zu dem Fleischplatz vorgedrungen, durch ein Loch, das auszubessern Atoq nicht für notwendig gehalten hatte, da er nur wenige Nächte in der Hütte hatte verbringen wollen. Die Bären wälzten die Steine zur Seite und verschlangen das Fleisch, das sie fanden, und Atoq lief von einem Guckloch zum anderen und sah, daß er verloren war. Er konnte die Flinte nicht mehr gebrauchen; wenn die Flinte tauglich gewesen wäre, hätte er die Bären vertreiben können, er hätte sich mit ihr sogar aus der Hütte gewagt, aber mit der Harpune allein und dem Bogen konnte er nichts ausrichten, die Bären hätten ihn zerrissen. Er legte einen Pfeil auf, hob die Spitze durch das Guckloch, zielte und schoß. Er schoß zuerst auf das Muttertier, weil er glaubte, daß sich mit ihm auch die beiden jungen Bären entfernen würden, die er auf der anderen Seite entdeckt hatte; der Pfeil schwirrte durch das Guckloch und traf den langen Nacken des Muttertieres, doch er traf ihn ohne wesentliche Kraft. Der Bär brummte wütend auf, ließ das Fleischstück fallen und sah sich um, und dann kam er so nah an das Guckloch heran, daß Atoq ihm mit dem Messer einen Stich beibringen konnte, keinen entscheidenden Stich, aber der Bär war gewarnt. Er ließ das Fleischstück liegen und trottete zu den anderen Bären hinüber; sie standen jetzt in einem Winkel, in den Atoq keinen Pfeil hineinschießen konnte, der Schaft wäre gegen die Kante des Guckiochs gestoßen, und das hätte dem Pfeil eine andere Richtung gegeben. Die Bären sahen lauernd zur Hütte herüber, sie hatten gemerkt, daß ihnen von dorther eine Gefahr drohte, aber sie waren nicht bereit, das Fleisch aufzugeben; nach einer Weile lauernden Abwartens holten sie ihre Fleischstücke, zogen sich außerhalb der Mauer zurück und schlangen weiter. Atoq hörte das scharfe Mahlen ihrer Zähne.
Er hatte nicht das ganze Fleisch zur Hütte gebracht, er hatte nur die besten und tragbaren Stücke genommen, das andere hatte er in der Schlucht zurückgelassen. Er wußte, daß am nächsten Tag kaum etwas davon zu finden sein würde, die Füchse würden dafür sorgen, die Raben und vielleicht auch andere Bären, die der Geruch anzog. Das Fleisch, das Atoq an der Hütte zugedeckt hatte, wäre gerade genug gewesen für seinen Schlitten, er hätte ihn so damit beladen können, daß die Flinte, wenn er sie obenauf gelegt hätte, in Höhe der Augen gewesen wäre, so wie er es sich vorgestellt hatte. Hastig versuchte er die Menge des Fleisches nachzurechnen, die ihm, seiner Meinung nach, verblieben war; er hatte fünf Bären gezählt und wenn sie nicht allzuviel forttrugen, mußte noch etwas für ihn bleiben, genug, damit er zumindest ein Fleischgestell bedecken könnte, und er überprüfte vom Guckloch aus die Steinplatten. Er konnte nur noch zwei erkennen, die noch nicht abgedeckt waren, zwei kleine Steinplatten in der Nähe des Eingangs, und an ihnen hing

das dauernde Urteil des Spottes; er mußte verhindern, daß die Bären die letzten Steinplatten abdeckten, er war bereit, alles zu tun. Er beobachtete die Tiere in dem stumpfen Licht, ihre grünlich schimmernde Erscheinung; er ließ keine ihrer Bewegungen aus dem Auge, und er stand unentwegt am Guckloch, Atoq, der schlechteste Jäger von Gumber-Land.
Und jetzt sah er, wie sich das Muttertier mißtrauisch naherte, er sah die kleine schwarze Nase und den langen, schwankenden Nacken: das Tier kam auf den Eingang zu, näherte sich den letzten Steinplatten. Atoq ergriff einen Stock und bewickelte ihn mit einem Tuch, es war ein Fackeltuch, das er für die Nacht bereit gelegt hatte, und als er die Fackel hergestellt hatte, zündete er sie an. Sie brannte gut, und der Mann bückte sich in ihrem Schein und öffnete den Eingang zur Hütte um einen Spalt, dann nahm er die Harpune, und mit Harpune und Fackel trat er aus der Hütte heraus. Der Bär stand kurz vor ihm, es war ein riesiges Tier, er richtete sich sofort auf, als er den Mann erblickte, er war bereit zu kämpfen. Atoq schleuderte die Harpune, aber in der Sekunde, da er sie schleuderte, ließ sich der Bär zur Seite fallen, und die Harpune streifte nur seinen Schenkel. Der Bär erhob sich sofort wieder, um anzugreifen, es sah aus, als wollte er Atoq mit seinem Gewicht erdrücken, aber da warf der Mann die Fackel, und die brennende Fackel traf die Brust des Bären; das Tier prallte zurück, ließ sich hinab und verschwand brummend hinter der Mauer.
Jetzt kamen die anderen Bären heran, die brennende Fackel hielt sie nicht ab, sie kamen durch das Loch in der Mauer, und Atoq war gezwungen, in die Hütte zurückzuweichen und den Eingang zu verbauen. Er hielt das Messer in der Hand und stand unmittelbar neben dem Eingang, und plötzlich sah er, wie ein Stein sich bewegte und herabfiel, er wurde von außen heruntergestoßen, und im gleichen Augenblick erschien eine breite, grauweiße Tatze in der Öffnung: jetzt stach Atoq zu. Er stieß das Messer mit voller Kraft in die Tatze, das Messer durchstieß sie und traf mit der Spitze gegen den unteren Stein, und der Bär zog die Tatze heftig zurück und brummte wütend. Atoq wartete; er glaubte, daß sie nun versuchen würden, in die Hütte einzudringen, er machte sich auf alles gefaßt, aber die Bären waren gewarnt, sie waren zu feige oder auch zu satt, und es erschien keine Tatze mehr in der Öffnung. Der Mann schloß die Öffnung wieder und stellte sich an das Guckloch; die Fackel brannte noch immer, sie erhellte den Schnee und den Umkreis der Hütte mit einem violetten Licht, und in diesem Licht bewegten die Bären die letzten Steinplatten zur Seite, holten das Fleisch heraus und trugen es fort. Atoq sah sie über den Hügel davontrotten, in schaukelnder Reihe, er sah ihnen bewegungslos nach. Er empfand bereits die Lähmung des Spottes, das unauslöschliche Urteil, das zu tilgen ihm nicht gelungen war, und er brach neben dem Eingang zusammen.
Als er erwachte, herrschte ein anderes Licht; er trat aus der Hütte hinaus,

blickte gleichgültig über die Reste des Fleisches, die die Bären zurückgelassen hatten; er holte den Schlitten hinter der Mauer hervor und trug die Flinte heraus, den Bogen und die zersplitterte Harpune, und dann ging er noch einmal in die Hütte und trug die Hörner des alten Bullen zum Schlitten. Langsam glitt er über die Hügel zurück, der Jäger des Unglücks, stieß den Schlitten ohne Eile vorwärts; schweigend und ohne Trauer fuhr er unter dem toten Himmel heimwärts. Er hatte ihren Spott nicht widerlegt, sie würden weiterhin seinen Namen in ihren Spottliedern nennen, sie würden, da sie nun wußten, daß er unterwegs war, seine Heimkehr mit Spott bedenken, aber er mußte zurück, er mußte auf eine neue Chance warten.

Und dann glitt er über den großen Farnkrautberg, und er sah sie schon von weitem am Eingang stehen und ihm entgegenblicken, doch Atoq bremste nicht die Fahrt. Er fuhr mitten zwischen ihnen hindurch, er stieß den Schlitten durch ihr Spalier, den Schlitten, auf dem die wertlose Flinte lag, die zersplitterte Harpune und die Hörner des alten Bullen; er fuhr, der besiegte Jäger von Gumber-Land, mitten zwischen ihnen hindurch. Er blickte nur auf den Weg, und die ihn empfingen und auf seinen Schlitten sahen, sprachen nicht, sie schwiegen.

THEODOR WEISSENBORN

Der Sprung ins Ungewisse

Von außen fiel kein Licht in den Raum. Im Flackerschein der auf dem Boden angeklebten Kerzen lastete das Gewölbe des Kellers über den Mitgliedern der Bande und über Martin. Der Straßenlärm, gefiltert durch die meterdicken Mauern der ehemaligen Brauerei, drang dumpf herein wie das Tosen eines unterirdischen Stroms.

Martin stand, die Hände im Rücken verkrampft, an der Wand – er fühlte die Feuchtigkeit des Salpeters an seinen Händen – und starrte in das Gesicht des Boß, das kalkweiß, von Schatten überspült, auf ihn zukam. Er grub die Fingernägel in seine Handflächen: Nein, er würde es nicht sagen.

Wieder kam die Stimme des Boß, lauernd, erregt: »Nun, warum bist du nicht erschienen?« Und drohend, heiser: »Ich frage zum letzten Mal!«

Martin schwieg. Er konnte, durfte Mutter nicht erwähnen. Alles konnte er sagen, nur das nicht. Er wußte, was sie von ihm hielten seit der Turnstunde damals ... Oh, er hatte kommen wollen! Er hatte ihnen beweisen wollen, daß er Mut hatte! Seit damals hatte er auf diese Gelegenheit gewartet. Gestern hätten sie ihn aufgenommen. Er hätte bestanden. Aber Mutter – er konnte ihr nicht widersprechen, seit er das wußte ... (»Wissen Sie schon«, sagte Frau Strelow im Treppenhaus, »mit Frau Neumann? Es ist unheilbar.« Und Frau

Jansen sprach es aus: »Krebs?«) Jetzt wußten es alle im Haus. Und Vater wußte es und Martin. Nur Mutter wußte es nicht. Er sah sie auf der Couch liegen unter der Decke mit den braunen Mäandern, »Martin, du mußt mir helfen heute nachmittag: spülen, einkaufen . . . Fine ist nicht gekommen, und Dr. Stocken kommt heute abend zu Besuch.« Mutter verstand sonst alles. Aber wenn er gesagt hatte: »Laß mich gehn, bitte! Sie wollen mich in den Klub aufnehmen«, so hätte sie als erstes gefragt: »Ist dieser Conny dabei? Du weißt, ich will nicht, daß du mit ihm verkehrst.« Und Conny war der Boß.
»Schön, du willst nicht«, sagte der Boß, »dann also Tortur. He, G 3 und G 4! Tortur, erster Grad!«
Paul und Gerd, die unter ihren Kennziffern Angerufenen, sprangen auf, packten Martin an den Handgelenken, stießen ihn mit den Knien gegen die Oberschenkel, drei-, vier-, fünfmal mit aller Kraft. Als sie ihn losließen, waren seine Beine taub, er mußte sich gegen die Wand lehnen. Der Boß grinste. Wieder kam seine Stimme, in verhohlenem Triumph: »Nun, warum bist du nicht gekommen?«
Martin biß sich auf die Lippen und gab keine Antwort. Er kannte ihre Einstellung. Ein Gangster, der Geschirr spülte, mit dem Einkaufsnetz über die Straße ging, war unmöglich. Er konnte vielleicht Zeitungen austragen, morgens vor der Schule, um Geld zu machen, aber spülen . . .
»Tortur, zweiter Grad!« befahl der Boß. »G 5 und G 6!«
Während Paul und Gerd Martins Handgelenke umklammerten, schnürten Gerold und Hann mit einem Riemen seine Füße zusammen. Dann faßten sie sein Haar über den Schläfen zwischen Daumen und Zeigefinger und zogen nach oben. Martin keuchte und stellte sich auf die Zehen, um den Schmerz abzufangen. Der Schmerz war betäubend. Und es gab kein Entkommen. Sie hatten ihn gepackt nach der Schule, wortlos, und mitgezerrt an ihren Versammlungsplatz. Er war der Schwächste in der Klasse. Mit keinem von ihnen hätte er es aufnehmen können. Aber hatten sie darum ein Recht, ihn zu quälen, bei jeder Gelegenheit? Sie sollten ihn in Ruhe lassen! – Draußen schien jetzt die Sonne. Wenn er in seinem Zimmer war, froh, allein zu sein, sah er vom Fenster aus hinab auf den Schwanenspiegel, auf die blinkende, grünblaue Wasserfläche mit den dahingleitenden dickbäuchigen Ruderbooten, das Terrassencafé am Ufer mit seinen weinroten, orangefarbenen, violetten Sonnenschirmen, das Silberschimmern der Pappeln – Tassengeklapper, Lachen, Zurufe der Ruderer, das Knirschen der Riemen in den verrosteten Lagern schallte über die Wipfel herauf, der Duft der Linden wehte herein, und am Abend, wenn sie Lampions anzündeten . . .
» ›Erscheinen unter allen Umständen!‹ stand auf unserer Nachricht«, sagte der Boß, und, mit zusammengekniffenen Augen: »Ich verlange absoluten Gehorsam! – Schlechter Start für dich, mein Lieber.«
Martin hatte den Zettel noch in der Tasche: ein Blatt, aus einem Rechenheft

gerissen, das sie ihm in der Mathematikstunde zugeschoben hatten, mit der Aufschrift: »Betr. Ihr Gesuch um Aufnahme. Erscheinen Sie heute Nachmittag um 3 Uhr auf dem Trümmergrundstück Cassiusstraße 5 zwecks Ablegung der Mutprobe. Erscheinen pünktlich und unter allen Umständen! Die ›Tiger der Nacht‹, gez. Conny Smeets (Boß).« Darunter mit Tinte, zum Rand hin verwischt, der Daumenabdruck des Boß, und das Ganze umrahmt von einem Fries von Totenköpfen und gekreuzten Knochen. Das Wort »Nachmittag« in der Verbindung mit »heute« war groß geschrieben.

»Ich konnte nicht kommen!« stieß Martin hervor – der Schmerz an den Schläfen war unerträglich –, »ich konnte einfach nicht!«

»Aufhören!« sagte der Boß. Die andern traten von Martin zurück.

»Du hast Schiß gehabt. Du bist ein Feigling«, sagte der Boß.

»Denk, was du willst!« sagte Martin. Er wischte sich mit dem Ärmel über die Stirn, der Schmerz hatte ihm den Schweiß aus den Poren getrieben. – Ob sie ihn jetzt gehen ließen?

»Schön«, sagte der Boß, »ich geb' dir noch eine Chance.« Er holte Zigaretten und Streichhölzer aus der Hosentasche, steckte sich eine Zigarette an und sagte grinsend: »Wir werden die Mutprobe nachholen. Jetzt.«

Martin atmete tief ein. Er wußte nicht, was sie mit ihm vorhatten. Aber es war eine Chance. Er würde die Probe bestehen, und sie würden keinen Grund haben, ihn weiter zu quälen.

»Alles herkommen!« befahl der Boß, und, zu Martin gewandt: »Du bleibst da stehen!«

Während die »Tiger« sich um den Boß scharten und tuschelten, stand Martin allein und wartete. Nein, sie würden es ihm nicht leichtmachen. Aber er wollte es ihnen zeigen! Endlich würden sie ihn anerkennen. Es hatte alles damit angefangen, daß er Conny für die Berichtigung sein Deutschheft geliehen hatte, das Heft, in dem sein Gedicht lag, das er in den Ferien bei Onkel Bernhard gemacht hatte, an dem Abend, als Mutter spät in der Dunkelheit mit ihm durch die Felder gegangen war. Die Kühe, die wiederkäuend auf der Weide lagen, sprangen auf, als sie lautlos auf dem hellschimmernden, sandigen Weg herankamen, galoppierten mit dumpfem Hufschlag schwerfällig neben ihnen her, den Zaun entlang, und als sie schon weit weg waren, standen sie noch auf der Hügelkuppe am Ende der Weide, schwarz vor dem silbergrauen Nachthimmel, unbeweglich, und sahen ihnen nach . . . Conny hatte das Gedicht gefunden. In der Pause hatten sie ihn umlagert, Kopf an Kopf, eine johlende, brüllende Menge. »Dichter! Dichter!« Von einer Ecke des Schulhofs zur andern hatten sie ihn verfolgt, die aus der Parallelklasse waren hinzugekommen, es war ein Schauspiel ohnegleichen. Beim Hinaufgehen zerrten sie ihn vor das Schwarze Brett. Da hing sein Gedicht, sein Nachtlied, zwischen der Ankündigung des Elternsprechtags und den Ergebnissen des Sportfestes . . .

Die Stimme des Boß riß ihn jäh aus seinen Gedanken: »Die Mutprobe lautet: ›Der Sprung ins Ungewisse‹.«
Martin fühlte sein Herz schlagen. Er wußte nicht, was sie ausgeheckt hatten. Man mußte anders sein, wenn man mit ihnen auskommen wollte. Man durfte nicht dichten. Was verstanden sie von Stimmungen, Farben, Klängen, Gerüchen . . .? Das verstand nur Mutter. – Aber sie waren stärker. Man mußte sich gut mit ihnen stellen.
Rolf verband ihm die Augen mit einem Fetzen Sackleinen, in der Dunkelheit, die ihn jäh umgab, hörte er den Befehl des Boß: »Los! Tragen!« – Bald hab' ich's geschafft, bald, dachte er. Aber zugleich stieg Angst in ihm auf. Jemand packte ihn unter den Armen, ein anderer faßte seine Füße, sie trugen ihn. Er lauschte. Nichts war zu hören als das Keuchen der Träger, das dumpfe Tosen des Straßenlärms von ferne und das Geräusch von Schritten, vieler Schritte, der Schritte der »Tiger«, die das Geleit gaben. Es ging eine Treppe hinauf, der Straßenlärm schien näher zu kommen, die Schwärze vor seinen Augen hellte sich auf, sie mußten jetzt im Tageslicht sein. Die Schritte hallten wider. Sand knirschte unter Schuhsohlen, das mußte der Betonboden der Maschinenhalle sein, in die sie aus dem Keller heraufgestiegen waren. Wieder wurde es heller. Ein warmes Rot drang durch das Tuch auf ihn ein, Sonnenlicht. Er spürte es auf seinen Armen und Beinen. Vogelruf ringsum, Autohupen, nun deutlich erkennbar aus der Vielfalt der verworren aus der Ferne hereindringenden Geräusche der Stadt, Kollern von Steinen, Schutt, nun wußte er nicht mehr, wo er war. Das Licht verblaßte wieder. Eine Eisentreppe erklang, ein Treppenabsatz, Beton, wieder Eisenstufen, die Schritte der andern waren nicht mehr zu hören. Rot flutete aufs neue über seine Augen, endlich wurde er abgesetzt. Man stützte ihn, bis er stand, faßte ihn an den Schultern, drehte ihn in eine bestimmte Richtung. Von irgendwoher kam die Stimme des Boß: »So stehen bleiben! Nicht von der Stelle rühren, eh ich es sage! Aufgepaßt! Einen halben Meter vor dir ist ein Abgrund. Du weißt nicht, wie tief. Verfolger sind hinter dir. Der Sprung ins Ungewisse ist deine einzige Rettung. Ich zähle bis drei. Bei ›drei‹ springst du! Verstanden?«
Martin nickte. Er spürte, wie sein Magen sich zusammenkrampfte, es war das gleiche Gefühl wie damals in der Turnstunde, als er aufgestemmt am Reck hing, diese nicht enden wollenden Sekunden lang, die Riege im Rücken, die weißgekalkten Wände der Halle ringsum, die Decke über sich, behangen mit leise schwingenden Ringen – Barren, Pferde, Böcke in den Ecken, Folterinstrumente, eigens erfunden, ihn zu quälen. »Überschlag!« befahl Dr. Hölzel. Martin zögerte und blickte starr geradeaus. Nun waren schon alle aufmerksam geworden. Er spürte ihre Blicke im Rücken, gleich würden sie lachen. – Warum mußte der Mensch Haltungen einnehmen, in denen er mit dem Kopf nach unten hing? Es gab keinen erklärbaren Grund dafür. Irgend jemand hatte es ausprobiert, seitdem mußten es alle können. Und alle konnten es,

außer Martin. Es war ihm zuwider. Jedesmal wurde ihm fast schlecht vor Angst. Seine Hände schwitzten und klebten am Eisen der Stange, Dr. Hölzel faßte ihn an den Füßen. »Los! Einfach kippen lassen!« Plötzlich kam der Boden, die Kokosmatte auf ihn zu, die rückwärtige Wand war auf einmal vor ihm, durchfuhr blitzschnell sein Blickfeld, und schwach, halb unterdrückt, kam sein Schrei: »Mutter!«, ausgestoßen wie in Todesangst und gleich überbrüllt von den Zurufen der andern: »Feigling! Muttersöhnchen!«
Wie damals spürte er jetzt den Druck auf seinem Magen, den Schweiß in seinen Handflächen. »Er muß sich durchsetzen«, hatte Vater gesagt. Mehr als einmal hatte er das gehört. – Ich werde mich durchsetzen! dachte er. Was ich jetzt mache, tu ich freiwillig, damit –
»Du kannst noch einen halben Schritt vorgehn!« rief der Boß. Seine Stimme schien von unten zu kommen. Martin tastete sich mit den Füßen nach vorn. Der Boden war eben und aus Stein. Dann stieß sein Fuß ins Leere. Er fühlte mit der Fußspitze nach, der Boden brach geradlinig vor ihm ab. Vielleicht stand er auf einer Mauerkrone, drei, vier, fünf Meter hoch? Wie sah es unten aus? War Wasser da, Gebüsch, Schutt?
»So, Dichter, jetzt laß sehn, was du kannst!«
Martin keuchte. Ich will nicht – ich will nicht, dachte er. – Oh, sein Zimmer jetzt in der Nachmittagssonne, die Boote auf dem Wasser, die Stimmen der Ruderer–
»Ich kommandiere!« rief der Boß.
Wenn er nun sehr hoch stand! – Wenn ihm nun etwas passierte – wenn sie – wenn sie es wollten! – Sie würden weglaufen – keiner von ihnen hatte ihn gesehen – und er – und Mutter . . . Nein, nicht springen – nicht –
»Eins . . .«, zählte der Boß.
Wie sie triumphieren würden, wenn er nicht sprang!
»Zwei . . .«
Nein! Dieser Triumph mußte *ihm* gehören. Er würde springen. Er würde sie besiegen, dies eine Mal, was immer sie auch mit ihm vorhatten. – Er widerstand der Versuchung, in die Hocke zu gehen, damit der Sprung nicht so tief sein sollte – was würde das schon ändern –, straffte sich und stand, mit den Füßen wippend, aufrecht auf der Kante.
»Drei!«
Abstoß, die Arme fliegen nach vorn, Wind saust an den Ohren – Mutter, die Decke mit den braunen Mäandern, »Er muß sich durchsetzen!«, Sonnenschirme, rot, blau, gelb, Lampions – jäh der Aufprall. Die Wucht reißt ihn nach vorn. Er fängt den Sturz mit den Armen ab, da dringen Schneiden in seine Handflächen, scharf und stechend. Blut läuft warm über seine Handballen, das Tuch herunter! Licht!
Ringsum hockten die »Tiger« im Gras. Martin sah umher. Sie befanden sich im Garten hinter einer Ruine. Er war von einem Balkon der ersten Etage

gesprungen. Zwei oder drei Meter tief. Dann begegnete er dem Blick des Boß.
»Hallo, Conny«, sagte er, zaghaft lächelnd, noch klopfenden Herzens. Der Boß betrachtete ihn nachdenklich und kaute auf seinen Lippen. Er lächelte nicht zurück.
»Das war geleistet«, sagte Rolf.
»Halt die Schnauze!« sagte der Boß. Er blickte Martin lauernd an und sagte langsam: »Ich mache das Bestehen der Probe noch abhängig von einer Bedingung: Du wirst jetzt sagen, warum du gestern nicht gekommen bist.«
»Aber das hat doch mit der Mutprobe nichts zu tun«, sagte Rainer. »Ich finde, er ist gesprungen, das genügt.«
»Schnauze!« sagte der Boß, und, zu Martin gewandt: »Nun?«
Martins Lächeln erstarb. Nie würden sie ihn in Ruhe lassen. Alles würde so bleiben, wie es gewesen war. Er spürte den Schmerz in seinen Handflächen. Die Stelle, an der er aufgesprungen war, war mit Flaschenscherben besät. Sie hatten Flaschen zerschlagen und die Scherben verstreut, damit er hineinspringen sollte. Er leckte das Blut ab, das über seine Handflächen lief, nahm sein Taschentuch, wickelte es um die Linke und preßte die Rechte darum. Als Rainer ihm eine Rolle Leukoplast hinhielt, stieß er seinen Arm zurück. »Laß mich!« sagte er. Jäh überstürzt von Zorn, hob er den Kopf, blickte in das Gesicht des Boß, machte einen Schritt auf ihn zu und sagte mit bebenden Lippen, in der Helligkeit des Lichts, das auf ihn eindrang: – »Ich verzichte auf die Aufnahme.«
Der Boß duckte den Kopf und kniff die Augen zusammen.
»Du hast nicht bestanden«, sagte er.
»Natürlich hat er bestanden«, sagte Rolf.
Martin wandte sich ab. Er stieg auf den Schuttberg – drüben, am Eingang des Kellers, lag noch seine Schultasche –, sekundenlang stand er oben auf dem Schutt, das Gesicht zur Straße gewandt, überflutet vom jähen Gefühl seiner selbst, sog die Luft ein, hörte die andern unten palavern und wußte, daß er bestanden hatte. Der Klub – wie unwichtig war das auf einmal!
»Hau schon ab! Du hast nicht bestanden!« brüllte der Boß hinter ihm; er hob einen halben Backstein auf und schleuderte ihn nach Martin, aber der Stein traf nicht.
Martin stieg den Schuttberg hinab in den Hof der Brauerei. Autohupen, das Bimmeln der Straßenbahn schallte herüber, die Sonne flimmerte weiß auf den umherliegenden Betonstücken, die Vögel sangen in den Holunderbüschen, der Himmel war an diesem Nachmittag von bestürzender Klarheit und einem Blau, wie es sich in der Mittagszeit auf ruhig im Glanz der Sonne daliegenden Wasserflächen spiegelt. Jetzt mußte es schön sein am Schwanenspiegel, wo die Boote dahinglitten in der Hitze und die Stimmen der Ruderer leise geworden waren. Er würde allein sein wie immer, und sie würden ihn verspotten. Aber er hatte keine Angst mehr.

Als er die Moltkestraße hinabgegangen war, und, die Schultasche unter den Arm geklemmt, die schmerzenden Hände zu Fäusten geschlossen, bei Dickels Eisdiele an der Ecke stand, hörte er seinen Namen rufen. Rolf und Rainer kamen hinter ihm die Straße herabgelaufen. »Martin! – Martin!« riefen sie, »warte mal!«

ANNETTE RAUERT

Der Schritt zurück

Er stand ganz am Rand. Unter ihm die gleißende Wasseroberfläche. Wie geschmolzenes Blei sah es aus. In seinen Schläfen hämmerte es. Er hatte Angst, nackte Angst. Hinter sich hörte er die Stimme seines Trainers: »Spring!« Das Pochen nahm zu, gleich mußte es seinen Kopf sprengen. Zwischen ihm und der Wassermasse gab es nur dieses kleine schwankende Brett, zehn Meter hoch.

Leute starrten nach oben. Sie warteten. Ihre Gesichter waren feindlich. Trotzdem fühlte er sich ihnen verpflichtet. Er mußte springen, damit sie ihre Sensation bekamen. Er fühlte, daß er es nicht schaffen würde. Er war noch nicht soweit. Aber er mußte beweisen, daß er ein Mann war. Lieber tot sein, als sich vor diesen Gesichtern blamieren. Nur noch ein paar Sekunden atmen, dachte er, mehr verlange ich gar nicht. Er blickte nach unten. Warum lächelte niemand. Lauter gespannte weiße Ovale mit harten Augen. Sie wissen, daß ich es nicht kann. Es wurde ihm schlagartig klar. Sie wissen, daß etwas passieren wird. Warum rief ihn niemand zurück?

Plötzlich tauchte ein neuer Gedanke in seinem Gehirn auf. Hatten so die Leute ausgesehen, die einer Hinrichtung beiwohnten? Waren ihre Augen so hart, so unbeteiligt gewesen? Ich bin doch einer von ihnen, wieso rufen sie mich nicht zurück? Sie wollen, daß ich mich selbst vernichte für sie. Sie verlangen, daß ich meine Angst bestrafe. Aber was werden sie nachher tun? Wenn es passiert ist, will niemand etwas dafür können.

In ihm kam das Bedürfnis auf zu schreien, die Menschen da unten aus ihrer Starre zu schreien. Sie sollten nicht das Recht haben, schuldlos an seinem Unglück zu sein. Wenn sie geschrieen hätten, die Opfer der Millionen Hinrichtungen, sie hätten ihnen dieses Recht genommen. Die Übelkeit in seinem Magen verstärkte sich, nicht mehr aus Angst, sondern aus Ekel vor der Feigheit der Masse da unten. Er hätte ausspucken mögen. Stumm, wie eine Herde blöder Schafe standen sie da unten und warteten.

Aber wenn er jetzt sprang und sich für ihre Gier opferte, war er dann nicht auch so feig wie sie? Ein Schritt nur, ein Schritt. Er war so einsam. Hätte ihn

jetzt jemand gerufen, wäre noch alles gut gegangen, aber sie schwiegen. Seine Verachtung stieg ins Unermeßliche.
Er forschte in seinem Gewissen. Wenn er sprang, war irgend etwas damit erreicht? Tat er damit etwas Falsches? Etwas Richtiges? Er wußte, was er tun sollte, warum sträubte er sich dagegen? Aber war das Springen heldenhaft, hatte es einen Sinn? Ein Schritt nur! Sein Fuß schob sich langsam vor. Dann ging ein Ruck durch seine Gestalt. Er richtete sich auf und drehte sich um. Ganz bewußt. Seine Unsicherheit war von ihm gewichen, der Druck, der auf ihm lastete, verschwand. Langsam kletterte er die Leiter hinab und schritt durch die starre Gruppe.
Zum ersten Mal in seinem Leben trug er den Kopf hoch. Er begegnete den Blicken der anderen mit kühler Gelassenheit. Keiner sprach ein Wort oder lachte gar. Er fühlte sich so stark, als hätte er gerade die wichtigste Prüfung in seinem Leben bestanden. Er spürte so etwas wie Achtung vor sich selbst. Eines Tages würde er auch springen, das wußte er plötzlich.

JOSEF REDING

Die Mutproben der Mallingroths

Das Kind schrie, als Norbert es von der grünen Plastik-Giraffe fortriß. Dann waren andere, grellere Schreie da: Autoreifen radierten scharf über Bürgersteigplatten. Stahlblech kreischte mit häßlichem Lärmschwall eine Hauswand entlang.
Die Stille danach dauerte an. Der Schrekken hatte das Schreien des Kindes piepsig gemacht und dann ganz erstickt. Das langhalsige Spieltier des Kindes lag zerquetscht auf dem staubigen Beton. Das Auto stand quer über dem Gehweg, ein Vorderrad im Rinnstein. Am Heck war ein großer Placken des weinroten Lacks abgesprungen. Die Blechflanken hatten durch mehrere Dellen ihre Eleganz eingebüßt. Jetzt sah der Wagen nicht mehr flink und kraftvoll aus wie seine Artgenossen auf der Fahrbahn. Plump lag er da; ein großer Fisch, den die Brandungswelle auf den Felsstrand geworfen hat. Zögernd wagten sich wieder Geräusche vor. Ein Mann fragte: »Alles in Ordnung, Junge?«
Norbert nickte und ließ das Kind, ein etwa dreijähriges Mädchen, behutsam hinunter. Er hob die plattgedrückte Giraffe auf und hielt sie dem zitternden Kind hin. Das Mädchen nahm die Faust vor den Mund, schüttelte heftig den Kopf und lief fort.
Am Auto öffnete sich quietschend eine verklemmte Tür. Ein junger Mann kletterte heraus. Sein Gesicht war hochrot und glänzte vor Schweiß. Ein

älterer Herr folgte ihm. »So einen geistigen Spätzünder wie Sie habe ich in meinen ganzen dreißig Berufsjahren noch nicht am Lenkrad gehabt!« schimpfte der Ältere. Danach wurden seine Lippen schmal und starr.
»Aha, Fahrschule!« sagte ein Polizist. »Noch mal Glück gehabt, die Herren! Die Papiere, bitte!«
»Glück gehabt? Nee, Herr Wachtmeister. Wenn der Junge nicht zugepackt hätte, dann läge das Mädchen jetzt . . .!« Die Frau mit der überquellenden Einkaufstasche verschluckte ihre letzten Worte und zeigte auf die zerdrückte kleine Giraffe in Norberts Händen.
»Also der Reihe nach«, mahnte der Polizist. »Zuerst der Junge hier. Wie heißt du?«
»Norbert Mallingroth.«
»Aha! Hat dein Vater die Heißmangel, zwei Straßen weiter?«
»Ja.«
»Aha«, sagte der Polizist. Aha war offenbar sein Lieblingswort. »Jetzt schildere mal den Hergang des Unfalls.«
Der Polizist hatte ein geöffnetes Notizbuch in der Hand. Er zielte mit dem Kugelschreiber auf die linke obere Ecke des leeren Blattes.
»In dieser Straße ist wenig Verkehr«, sagte Norbert. »Da ist mir das Auto mit dem roten Schild Fahrschule gleich aufgefallen. Es stand mitten auf der Straße. Plötzlich fuhr es an. Aber im Rückwärtsgang. Auf den Bürgersteig zu. Da saß das kleine Mädchen und spielte. Ich sah, wie der Fahrer das Lenkrad heftig hin und her drehte und wie der andere Mann mit einem Mal ins Steuer griff. Da wurde das Auto schneller und fuhr die Bordsteinkante hoch.«
»Dieser, dieser begriffsstutzige Herr sollte Zurücksetzen und Parken üben«, sagte der Fahrlehrer zornig. »Als er Murks machte und ich ins Lenkrad fassen mußte, trat er vor Angst auf das Gaspedal. Da konnte ich . . .!«
»Sie sind nachher dran«, sagte der Polizist. »Weiter, Junge.«
»Eigentlich ist das alles«, meinte Norbert.
»Da hat der Junge das Mädchen blitzschnell weggerissen!« rief die Frau mit der Einkaufstasche. »In der gleichen Sekunde, als das Auto über den Gehsteig raste. Ich hab's gesehen! Ich melde mich als Zeugin. Notieren Sie sich meine Anschrift . . .!«
»Wird mein Sohn noch gebraucht, Herr Wachtmeister?«
Ein Mann im hellen Kittel drängte durch den Kreis der Neugierigen, der sich inzwischen angesammelt hatte. Der Mann faßte den Jungen besorgt um die Schulter.
»Aha, Herr Mallingroth«, sagte der Polizist. »Im Augenblick nicht. Später muß Ihr Junge wohl noch mal kommen, wenn die Verhandlung ist.«
»Gehen wir«, sagte der Vater zu Norbert.
Diesmal öffnete sich die Menge bereitwillig und ließ die beiden Mallingroths durch.

Erst jetzt merkte Norbert, daß er genauso unbeherrscht zitterte wie vorhin das kleine Mädchen. Er schämte sich darum vor dem Vater, der seine Hand umfaßt hielt und dieses erbärmliche Zittern gewiß spürte.
»Ich muß zu unserem Lieferwagen«, sagte der Vater. »Steht bei Gerbers. Und dann bekommst du eine Erdbeermilch. Zur Beruhigung. Magst du doch, hm?«
»Hast du die – die Sache gesehen?« fragte Norbert.
»Nein, aber sofort davon gehört. Frau Gerber war beim Fensterputzen, als die – die Sache passierte. Ich fuhr gerade mit ihrem Wäschekorb vor, da rief sie's mir herunter. Bin gleich zu dir gelaufen.«
Norbert versuchte seine Hand ganz steif zu halten. Aber dadurch wurde das Zittern noch stärker.
»Ist es schlimm?« fragte Norbert.
»Was?«
»Daß ich so zittern muß?«
»Wir alle müssen zittern. Vor Anstrengung. Vor Erregung. Vor Angst. Als Jungen. Und manchmal auch als Männer.«
»Auch wir Mallingroths?«
»Natürlich auch wir Mallingroths. In deinem Alter war ich ein ausgesprochener Meisterzitterer.«
»Großvater auch?«
»Und ob. Ich habe mich einmal sehr geschämt, als ich meine Nerven nach so einer – Sache nicht wieder unter Kontrolle bekommen konnte. Da erzählte Großvater mir eine seiner Angstgeschichten.«
»Wie war die?«
»Spannend. Großvater war damals noch der kleine Jörg Mallingroth. Wenn zur Erntezeit ein Unwetter heraufzog, mußte alles aufs Feld, was noch oder schon einen Rechen handhaben konnte. Auch Jörg. Eines Mittags braute sich ein Gewölk zusammen, das in seinem schwefelgelben Leib Sturzregen oder Hagelschlag trug. Draußen lag das Heu in staubtrockenen, breiten Bahnen. Am Abend sollte es eingefahren werden. Aber jetzt drohte das herandrängende Gewitter es zu verderben. Die Mallingroths arbeiteten wie die Berserker, um das Heu zu retten. Leiterwagen auf Leiterwagen verschwand in der Scheuer. Die Blitze rissen schon den graugelben Himmel auf, als die letzte Fuhre über die Wiese schwankte, gehalten vom festverzäumten Wagenbaum.«
»Wagenbaum?«
»Ein schenkeldicker Balken, der lang über die Heuladung gelegt wird. An beiden Enden sind Fugen eingekerbt. Starke Stricke legen sich in diese Einschnitte, fest gespannt und unten am Wagen verknotet. So ist das Heu ähnlich verschnürt wie ein Riesenpaket und kann auch im Sturm nicht auseinander gezerrt werden.«
»War Großvater auf dem Wagen?«
»Nur die Frauen, die das Heu von den emporgereckten Gabeln greifen, es

gleichmäßig verstauen und festtreten mußten. Diese schwerste Arbeit hatten die Männer, die Heuballen um Heuballen hinaufzustemmen. Der kleine Jörg harkte mit den anderen Kindern die liegengebliebenen Heusträhnen zusammen. Als der Wagenbaum festgezurrt war und die letzte Heuladung sich in Richtung Scheune bewegte, stapfte Jörg hinter der Fuhre her. Der Wagen war gerade auf den Feldweg gerumpelt, da sah der Junge, daß ein Wagenbaumstrick sich faserig durchgescheuert hatte und unter der Anspannung in jeder Sekunde zerreißen mußte. »Weg vom Wagenbaum! Der Strick geht kaputt!« schrie Jörg da und griff trotz seiner Angst oberhalb der Rißstelle das Tau. Da platzten auch schon die letzten Hanffasern. Der plötzlich freigewordene Wagenbaum schlug wie eine gespannte Feder hoch und krachte kopfüber in Deichsel und Gespann. Jörg am Strick wurde emporgeschleudert und prallte beim Hinunterfallen mit der Stirn gegen einen Pfahl des Wiesenzaunes. Den Riß von der Nasenwurzel bis zum Haaransatz hat er als feuerrote Narbe sein Leben lang behalten. Du selbst hast sie ja noch gesehen, Norbert, wenn wir Großvater besuchten. Die Frauen, die oben auf dem Heu saßen, hatten Jörgs Warnschrei gehört und sich vom Wagenbaum weggewälzt. Sonst wären sie beim Hochschnellen des Balkens von der haushohen Ladung hinuntergeschlagen worden. Bei einem ähnlichen Unfall im Nachbardorf hat sich die Bäuerin das Genick gebrochen. Hier aber gab es nur Großvaters Kopfverletzung, die er mit seinem Dickschädel rasch verwunden hat. Aber das Zittern machte ihm mehr zu schaffen. Es hielt wochenlang an. ›Obgleich mir alle Dorfleute anerkennend auf die Schulter schlugen, glaubte ich wegen dieses Nervenflatterns doch, eine Memme zu sein‹, hat Großvater mir später erzählt, als ich mit meiner eigenen Angst, mit meinem eigenen Beben zu ihm kam.«
»Wann war das, Vater?«
»In den letzten Tagen des Krieges. Ich war damals einige Jahre älter als du jetzt, aber noch nicht alt genug, um Soldat sein zu müssen wie Großvater und fast alle Männer unseres Dorfes. Ich versuchte, Großvaters Arbeit zu tun. Und ich wollte sie so gut tun, wie Großvater sie gemacht hätte, obgleich ich zur Landwirtschaft nicht geboren bin und darum später in die Stadt zog. Aber damals kam ich gerade vom Pflügen zurück, als ich deine Großmutter weinen hörte. Ich stand erst wie betäubt, weil ich glaubte, Großvater sei gefallen. Als ich in unsere Stube kam, zeigte sie zum Fenster. Da sah ich Scharen abgemagerter Menschen müde über die Dorfstraße ziehen, in grauen, gestreiften Lumpen.«
»Unsere geschlagenen Soldaten?«
»Nein«, sagte der Vater leise. »Unsere geschlagenen Mitmenschen. Sie waren von unseren damaligen Machthabern an verschwiegenen Orten zwischen Wachttürmen und elektrisch geladenem Stacheldraht zusammengepfercht worden. Dort folterte und ermordete man die Hilflosen, Männer, Frauen und Kinder, Neugeborene und Greise.«

»Warum?«
»Die wütenden Herrscher haßten alles, was nicht mit ihnen eines Sinnes war. Sie nannten sich Herrenmenschen, fühlten sich aber doch wohl den anderen unterlegen, ihrem Glauben, ihrem Geist, ihrem Können, ihrer Herkunft. Und darum machten sie sich mit Eifer daran, diese Andersgesinnten in geheimen Lagern zu vernichten. Millionen haben sie dort erschossen und erschlagen, gehängt und verbrannt. Und als es rasch und unaufhaltsam zu Ende ging mit ihrem Reich, das nach dem Prahlen der Gewalttätigen wenigstens tausend Jahre bestehen sollte, da trieben die Lagerpeiniger die letzten Überlebenden wie Herden zusammen. Mit Kolbenstößen und Schüssen jagten sie die Verzweifelten noch tiefer ins Hinterland, um sie dort umzubringen oder als Geiseln zu benutzen. Ich trat vor unsere Haustür. »Durst«, flüsterten einige der gehetzten Häftlinge. Da lief ich zurück und schleppte mit Großmutter einen Kessel Wasser an den Rand des Elendszuges. Sofort tauchten die Gefangenen ihre rostigen Blechbüchsen in den Behälter. Sie schlürften das Wasser wie eine langentbehrte Köstlichkeit. Ein hagerer Alter benetzte erst seine fahle, gelbliche Stirn. Der Mann fieberte. Als er trinken wollte, fiel ihm die Dose aus der Hand. In einem Schwächeanfall brach er in die Knie. Ich hob den Mann auf und trug ihn auf die Bank vor unserem Haus. Es machte mir keine Mühe; der ausgezehrte Greis wog nicht mehr als ein neugeborenes Kälbchen. Großmutter eilte in die Küche und brachte eine Schale Milch, in die sie Brot hineinbrockte.
»Ihr wollt unsere Volksfeinde unterstützen?« brüllte da einer der schwerbewaffneten Wächter. »Wir knallen euch mitsamt dem Mistvogel nieder, ihr Vaterlandsverräter!«
Dabei hielt er mir die Pistolenmündung an die Schläfe. Ich hatte noch nie im Leben eine solche Angst gespürt. Vor Furcht hätte ich mich erbrechen mögen. Da sah ich, wie Großmutter ruhig begann, den alten Mann wie ein Kind zu füttern.
»Bist du wahnsinnig?« zischte der schwarzuniformierte Antreiber.
Da sagte Großmutter: »Mein Mann kämpft seit sechs Jahren an der Front, und wir haben auf dem Hof hart gearbeitet. Wenn Sie das Verrat nennen, so ist das Ihre Sache. Aber ich frage Sie, was Sie als kräftiger, gesunder Mensch überhaupt hier tun, während unsere Männer draußen fallen?«
Der Wächter ließ die Pistole unschlüssig sinken und nestelte an seinem Koppelschloß. Als ich deine Großmutter so ruhig weiterhelfen sah, begann auch ich, Wasser, Brot und Milch an die Dahergetriebenen zu verteilen. Der Pistolenträger wollte seine Waffe wieder heben, aber andere Wärter traten zu ihm und redeten hastig und ärgerlich auf ihn ein. Dann humpelten die Letzten, Mattesten der auseinandergezogenen Kolonne an uns vorbei. Der Mann mit der Pistole machte noch eine verächtliche Handbewegung gegen uns und marschierte davon.

Großmutter führte den Greis von der Bank sacht ins Haus. Ich blickte der Elendsschar nach, die in die beginnende Nacht hineintaumelte. Da überfiel mich wieder die Angst. So hemmungslos, daß ich mich auf die Treppe kauerte und die Arme um die hochgezogenen Knie verschränkte. Ich wollte mich so nicht vor Großmutter zeigen.
Aber auf die Dauer ließ sich das Zittern nicht verheimlichen. Es kam wieder. Manchmal am Tag und oft während der Nacht. Es wich erst, als dein Großvater aus der Kriegsgefangenschaft zurückkehrte und ich ihm von meiner Furcht und ihrer Ursache erzählen konnte. Da nickte er. Und dann schilderte er mir seine Ängste bei Geschehnissen, die unser Herz treffen, und die Ängste davor und lange danach. So kam Großvater auch auf das Erlebnis mit dem Wagenbaum.«
Die beiden Mallingroths blieben stehen. Dunkelrot blinzelte die Verkehrsampel. Drüben stand der Lieferwagen ihrer Heißmangel.
Norbert spürte, daß sein Zittern nachgelassen hatte. Er wußte jetzt, daß noch andere Mutproben zu bestehen waren, größere. Und mit ihnen die größere Angst.
Aber davor müßte er sich nicht mehr schämen.

HEINZ LIEPMANN

Eine Gerichtsverhandlung in New York

Ich war vor zwei Monaten in New York angekommen und lebte mit zwei Freunden, die wie ich von Deutschland gekommen waren, in einem dunklen schäbigen Zimmer, das uns Mr. Murphy, ein fetter, jähzorniger Ire, vermietet hatte. Wir hatten kein Geld und keine Jobs und lebten von Gelegenheitsarbeiten. Mr. Murphy war ein Witwer mit fünf Kindern, und Jimmy war das jüngste. Das Haus, wo wir wohnten, war eine der riesigen Mietskasernen in dem armseligen, übervölkerten Viertel der Stadt im Süden Manhattans, in dem die erste Generation der Einwanderer lebte – Griechen, Iren, Juden, Franzosen, Deutsche, Russen und Italiener.
Als wir ungefähr drei Monate bei Mr. Murphy gewohnt hatten, wurde Jimmy krank. Von Anfang an sah es ziemlich hoffnungslos aus. Kurt, der früher ein prominenter Kinderarzt in Berlin gewesen war, ging zu Mr. Murphy.
»Mr. Murphy«, sagte er, »Sie wissen, daß ich Jimmy nicht behandeln darf, da ich das amerikanische Staatsexamen noch nicht abgelegt habe. In vier Monaten wird es soweit sein, aber darauf kann Jimmy nicht warten. Sie müssen sofort einen Arzt holen.«
»Können wir ihn nicht in ein Krankenhaus bringen?« fragte Mr. Murphy.

»Hier zu Hause können wir nicht für ihn sorgen. Ich muß zur Arbeit gehen – wegen der anderen Kinder . . .«
»Jimmy kann nicht transportiert werden. Machen Sie sich deswegen keine Sorgen. Wir drei werden aufpassen. Nur zum Arzt!«
Jimmy stöhnte in seinen Fieberträumen. Sein blondes Haar klebte an seiner schweißnassen Stirn.
Der Arzt kam zweimal, ein dünner, alter Italiener mit einem Monokel und zittrigen Händen. Er kam morgens um zehn und noch einmal am Nachmittag. Gegen Mitternacht stieg das Fieber, und der Atem begann zu rasseln. Kurt schickte Mr. Murphy wieder zum Arzt, aber nach einer Weile kam er allein zurück. »Er will nicht kommen«, flüsterte er, Tränen hilfloser Wut in den Augen. »Ich habe seinen letzten Besuch noch nicht bezahlt. Er will erst das Geld sehen . . .«
Die niedrige Stube war voll mit Menschen. Die Brüder und Schwestern Jimmys standen schlaftrunken und angstvoll im Schatten. Ein paar Nachbarn – eine dicke Italienerin, ein alter Jude mit silbrigem Bart, ein polnischer Priester – standen bei der Tür, flüsterten, zählten Münzen, schüttelten die Köpfe.
Mr. Murphy starrte auf das röchelnde Kind. Er drehte sich zu Kurt um und flüsterte wild: »Sie sind doch ein Arzt! Um Gottes willen, lassen Sie das Kind nicht sterben!« Auf einmal sahen alle auf Kurt. Sein Gesicht war blaß.
Ich wußte, was in ihm vorging. In ein paar Monaten würde er sein Examen machen und ein neues Dasein beginnen. Auf der einen Seite stand das Gesetz, war leuchtende Zukunft, Frieden, Wohlstand – und auf der anderen Seite war Undank gegenüber dem Land, das ihm eine neue Heimat bot, Bruch des Gesetzes und Vertrauens und, wenn er erwischt würde, neue Heimatlosigkeit, neues Elend. Dazwischen aber ein leidendes Kind, schweißüberströmt, geschüttelt von Fieber und Schmerzen . . .
Zehn Tage lang kämpfte Kurt um das Leben von Jimmy Murphy. Er schlief selten und wurde dünn und hager. Aber dann war die Krisis vorüber und das Kind gerettet. Und nun beginnt die eigentliche Geschichte.
An dem Tag, an dem Jimmy zum erstenmal aufstehen durfte, kamen zwei Detektive und verhafteten Kurt. Der alte italienische Arzt hatte Anzeige erstattet. Am gleichen Tag ging eine seltsame Bewegung durch unser Haus und unsere Straße. Die Russen, die Italiener, die Juden, die Iren und die Deutschen steckten die Köpfe zusammen, und ihre grauen, alten Gesichter waren rot und zornig. Am nächsten Morgen ging kein einziger dieser Männer zur Arbeit. Sie gingen zum City-Court, dem Gericht der Stadt New York. Ich war selber dabei. Sie füllten den Gerichtssaal, es müssen ihrer über hundert gewesen sein, und als Kurt aufgerufen wurde, drängten sie sich alle vor, und der Richter blickte erstaunt von seinem Podium hinunter auf die merkwürdige, schweigende Menge von Männern, Frauen und Kindern.

»Schuldig oder nicht schuldig?« fragte der Richter. Aber bevor Kurt den Mund öffnen konnte, riefen hundert Stimmen: »Nicht schuldig!«
»Ruhe!« donnerte der Richter. »Ich werde den Saal räumen lassen, wenn ich noch einen Laut höre . . .« Er wandte sich wieder an Kurt. »Angeklagter, plädieren Sie für schuldig oder . . .« Und dann stockte er auf einmal und blickte auf die schweigenden alten Leute, die müden runzligen Gesichter, die gebeugten Rücken.
»Was wollt denn ihr?« fragte der Richter ganz unzeremoniell, und als mehrere auf einmal zu sprechen begannen, wies er auf Mr. Murphy, der direkt hinter Kurt stand.
»Sie da!«
Und dann begann Mr. Murphy zu sprechen, und der Richter sagte gar nichts und sah von einem der alten Leute zum anderen. »So sind wir hierhergekommen«, endete Mr. Murphy, »die Nachbarn meine ich damit. Wenn Sie unseren Doktor verurteilen, wir sind hier, um für ihn zu bürgen. Und wir haben gesammelt, falls er eine Geldstrafe bekommt, für das, was er begangen hat – nämlich meinem Kind das Leben gerettet. Wir haben sechsundachtzig Dollar gesammelt . . .«
Der Richter erhob sich und lächelte. Es sah merkwürdig aus, wie dieser Mann im schwarzen Talar plötzlich lächelte und von seinem Podium zu Kurt hinunterstieg und seine Hand ausstreckte. »Ich drücke Ihnen die Hand«, sagte der Richter mit leiser Stimme. »Sie werden einmal einen guten Amerikaner abgeben.« Dann stieg er rasch auf sein Podium zurück und klopfte mit dem Hammer auf den Tisch. Alles erhob sich.
»Sie haben gegen das Gesetz verstoßen«, sagte der Richter, »um einem höheren Gesetz zu gehorchen. Ich spreche Sie frei und – und Ihnen allen danke ich, daß Sie gekommen sind, um für den Angeklagten zu zeugen. – Nächster Fall!«

MANFRED GREGOR

Dein Risiko

Der Zeiger der elektrischen Uhr sprang mit einem Ruck auf die volle Stundenzahl. Sechs. Feierabend. Ursula zog sich um und ging rasch aus dem Keller der Wäscherei. Die große graue Sperrholztür mit der Aufschrift NICHTBESCHÄFTIGTE HABEN KEINEN ZUTRITT trennte zwei Welten. Dort das gläserne Neonlicht, hier die sanfte Helligkeit des Sommerabends. Dort das leise Summen der Maschinen, hier der Lärm der Großstadt. Unschlüssig blickte das Mädchen zur Straßenbahnhaltestelle hin-

über. Viele warteten auf die nächsten Züge. Ursula spürte die Sonne im Nacken. Ich muß mir ein leichtes Kleid kaufen, dachte sie.
Langsamer schlenderte sie die Fürstenstraße hinunter. Das Modeatelier, dessen Eingang inmitten eines Irrgartens gläserner Fluchten lag. Jedem verschlossen, der dieser Welt nicht zugehört.
Das Tanzcafé. Livrierter Boy am Eingang. Grauköpfige Herren und junge Mädchen. Das schrille Quietschen von Bremsen riß sie aus ihren Gedanken.
»Hallo, Ursel!«
Rudi Kerschbaum zog seine langen mageren Beine aus dem Sportwagen. Er trat auf sie zu, mit schlaksigen Schritten, die Daumen im Bund der engen Leinenhose.
Ihr Blick hing an dem Auto. »Hübsch«, sagte sie.
»Es geht«, bestätigte Rudi etwas herablassend.
»Muntere achtzig Dinger unter der Haube!«
»Wo drehst du ab?« fragte der Junge. »Nach Hause?«
»Wem gehört er?« wollte Ursula wissen.
»Heute gehört er mir!« Rudi lachte. »Kundendienst, verstehst du? Probefahrt . . .«
Sie zwängte sich in den schmalen Sitz. Rudi schob seine Beine unter das Lenkrad. Der Motor dröhnte und ließ das Fahrzeug vibrieren. Langsam setzte sich das Auto in Bewegung.
»Du fährst sicher«, sagte sie nach einer Weile.
»Muß ich ja«, lachte Rudi. »Hab' doch keinen Führerschein!«
»Und wenn sie dich erwischen?«
»Quatsch!« Der Junge beschleunigte das Tempo. Als er die Ausfallstraße zum Nordfriedhof erreichte, legte er seine Rechte um die Schultern des Mädchens. Mit einem schnellen Griff zog er den breiten Kamm aus ihren blonden Haaren. Sie flatterten frei im Fahrwind.
»Tolle Schau«, sagte er und lachte wieder. Ursula lachte nicht mit.
»Sag mal«, Rudi sah plötzlich nachdenklich aus, »warum machst du das eigentlich alles! Diesen ewigen Trott in deiner Dampfküche, diesen miesen Stundenplan! Willst du vergammeln? Willst du ewig ein Waschzahn bleiben?«
»Ich weiß nicht.« Ursula warf das Haar zurück und betrachtete ihr Gesicht im Rückspiegel. »Ich hab' nichts gelernt.«
»Gelernt!« Der Junge knurrte verächtlich. »Eine Puppe wie du?«
»Ich bin weder eine Puppe noch ein Zahn.«
Rudi lachte. »Fünf solcher Wagen ständen in meiner Garage, wenn ich du wäre!«
»Hör auf damit! Es kotzt mich an!«
Er grinste. »Tausend Bosse wären froh um dich. Mensch, Mädchen, du bist doch nicht von gestern! Hast du dir das mal überlegt? Männer, alte Böcke, junge Hohlköpfe – sie regieren die Welt mit dem Scheckbuch. Aber du kannst

sie in die Tasche stecken, wenn du dich ein bißchen anstrengst!« Er tippte mit dem Finger an die Stirn. »Nur ein bißchen Hirn brauchst du.«
Ursula starrte durch die Windschutzscheibe auf die Straße.
»Das andere – Haare, Beine, Figur, das hast du ja alles.«
»Du vergißt das Wichtigste!«
»Das Wichtigste?«
»Ich arbeite in einer Wäscherei. Man gewöhnt sich an Sauberkeit!«
»Mein Gott!« rief Rudi. »Dann such dir wenigstens einen Freund mit Pulver! Aber hör auf, anderer Leute Unterhosen zu waschen!«
»Freunde!« Sie lachte bitter.
Dann spürte sie plötzlich den Zugriff des Jungen. Sie holte aus und schlug ihm hart ins Gesicht. Er zuckte zusammen. Dann verzog sich sein Mund zu einer scharfen Grimasse.
»Gefährliche Sache, beim Tempo sechzig!« bemerkte er.
»Dein Risiko!«
Nach einer kleinen Pause sagte er: »Du hast Dynamit in den Fäusten, Puppe!«
Sie mußte lachen.
Ein steinernes Tor führte in die Häuserschlucht der Turmstraße. Der Junge stellte den Wagen vorher auf einem Parkplatz ab.
»Sonst keift wieder die ganze Nachbarschaft«, erklärte er.
Nebeneinander gingen sie die enge Straße zwischen den hohen Mietshäusern hinauf.
»Überall ist noch Sonne, nur hier nicht«, sagte Ursula. Rudi legte seinen Arm um ihre Schultern.
»Du könntest mehr Sonne haben, als du ertragen kannst – wenn du dich nicht so blöd anstellen würdest!«
Sie blieb stehen und schaute ihn an. »Was soll ich denn tun?«
»Dich verkaufen! So teuer wie möglich!«
»Nein«, sagte sie.
»Es gibt genug reiche Schweine«, erklärte Rudi. »Aber keines von ihnen wohnt in der Turmstraße. Verstehst du? Hier gibt's keine Cadillacs und keine Fernschreiber! Hier säuft man Schnaps und prügelt die Alte. Hier riecht's nur tagaus, tagein nach Kartoffeln und armen Leuten! Das ist Gesetz, Süße! Wer da raus will, der muß zuerst von dieser Straße weg. Verstehst du?«
»Ich verstehe, was du meinst!«
»Du brauchst einen anderen Job, Kleider! Eine andere Frisur! Du brauchst einen Passierschein für die hellen Straßen, in denen die Bonzen wohnen!«
»Wenn du so klug bist«, sagte das Mädchen, »warum besorgst du dir nicht selber einen Passierschein?«
Rudi griff nachlässig in die Brusttasche seines Wollhemdes und zog einen Hundertmarkschein heraus.

»Hier«, sagte er. Seine Augen glänzten. »Hundert solche, und ich bin dort, wo ich sein will!«
»Ehrlich verdient?« fragte Ursula.
»Ich scheue keine Arbeit«, antwortete der Siebzehnjährige.
Sie gingen die Steinstufen zur Haustür hinauf. Vor Kerschbaums Wohnung blieben sie stehen. Rudi griff nach der Hand des Mädchens.
»Servus, Rudi«, sagte sie.
Nachdenklich blickte er sie an. Einen Augenblick lang sah sein Gesicht weich und kindlich aus.
»Du wärst ein Faß fürs Leben!« sagte er spottend.
Geschickt wich er ihrer Hand aus und tauchte lachend in der Tür unter.
Ursula ging in ihr Zimmer.
Eine andere Frisur, dachte sie. Andere Kleider. Verkaufe dich. Mißtrauisch schaute sie in den Spiegel über dem alten Waschtisch. Das schwarze Kleid mit den Dreiviertelärmeln sah fadenscheinig aus. Bin ich prüde? dachte sie. Ist es sinnlos zu warten?

MAX VON DER GRÜN

Das Stenogramm

Am Sonntag, dem 16. Februar 1969, fuhr auf der Bundesstraße 13, Ansbach–Würzburg, drei Kilometer vor Ochsenfurt, ein weißer VW auf vereister Straße aus einer Nadelkurve heraus an einen Straßenbaum. Der Aufprall war so stark, daß sich der Stamm in den Wagen hineinfraß. Im Unglückswagen saßen ein Arzt und seine Frau, sie waren von einem dringenden Hausbesuch gekommen, zu dem sie am frühen Morgen telefonisch gerufen worden waren. Das Unglück ereignete sich genau 10.30 Uhr.

10.35 Uhr: Ein grüner Mercedes mit drei Insassen näherte sich mit mäßiger Geschwindigkeit aus der Kurve heraus dem Unglückswagen. Am Steuer saß ein älterer Herr, auf dem Rücksitz eine junge Frau, neben ihr eine ältere, ihre Schwiegermutter. Die junge Frau schaukelte ein etwa dreijähriges Kind auf ihrem Schoß. Die junge Frau schrie: Ewald, du mußt anhalten. Um Gottes willen, da ist was passiert.
Der Mann schüttelte verärgert den Kopf.
Quatsch, sagte er, sowas ist nichts für das Kind.
Die ältere Frau pflichtete ihm bei. Fahr weiter, nuschelte sie, recht hat er, recht.

Aber wir können doch nicht . . . die junge Frau sagte es hastig.
Sei jetzt still, sagte ihre Schwiegermutter, und der Mann am Steuer ergänzte: Wir können in Ochsenfurt auch nicht zur Polizei gehen und den Unfall melden. Ich habe meine Papiere vergessen. Glaubst du, ich will wegen dem VW da in einen Schlamassel kommen? Der Mann schaute im Vorbeifahren geradeaus, die junge Frau scheu auf den Unglückswagen, ihre Schwiegermutter zündete sich eine Zigarette an, ihre Hände zitterten.
Als sie etwa einen Kilometer weitergefahren waren, sagte die junge Frau: Wir sollten doch zur Polizei gehen.
Der Mann am Lenkrad und die ältere Frau schwiegen, nur das Kind auf dem Schoß seiner Mutter krähte: Mami . . . tatü . . . tatü . . .

10.42 Uhr: Ein schwarzer VW mit vier Insassen fuhr forsch aus der Kurve heraus. Der Fahrer des Wagens sah den Unglückswagen, wollte bremsen, ließ dann aber den Wagen ausrollen und kam etwa sechzig Meter weiter zum Stehen. Der etwa Vierzigjährige verließ den Wagen. Der Mann schaute sich verstohlen um, die Straße entlang. Seine Frau, die auf dem Beifahrersitz Zeitung las, guckte erstaunt auf, fragte: Ist was? Trink doch morgens nicht so viel Kaffee, dann mußt du auch nicht so viel laufen. Die beiden jungen Mädchen auf dem Rücksitz, die Töchter der beiden, kicherten. Eines der Mädchen rief: Papa, unser Wasserfall.
Da hinten ist ein VW an einen Baum gefahren, sagte der Mann. Er wollte weggehen, die Frau rief ihn zurück. Was geht es dich an, rief sie. Fahr weiter. Die sollen nicht immer so rasen. Die Mädchen riefen: Wo? Wowowo? Ach . . . da . . . na, der Wagen ist futsch.
Der Mann zögerte. Die Frau beugte sich aus dem Fenster und sagte leise: Emil, komm rein, sei nicht kindisch. Dann mußt du als Zeuge bleiben, und die verlangen dann womöglich deinen Führerschein. Was ist dann? Willst du die letzten vier Wochen, bis du ihn wiederkriegst, auffallen? Na also. Steig ein.
Der Mann nickte, stieg ein und fuhr langsam weiter. Die Mädchen auf dem Rücksitz preßten ihre Gesichter an das Heckfenster, bis der Unglückswagen nicht mehr zu sehen war.
Nun fahr doch ein bißchen schneller, zischte die Frau, wir sind sowieso zu spät dran. Wofür hat dir mein Vater eigentlich die Spikesreifen gekauft? Na also.

10.53 Uhr: Ein kanarigelber Fiat tastete sich vorsichtig in die Kurve, schlidderte trotzdem, die junge Frau am Steuer hatte Mühe, das Fahrzeug in der Gewalt zu behalten. Sie fuhr Schritt-Tempo aus der Kurve heraus, sie bemerkte den Wagen am Baum, sie schrie leise auf.
Ihre Mutter, die neben ihr saß, bekreuzigte sich, flüsterte: Else, um Himmels willen, fahr weiter, schnell, bevor jemand kommt. Wir wollen mit so was nichts

zu tun haben. Else, Kind, ich kann so was nicht sehen, du weißt, Kind, mir wird bei so was gleich schlecht.
Wir müssen das der Polizei melden, Mutter.
Polizei? Kind, fahr weiter, wir wollen keine Scherereien haben, wir haben noch nie was mit der Polizei zu tun gehabt. Fahr weiter, wir haben einfach nichts gesehen, nach uns kommen auch noch welche.

10.59 Uhr: Am Steuer des klapprigen, schwarzen Diesels saß ein weißhaariger Mann. Der Mann erschrak für eine Sekunde, als er den um den Baum gewickelten VW sah, er fuhr dann langsam weiter, an das verunglückte Fahrzeug heran, und hielt wenige Meter dahinter.
Der Mann stieg aus, er war etwa sechzig Jahre alt, sehr beleibt und irgendwie zu kurz geraten. Der dicke Mann ging um den VW herum, sah erschreckt ein paar Sekunden auf die beiden leblosen Menschen durch die zerborstene Windschutzscheibe, flüsterte: furchtbar . . .
Dann, als er wie zufällig seine abgefahrenen Reifen sah, stieg er wieder in seinen Wagen und fuhr weiter. Das Klappern des lose hängenden Auspuffs war noch lange zu hören.

11.08 Uhr: Ein popbemalter Citroen 2 CV schlich in die Kurve, die vier jungen Leute, zwei Jungen, zwei Mädchen, sangen einen Schlager, sie waren, trotz der vereisten Straße, ausgelassen, als kämen sie von einer Party.
Der Mann am Steuer schrie: Nun seid doch mal still. Schaut mal nach vorne, da hängt einer am Baum. Die Mädchen sangen weiter, und der junge Mann schrie noch lauter: Still jetzt! Verdammt noch mal, ihr blöden Gänse, könnt ihr nicht mal still sein?
Er hielt an. Er und sein Begleiter stiegen aus, sie blieben einige Meter vor dem VW stehen, sie bewegten ratlos ihre Arme. Dann traten sie näher.
Mein Lieber, der muß vielleicht einen Zahn draufgehabt haben. Da ist nichts mehr zu machen, die sind hops.
Und jetzt? fragte der andere, sollen wir warten, bis die Polizei kommt? Oder sollen wir in Ochsenfurt zur Polizei fahren?
Mensch, bist du verrückt? Ich hab gesoffen, ich bin noch von heute nacht voll, ich hab doch eine Fahne, die riechen das doch, die sind doch auch nicht von Dummsdorf. Wenn ich blasen muß, dann bin ich dran. Das kann ich mir nicht leisten.
Sie gingen zurück, stiegen ein und fuhren weiter. Eines der Mädchen fragte: Sind sie tot?
Nein, sagte der Mann am Steuer, und er umkrampfte das Lenkrad so, daß die Knöchel weiß wurden, nein, die spielen nur Karten, die warten auf den dritten Mann zum Skat.

11.15 Uhr: Ein roter VW, an der Antenne einen Fuchsschwanz, fuhr äußerst gewagt in die Kurve, forsch aus der Kurve heraus. Der Glatzköpfige, allein im Auto, pfiff, als er den verunglückten Wagen sah, scharf durch die Zähne. Verdammt, murmelte er, verdammt, das hat mir gerade noch gefehlt. Er gab vorsichtig Gas, trotzdem drehten die Räder durch, der Wagen schlidderte ein paar Sekunden, dann fing er sich wieder auf einer trockenen Stelle der Straße. Der Glatzköpfige begann zu schwitzen, seine Handflächen wurden feucht. Hoffentlich kommt mir jetzt keiner entgegen und merkt sich meine Nummer, brummelte er vor sich hin. Verdammt, wenn mich jetzt die Polizei anhält, mit dem geklauten Wagen . . . nicht auszudenken . . . laßt sie liegen . . . laßt sie liegen . . . sind ja sowieso übern Jordan.

11.28 Uhr: Ein beiger BMW fährt in die Kurve, am Steuer eine blonde, sehr schöne Frau. Der Mann neben ihr ist schläfrig, er gähnt dauernd. Fahr nicht so leichtsinnig, sagt er zu der blonden Frau. Da sieht er den verunglückten Wagen, und er sagt: Soll es uns so gehen wie denen da? Die Frau wollte anhalten. Der Mann schrie: Bist du verrückt? Hinterher müssen wir noch als Zeugen auftreten.
Na und? fragte die Frau.
Sag mal, keuchte der Mann, hast du vielleicht ein Brett vor dem Kopf? Und wenn meine Frau die Vorladung in die Finger kriegt, da steht doch dann auch dein Name drauf . . . was dann . . . na . . . kapiert?
Die Frau fuhr langsam weiter, aber sie sah den Mann neben ihr nicht mehr an.

11.35 Uhr: Langsam näherte sich mit rotierendem Gelblicht der Streuwagen aus der Kurve heraus dem Unglückswagen.
Der Beifahrer schrie: Franz! Halt an . . . da . . . da. Ich hab's dir doch gleich gesagt, daß wir heute noch einen antreffen, der wo dranklebt. Hätten wir mal gewettet. Sie hielten hinter dem Unglückswagen, die beiden Männer stiegen aus, sie sahen kurz auf die leblosen Insassen, sahen sich an, zuckten die Schultern. Der Fahrer des Streuwagens stieg wortlos ein und meldete den Unfall per Sprechfunk in die Zentrale. Sie warteten, ohne ein Wort zu wechseln, eine Viertelstunde, bis die Polizei kam, und noch weitere zehn Minuten bis zum Eintreffen des Krankenwagens, in dem ein Arzt mitgenommen war. Als der Arzt den Toten am Lenkrad sah, schrie er leise auf. Ist was, Doktor, fragte einer der drei Polizisten.
Nein, nein, nichts. Sind mindestens eine Stunde tot, sagte der Arzt.
Eine Stunde? fragte ein anderer Polizist. Daß die aber nicht früher entdeckt wurden.
Wie soll auch, antwortete der Arzt. Wer fährt schon bei dem Sauwetter und den Straßen und am Sonntagmorgen, wenn er nicht unbedingt muß. Und wer muß schon unbedingt am Sonntagmorgen? Da haben Sie auch wieder recht,

sagte der erste Polizist, und die drei Uniformierten protokollierten den Tatbestand.

Meldung am 17. 2. 1969 in allen Würzburger Zeitungen: Auf der Bundesstraße 13, kurz vor Ochsenfurt, verunglückte gestern vormittag der praktische Arzt Wilhelm Altmann mit seiner Ehefrau tödlich. Die Polizei nimmt an, daß der Wagen infolge überhöhter Geschwindigkeit auf spiegelglatter Straße aus der Kurve getragen wurde und dann an einen Baum prallte. Die beiden Insassen waren nach Auskunft des hinzugeeilten Arztes sofort tot.
Alle diejenigen, die am Sonntag, dem 16. 2. 1969, in der Zeit von 10.30 Uhr und 11.35 Uhr die Unglücksstelle passierten, lasen am Montagmorgen die Zeitung.

Schuld

FELIX BRANT
Der gefundene Geldschein

Ein Betriebspsychologe berichtet:
Unser Betriebsarzt rief mich an: »Herr Kollege, ich habe hier einen 15jährigen Jungen. Ich hab' ihm eben einen gebrochenen Zeh vergipst. Er soll jetzt nach Hause gehen und sich hinlegen. Aber er will unbedingt vorher mit Ihnen sprechen!«
Der rotblonde Junge erzählte folgende Geschichte:
»Vor ein paar Monaten fand ich in der Gießerei einen zerknitterten Zehnmark-Schein auf dem Boden. Ich steckte ihn unbemerkt ein, und da niemand nach dem Geld fragte, behielt ich das Geld und ging abends ins Kino. Am nächsten Morgen fragte der Werkmeister, ob niemand zehn Mark gefunden hätte. Er glaubte, daß sie ihm aus dem Overall gerutscht seien. Ich schwieg, obwohl ich den Werkmeister gern hatte. Um aber die Sache wiedergutzumachen, sparte ich mir das Geld zusammen, schob dann heimlich den Geldschein unter den Werkzeugschrank, ›entdeckte‹ ihn dort später und überreichte ihn meinem Meister. Er war ganz gerührt über meine Ehrlichkeit und sagte: ›Du kannst ihn behalten, weil du so ehrlich bist!‹ Ich hatte den Meister bestohlen und belogen und wurde nun noch dafür belohnt! Was sollte ich tun? Ich wußte nicht mehr aus noch ein. Heute war es besonders schlimm. Der Meister klopfte mir anerkennend auf die Schulter. Als ich ihm einen Werkzeugkasten bringen sollte, glitt er mir aus den Händen und fiel auf meinen Fuß. Vor Schmerzen wurde ich fast ohnmächtig. Da wußte ich: Das ist meine Strafe!«

Wir sind anständige Leute

Ihre Schule wurde immer moderner, wenigstens was Gebäude und Einrichtung anging. Im Zuge des Fortschritts kam auch ein Automat für Coca-Cola. Er stand in einer Nische, wenige Schritte seitlich von der Tür zum Erfrischungsraum.
Die drei Freunde kamen etwas flott die Treppe herunter. Karl-Heinz stolperte und fiel krachend gegen den Automaten. Der rasselte unfreundlich; gab aber eine Coca-Cola frei. »Hoppla!« sagte Heiner, »prompte Bedienung!« »Probieren

geht über studieren«, ergänzte Norbert, trat dem Automaten kräftig gegen den Bauch und hatte eine zweite Flasche in der Hand.
Das Patent funktionierte glänzend. Der Kundenkreis wurde größer; aber er hielt sich in Grenzen. Klappe halten! – Eines Tages – es war nach der 4. Stunde und heiß zum Wegschwimmen – will Norbert zu seiner aufbewahrten Flasche greifen; da ist sie weg. »Schweinerei! Hier klaut einer!« »Das ist wahrhaftig das letzte!« empört sich Karl-Heinz. »Bestimmt war es Dahl, dieser krumme Hund. Drum verschwand er gleich beim Klingeln.« – Norbert ist schon losgespurtet. Tatsächlich, der Kerl hat eine Cola-Flasche! – »Der Fall ist sonnenklar. Hier hilft kein Abstreiten. Dieser Strolch ist für uns erledigt. Klauen, so etwas gibt's bei uns nicht!«

LORE GRAF

Er zeigte keine Reue

Aus dem Polizeibericht der Tageszeitung in X.:
Gestern ist es der Polizei gelungen, einen der jugendlichen Autoknacker und Schläger dingfest zu machen, die seit Monaten in unserer Stadt ihr Unwesen treiben. Von der besonderen Gefährlichkeit des Burschen zeugt es, daß er bei seiner ersten Vernehmung keinerlei Reue über seine Straftaten zeigte. Es ist an der Zeit, daß hier endlich einmal hart und gnadenlos durchgegriffen wird.

Nach seiner Verurteilung wurde der jugendliche Straftäter einer Bewährungshelferin zur Betreuung übergeben. Sie berichtet über diesen Fall:
N. war von der ersten Klasse an der Sündenbock für seine Mitschüler. Sie hatten es schnell heraus, daß man alle Streiche auf ihn schieben konnte. Wenn immer man einen Schuldigen brauchte, so hieß es, der N. ist es gewesen, und die Lehrer glaubten es, Widerspruch half nichts. Sogar der Vater sagte immer: Wenn die andern es alle sagen, wird schon was Wahres dran sein – und es setzte Strafen und Prügel. In der Schule wie zu Hause . . . Im Laufe der Zeit fügte sich N. in sein Schicksal. Er wehrte sich nicht mehr gegen die Strafen, die er für andre hinnehmen mußte. Die Welt war eben ungerecht, niemand mochte ihn, und die Stärkeren und Raffinierteren hatten Macht über die Schwächeren. In seinen Träumen aber war er der starke Mann. Eines Tages würde er es ihnen schon zeigen, allen würde er es zeigen! Wie – das wußte er noch nicht.
Als N. aus der Schule kam, ging er in die Schlosserlehre. Er lernte einen andern Lehrling kennen, der von seiner Sündenbockrolle nichts wußte. Von

ihm fühlte er sich akzeptiert. Voll Bewunderung hing er an dem Älteren und dieser war geschmeichelt von der Anhänglichkeit des Jüngeren. Sie waren viel zusammen, auch nach Feierabend. Und da zeigte der Freund dem N., wie man parkende Autos knacken konnte. N. fühlte zum ersten Mal etwas wie Machtgefühl, wenn sich die blechernen Käfige durch seine Geschicklichkeit öffneten. Es blieb nicht aus, daß die beiden bei ihrem nächtlichen Tun von einem Passanten überrascht wurden. Mehr aus einem Reflex heraus als bewußt und absichtlich, schlug N. zu. Er traf den Gegner so, daß dieser zusammenbrach und bewußtlos liegenblieb.

Und nun machte N. eine neue Entdeckung: die Tat löste bei ihm weder Angst noch Reue aus, im Gegenteil, ein einziges Triumphgefühl erfüllte ihn: Jetzt war er der Stärkere, jetzt endlich konnte er es ihnen zeigen!

Es blieb nicht bei dem einen Mal. N. geriet geradezu in einen Rauschzustand, wenn er es »ihnen mal wieder zeigen konnte«. Daß er nun tatsächlich die Rolle spielte, die er früher von den andern zugewiesen bekommen hatte, merkte er nicht.

Schließlich fiel er der Polizei in die Hände. Der Richter war verständnisvoll. Er machte sich das Urteil nicht leicht. Er wußte, daß das Gefängnis kein Ort war, um jugendliche Straftäter zu bessern. Sein Spruch lautete: Bewährung mit der Auflage, zwei Jahre lang jedes Wochenende Dienst im Krankenhaus zu tun. Die Konfrontation mit leidenden Menschen sollte ihn zum Nachdenken bringen über das Leid, das er durch seine Gewalttaten andern Menschen zugefügt hatte.

Im Krankenhaus kam er mit den Kranken kaum in Berührung. Als Hilfskraft mußte er die »Dreckarbeit« tun: Böden schrubben, Erbrochens aufwischen, blutige Fetzen fortschaffen, Bettschüsseln leeren. Er wurde kommandiert, geschubst, angeschnauzt. Er war wieder der Letzte, der Niemand, der Wehrlose.

In dieser Situation fand ich ihn. Er galt als uneinsichtig, mürrisch, verstockt. Wir haben viel miteinander geredet. Das Urteil des Richters war zwar gut gemeint gewesen, aber genausowenig geeignet, den Jungen zu ändern, wie eine Freiheitsstrafe. Ich bin jetzt dabei, Schritt für Schritt sein Selbstwertgefühl aufzubauen. Er ist nicht dumm, hat Freude am Lernen, wenn man seine Leistungen anerkennt. Er fühlt, daß ich es ehrlich mit ihm meine, daß ich an ihn glaube. Nach Möglichkeit arbeite ich auch mit ihm und so macht er gute Fortschritte. In zwei Jahren will er die Mittlere Reife schaffen. Eigentlich bräuchte er meine ganze Kraft. Aber ich habe fast hundert von ihnen zu betreuen . . .

JOSEF REDING

Der Gegenschlag

Die flache Silhouette des fremden Autos summte vorbei. Das Paar seiner roten Schwanzstummel glimmte noch eine Weile durch die Dunkelheit.

Richard schaute den schmalen Lichtspuren so lange nach, bis sie als winzige Funken irgendwo über der Landstraße zerstoben.

Es war nicht das Auto des Meisters, dachte Richard. Ich habe es lange vorher am Motor gehört. Und es ist noch eine Viertelstunde Zeit. Der Alte ist pünktlich. Kommt nicht zu früh und nicht zu spät. Und geht auch nicht zu früh und nicht zu spät. Beim Arbeiten und beim Kegeln nicht. Um Viertel nach zehn lege ich die Nägel. Dann wird der Meister unpünktlich zu Hause sein. Vielleicht zum erstenmal in seinem Leben. Und dann wird er Verständnis haben für Lehrlinge, die zu spät an der Hobelbank stehen, weil sie sich beim Sprung von der Treppe den Fuß verstaucht haben. Und er wird diesen Lehrlingen nicht mehr ins Gesicht schlagen.

Richard spürte wieder das Brennen über dem Backenknochen. Er griff sich mit der kalten Hand, die im feuchten Gras der Böschung gelegen hatte, an diesen Schmerzstreifen. Die Hand kühlte nicht. Macht nichts, dachte Richard. Gleich reiße ich mir die Ohrfeige vom Gesicht. Wenn der Alte seinen Wagen mit platten Reifen vor mir zum Stehen bringt und in seinem Pünktlichkeitswahn um jede Minute flucht, die an ihm vorbeistreicht, ohne daß er sie nutzen kann.

Der Alte wird mich nicht sehen. Aber ich werde ihn sehen. Ich weiß, wie sein Gesicht gleich aussieht: enttäuscht, böse, gerötet vom Bier an der Kegelbahn und vom unerwarteten Ärger hier auf der Straße nach Hause. So will ich sein Gesicht sehen und hören, wie er polternd mit sich selbst schimpft. Und dann kann ich abhauen, und mein Gesicht hat die dreckige Ohrfeige nicht mehr.

Der Junge schaut zurück. Hinter ihm berührte die Spitze eines locker bestandenen Walddreiecks den Grabenrand. Ein paar Farne unter den Föhren nickten. Wind war aufgekommen und hatte Sprühregen mitgebracht. Richard schlug den breiten Kragen seiner Windbluse hoch. Er nahm aus den schrägen Taschen vor dem Bauch die Nägel und die handtellergroßen Pappscheiben, die er noch am Nachmittag hinter den Hobelspanhügeln der Werkstatt zurechtgeschnitten hatte.

Der Junge kicherte. Er dachte: Der Alte wird seine eigenen Nägel im Reifen haben. Gut, daß er sie nicht erkennen kann. Nagel ist Nagel. Und Ohrfeige ist Ohrfeige.

Richard stieß drei Nägel durch einen Pappdiskus, so weit, bis die Nagelköpfe dicht auflagen. Dann legte er die präparierte Pappe sorgfältig auf die Böschung des Straßengrabens, so daß die Nagelspitzen suchend aufwärts zeigten.

Der Junge bearbeitete eine Pappscheibe nach der anderen. Wenn er die Nägel durch die nachgiebige Fläche trieb, grub er die Schneidezähne in die Unterlippe. Einmal riß er sich mit einem Nagel über die Daumenkuppe. Das zögernd heraustretende Blut leckte er gleichmütig ab.
Als er zum neuntenmal ein solches Instrument seiner Rache bastelte, hielt er inne, ließ Pappe und Nägel fallen und lauschte in das Gewisper aus Wind und Regen.
Das war der Wagen des Alten, das vertraute monotone Brummen des Motors. Richard stemmte sich am Grabenrand hoch, griff nach den Pappdeckeln und trug sie auf den aufwärts gekehrten Handflächen vorsichtig die Straße entlang, ein halbes Hundert Schritte dem Motorengeräusch entgegen, das allmählich Kraft bekam. Richard legte die gespickten Scheiben auf das nasse, nachlässig geflickte Pflaster. Er gruppierte sie so, daß zwischen ihnen nicht die Breite eines Reifens frei blieb. Auf einer Seite der Straße reichten die Pappteller nicht bis an den Grabenrand. Aber da es die Gegenbahn der Fahrtrichtung seines Meisters war, verschwendete Richard keinen ernsthaften Gedanken an diesen Mangel. Ruhig lief der Junge zu seinem Grabenversteck zurück. Weder sein Schrittrhythmus noch sein Denken waren von Hast bestimmt.
Als sich Richard auf seinen Platz zurücklegte, der inzwischen von einem feuchten, klebrigen Schleier überzogen worden war, bekamen die Föhren hinter ihm allmählich Schatten. Und die Schatten bewegten sich vor dem Jungen auf dem stumpf schimmernden Asphalt. Sie bekamen scharfe Umrisse und lagen jetzt wie Balken schräg über der Straßendecke. Plötzlich warfen sich die festen Schatten herum und verschwanden. Das Scheinwerferlicht war voll und herrschend da. Richard preßte sich gegen das nasse Gras der Böschung. Er schloß die Augen und nahm alles zusammen, was er an Kraft und Willen und Ausdauer in sich spürte, und er schickte diese Energie allein in das Horchen. Er horchte mit seinem ganzen Körper.
Dann war wahrhaftig das knallende, fauchende Signal da, das dem Lehrling die Bestrafung seines Meisters meldete. Dann sprang jener irre Lärm auf, der dem Graben und der Straße und den Föhren verkündete, daß Richards Gesicht wieder gereinigt war von Schmutz und Schmerz.
Der Junge hob den Kopf. Er wußte, daß er allein geordnet hatte, was in Unordnung geraten war. Er wußte, daß die Gerechtigkeit ihren angestammten Platz zwischen den Menschen wieder eingenommen hatte, zwischen den Mächtigen und Geringen, zwischen den Starken und den Schwachen.
Richard lächelte bitter. So war es. Man durfte nicht warten, bis einem die Gerechtigkeit gegeben wurde, sondern man mußte sie selbst an die Hand nehmen. Er wußte für die Zukunft Bescheid.
Richard wunderte sich, daß der Lärm nicht geringer geworden war, sondern wuchs und wuchs und zu kreischen begann. Er war voller Staunen und nahm seinen Kopf nicht unter den Grabenrand, als der Klumpen von Licht und Stahl

sich taumelnd auf ihn zu wälzte. Der Alte, dachte Richard müde. Und er spürte den feurigen Schmerz wieder im Gesicht, den unendlich vergrößerten Schmerz.

GEORG BRITTING

Brudermord im Altwasser

Das sind grünschwarze Tümpel, von Weiden überhangen, von Wasserjungfern übersurrt, das heißt, wie Tümpel und kleine Weiher, und auch große Weiher, ist es anzusehen, und es ist doch nur Donauwasser, durch Steindämme abgesondert vom großen, grünen Strom, Altwasser, wie man es nennt. Fische gibt es im Altwasser, viele, Fischkönig ist der Bürstling, ein Raubtier mit zackiger, kratzender Rückenflosse, mit bösen Augen, einem gefräßigen Maul, grünschwarz schillernd wie das Wasser, darin er jagt. Und wie heiß es hier im Sommer ist! Die Weiden schlucken den Wind, der draußen über dem Strom immer geht. Und aus dem Schlamm steigt ein Geruch wie Fäulnis und Kot und Tod. Kein besserer Ort ist zu finden für Knabenspiele als dieses gründämmernde Gebiet. Und hier geschah, was ich jetzt erzähle.

Die drei Hofberger Buben, elfjährig, zwölfjährig, dreizehnjährig, waren damals im August jeden Tag auf den heißen Steindämmen, hockten unter den Weiden, waren Indianer im Dickicht und Wurzelgeflecht, pflückten Brombeeren, die schwarzfeucht, stachlig geschützt, glänzten, schlichen durch das Schilf, das in hohen Stangen wuchs, schnitten sich Weidenruten, rauften, schlugen auch wohl einmal dem Jüngsten, dem Elfjährigen, eine tiefe Schramme, daß sein Gesicht rot beschmiert war wie eine Menschenfressermaske, brachen wie Hirsche und schreiend durch Buschwerk und Graben zur breitfließenden Donau vor, wuschen den blutigen Kopf, und die Haare deckten die Wunde dann, und waren gleich wieder versöhnt. Die Eltern natürlich durften nichts erfahren von solchen Streichen, und sie lachten alle drei und vereinbarten wie immer: »Zu Hause sagen wir aber nichts davon!«

Die Altwässer ziehen sich stundenweit der Donau entlang. Bei einem Streifzug einmal waren die drei tief in die grüne Wildnis vorgedrungen, tiefer als je zuvor, bis zu einem Weiher, größer, als sie je einen gesehen hatten, schwarz der Wasserspiegel, und am Ufer lag ein Fischerboot angekettet. Den Pfahl, an dem die Kette hing, rissen sie aus dem schlammigen Boden, warfen Kette und Pfahl ins Boot, stiegen ein, ein Ruder lag auch dabei, und ruderten in die Mitte des Weihers hinaus. Nun waren sie Seeräuber und träumten und brüteten wilde Pläne. Die Sonne schien auf ihre bloßen Köpfe, das Boot lag unbeweg-

lich, unbeweglich stand das Schilf am jenseitigen Ufer, Staunzen fuhren leise summend durch die dicke Luft, kleine Blutsauger, aber die abgehärteten Knaben spürten die Stiche nicht mehr.
Der Dreizehnjährige begann das Boot leicht zu schaukeln. Gleich wiegten sich die beiden anderen mit, auf und nieder, Wasserringe liefen über den Weiher, Wellen schlugen platschend ans Ufer, die Binsen schwankten und wackelten. Die Knaben schaukelten heftiger, daß der Bootsrand bis zum Wasserspiegel sich neigte und das aufgeregte Wasser ins Boot hineinschwappte. Der kleinste, der Elfjährige, hatte einen Fuß auf den Bootsrand gesetzt und tat jauchzend seine Schaukelarbeit. Da gab der Älteste dem Zwölfjährigen ein Zeichen, den Kleinen zu schrecken, und plötzlich warfen sie sich beide auf die Bootsseite, wo der Kleine stand, und das Boot neigte sich tief, und dann lag der Jüngste im Wasser und schrie und ging unter und schlug von unten gegen das Boot und schrie nicht mehr und pochte nicht mehr und kam auch nicht mehr unter dem Boot hervor, unter dem Boot nicht mehr hervor, nie mehr.
Die beiden Brüder saßen stumm und käsegelb auf den Ruderbänken in der prallen Sonne, ein Fisch schnappte und sprang über das Wasser heraus. Die Wasserringe hatten sich verlaufen, die Binsen standen wieder unbeweglich, die Staunzen summten bös und stachen. Die Brüder ruderten das Boot wieder ans Ufer, trieben den Pfahl mit der Kette wieder in den Uferschlamm, stiegen aus, trabten auf dem langen Steindamm dahin, trabten stadtwärts, wagten nicht, sich anzusehen, liefen hintereinander, achteten der Weiden nicht, die ihnen ins Gesicht schlugen, nicht der Brombeersträucherstacheln, die an ihnen rissen, stolperten über Wurzelschlangen, liefen, liefen und liefen.
Die Altwässer blieben zurück, die grüne Donau kam, breit und behäbig, rauschte der Stadt zu, die ersten Häuser sahen sie, sie sahen den Dom, sie sahen das Dach des Vaterhauses. Sie hielten, schweißüberronnen, zitterten verstört, die Knaben, die Mörder, und dann sagte der Ältere wie immer nach einem Streich: »Zu Hause sagen wir aber nichts davon!« Der andere nickte, von wilder Hoffnung überwuchert, und sie gingen, entschlossen, ewig zu schweigen, auf die Haustüre zu, die sie wie ein schwarzes Loch verschluckte.

PAUL G. LENDLE

Ein prächtiger Mensch

Die Beweisaufnahme war abgeschlossen. Der Staatsanwalt hatte das Wort.
Es sei einwandfrei erwiesen, sagte er, daß der angeklagte Otto Hürbel auf der am 18. Juli mit seinem Freund Hans Brunner unternommenen Vergnügungsfahrt in seinem Personenwagen bei Aufenthalten unterwegs mehrfach alkoholische Getränke sich einverleibt und die Fahrt dann fortgesetzt habe, obwohl er infolge des genossenen Alkohols nicht mehr in der Lage gewesen sei, das Fahrzeug sicher zu führen. In der Linkskurve beim Kilometerstein 104 der nach Norden aus der Stadt führenden Bundesstraße sei der Wagen ins Schleudern geraten und gegen einen Betonpfeiler geprallt. Dabei habe der auf dem rechten Vordersitz mitfahrende Hans Brunner eine Kopfverletzung erlitten, an deren Folgen er kurz darauf verstorben sei. Es bestehe kein Zweifel, fuhr der Staatsanwalt fort, daß der vorausgegangene Alkoholgenuß nicht nur das Reaktionsvermögen des Angeklagten und damit seine Fähigkeit, das Fahrzeug sicher zu führen, beeinträchtigt habe, sondern daß darüber hinaus Otto Hürbel in einen Zustand der Enthemmung versetzt worden sei.
Er sprach temperamentvoll, routiniert. Er schilderte den Unfallhergang sachlich-nüchtern, senkte seine Stimme, wenn er den tödlich Verunglückten erwähnte, und ließ sie wieder anschwellen, um dem Angeklagten sein Verschulden vorzuhalten. Ich saß am Richtertisch – rechts neben dem Vorsitzenden. Vereidigt vor Gott dem Allmächtigen, die Pflichten eines Schöffen getreulich zu erfüllen und meine Stimme nach bestem Wissen und Gewissen abzugeben, so wahr mir Gott helfe.
Ich war der Verhandlung aufmerksam gefolgt. Der Anklage, die dem jungen Menschen dort drüben fahrlässige Tötung vorwarf, der Beweisaufnahme und jetzt dem Staatsanwalt, der die Tat anprangerte als verantwortungslos und verabscheuungswürdig. Es müsse einmal ein Exempel statuiert werden, sagte er; nicht länger gehe es an zuzusehen, wie junge Menschen andere und sich selbst gefährdeten. Ein Jahr Gefängnis und drei Jahre Führerscheinentzug halte er für eine den Umständen des Falles angemessene Strafe. Und das Gericht möge davon absehen, sie auf Bewährung auszusetzen.
Einen Verteidiger hatte der Angeklagte nicht. Auf die Frage des Vorsitzenden, ob er noch etwas sagen wolle, nachdem er jetzt den Strafantrag des Herrn Staatsanwalts gehört habe, stand Hürbel auf, schluckte ein paarmal, und brachte schließlich ein paar Sätze heraus: Er sei kein Trinker, habe sich aber wirklich nichts dabei gedacht, an jenem heißen Tag die drei oder vier Glas Bier anzunehmen, die Brunner ihm spendierte. Jetzt freilich, nachdem es passiert sei . . . Er bitte um eine mildere Strafe, wenigstens um Bewährung. Seine Frau erwarte ihr erstes Kind, vielleicht sei das ein mildernder Umstand.

Diese so rührend ungeschickt hervorgebrachte Bemerkung des Angeklagten erhellte für einen kurzen Augenblick die Gesichter im Saal und entlockte selbst dem Staatsanwalt ein nachsichtiges Lächeln. Und dann zog sich das Gericht zur Beratung zurück.
Wir verurteilten Otto Hürbel wegen fahrlässiger Tötung in Verbindung mit fahrlässiger Straßenverkehrsgefährdung zu sechs Monaten Gefängnis und zwei Jahren Führerscheinentzug. Die Gefängnisstrafe wurde zur Bewährung ausgesetzt; der Bewährungsbeschluß enthielt die Auflage einer an die Kreisverkehrswacht abzuführenden Geldbuße von tausend Mark. Und außerdem hatte der Angeklagte die Kosten des Verfahrens zu tragen.
»Dem Recht wäre Genüge getan!« sagte mein Mitschöffe, Herr Matter, als wir nach Schluß der Verhandlung gemeinsam das Gerichtsgebäude verließen. Matter war derzeit Strohwitwer und freute sich, in mir einen Gesellschafter zum Abendessen im »Roten Ochsen« gefunden zu haben; denn ich wohne nicht in der Kreisstadt und wollte noch eine Kleinigkeit essen, bevor ich heimfuhr.
Ehrlich gestanden: ganz nüchtern war ich nicht mehr, als ich schließlich – es war schon elf vorbei – in mein Auto stieg, denn am Freitagabend trafen sich die Honoratioren der Kreisstadt im »Roten Ochsen«. Der Herr Staatsanwalt kam auch, ebenso ein Anwalt, den ich kannte. Und Geschäftsfreunde. Und außerdem einige Herren, die ich noch nicht kannte. Alles nette, fröhliche Leute. Es wurde ein bißchen politisiert – Gemeindepolitik ist immer ein ergiebiges Thema an Stammtischen. Dann spielten wir eine Partie Billard. Ich verlor in der Endrunde gegen den Herrn Staatsanwalt. Das versöhnte ihn wieder mit meiner Opposition gegen seinen heutigen Strafantrag, über den natürlich auch geredet worden war, und kostete mich eine Runde. Dann machte ich aber endgültig Schluß, obwohl das allgemein bedauert wurde, weil wir alle so schön in Stimmung waren und fröhlich und sehr viel lachten. Mein Aufbruch veranlaßte die Herren zu einer kleinen Abschiedszeremonie. Es wurde mir reihum mächtig zugeprostet, und sie stimmten ein Lied an: »Er ist ein wackerer Kumpan . . .« oder so ähnlich.
Nach dem großen Händeschütteln geleiteten sie mich hinaus und bauten sich vor dem Eingang auf. Sie warteten, bis ich vom Parkplatz am Gerichtsgebäude drüben mit dem Auto kam – denn mein Weg führte wieder am »Roten Ochsen« vorbei –, und dann winkten sie heftig und sangen dazu stimmgewaltig ein Abschiedslied.
Es geht nichts über einen richtigen Herrenabend.
Auch wenn ich etwas in Stimmung bin, bin ich ein sicherer Fahrer. Meinen Weg kannte ich im Schlaf. In der Stadt kaum ein paar Autos; hier und da nächtliche Spaziergänger. In den Anlagen zwischen Straße und Fluß einige Pärchen. Nach der Brücke, im Industrieviertel, herrschte fast völlige Dunkelheit – die Straßenbeleuchtung war altmodisch und spärlich.

Die Straße verlief nun schnurgerade und wurde von meinen Scheinwerfern, als ich aufblendete, weithin ausgeleuchtet. Ich wollte gerade richtig Gas geben und den vierten Gang einlegen, da bemerkte ich, daß weiter vorne am Straßenrand jemand stand und winkte. Unwillkürlich nahm ich den Fuß zurück – mein Wagen wurde langsamer. Der Winkende schien das falsch zu deuten, denn er trat jetzt etwas vor auf die Straße, stellte sich in Front zu mir und wedelte mit beiden Armen. Zunächst war ich versucht, einfach durchzustarten und an ihm vorbeizubrausen. Aber es konnte ja etwas passiert sein. Ich drückte also leicht auf die Bremse, schaltete zurück und beugte mich dann nach rechts hinüber, um das Fenster aufzukurbeln. Als ich den Winkenden erreicht hatte, stoppte ich.

Erst als sie durch das offene Fenster hineinblickte und sagte: »Ich muß nach Marienheim!« merkte ich, daß es eine Frau war. Nun nehme ich grundsätzlich keine fremden Menschen im Auto mit. Und das sagte ich ihr. Daraufhin klammerte sie sich doch tatsächlich mit beiden Händen an den Rand der halboffenen Fensterschreibe und schrie: »Sie müssen mich aber mitnehmen!«

»Nehmen Sie sich ein Taxi!« brüllte ich, »und lassen Sie die Hände von meinem Auto weg! Ich nehme niemanden mit, und schon gar nicht mitten in der Nacht!«

Dann schob ich den Gang rein, gab Gas und ließ die Kupplung los. Kavalierstart nennt man das. Die Frau rief mir noch irgend etwas nach und schlug gleichzeitig mit ihrem Schirm oder was weiß ich gegen meinen Wagen, daß es dröhnte. Ich war wütend. Eine solche Unverschämtheit war mir noch nicht vorgekommen.

Kurz vor Mitternacht kam ich zu Hause an. Ich stellte den Wagen in die Garage. Meine Frau war offenbar schon zu Bett gegangen, denn im Wohnzimmer brannte kein Licht mehr. So setzte ich mich noch für eine Weile in die Diele, um eine Zigarre zu rauchen. Dazu trank ich einen Kognak. Das rabiate Weib hatte mir die ganze Stimmung verdorben. Überhaupt dieses Anhalterunwesen – da müßte der Herr Staatsanwalt mal ein Exempel statuieren.

Gerade als ich mich aus dem Sessel erheben wollte, summte das Telefon. Es war der Hotelier vom »Roten Ochsen«. Ich hatte beim Bezahlen die Brieftasche liegengelassen; mit Geld, Paß, Führerschein, Wagenpapieren. Die Herren – sie seien gerade am Aufbrechen – hätten das Auffinden meiner Brieftasche auf Antrag des Herrn Staatsanwalts zum Anlaß genommen, mich in Abwesenheit wegen Fahrens ohne Führerschein zur Teilnahme an jährlich mindestens sechs Herrenabenden im »Roten Ochsen« zu verurteilen.

Am andern Morgen beim Frühstück sagte Evelin – so heißt meine Frau –, sie möchte in die Kreisstadt, einkaufen. Um dreizehn Uhr fünfzehn käme Markus mit dem Schnellzug dort an, sie hole ihn ab. Markus ist unser Sohn. Er studiert seit zwei Jahren auf der TH und kommt nur ab und zu übers Wochenende

heim. Manchmal bringt er zwei oder drei Kommilitonen mit, und dann ist für einen kurzen Sonntag wieder Leben in unserm Haus, das so leer geworden ist, ohne die beiden Kinder. Irene, unsere Tochter, besucht ein Jahr schon ein Institut in Lausanne; wir sehen sie nur in den Ferien.
Mir war es ganz recht, daß Evelin mich gar nicht erst frage, ob ich mitfahren wolle. Sie bleibt stundenlang in einem Modesalon, kann an keinem Porzellanladen vorübergehen, wird aber ungeduldig, wenn sie einmal mit mir bei einem Antiquitätenhändler fünf Minuten warten muß, weil ich mich für eine alte Waffe interessiere.
Ich erzählte Evelin von der liegengebliebenen Brieftasche. Natürlich lachte sie mich aus, versprach aber, sie aus dem »Roten Ochsen« mitzubringen. Evelin hat selber ein Auto. Wenn man so abseits in einem Landstädtchen wohnt, ist das schon nötig, zumal ich mit meinem Wagen oft geschäftlich unterwegs bin. Ich begleitete sie noch hinunter, um ihr das Tor aufzumachen. Sie winkte fröhlich, als sie wegfuhr.
Eigentlich hatte ich zu Fuß in die Fabrik hinübergehen wollen, um noch die Post durchzusehen, aber da ich nun schon vor der Garage stand, entschloß ich mich, doch den Wagen zu nehmen. Ich zog die Garagentür hoch. Was war denn das am Heck meines Autos? Hatte jemand mit faulen Tomaten nach mir geworfen? Hinten rechts war alles verschmiert. Ich fuhr den Wagen ein Stück hinaus in den Hof, schloß den Wasserschlauch an und spritzte den Dreck weg – ein seltsam schleimiges Zeug. Nachdem auf diese Weise ein knappes Viertel meines Autos saubergemacht war, blieb mir nichts anderes übrig, als den größeren restlichen Teil auch zu waschen. Ein Fetzen blau-weiß gestreiften Stoffes war zwischen Stoßstange und Karosserie verklemmt. Ob mir die Brüder gestern Nacht eine solche Fahne angehängt hatten?
Mit dem frischgewaschenen Auto wollte ich nun nicht die staubige Straße hinüber zur Fabrik fahren. Ich ging deshalb zu Fuß. Im ganzen Bürogebäude war niemand, abgesehen von Frau Hoffmann, die wie jeden Samstag mit Eimer und Schrubber hantierte. Sie ist die Frau des Hausmeisters, eine treue Seele, fleißig und zuverlässig. In meinem Büro lag die Post zum Durchsehen und Verteilen fertig abgestempelt. Es klopfte. Frau Hoffmann fragte, ob sie mir eine Tasse Kaffee machen solle. Ich hatte eigentlich kein Bedürfnis danach, aber um sie nicht zu enttäuschen, sagte ich ja.
Das Telefon klingelte, der Privatapparat. Auf diesen werden Gespräche von der Wohnung umgeschaltet, wenn sie dort niemand abnimmt. Markus meldete sich, kurz und bündig: Es täte ihm schrecklich leid, aber er könne nicht kommen. Er sei mit seinem Professor – habe ich gesagt, daß er Chemie studiert? – an einer Versuchsreihe, und sie möchten nicht unterbrechen. Viele Grüße an Mami und schönen Sonntag. Markus telefoniert immer so kurz, wenn es auf seine Kosten geht.
Zwölf Uhr vorbei, vielleicht konnte ich Evelin im »Roten Ochsen« erreichen.

Meine Gattin sei noch nicht dagewesen, erfuhr ich von Herrn Scheffer am Telefon. So bat ich ihn denn, ihr zu bestellen, daß Markus nicht komme.
Frau Hoffmann erschien mit dem Kaffee. Bevor ich noch Dankeschön sagen konnte, fragte sie: »Was haben Sie für Flecken am Ärmel, Herr Direktor?« Tatsächlich, am Jackenärmel, rechts, unterhalb des Ellbogens zeigten sich zwei große und einige kleinere verwischte dunkle Flecken. Das war sicher beim Wagenwaschen passiert. Frau Hoffmann betrachtete den Schaden mit Kennermiene: »Sieht aus wie Blut!« meinte sie.
»Blut? Wo sollte das auch herkommen?« Ich mußte die Jacke ausziehen, und Frau Hoffmann mühte sich in der Imbißküche eine Viertelstunde lang, mit reichlich kaltem Wasser die Flecken zu entfernen. Als ich die Jacke zurückbekam, war der Ärmel so naß, daß von den Flecken nichts mehr zu sehen war. Blut. Blut am Ärmel. Ich dachte an die Begegnung gestern Nacht und erinnerte mich an den dumpfen Schlag. Ich hängte mir die Jacke lose um die Schultern und verließ das Büro. Vom Büro nach Hause sind es zu Fuß etwa zehn Minuten. Der Wagen stand noch im Hof. Hinten rechts, am Heck, war nichts mehr zu sehen.
Der Stoffetzen, der an der Stoßstange eingeklemmt gewesen war, lag auf dem Boden. Er war etwa handtellergroß, an einer Seite gesäumt, sonst ringsum abgerissen. Blau-weiß gestreift. Nicht ausgeschlossen, daß es ein aus einem Kleid unten am Saum herausgerissenes Stück war. War die Anhalterin gestern nacht damit an meinem Wagen hängengeblieben?
Unter dem Vordach neben der Garage steht der Mülleimer. Darin versteckte ich den Fetzen unter einer Konservendose. Den Wagen fuhr ich wieder in die Garage. Ich betrachtete den Platz sorgfältig, aber es war nichts mehr zu sehen von dem schleimigen Zeug.
Ich ging ins Haus und wusch mich. Die Jacke hängte ich in den Schrank und zog einen Pullover an. Ich setzte mich hinaus auf die Terrasse und machte es mir mit der Zeitung bequem – las mindestens dreimal den Leitartikel, ohne überhaupt etwas davon in mich aufzunehmen. Immer wieder schweiften meine Gedanken zurück zu dem Augenblick in der vergangenen Nacht, als im Kegel meiner Scheinwerfer die winkende Gestalt auftauchte. Seltsam, jetzt, in der Erinnerung, klangen ihre Worte gar nicht frech oder unverfroren – eher dringlich, flehend.
Was mochte die Frau bewogen haben, mitten in der Nacht auf die Straße zu gehen, um ein Auto anzuhalten? Ich muß nach Marienheim! hatte sie gesagt. Marienheim – klar: Der Stoffetzen, blau-weiß gestreift, stammte von einer Schwesterntracht. Marienheim ist keine Ortschaft, sondern ein großes Sanatorium, ziemlich einsam auf einer Höhe gelegen, mit einigen hundert Patienten.
Konnte man mir etwas vorwerfen? Verkehrswidrig verhalten hatte ich mich nicht. Daß die Frau von meinem Wagen erfaßt wurde, war ihr eigenes Verschulden. Und daß ich von dem ganzen Vorgang nichts gemerkt hatte?

War ich betrunken gewesen? Das würde sicherlich behauptet werden – und zwar als erwiesen. Ich kannte die Vernehmungstaktik: Wo waren Sie an jenem Abend, was haben Sie getrunken? Zeuge: der Herr Staatsanwalt persönlich. Peinlich, für alle. Aber kein Zweifel: Fahrlässige Tötung, unterlassene Hilfeleistung und Verkehrsunfallflucht könnte man mir anhängen.
Den Staatsanwalt anrufen – ihn aufsuchen? Kann man denn mir etwas nachweisen? Zeugen – gibt es keine. Am Auto – nichts zu sehen. Frau Hoffmann, wegen der Flecken? Da findet sich schon eine Erklärung. Beim Wagenwaschen hat mich niemand gesehen, nicht einmal Evelin, meine Frau. Wir wohnen abseits, das Villengrundstück ist groß. Und wenn auch: Warum sollte ich mein Auto nicht waschen?
Ich beschloß, abzuwarten und den Mund zu halten. Und stand auf, um mir drinnen einen Whisky-Soda zu mixen. Aber dann trank ich einen Whisky pur.

Evelin fuhr in den Hof; ich sah es vom Fenster aus. Wahrscheinlich brauchte sie Hilfe beim Ausladen. Ich ging über die Terrasse die Freitreppe hinunter. »Ich habe eine Überraschung für dich!« sagte Evelin und gab mir einen Kuß. Zwei Pakete und eine Tragetasche mußte ich in die Küche mitnehmen. Das übrige brachte Evelin selber.
Die Tragetasche enthielt ein gegrilltes Hähnchen, das es nachher mit Reis und grünem Salat geben sollte.
Während der Reis kochte, präsentierte mir Evelin im Wohnzimmer die mitgebrachte Überraschung: Ein altes arabisches Steinschloßgewehr mit wunderschönen Elfenbein-Intarsien – ein herrliches Stück. Das brave Mädchen hatte einen Kuß wirklich verdient und bekam ihn auch. Solange, bis ihr der Reis in der Küche einfiel. Es war aber noch nicht zu spät.
Während des Essens war sie seltsam einsilbig, als ob sie noch etwas auf dem Herzen hätte. Und beim Kaffee rückte sie dann damit heraus: Sie fühlte sich einsam in dem großen Haus, ihre Tage seien nicht ausgefüllt, seit die Kinder fort seien. Und heute habe sie Pfarrer Schrader getroffen, der früher hier war und jetzt, zur Ruhe gesetzt, ein Kinderheim in der Kreisstadt seelsorgerisch betreute. Mit ihm habe sie sich ausgesprochen und unseren gemeinsamen Besuch angekündigt: sie möchte ein Kind, ein elternloses Kind aufnehmen.
Was ich dazu meinte? Wenn es Evelin Freude und nicht zuviel Mühe macht – natürlich ist es manchmal arg still in unserm Haus. Und Kinderlachen höre ich gerne. Warum also nicht? Evelin fiel mir um den Hals und sagte, sie habe es ja gewußt, und ich sei doch der beste Mann auf der Welt. Und überhaupt, fügte sie hinzu, wolle sie mir das einmal sagen: sie sei richtig stolz auf mich; wo immer man von mir rede, überall heiße es: Das ist ein prächtiger Mensch.
Während Evelin in der Küche das Geschirr wusch, beschäftigte ich mich in der Diele mit meinen Waffen. Das neue Steinschloßgewehr mußte einen Platz bekommen – links neben dem Kamin an der Wand vielleicht. Nach einem

schönen Pulverhorn müßte ich mich gelegentlich umsehen; es gehört immer zu einem Steinschloßgewehr. Ich holte die Bohrmaschine und zwei Dübel. Bevor ich den Bohrer ansetzte, rief ich Evelin. Sie war in der Küche inzwischen fertiggeworden und konnte mir assistieren. Sie schlug den Teppich etwas zurück: wegen des Staubens beim Bohren.

Evelin wollte die Gelegenheit benutzen, die Wand ein wenig abzuwischen. Aber mit Stückarbeit war es nicht getan: ich mußte schließlich alle Waffen und auch die Bilder herunternehmen. So gab es einiges zu tun, bis alles an der großen Wand um den Kamin herum wieder einen Platz hatte; der Nachmittag verging darüber. Mir war das ganz recht.

Eigentlich hatten wir vorgehabt, abends irgendwohin essen zu gehen. Aber es war nun beinahe halb acht Uhr geworden, und Evelin schlug deshalb vor, daheim zu bleiben. Sie habe noch schöne Filet-Steaks in der Kühltruhe; mit Salat und Brot wäre das für ein einfaches Abendessen ausreichend. Eine Flasche Wein dazu auszuwählen, war meine Sache. Ich entschied mich für einen feurigen, samtigen Spätburgunder vom Kaiserstuhl.

Mit Vorliebe sitzen wir abends in der Diele bei einer Flasche Wein; ich rauche eine Zigarre, meine Frau beschäftigt sich mit einer Handarbeit. Und wir reden über irgend etwas, das uns gerade bewegt.

Heute war es Evelin, die den Gesprächsstoff lieferte: ihr Plan, ein Kind anzunehmen. Das Kind sollte ein Mädchen sein, nicht älter als ein Jahr. Als Kinderzimmer wäre der Raum neben dem Schlafzimmer geeignet, wo der Wäscheschrank steht. Ein Kinderbett sei noch irgendwo auf dem Speicher; Wäsche dafür habe sie im Schrank. Pfarrer Schrader wolle uns Einblick geben in die Akten einiger Kinder, und danach – und nach dem persönlichen Eindruck selbstverständlich – könnten wir uns dann für eines entscheiden. Der Geistliche, berichtete Evelin, sei sehr bedrückt gewesen wegen eines Unfalls, dem in der vergangenen Nacht ein früherer Zögling des Waisenhauses zum Opfer gefallen sei, eine junge Krankenschwester.

»Ach Gott!« warf ich ein. Mehr brachte ich nicht heraus.

Unbefangen erzählte Evelin weiter: Die Verunglückte, als Krankenschwester in Marienheim tätig, habe gestern wie schon oft an ihren dienstfreien Tagen im Waisenhaus geholfen; sie habe offenbar den letzten Bus zu den Heilstätten, wo sie Nachtdienst gehabt hätte, versäumt und dann versucht, ein Auto anzuhalten. Heute früh sei die Frau gefunden worden – tot. Mit zertrümmertem Schädel.

Evelin blickte auf, herüber zu mir. Unsere Augen trafen sich. Ahnte sie etwas?

»Ist dir nicht gut, Bernhard?«

Ich habe in hundert harten Verhandlungen gelernt, äußerlich unbefangen zu bleiben, mochte sich eine Situation noch so zuspitzen.

»Ein bißchen heiß ist es«, antwortete ich.

»Findest du? Vielleicht hast du den Wein zu schnell getrunken. Komm, gehen wir noch ein paar Schritte auf der Terrasse.« Die frische Nachtluft tat mir wohl. Ich wurde ruhiger. Und zuversichtlich. Evelin ahnte nichts, das war sicher.

Der Sonntag, ein strahlender Sommertag, lud förmlich ein zu einer Spazierfahrt über die Schwarzwaldhöhen und einer kleinen Wanderung von irgendeinem Parkplatz aus.
Gleich nach der Kirche fuhren wir los, ohne Plan, ohne bestimmtes Ziel. Kehrten unterwegs in einem einfachen heimeligen Gasthaus ein, legten uns am Waldrand irgendwo in die Sonne und wanderten dann eine Stunde oder zwei.
Die Rückfahrt führte über einen eleganten Badeort. Dort aßen wir zu Abend und tanzten noch ein wenig, ehe wir heimfuhren.
Abends im Bett sagte Evelin: »Ich kann es manchmal gar nicht fassen, daß unser Leben so schön geworden ist, wie wir es einmal erträumt haben. Weißt du noch?«
»Ja, Evelin. Ich weiß es noch.«

Am Montag stand in der Zeitung: »Schon wieder ein tödlicher Unfall – Fahrer flüchtig! – In den Morgenstunden des Samstags wurde in der Vorwerkstraße die Leiche der in Marienheim beschäftigten Krankenschwester Ursula Brunner gefunden . . .« Ich las nicht weiter.
Ich war darauf gefaßt, als gegen zehn Uhr ein Anruf kam und eine Stimme sagte: »Herr Direktor Beumert? Einen Augenblick bitte, der Herr Staatsanwalt möchte Sie sprechen!«
Seine Stimme. Unverkennbar. Freundlich, verbindlich: »Schön war es am Freitag! Gut nach Hause gekommen?« Aber ich war auf der Hut. Jetzt kam es. Der Staatsanwalt räusperte sich. »Da ist noch eine Sache . . . haben Sie von dem Unfall gehört?« »Ja«, bestätigte ich. Von dem Unfall hätte ich gehört. Über meine Frau von Pfarrer Schrader bereits am Samstag, und heute aus der Zeitung.
»Gut, da kann ich mir Einzelheiten ersparen. Sie sind ja wohl dort hinausgefahren freitagnacht? Haben Sie etwas gesehen, etwas bemerkt, was vielleicht dazu beitragen könnte . . .?«
»Nein, gar nichts. Ich bin direkt nach Hause gefahren. Herr Scheffer hat mich ja noch angerufen; da war ich schon daheim.«
»Richtig«, sagte er, »wegen der Brieftasche. Wir hatten einen Riesenspaß! Sie kennen Ihr Urteil?« – »Ja!« sagte ich, »ich nehme die Strafe an.«
»Sie sind ein feiner Mensch, Sie haben Humor! Und wegen der Unfallsache – Sie verstehen, wir müssen bei der Untersuchung allem nachgehen. Deshalb mein Anruf. Nach dem Sektionsbefund übrigens muß der Unfall zwischen drei

und vier Uhr morgens passiert sein. Also auf Wiedersehn! Empfehlung an die verehrte Frau Gemahlin!« Und schon hatte er eingehängt.
Ich drückte den Rufknopf. »Herr Direktor?«
»Fräulein Heider, bitte rufen Sie die Herren Abteilungsleiter zur Postbesprechung ins Konferenzzimmer. Und veranlassen Sie, daß Mr. Seeliger um zehn Uhr dreißig im Hotel abgeholt wird.«
»Jawohl, Herr Direktor!«
Als ich zum Mittagessen heimkam, blätterte ich die Privatpost durch. Ein Eilbrief war dabei, heute morgen in der Kreisstadt aufgegeben, vom Gericht. Ich sei für eine Sondersitzung am kommenden Donnerstag als Schöffe ausgelost. Die Tagesordnung lag bei: Anklage wegen Meineids und Betrugs.
Ich war froh, daß es nicht schon wieder um eine fahrlässige Tötung ging; sonst, glaube ich, hätte ich mich entschuldigen lassen.

WERNER BERGENGRUEN

Gerechtigkeit

Es ist nichts Gefährlicheres, als wenn ein Mensch einen Eifer zur Gerechtigkeit hat und sich auf diese verläßt. Herzog Heinrich von Lüneburg hatte einen Ratgeber, Christian Pelse, den Vogt von Celle, einen ernsthaften, klugen und lauteren Mann, den er höher schätzte als alle anderen, die in seinen Diensten standen. Eines Tages im Herbst erhielt der Vogt Botschaft, der Herzog sei in der Nähe zur Jagd und wolle ihn sehen und von Landesgeschäften mit ihm reden. Christian Pelse, der, hierin seinem Herrn ähnlich, nichts auf Prunk gab und sich ungern bedienen ließ, stieg auf seinen Schimmel und machte sich, nach seiner Gewohnheit unbegleitet, auf den Weg nach dem bezeichneten Ort. Es war ein warmer, beinahe noch sommerlicher Tag.
Der Vogt hatte den Kopf voll von Sorgen um den Herzog und das Celler Land, so achtete er nicht auf das Wetter, und als er durch das Fusetal kam, gewahrte er plötzlich, daß sich die Witterung ins Rauhe verändert hatte. Der Himmel hatte sich bedeckt, und nun fiel auch schon ein sehr heftiger Regen. Jetzt erst kam ihm in den Sinn, daß er unrecht getan hatte, keinen Mantel mitzunehmen. Da er sich nie Ruhe gegönnt hatte, seinen Körper zu pflegen, und auch der Meinung war, es sei unwürdig, dem Leibe allzu viel Herrschaft über die höheren Organe des Lebens einzuräumen, war seine Gesundheit nicht sehr fest. Jetzt fror es ihn, und er spürte den ersten Schauer jenes Fiebers, das ihn bisweilen heimsuchte. Aber da er Eile hatte, zum Herzog zu kommen, so mochte er auch nicht in einen Bauernhof einkehren, um sich zu

wärmen und das Ende des Unwetters abzuwarten. Indem er so weiterritt, gewahrte er am Wege einen guten, warmen Mantel liegen von blauer Wolle mit Katzenfell, und zwar lag er unter einer großen Eiche, deren Äste ihn vor dem Naßwerden schützten. In der Nähe aber war ein Acker, auf dem arbeitete ein Bauer, und es war offenbar, daß diesem Bauern der Mantel gehörte und er ihn beiseite gelegt hatte, um ihn wieder anzuziehen, wenn der sein Werk getan haben und sich auf den Heimweg machen würde.

Der Vogt, dem daran gelegen war, die Bauern bei gutem Wohlstand zu wissen, freute sich am Anblick des stattlichen Kleidungsstücks. Dann aber rief er den Bauern an, er möge ihm den Mantel borgen, er wolle es ihm reichlich vergüten. Der Bauer entgegnete, der Mantel sei sein, er brauche ihn selbst und sei kein Verleiher. Der Vogt redete ihm zu, allein der Mann blieb störrisch, sei es, daß er in bäuerlichem Mißtrauen glaubte, der Vogt werde den Mantel für sich behalten wollen, sei es, daß des Herzogs Sorge für die Bauern ihn zu der Meinung gebracht hatte, nun dürfe und müsse er einem Herrn getrost alles das abschlagen, was nicht als seine Schuldigkeit in Gesetz oder Fronbuch verzeichnet stand.

Der Vogt wollte ihm den Mantel abkaufen, der Bauer erwiderte, er sei ihm nicht um tausend Schafe feil. Der Vogt dachte: »Diese Art von Leuten hat eine härtere Gesundheit als unsereiner. Zudem, wenn er krank wird, so kocht ihm seine Frau einen Absud von Lindenblüten, und ein Nachbar tut seine Arbeit mit. Werde ich krank, so bleibt das Dringliche liegen und alles gerät in Verwirrung.«

Denn er gehörte zu jenen, die am liebsten alles selber tun und sich selber schwer vorstellen, die Untergebenen könnten auch ohne sie zurechtkommen. Also kehrte er sich nicht weiter an den Bauern, stieg vom Pferde und hob den Mantel auf. Er legte ihn an und ritt seines Weges. Nun kam er zum Herzog, mußte ihm berichten und mit ihm ratschlagen, tafeln und jagen. Da hatte er dann manche Dinge in seinem Kopf zu bewegen und vergaß darüber die Herkunft des Mantels, dessen er sich immer noch bediente. Sonst hätte er wohl dem Bauern das Seinige mit einem Geschenk zurückgesandt und sich ein warmes Kleidungsstück von einem der Begleiter des Herzogs geliehen.

Als die Jagdtage vorüber waren, wünschte sich der Herzog um verschiedener Regierungsdinge willen nach Celle zu begeben, und Christian Pelse mußte neben ihm reiten. So kamen sie in die Nähe der Fuse. An einer Wegekreuzung stand eine Linde. Hinter der sprang ein Bauer hervor, fiel vor dem Herzog auf die Knie und bat um Gerechtigkeit. Der Herzog stieg vom Pferde, ließ seinen Schild an den Lindenstamm hängen und sprach zu dem Bittenden: »Ich will Gericht halten und dir Recht schaffen.«

Nun begann der Bauer: »Was verschlägt es, daß man Eur Gnaden Gerechtigkeit rühmt und daß Eur Gnaden die Raubritter niedergeworfen haben, wenn die ärgsten Räuber unverfolgt in Eur Gnaden festen Häusern sitzen. Dieser

Mann hat mir mit Gewalt vor drei Tagen den Mantel genommen, in welchem er neben Euren Gnaden angeritten gekommen ist.« Der Herzog fragte seinen Vogt, ob der Bauer die Wahrheit gesprochen habe und ob der Mantel ihm gehöre. Der Vogt erwiderte: »Ja.« Er wollte noch etwas sagen, da sah er den Herzog mit starken Schritten auf seine, des Vogts, Schimmelstute zugehen und ihr den Halfter abnehmen. »Christian Pelse, weißt du, was mir der Halfter soll? Christian Pelse, du mußt hängen. Ich habe verkündigen lassen, daß jeder sterben soll, der einem geringen Manne auch nur eines Hellers Wert nimmt, auf der Stelle und ohne Ansehen der Person. Es ist mir herzlich leid um dich, Christian Pelse, allein nun muß ich mein Wort halten. Hast du mir noch etwas zu sagen?« Des Vogts Gesicht war kalt und starr geworden wie Stein. Er sah über den Herzog hinweg und verschmähte jedes Wort. So hängten sie ihn an die Linde.

Mittlerweile hatte sich einiges Volk aus der Nachbarschaft eingefunden, das stand gaffend und horchend umher. Nun trat ein grauhaariges Bauernweib aus der Menge und sagte mit jener Furchtlosigkeit, die alten und rechthaberischen Weibern eigen ist:

»Wäre ich eher dazugekommen, so hätte ich eher geredet. Herr Herzog, es ist eine Schande, daß dieser Mann um den Mantel geklagt hat. Daheim hat er deren drei. Diesen aber hat er seinem Brudersohn genommen, dessen Vormund er ist und der den Mantel als einziges Erbe von seinem Vater hat.«

Der Herzog legte sich die Hand über die Augen. Nach einer Weile ließ er sie wieder sinken, winkte dem Bauern und dem Weibe, sie möchten ihrer Wege gehen, und sagte: »Ich habe gerecht sein wollen, und es ist nichts daraus geschehen als Ungerechtigkeit. Von nun an will ich der Ungerechtigkeit ihren Lauf lassen, vielleicht macht Gott Gerechtigkeit daraus.«

Verzweiflung

ERNST EGGIMANN

Der Lehrer teilt die Probenhefte aus

In den Probenheften ist die Note der letzten Probe des Schülers. Die Note ist rot und unterstrichen. Der Schüler schaut verstohlen auf die Beige der Hefte, die immer kleiner wird. Nun sieht er seine gelbe Einfassung. Das Heft fliegt auf das Schülerpult, rutscht auf dem Deckel und fällt zu Boden. Der Schüler bückt sich, er kennt das Gesicht des Lehrers, wenn er ihm das Heft zuwirft. Er braucht es gar nicht zu öffnen, warum hat er nur vorhin eine kleine Hoffnung gefühlt? Wie wenn er diesmal das Heft öffnen könnte, und dann stünde eine Sechs[1] drin, eine Sechs, sonst nichts, eine Sechs, oder Fünfbissechs. Es gibt Schüler, die eine Sechs haben. Sie öffnen das Heft, heben es mit einem Triumphruf in die Höhe, fragen den Nachbarn, was er für eine Note habe. Dieser hat keine Sechs. Der Lehrer hat Freude an der Freude seiner guten Schüler. Das ist eine berechtigte Freude, eine verdiente Freude. Er läßt sie gerne ein wenig herumlachen und herumzeigen. So braucht er nicht zu sagen: Es hat auch Sechser gegeben, es wäre folglich möglich gewesen, mit ein wenig Fleiß, aber man muß sich die Sache halt anschauen.

Der Schüler hat sein glänzend gelbes Heft vor sich liegen. Er weiß, daß er nicht jauchzen kann. In der Schule gibt es keine Wunder, bei ihm schon gar nicht. Das hat er in der Sekundarschule nun schon fünfhundert Mal erlebt. Bei ihm hat alles keinen Sinn mehr. Mit dem Zeigefinger greift er in die Blätter des Probenheftes. Was hast du? fragt ihn der Nachbar, der im allgemeinen auch nicht genügt, sich aber daran freuen will, daß einer eine noch schlechtere Note gemacht hat. So schiebt er das Probenheft rasch unter sein Französischbuch. Der Nachbar grinst. Der Lehrer sagt: Die Probe war leicht, und die Sechserschüler nicken. Das sollte man nun wirklich können.

Der Schüler öffnet das Probenheft schnell, sieht eine Zweibisdrei, zuckt die Achseln: Er hat es ja gewußt. Man kann lernen und lernen und lernen, es nützt doch nichts, sagt der Schüler. Ich habe den ganzen freien Nachmittag gebüffelt. Zu Hause konnte ich es. Er sagt es so laut, daß seine Nachbarn es hören können und auch der Lehrer. Natürlich glaubt es ihm niemand. Es ist mir doch egal, sagt der Schüler, was ich für eine Note habe. Hast du auch einen Zweieinhalber? ruft er zu einem andern Schüler hinüber, der einen roten Kopf bekommen hat.

Warum schreibst du die Verbesserungen nicht? fragt der Lehrer den Schüler,

[1] In der Schweiz ist 1 die schlechteste, 6 die beste Note.

der das Heft wieder geschlossen hat. Gerade für Leute wie du machen wir Verbesserungen und besprechen alles noch einmal. Du mußt Fehler um Fehler durchgehen. Aus Fehlern lernt man. Der Schüler starrt auf die rote Seite. Andere sind schon fertig mit den Verbesserungen, sie haben jeden Fehler, den sie wieder gutgemacht haben, mit Lineal unterstrichen und dabei den Kopf geschüttelt: Daß sie das nicht gewußt haben? Der Schüler beginnt mit den Verbesserungen, die er hastig von der Tafel abschreibt.
Der Lehrer sagt: Wer ist noch nicht fertig mit den Verbesserungen? Und nun müssen alle auf den Schüler warten. Das ist immer so. Sie warten nicht ungern. Sie haben sogar ein wenig Mitleid mit ihm. Sie flüstern ihm zu, es sei nicht so wichtig. Das nächste Mal könne er das wieder aufholen. Vielleicht sind sie ihm sogar ein wenig dankbar, denn erst eine schlechte Note gibt ihren besseren Noten den Wert.

HEIKE DOUTINÉ

Die Niete

Wenn du mich magst, Margot, dann tust du's.
Werner saß neben ihr auf der Bank. Sie waren extra in den Grüneberg-Park gegangen. Da war um die Mittagszeit keiner. Jetzt essen alle, sagte Margot. Jetzt essen alle. Nur ich nicht. Nur wegen dir. Meine Eltern warten bestimmt schon auf mich. Die wissen doch, daß die Schule heute um elf aus ist.
Wenn du mich magst, wiederholte Werner, dann mußt du's machen. Und du magst mich doch?
Ja, wiederholte Margot, das weißt du ja, und wickelte einen kleinen Rahmbonbon aus einem klebrigen Papier in ihren klebrigen Mund.
Aber ich hab solche Angst!
Werner zog den Reißverschluß an seinem Anorak rauf und runter. Den hatte er zum Eintritt ins Gymnasium bekommen. Zum Eintritt ins Gymnasium, hatte sein Vater gesagt. Jetzt geht es aufwärts mit dir, hatte sein Vater gesagt. Nur voran, mein Junge. Wir sind stolz auf dich. Und bring mir tüchtig Einser nach Hause, Zweier nach Hause. Was, eine Fünf? Vater griff nach seinem Hals. Durchwalken muß man dich! Durchprügeln, jawohl! Werner fühlte kaum noch die Schläge. Alles war taub an ihm, vom Schmerz eingeschläfert. Er heulte in der Ecke, in der Besenkammer, in die Vater ihn eingeschlossen hatte. Und es war doch nur die erste Fünf. War doch nur die zweite Fünf. Er wußte ja selbst nicht, wie das kam. Aber Vater stand da, schrie, brüllte. Und dann war Werner wieder taub, heulte, wieder eingeschlossen, weinte vor

Angst. Komm mir nur nicht nach Hause, wenn du durchgerasselt bist. Mutter saß wieder auf dem Sofa und heulte. Zum Eintritt ins Gymnasium. Komm mir nur nicht. Nein. Nein. Nein!
Werner starrte auf die Sandkiste.
Wenn du mir tüchtig Sand in den Mund stopfst, Margot, kriegst du auch den Anorak. Den willst du doch so gerne haben. Und allein, allein kann ich es nicht. Oder willst du mich lieber von der Schaukel schubsen?
Da schrammst du dir nur die Beine auf, antwortete Margot. Willst du auch einen?
Er schüttelte den Kopf. Rahmsches mochte er nicht. Was, eine Fünf? Nein, er kam nicht mehr. Nicht nach Hause. Die würden sich wundern. Auch Frau Peters und Frau Heitmann.
Die ist schuld! Frau Peters ist schuld, sagte Werner langsam. Die mochte mich nicht. Von Anfang an. Weißt du noch, wie die *Niete* zu mir gesagt hat?
Vater, sie hat zu mir gesagt: Erst elf Jahre und schon so eine Niete!
Margot zerknackte einen Rahmbonbon und faßte mit dem Zeigefinger in den Mund. Ja, der Zahn war noch da. Ganz schön zäh, dieser Rahmsche.
Vater, sie hat Niete zu mir gesagt. Na, das bist du doch auch! Da hat sie ganz recht. Vater brüllte. So ein Zwischenzeugnis! Erst ein halbes Jahr auf der höheren Schule. Eine Niete, jawohl! Und das nächste Mal! Mutter stand mit dem Zeugnis. Mutter stand und heulte. Und das nächste Mal! Vater griff nach seinem Hals. Komm mir ja nicht nach Hause, wenn du durchgerasselt bist! Durchwalken, jawohl. Einschließen, jawohl. Eine Niete. Erst elf Jahre und schon so eine Niete!
Krieg ich den Anorak vorher oder hinterher, fragte Margot.
Du kannst ihn mir hinterher ausziehen, sagte Werner. Wenn es geklappt hat.
Das will ich nicht, schrie Margot. Vorher oder gar nicht!
Schrei nicht so!
Werner sah sie wütend an. Vielleicht hätte er ihr doch nichts sagen sollen. Auf Frauen ist kein Verlaß, sagte Vater immer. Und an Frau Peters, dachte Werner, an Frau Peters hat es sich ja gezeigt. Eine Niete wie du schafft das nie! Eine Niete wie ich. Er holte das Zeugnis noch einmal aus der Tasche. Er hatte es klein zusammengeknüllt. Komm mir nur nicht nach Hause!
Gemein, sagte Margot und schaute auf die zerknautschte Papierfünf. Dabei hab ich dir doch bei jedem Diktat immer auf den Fuß getreten, wenn ein Komma kam.
Werner knüllte das Zeugnis wieder in die Tasche.
Wir müssen uns beeilen, sagte Margot. Sonst kommt meine Mutter noch zum Spielplatz. Sie weiß doch, daß wir hier oft nachmittags sind.
Ist doch Mittag, sagte Werner.
Trotzdem, antwortete Margot. Und ich hab auch solche Angst. Kannst du's nicht alleine?

Nein. Alleine kann ich's nicht. Komm!
Werner rutschte von der Bank. Nicht versetzt nach Klasse 6. Werner scheuerte sich die Tränen aus den Augen. Bring mir bloß tüchtig Einser nach Hause. Was, eine Fünf? Vater brüllte. Vater schlug.
So 'ne Niete, rief Margot. Denn da lag er und spuckte, spuckte Sand aus, den Margot ihm mit den Händen in seinen offenen Mund geworfen hatte.
Du darfst doch nicht ausspucken, schrie sie. Schluck runter! Aber Werner spuckte. Er erbrach den Sand. Ihm wurde so übel. Er griff mit den Händen an den Rand der Sandkiste.
Du, da kommt einer, schrie Margot.
Werner hörte nur von fern, wie sie wegrannte. Irgendwelche Schritte. Ohne Anorak. Einfach fort.
Na, was hast du denn, Junge?
Werner öffnete die Augen.
Mami, der hat Tränchen!
Ein kleines Mädchen warf ihm seine blauen Backformen entgegen. Eine Frau über ihm. Etwas hochgestecktes Haar, irgendwie. Er konnte sie nicht genau erkennen, so sehr brannte noch der Sand, den ihm Margot in den Mund, in die Augen.
Ich bin nur gestolpert, sagte Werner kaum hörbar.
Die Frau ließ seinen Arm los.
Ja, ich komm schon, Anneliese. Jetzt backen wir viele runde Törtchen!
Werner schob sich langsam hoch. Paß nur besser auf, sagte diese Frau. Beim nächsten Mal, hörte Werner sie sagen. Niete, hatte Margot gerufen. So 'ne Niete. Werner mußte anhalten. Er hatte es gerade noch bis zur Bank geschafft, bevor sich ein heißer juckender Vorhang vor seinen Augen zuzog. Das Zeugnis, dachte er. Erst mal abtupfen. Einfach abtupfen, dachte Werner. Er legte sich das zerknüllte Papier über die Augen. Ein vernünftiger Junge zieht an seinen Wimpern. Vater sagte immer, ein vernünftiger Junge.
Werner zog an seinen Wimpern. Über seine heißverklebten Backen rannen kleine sandige Rinnsale. Er sah jetzt die Frau in der Sandkiste. Sah sie jetzt klar. Ganz klar. Sie hatte weiße lange Haare, hinten im Zopf zusammengedreht. Werner starrte auf sein Zeugnis. Die eine Fünf war ganz verwischt. Ich hab jetzt bestimmt Tinte am Auge, dachte er und überlegte, daß er nun schnell alles machen müßte, bevor ihn Margot verpetzen würde. Dabei hatte sie gesagt, daß sie ihn mochte.
Werner stopfte seine Fäuste in die Hosentaschen, einen Papierball fest in der einen Faust. Erst mal am Springbrunnen vorbei, dachte er. Denn sein Hals war so heiß und kochte, daß Werner kaum zu schlucken wagte.
Am Grüneberg-Brunnen waren die ersten alten Leute eingetroffen. Nachmittags saßen die immer am Rand, scharrten mit ihren Stöcken im Sand oder strickten. Es mußte also schon später sein. Werner klatschte sich Wasser ins

Gesicht. Er riß seinen wunden Mund auf. Wasser floß hinein wie Eis. Flüssiges Eis, dachte er und hörte, wie jemand ihm zurief: Schön, mein Junge, was?! Werner wußte, die da wollten schon wieder mit ihm reden. Das taten die immer, diese alten Leute. Man konnte kaum an ihnen vorbeigehen, ohne daß sie einen ansprachen. Aber heute war's ihm gleich. Er schüttelte seinen tropfenden Kopf. Er hatte das Gefühl, der ganze Brunnen hätte seinen Kopf durchspült, ihm die Hitze ausgewaschen.
So merkt auch der Hausmeister nichts, dachte Werner. Ich sag einfach, ich war beim Schwimmen und hab nur mein Lateinbuch vergessen. Der Herr Philipp läßt mich bestimmt nach oben. Und eh' der mit seinem Hinkebein nachkommt. Und ich hab ihm doch oft die Landkarten getragen. Und auch immer gegrüßt und Papier aufgehoben.
Werner lief über den Sandweg, sprang mit weit gespreizten Beinen über die Abfallhindernisse. Papierkorbspringen am Grüneberg-Brunnen. Er wollte den alten Leuten noch einmal zeigen, was er konnte. Er war keine Niete. Er hörte sie klatschen. Einer rief sogar bravo, bravo. Bravo, mein Junge. Komisch, dachte Werner, dachte MEIN JUNGE, ich, mein Junge. Werner mußte lachen. Er konnte es auch allein tun. Ganz allein. Er würde es ihnen schon zeigen, daß er keine Niete war. Die sollten das alles noch bereuen. Die sollten noch alle an ihn denken. Auch Vater.
Es dauerte lange, bis Herr Philipp öffnete. Werner hörte das nachgezogene Bein über den Steinboden schlurfen. Auch Mutter, dachte er. Auch Frau Heitmann, dachte er. Auch Frau Peters. Na, mein Junge?
Philipp sah ihn ungläubig an, wie er jeden ansah, der nach Schulschluß noch etwas von der Schule wollte. Nach den nassen Haaren fragte er nicht. Sagte nur mürrisch: Na, was ist denn, mein Junge?
Ich, sein Junge, dachte Werner und sagte: Das Buch. Mein Lateinbuch. Ich hab's da oben liegenlassen. Und wenn Sie mir den Schlüssel geben, hol ich mir's eben. Ich brauch's doch für die Ferien.
Philipp sah ihn an, schaute mißtrauisch auf den Jungen, dann auf sein Schlüsselbund. Und Werner dachte, das ist Vater. Gleich verprügelt er mich. Holt mein Zeugnis aus der Tasche. Rein in die Besenkammer. Guten Morgen, Herr Philipp, darf ich Ihnen die Karte tragen? Jetzt nickte Herr Philipp. Jetzt hatte er ihm die Karte getragen. Jetzt sagte auch Herr Philipp zu Werner, Guten Morgen. Mißtrauisch Guten Morgen. Bring nur Einser nach Hause. Tüchtig Zweier nach Hause.
Ich komm lieber selbst mit, sagte Herr Philipp. Ich schließ besser selbst auf. Er schob hinter Werner die Tür zu, schloß sie eifrig ab, wie er überhaupt alles abschloß, was nicht offen sein sollte. Und nichts sollte offen sein.
Ach, Herr Philipp, bettelte Werner. Bitte, lassen Sie mich schnell. Ich hab mich doch zum Spielen verabredet und bin sowieso schon viel zu spät. Ja, Herr Philipp? Werner lächelte, bettelte. Werner wußte, wenn Philipp mit hinauf käme, wenn

ein Erwachsener mit hinauf käme, wäre alles umsonst. Immer wenn ein Erwachsener mitkommt, ist alles umsonst. Werner wußte das genau. Und dann müßte er noch woanders hin. Und in der Schule wäre es doch am besten. Damit sie alle, alle es wissen. Alle.
Philipp machte schmale Augen. Guten Morgen, Herr Philipp. Philipp zögerte. Darf ich die Landkarte tragen? Philipp sah auf sein Schlüsselbund. Und dann tat er etwas, was er eigentlich sonst nicht tat. Er gab Werner den Schlüsselring. Den Einzelschlüssel kann ich dir nicht geben, mein Junge. Aber sei flink. Ich warte hier.
Und Werner, mein Junge, riß es ihm aus der Hand und rannte die kalten Steinstufen hinauf, diese Eisbahnen aus Marmor, auf denen er schon oft, voller Blut, ausgerutscht war. Linkes Knie aufgeschlagen ...
Das Klassenzimmer lag wie ausgeräumt vor ihm. Er ging gleich ans Fenster. Werner öffnete es weit, sah hinaus auf den kahlen leergefegten Schulhof. Einfach gar nichts. Einfach nichts. Werner stieg auf den Stuhl, auf den Platz von Bernt Schreiber, der immer Einser hatte, noch bevor eine Arbeit geschrieben worden war. Werner setzte den Fuß auf die Fensterbank. Das war viel höher als auf dem Einmeterbrett. Jetzt stand er mit den Füßen schon fast in der Luft. Ich muß mir nur vorstellen, daß da unten alles Wasser ist, dachte Werner und schaute hinüber auf geschlossene Fensterfronten, aus denen keine Frau Peters und keine Frau Heitmann heraussahen, zusahen. Nicht einmal Vater und Mutter. Doch jetzt würde es Zeit, daß er ihnen endlich zeigte, daß er keine Niete, keine Niete war. Daß er auch etwas allein konnte. Etwas ganz allein.
Werner stemmte seine Fäuste fest in die Anoraktaschen. Zum Eintritt in. Zum Eintritt in. Nein. Er sprang noch einmal vom Fensterbrett. Zog den EINTRITT aus. Hängte ihn über Margots Stuhl. Sie sollte noch einmal an ihn denken. Vorher oder nachher. Wenigstens einmal nach den Ferien. Auch wenn sie ihn nicht mochte. Du magst mich doch, Margot? Wenn du mich magst, dann. Während Werner noch den zerknüllten Papierball aus seiner Anoraktasche zerrte, hörte er schon den nachschlurfenden Schritt, dieses Beinhinterher von Herrn Philipp, der kam. Der nun doch nach oben schob, langsam hoch die Treppen, um mal nachzusehen.
Ich schreib was an die Tafel. Ich muß noch was aufschreiben, dachte Werner. Um mal Ordnung zu schaffen, denn ich hasse euch alle. Aber da ließ er die Kreide schon fallen. ICH NITE HAS stand an der Tafel. Werner hörte Herrn Philipp direkt vor der Tür. Er rannte ans Fenster. Sprang auf den Stuhl. Auf Bernt Schreibers Stuhl. Direkt auf die Einser. Auf die Fensterbank. Griff nach dem Schlüsselbund. Fäuste. Papierball. Werner. Papierball und Schlüsselbund. Und als Herr Philipp die Klassentür öffnete, sah er nur den Rücken seines Landkartenjungen aus dem Fenster kippen und hörte das Schlüsselbund unten aufschreien, das *Niete Werner* mitgenommen hatte.

ICH NITE HAS. Ohne E und doppel s. Denn da blieben zwei weiße Rechtschreibfehler, die Werner Hagen hinter sich ließ, weil Margot ihn nicht angeschubst hatte, nicht einmal mit dem Fuß getreten. Denn jetzt hatte sie alles allein getan, die Niete.

DETLEF MARWIG

Die Blauschicht

Vielleicht waren es die verdrossenen Morgengesichter der anderen, die ihn zögern ließen, als er zur Stempelkarte griff. Und als der Mann hinter ihm dann noch sagte: »Mensch, mach! Meinst du, ich will mir deinetwegen eine Viertelstunde abziehen lassen?« – ließ er die Karte stecken, wandte sich um und ging. Er ging hinunter in die Kaue, zog sich um und verließ das Werk.

Auf der Straße blieb er stehen und sah sich um. Es hatte sich nichts verändert. Der Morgen war trübe und schmutzig diesig, wie gewöhnlich in dieser Gegend. In der Pförtnerbude nahmen gleichgültige Gesichter ihn nicht zur Kenntnis. Es war alles wie üblich.

Er versuchte, es zu begreifen. Er hatte die Karte steckenlassen. Zum erstenmal. Das war alles. Langsam ging er die Straße hinunter.

»Immer dasselbe«, dachte er, »immer dasselbe.«

Sein Job war nicht schlecht. Viele beneideten ihn. Er hatte eine gute Maschine, an der man bequem 150 Prozent machen konnte. Er bohrte Gewinde in Messingmuttern. Mal 200 Stück in der Stunde, mal mehr, mal weniger. Von sechs bis zwei und von zwei bis zehn. Nachtschichten waren noch nicht eingeführt, aber man sprach darüber. Seit zehn Jahren schob er zweihundert Mal täglich acht Stunden – samstags und sonntags frei – Messingmuttern unter den Bohrer und warf sie dann in einen Blechkasten.

»Die sollen mich am Arsch lecken«, sagte er plötzlich in den diesigen Morgen hinein, »verdammt, die sollen mich mal.« Überrascht horchte er seiner Stimme nach. Es hatte einfach gesprochen.

Vor einem Schaufenster blieb er stehen und musterte im spiegelnden Schaufensterglas sein Gesicht. Es war nichts darin als mürrische Müdigkeit. Kopfschüttelnd ging er weiter und versuchte hoffnungslos, es zu begreifen.

»Ich will nicht mehr«, dachte er erstaunt, »weiß der Teufel, ich will nicht mehr.« Und er versuchte herauszufinden, ob da nicht doch noch etwas war, das er hätte wollen können. Es war nichts da.

Man darf nicht einfach nicht wollen. Man muß einen Grund haben. Einen vernünftigen Grund. Eine Gastritis[1] vielleicht, eine Grippe oder so etwas.

[1] Magenschleimhautentzündung

Da begann er zu lachen. Trocken und etwas heiser. Er merkte es gar nicht. Eine alte Frau, die eilig an ihm vorbeigegangen war, blieb stehen und wandte sich um. Er lachte sie an.
»Ich will nicht mehr, Oma«, sagte er, »stell dir vor, ich kann die verdammte Karre nicht mehr sehn.«
Die alte Frau sah ihn erschrocken an, wandte sich ab und ging eilig weiter. Auch er ging weiter, und irgendwie war ihm, als sei er in dicke Watte gehüllt. Und er ging weiter, als es ihm bewußt wurde, daß er die Stadt verließ.
Er begann, die Schritte zu zählen: Eins, zwei, drei, vier, fünf. Eins, zwei, drei, vier, fünf. Eins, zwei, drei, vier, fünf! – Ratatatata, ratatatata, ratatatata. Der Rhythmus setzte sich in ihm fest. Er war anfällig für monotone Rhythmen. Ratatatata, ratatatata, ratatatata.
Plötzlich stand er vor einer Kneipe. Einer Vorortgaststätte mit Butzenscheiben, Gartentischen und einigen Bäumen vor der Tür. Er ging hinein und setzte sich an einen der gescheuerten Tische.
»Alles Mache«, dachte er vage bösartig, »alles Mache.«
Es dauerte einige Zeit, bis eine ältere Frau, wohl die Wirtin, zu ihm an den Tisch kam und ihn mißtrauisch musterte. »Ein Bier«, sagte er.
Die Frau schüttelte den Kopf. »Wir haben noch geschlossen. Sie sind sehr früh dran. Ist noch keine sieben.«
»Ich weiß«, sagte er, »ich weiß. Ich hab 'ne Blaue gemacht, verstehen Sie. Ich war schon an der Stempeluhr, da hatte ich keine Lust. Verstehen Sie?«
Mißbilligend musterte ihn die Wirtin.
»Und da sind Sie einfach weggegangen?«
»Ja.«
»Und jetzt?«
»Ich weiß nicht«, sagte er, »ich weiß nicht.«
Die Wirtin wandte sich ab und ging hinüber zur Theke.
»Ich bring Ihnen 'n Bier und 'n Schnaps, und dann gehn Sie wieder hin. Sagen Sie, Ihnen wär schlecht geworden oder so was. Sie können doch nicht einfach wegbleiben.«
»Nein«, sagte er
Die Wirtin füllte zwei Schnapsgläser, ging zu ihm hinüber und setzte sich zu ihm.
»Prost erst mal!«
Beide tranken. Der Schnaps wärmte wohlig.
»Also«, sagte die Wirtin dann, »warum woll'n Sie nicht? Ärger mit'm Meister?«
»Nein.«
»Verheiratet?«
»Ja.«
»Kinder?«

»Zwei«, sagte er.
»Sie müssen«, sagte die Wirtin, »ist doch klar, Sie müssen.«
»Ich kann nicht«, sagte er, »verstehen Sie, ich kann nicht.«
Die Wirtin nahm die Schnapsgläser und erhob sich.
»Nein, das versteh ich nicht.«
Sie ging wieder hinüber zur Theke und zapfte ein Bier an. »Und was wollen Sie machen?« rief sie hinüber, »sagen Sie, was wollen Sie machen?«
Er zog die Schultern hoch.
»Na also«, sagte sie triumphierend.
Ein älterer Mann schob sich mürrisch und unausgeschlafen in die Gaststube.
»Stell dir vor«, sagte die Wirtin zu ihm, »er war schon an der Stempeluhr, da ist er weggegangen. Er hat keine Lust mehr, sagt er. Dabei ist er verheiratet und hat zwei Kinder.«
Der Mann, wohl der Wirt, musterte ihn flüchtig.
»Soo? – Na, er muß es ja wissen. Gib mir mal 'n Schnaps.«
Sie gab ihm das Schnapsglas, er nahm es, ging zu dem einsamen Gast hinüber und setzte sich an dessen Tisch.
»Wo biste denn?«
»Im Armaturenwerk.«
»Sieh an«, sagte der Wirt, »da war ich auch. Fünfzehn Jahre lang. Ist schon gut zu verdienen da.«
»Ja«, sagte der Mann, »ist gut zu verdienen.«
»Und?«
»Keine Lust mehr«, sagte der Mann.
»Das kenn ich«, sagte der Wirt, »ja, das kenn ich. Aber ist alles Hose wie Jacke. Kannste mir ruhig glauben. Alles Hose wie Jacke. Bring mal was zu trinken«, rief er zur Theke hinüber und wandte sich dann wieder an den Mann. »Das hilft. Saufen hilft. Hau dir den Kragen voll.«
Die Wirtin kam an den Tisch und stellte ein Bier und zwei Schnäpse hin.
»Dein einziges Rezept«, sagte sie böse, »was Besseres fällt dir wohl nicht ein, was?«
»Nein«, sagte der Wirt ruhig, »was Besseres habe ich noch nicht entdeckt, leider.«
Dann begannen sie zu trinken.

PAUL GURK

Haus ohne Mitleid

In Nordfrankreich wurde auf einer Landstraße, die einige Meilen von Paris begann und zur Küste führte, an einem hellen und heiteren Tage ein Arbeiter überfahren, der am Rande der Straße saß und Steine klopfte. Der Verunglückte starb während der Überführung nach dem Krankenhaus, ohne die Besinnung wiedererlangt zu haben. Einige Bauern konnten nur aussagen, daß sich der schuldige Lenker des Kraftwagens, der mit großer Geschwindigkeit gefahren sei, im schnellsten Tempo entfernt habe, ohne sich nach dem Steinarbeiter umzusehen.
In den Zeitungen wurde mitgeteilt, daß der unglückliche Steinarbeiter eine ebenso unglückliche Witwe mit drei kleinen Kindern hinterlassen habe und daß trotz aller Bemühungen bei den geringen Anhaltspunkten weder der Kraftwagen noch der Lenker zu ermitteln gewesen seien.
Je nach dem Ton des Zeitungsberichtes oder nach der Gemütsdichtigkeit der Leser war der Fall in drei bis acht Tagen vergessen. Vier Wochen später jedoch wurde die Witwe des Steinarbeiters durch eine mit der Post gesandte Geldspende überrascht, deren Absender den wahren Namen nicht genannt und nur gebeten hatte, an eine Deckadresse den Empfang zu bestätigen.
Die Witwe bedankte sich sofort bei dem ungenannten Wohltäter, indem sie ihre traurige Lage und das harte Geschick der unversorgten drei Kinder in ihren einfachen, ungelenken Worten ergreifend schilderte.
Hierauf traf jeden Monat eine Geldsumme unter denselben Umständen ein, so lange, bis die Polizei sich der Sache annahm. Man vermutete nämlich, der immer noch unbekannte Täter, mindestens Mörder aus Fahrlässigkeit, habe sein schlechtes Gewissen und seine Reue durch diese Spende entlasten wollen, ohne sich einer Strafe durch Nennung seines Namens auszusetzen.
Durch genaues Zusammenwirken der verschiedenen Dienststellen der Post und der Polizei gelang es ohne allzu große Schwierigkeiten, den Absender in einem wohlhabenden Pariser Kaufmann zu ermitteln.
Der Kaufmann beteuerte vergebens, es habe ihn allein reines Mitleid zu seinen Handlungen getrieben. Die Lage der armen Hinterbliebenen, in einem Zeitungsaufsatz genau geschildert und durch die schlichten Worte der Witwe bestätigt, habe ihn unwiderstehlich gerührt und er sei sich seiner eigenen gesicherten Lage wie einer Schuld und einer Verpflichtung innegeworden. Die Behörden ermittelten bemerkenswerte Belastungen. Der Kaufmann besaß einen Kraftwagen, den er selbst zu steuern pflegte. Es wurde auch festgestellt, daß der Beklagte am Tage des Unglücks Paris mit seinem Wagen in nördlicher Richtung verlassen und wenige Meilen vom Tatort von einem Bekannten erkannt und gegrüßt worden sei.
Der Kaufmann mußte dies zugeben. Er gab jedoch an, einen Zeugen zu

haben, der seine völlige Unschuld sofort beweisen könne. Er habe den ihm bekannten Vertreter einer großen Wollfirma, der nach England zu reisen beabsichtigte, in seinem Kraftwagen mit an die Küste bis in die Nähe von Cherbourg genommen. Er selbst habe einige Tage Erholung genossen und sei dann nach Paris zurückgekehrt.

Die Polizei jedoch stellte fest, daß dieser Zeuge in England nach kurzer Zeit verstorben sei.

Unter diesen Umständen wurde der Kaufmann, ungeachtet seiner heftigen Unschuldsbeteuerungen, verhaftet und vor Gericht gestellt. Es half ihm nichts, daß er wiederholt auf das einfache menschliche Mitleid hinwies. Die Beweise erschienen völlig genügend. Der Kaufmann wurde zu zwei Jahren Gefängnis verurteilt und verbüßte seine Strafe.

Als der Kaufmann das Gefängnis verließ, löste er sein Geschäft auf, verkaufte alles und zog sich in einen kleinen Ort zurück, in dem er ein abgelegenes Haus bewohnte. Er schützte sich durch Zäune, Selbstschüsse und bissige Hunde. Kein Almosen wurde je von ihm gereicht, und er selbst wurde kaum am Tage gesehen. An seiner Vorgartentür war ein Schild mit der Aufschrift: »Haus ohne Mitleid« angebracht.

Der Kaufmann lebte noch fünf Jahre. Acht Tage nach seinem Tod gab ein Maschinenschlosser auf dem Totenbett an, daß er auf einer Schwarzfahrt den Steinarbeiter überfahren habe.

WOLFGANG BORCHERT

Das Holz für morgen

Er machte die Etagentür hinter sich zu. Er machte sie leise und ohne viel Aufhebens hinter sich zu, obgleich er sich das Leben nehmen wollte. Das Leben, das er nicht verstand und in dem er nicht verstanden wurde. Er wurde nicht von denen verstanden, die er liebte. Und gerade das hielt er nicht aus, dieses Aneinandervorbeisein mit denen, die er liebte.

Aber es war noch mehr da, das so groß wurde, daß es alles überwuchs, und das sich nicht wegschieben lassen wollte.

Das war, daß er nachts weinen konnte, ohne daß die, die er liebte, ihn hörten. Das war, daß er sah, daß seine Mutter, die er liebte, älter wurde und daß er das sah. Das war, daß er mit den anderen im Zimmer sitzen konnte, mit ihnen lachen konnte und dabei einsamer war als je. Das war, daß die anderen es nicht schießen hörten, wenn er es hörte. Daß sie das nie hören wollten. Das war dieses Aneinandervorbeisein mit denen, die er liebte, das er nicht aushielt.

Nun stand er im Treppenhaus und wollte zum Boden hinaufgehen und sich das Leben nehmen. Er hatte die ganze Nacht überlegt, wie er das machen wollte, und er war zu dem Entschluß gekommen, daß er vor allem auf den Boden hinaufgehen müsse, denn da wäre man allein und das war die Vorbedingung für alles andere. Zum Erschießen hatte er nichts und Vergiften war ihm zu unsicher. Keine Blamage wäre größer gewesen, als dann mit Hilfe eines Arztes wieder in das Leben zurückzukommen und die vorwurfsvollen mitleidigen Gesichter der anderen, die so voll Liebe und Angst für ihn waren, ertragen zu müssen. Und sich ertränken, das fand er zu pathetisch, und sich aus dem Fenster stürzen, das fand er zu aufgeregt. Nein, das beste würde sein, man ginge auf den Boden. Da war man allein. Da war es still. Da war alles ganz unauffällig und ohne viel Aufhebens. Und da waren vor allem die Querbalken vom Dachstuhl. Und der Wäschekorb mit der Leine.
Als er die Etagentür leise hinter sich zugezogen hatte, faßte er ohne zu zögern nach dem Treppengeländer und ging langsam nach oben. Das kegelförmige Glasdach über dem Treppenhaus, das von ganz feinem Maschendraht wie von Spinngewebe durchzogen war, ließ einen blassen Himmel hindurch, der hier oben dicht unter dem Dach am hellsten war.
Fest umfaßte er das saubere hellbraune Treppengeländer und ging leise und ohne viel Aufhebens nach oben. Da entdeckte er auf dem Treppengeländer einen breiten weißen Strich, der vielleicht auch etwas gelblich sein konnte. Er blieb stehen und fühlte mit dem Finger darüber, dreimal, viermal. Dann sah er zurück. Der weiße Strich ging auf dem ganzen Geländer entlang. Er beugte sich etwas vor. Ja, man konnte ihn bis tief in die dunkleren Stockwerke nach unten verfolgen. Dort wurde er ebenfalls bräunlicher, aber er blieb doch einen ganzen Farbton heller als das Holz des Geländers. Er ließ seinen Finger ein paarmal auf dem weißen Strich entlangfahren, dann sagte er plötzlich: Das hab ich ja ganz vergessen.
Er setzte sich auf die Treppe. Und jetzt wollte ich mir das Leben nehmen und hatte das beinahe vergessen. Dabei war ich es doch. Mit der kleinen Feile, die Karlheinz gehörte. Die habe ich in die Faust genommen und dann bin ich in vollem Tempo die Treppen runtergesaust und habe dabei die Feile tief in das weiche Geländer gedrückt. In den Kurven habe ich besonders stark gedrückt, um zu bremsen. Als ich unten war, ging über das Treppengeländer vom Boden bis zum Erdgeschoß eine tiefe, tiefe Rille. Das war ich. Abends wurden alle Kinder verhört. Die beiden Mädchen unter uns, Karlheinz und ich. Und der nebenan. Die Hauswirtin sagte, das würde mindestens vierzig Mark kosten. Aber unsere Eltern wußten sofort, daß es von uns keiner gewesen war. Dazu gehörte ein ganz scharfer Gegenstand, und den hatte keiner von uns, das wußten sie genau. Außerdem verschandelte doch kein Kind das Treppengeländer in seinem eigenen Haus. Und dabei war ich es. Ich mit der kleinen spitzen Feile. Als keiner von den Familien die vierzig Mark für die Reparatur

des Treppengeländers bezahlen wollte, schrieb die Hauswirtin auf die nächste Mieterrechnung je Haushalt fünf Mark mehr drauf für Instandsetzungskosten des stark demolierten Treppenhauses. Für dieses Geld wurde dann gleich das ganze Treppenhaus mit Linoleum ausgelegt. Und Frau Daus bekam ihren Handschuh ersetzt, den sie sich an dem aufgesplitterten Geländer zerrissen hatte. Ein Handwerker kam, hobelte die Ränder der Rille glatt und schmierte sie dann mit Kitt aus. Vom Boden bis zum Erdgeschoß. Und ich, ich war es. Und jetzt wollte ich mir das Leben nehmen und hatte das beinahe vergessen.

Er setzte sich auf die Treppe und nahm einen Zettel. Das mit dem Treppengeländer war ich, schrieb er da drauf. Und dann schrieb er oben drüber: An Frau Kaufmann, Hauswirtin. Er nahm das ganze Geld aus seiner Tasche, es waren zweiundzwanzig Mark, und faltete den Zettel da herum. Er steckte ihn oben in die kleine Brusttasche. Da finden sie ihn bestimmt, dachte er, da müssen sie ihn ja finden. Und er vergaß ganz, daß sich keiner mehr daran erinnern würde. Er vergaß, daß es schon elf Jahre her war, das vergaß er. Er stand auf, die Stufe knarrte ein wenig. Er wollte jetzt auf den Boden gehen.

Er hatte das mit dem Treppengeländer erledigt und konnte jetzt nach oben gehen. Da wollte er sich noch einmal laut sagen, daß er es nicht mehr aushielte, das Aneinandervorbeisein mit denen, die er liebte, und dann wollte er es tun. Dann würde er es tun.

Unten ging eine Tür. Er hörte, wie seine Mutter sagte: Und dann sag ihr, sie soll das Seifenpulver nicht vergessen. Daß sie auf keinen Fall das Seifenpulver vergißt. Sag ihr, daß der Junge extra mit dem Wagen los ist, um das Holz zu holen, damit wir morgen waschen können. Sag ihr, das wäre für Vater eine große Erleichterung, daß er nicht mehr mit dem Holzwagen los braucht und daß der Junge wieder da ist. Der Junge ist extra los heute. Vater sagt, das wird ihm Spaß machen. Das hat er die ganzen Jahre nicht tun können. Nun kann er Holz holen. Für uns. Für morgen zum Waschen. Sag ihr das, daß er extra mit dem Wagen los ist und daß sie mir nicht das Seifenpulver vergißt.

Er hörte eine Mädchenstimme antworten. Dann wurde die Tür zugemacht, und das Mädchen lief die Treppen hinunter. Er konnte ihre kleine rutschende Hand das ganze Treppengeländer entlang bis unten verfolgen. Dann hörte er nur ihre Beine noch. Dann war es still. Man hörte das Geräusch, das die Stille machte.

Er ging langsam die Treppe abwärts, langsam Stufe um Stufe abwärts. Ich muß das Holz holen, sagte er, natürlich, das hab ich ja ganz vergessen. Ich muß ja das Holz holen, für morgen.

Er ging immer schneller die Treppen hinunter und ließ seine Hand dabei kurz hintereinander auf das Treppengeländer klatschen. Das Holz, sagte er, ich muß ja das Holz holen. Für uns. Für morgen. Und er sprang die letzten Stufen mit großen Sätzen abwärts. Ganz oben ließ das dicke Glasdach einen blassen

Himmel hindurch. Hier unten aber mußten die Lampen brennen. Jeden Tag. Alle Tage.

JOSEF REDING

Apotheke Vita Nova

Es war ein abgegriffener Zettel, den Munnicher dem einarmigen Apotheker hinhielt. Munnicher trug das aus einem Notizbuch gerissene Blatt schon seit Wochen in der Jackentasche und hatte oft danach gegriffen. Ein paar Gifte standen darauf. Pflanzenschutzgifte, die Erwachsenen ohne Umstände verkauft werden. Munnicher wollte das Gift nicht für Pflanzen. Munnicher wollte es für sich, für die zertretene, weggeworfene Menschenpflanze Munnicher. Er war in diese abgelegene Apotheke gegangen, weil er in den kaltprächtigen Medikamentenpalästen aus Plastikmasse, Nickel und Neon seinen Wunsch nicht vorbringen mochte.
»Eins davon«, sagte er.
Der Apotheker schaute Munnicher vom zurückweichenden Haaransatz bis zum nachlässig gebundenen Schlips an.
Er merkt, daß ich aus dem Gefängnis komme, dachte Munnicher. Er sieht es an dieser ausgebleichten Haut, in der jede Pore drei Jahre lang nach Sonne geschrien hat. Aber heute nacht kommt die Sonne ja, dachte er. Dann kommt die große Helle von innen.
»Sind aber verschieden stark«, sagte der Apotheker.
»Das stärkste«, verlangte Munnicher.
Der Apotheker nickte und stieg auf eine Leiter. Bei jeder Stufe ruderte er mit dem rechten Arm durch die Luft. Sieht komisch aus, wenn ein Einarmiger 'ne Leiter raufsteigt, dachte Munnicher. Der Alte kramte in einigen Paketen. Munnicher fühlte sich beobachtet. Aber der Alte schaute nur auf seine Fläschchen und Schachteln. Da sah Munnicher das Mädchen hinter der Waage im angrenzenden Raum. Er sah es durch die geöffnete Tür. Er sah, wie es blaue Tütchen mit hellrotem Pulver füllte und abwog. Das Mädchen – achtzehn ist es, dachte Munnicher – ließ die Waage auszittern und tat nichts. Es schaute Munnicher an. Man erkennt von hier aus, daß es braune Augen hat; wieso erkennt man das von hier aus, fragte sich Munnicher betroffen.
Er hob ein wenig die Hand und winkte. Seh' sicher aus wie ein Pinguin, dachte er. Aber da hob das Mädchen das blaue Tütchen und winkte auch.
Der Alte ruderte die Leiter wieder herunter. »Hier«, sagte er. »Mit vier Liter Wasser verdünnen.«
»Werd's schon richtig machen«, sagte Munnicher.

»Klar«, sagte der Alte. »Fünfsechzig.«
Munnicher zahlte. Er wollte noch einmal zu dem Mädchen hinüberschauen, aber der Einarmige verdeckte die Tür. Munnicher war versucht, noch eine Schachtel Hustenbonbons oder so etwas zu verlangen, nur, damit der Alte ihm aus der Sicht ging. Dann dachte er: Mätzchen! Früher hätte ich so etwas gemacht. Ganz früher. Vor drei Jahren. Er ging.
»Wiederschauen«, sagte der Einarmige leirig.
Munnicher hatte sich auf das Bett gelegt. Er trank die braune Flüssigkeit. Schmeckt pappig, dachte er. Ich habe immer geglaubt, das Zeug ätzt und würgt. Aber es schmeckt pappig. Schmeckt pappig im Hals, doch nicht im Magen. Merkst du's, Munnicher, dachte er und legte sich auf die Seite. Merkst du, wie dein Magen zerfressen wird? Ich hätte mich vorher noch rasieren sollen. Wenn morgen einer vom Bestattungsinstitut in meinem kalten Gesicht umherwirkt? Pfui Teufel! Rasieren hätte ich mich sollen, dachte er. Stundenlang dachte er es.
Der Morgen hatte die alte Apotheke nicht viel heller gemacht. Munnicher war noch immer nicht rasiert, als er den Apotheker fragte:
»Was haben Sie mir da für ein verdammtes Zeug angedreht?«
»Wasser«, sagte der Alte. »Wasser mit einem Schuß Gurgellösung, gegen Mandelentzündung.«
»Was sollte das?« fragte Munnicher.
»Ja, was sollte das?« fragte der Einarmige und ließ ihn nicht mit dem Blick los. Munnicher senkte den Kopf.
»Ich verkaufe keine Gifte in meiner Apotheke«, sagte der Alte. »Von hundert Verkäufen kriege ich nur vierzehn Reklamationen. Das ist doch ein gutes Verhältnis, nicht wahr? Hundert Leute tragen Wasser statt Gift nach Hause, und nur vierzehn beschweren sich. Und diese vierzehn schicke ich woanders hin, wenn sie wollen. Manche wollen nicht mehr. Das Geld bekommen sie natürlich wieder zurück. Auch Sie.«
Der Alte schlurfte zur Leiter. Munnicher schaute wieder durch die Verbindungstür. Das Mädchen war nicht da. Im Spiegel fing sich umgekehrt der Name der Apotheke: »Vita Nova«, hieß sie.
»Wollen Sie noch etwas?« fragte der Alte.
»Ja«, sagte Munnicher. »Hustenbonbons.«

Glaube

NIKOS KAZANTZAKIS

Die Blinden

Es war einmal, sagte er, ein kleines Dorf in der Wüste. Alle Einwohner dieses Dorfes waren blind. Eines Tages kam dort ein großer König mit seinem Heer vorbei. Er ritt auf einem gewaltigen Elefanten. Die Blinden hatten viel von Elefanten erzählen hören und wurden von einer heftigen Lust befallen, heranzutreten und den Elefanten des Königs berühren zu dürfen und ihn zu untersuchen, um eine Vorstellung davon zu bekommen, was das für ein Ding sei. Einige von ihnen – vielleicht waren es die Gemeindeältesten – traten vor und verneigten sich vor dem König und baten um die Erlaubnis, seinen Elefanten berühren zu dürfen. Der eine packte ihn beim Rüssel, der andere am Fuß, ein dritter an der Seite, einer reckte sich hoch auf und packte das Ohr, und ein anderer wieder durfte einen Ritt auf dem Rücken des Elefanten tun. Entzückt kehrten alle ins Dorf zurück, und die Blinden umringten sie und fragten eifrig, was denn das ungeheuerliche Tier Elefant für ein Wesen sei. Der erste sagte: »Er ist ein großer Schlauch, der sich hebt und senkt, und es ist ein Jammer um den, den er zu packen kriegt.« Der zweite sagte: »Es ist eine mit Haut und Haaren bekleidete Säule.« Der dritte sagte: »Es ist wie eine Festungsmauer und hat auch Haut und Haare.« Der, der ihn am Ohr gepackt hatte, sagte: »Es ist keineswegs eine Mauer, es ist ein dicker, dicker Teppich, der sich bewegt, wenn man ihn anfaßt.« Und der letzte sagte: »Was redet ihr für Unsinn? Es ist ein gewaltiger Berg, der sich bewegt!«

BARBARA IMGRUND

Beppo und sein Luftballon

Alle Kinder waren in der Schule. Nur Beppo, acht Jahre alt, stand mutterseelenallein auf einem Hügel und starrte angestrengt zum Himmel hinauf. Dort oben war ein winziger roter Punkt. Seinetwegen hatte Beppo die Schule geschwänzt. Es war ein roter Luftballon. Beppo hatte zwanzig Lire geopfert, um ihn kaufen zu können. Das war eine Menge Geld für Beppo! Trotzdem hatte er den Luftballon gekauft – nur so, zum Davonfliegen?

Beppo hatte niemandem erzählt, was er damit anfangen wollte. Heimlich hatte er einen Brief geschrieben und ihn an der Schnur des Luftballons angebunden. Und als alle Kinder in der Schule waren, hatte er sich fortgeschlichen, um auf dem Hügel seinen Luftballon steigen zu lassen. Hoffentlich würde der Wind die Botschaft nicht abreißen!

»Lieber Gott«, stand mit großen Buchstaben auf dem Zettel geschrieben, »in ein paar Wochen bekomme ich einen kleinen Bruder. Wir sind sechs Kinder, und meine Eltern haben wenig Geld. Der Kleine muß mit Pedro und mir zusammen schlafen, weil wir nicht genug Bettzeug haben. Bitte, lieber Gott, mach doch, daß ich dem kleinen Bruder einen Strohsack mit Bettzeug zurechtmachen kann! Es darf ruhig etwas Gebrauchtes sein! Ich wohne in Arcole in Italien. Dein Beppo Sala.«

So hatte Beppo geschrieben, und er hoffte, daß der, für den der Zettel bestimmt war, ihn würde lesen können. Und als der kleine rote Punkt in der Höhe verschwunden war, trottete Beppo voll Zuversicht nach Hause: Gott wird helfen.

Die nächsten Tage waren für Beppo nicht leicht zu ertragen. Er wartete voll Spannung. Aber nicht das geringste geschah. Es war, als ob es seinen roten Luftballon niemals gegeben hätte. Das einzige, was sich ereignete, war, daß er nachsitzen mußte, weil er die Schule geschwänzt hatte.

Aber dann geschah doch etwas. Es war am vierten Tag, nachdem er den Luftballon losgelassen hatte. Schon von weitem erkannte Beppo den Paketkarren des Postboten vor seinem Elternhaus. Aufgeregt stürmte er ins Haus. Drinnen fand er die ganze Familie in der Küche versammelt. Mitten auf dem Tisch lag ein Paket. Vater Salza zankte sich mit dem Postboten. Aus dem Stimmengewirr hörte Beppo den Baß seines Vaters heraus.

»Du willst Postbote sein, Antonio, und begreifst nicht einmal, daß dieses Paket unmöglich für uns sein kann?« Der Briefträger rollte die Augen. »Du Dummkopf!« schrie er. »Kannst du nicht lesen? Sala – Familie Sala! Da steht es!«

»Jawohl, so heißen wir. Aber wir kennen niemand in Rovigo. Und geschenkt nehme ich nichts, das weißt du! Nimm das Paket wieder mit!« Und damit versetzte der Vater dem Paket einen Hieb, daß die zwei kleinen Salakinder, die munter auf dem Fußboden herumkrochen, erschreckt unter den Tisch flüchteten.

Beppo hielt es nicht länger aus. »So mach das Paket doch auf!« schrie er, außer sich vor Erregung, »dann werden wir sehen, ob es für uns ist oder nicht!« Der Lärm verstummte. Unter den buschigen Brauen hervor warf der Vater einen finsteren Blick auf den vorlauten Sohn und überlegte. »Also lso!« fuhr er den Postboten an. »Du hörst es doch, öffne!«

Hastig riß der Mann die Schnüre auf. Als er den Deckel zurückschlug, wurde es ganz still in der Küche. Und alle sahen, wie es weiß aus dem Karton

herausleuchtete: Windeln, Bettzeug und winzige Kinderwäsche! Nicht gerade nagelneu, aber heil und sauber. Ein Schatz für die Familie Sala! Die Augen der Mutter leuchteten. War es nicht wie ein Wunder, daß Gott ausgerechnet in Rovigo, fast hundert Kilometer von Arcole entfernt, ein Paket für die Familie Sala zur Post gab?
Und während der Inhalt des Paketes von Hand zu Hand ging, schlich Beppo sich leise hinaus. Sein Herz war übervoll. Rasch, rasch eilte er zu dem Hügel, wo er vor vier Tagen den roten Luftballon zum Himmel geschickt hatte, und dankte dem gütigen Geber.

HANS SCHUMACHER

Es lag auf der Hand

Der Zug fuhr aus dem Tunnel. Das Tageslicht schlug grell in den Eisenbahnwagen ein. Da sah ich plötzlich den Mann, der mir bis jetzt nicht aufgefallen war, sah ich seine Hände. Sie hielten die Zeitung. Manchmal ging ein Zucken durch diese Hände. Nur wenig, aber doch deutlich genug, um den Eindruck des Zupackens zu machen. Die Zeitung zitterte dabei und raschelte.
Ich war wie gebannt, und ich wußte, weshalb.
Ein paar Tage früher hatte ich am Bahnhofkiosk eine Broschüre gekauft – »Die Landschaft der Hand, eine psychochirologische Studie«; der Verfasser hieß Zölestin Zirbel. Ich weiß nicht mehr, was mich bewog, gerade dieses Heft zu wählen, ob der schöne Titel, der auffällige Name des Verfassers oder der knallige Umschlag: gelbe Schrift auf schwarzem Grund mit dem roten Umriß einer gespreizten Hand darüber.
Ich lernte eine Menge aus dieser Abhandlung. Die Beugefurchen der Hand seien beim werdenden Menschen in ihrer Anlage schon zu einem Zeitpunkt fertig, da äußere Einflüsse noch nicht auf deren Gestaltung einwirken könnten. Sie entstünden nicht als Folge des späteren Ballens der Hand, sondern deren Haut falte sich den schon zum voraus dafür vorgesehenen Furchen entlang. Mithin handle es sich bei diesen Handlinien um ein geheimes Siegel, eine eingepreßte Hieroglyphe[1], eine Rune[2] – eine ich weiß nicht mehr was alles. Der Mann hatte Phantasie und beeindruckte mich damit.
Jedem liege das Leben schicksalhaft auf der Hand, hieß es da weiter. Aber nur der Kundige vermöge diesen kleinen Stadtplan auf dem Handteller zu lesen.

[1] Bilderschriftzeichen, hier: rätselhaftes Zeichen
[2] germanisches Schriftzeichen

Mehrere Abschnitte und Abbildungen galten der Hand des Mörders. Ihr schenkte ich meine besondere Aufmerksamkeit, nicht ohne eingehende – für mich dann aber glücklicherweise beruhigende – Prüfung der eigenen Hände. Was mich vor allem erregte, war der genau beschriebene »zuckende Greifeffekt«, wie er sich soeben nah vor meinen Augen abspielte und, wie ich nun wußte, in der vom »Bewußtsein unabhängigen Motorik[3]« andeutete, daß von diesen Händen ein Verbrechen begangen worden war oder begangen werden könnte.

Vor mir saß ein Mörder, zumindest ein möglicher Mörder. Mir schauderte. Doch ruhiges Blut zu bewahren war jetzt höchste Pflicht. Dazu gehörte, daß ich, um ganz sicher zu sein, in meiner Mappe nach der Broschüre suchte, sie glücklicherweise auch fand und unauffällig in die innere Rocktasche gleiten ließ. Draußen im Seitengang überflog ich, von den Schaukelbewegungen des raschfahrenden Zuges hin und her gestoßen, im Versteckten noch einmal den Text. Alles stimmte. Auch die Form der Finger: kurz, stumpf, wurstartig. Auch der Handumriß: spatenförmig. Woran ich aber nicht mehr gedacht hatte, war die sogenannte Affenfurche, »das untrügliche Merkmal der Verbrecherhand«: jene zwei bis drei Zentimeter unter den Fingerwurzeln quer verlaufende einzige Furche, zu der sich Herzlinie und Kopflinie vereinigt haben.

Sollte auch das noch stimmen, wäre kein Zweifel möglich. Benommen, aber zu allem entschlossen, ging ich an meinen Platz zurück. Der Mörder hatte jetzt die Zeitung weggelegt und schaute zum Fenster hinaus. Er sah sehr gepflegt aus: gestreifter dunkler Anzug, weißes Hemd, halbsteifer Kragen, angegraute Schläfen, Stirnglatze, Augen grau, flächiges Gesicht, volle Lippen, glatt rasiert . . . Die Beobachtungen gerieten mir unwillkürlich nach dem Muster der Steckbriefe. Ich war schon mitten drin in der Kriminalistik.

Jetzt noch der Blick in seine Handflächen. Ich grübelte angestrengt darüber nach, wie das zu machen sei – und hatte es plötzlich. Einfach, wie alle guten Einfälle.

Ich hustete willkürlich, aber naturgetreu, und sagte: »Bei diesem naßkalten Wetter hat's einen schnell. Darf ich Ihnen etwas anbieten? Damit Sie sich nicht anstecken.« Und schon hatte ich ihm beide Hände nach oben gedreht und in eine davon aus einem Schächtelchen ein paar Tabletten geschüttet – zitternd, so daß einige auf den Boden fielen: denn, tatsächlich, die linke Hand zeigte deutlich jene den Handteller wie einen Schnitt querende Affenfurche.

Der Mann war verblüfft. Er wollte unwirsch werden, bedankte sich dann aber doch. Seinem mitleidigen Lächeln konnte ich entnehmen, daß er mich für einen Kauz hielt, wie man sie gelegentlich unter aufdringlichen Mitreisenden

[3] Bewegsamkeit

antrifft. Das störte mich nicht. Ich zog mich in eine gespielte Unaufmerksamkeit zurück, nur um ihn um so fester im Auge zu behalten.
Der einzige im Wagen zu sein, der Bescheid wußte, gab mir Selbstvertrauen. Alle andern ahnten nichts. Sie starrten auf Zeitungen, blätterten in Büchern oder ließen die Blicke unbestimmt nach draußen schweifen, wo jetzt zu beiden Seiten Fabriken und Vorstadthäuser sichtbar wurden. Die Fahrt verlangsamte sich. Er machte sich zum Aussteigen bereit. Mein Herz begann zu klopfen. Ein kurzes Nicken, und er verließ das Abteil, noch bevor der Zug ganz zum Stehen gekommen war. Ich wartete kurz, um dann hastig hinter ihm her den Zug auch zu verlassen, obwohl es nicht meine Station war.
Ihm zu folgen bot keine Schwierigkeiten; wir waren fast die einzigen, die den Bahnhof verließen. Er schwenkte ins erste beste Wirtshaus ein. Auch ich betrat es kurz darauf und nahm unauffällig unter den ziemlich vielen Gästen in einer Ecke ihm gegenüber Platz.
Schnell handeln war jetzt alles. Ich eilte, kaum daß die Bestellung aufgegeben war, in die Telefonkabine neben dem Eingang. Durchs kleine Fenster konnte ich den Mann sogar weiter beobachten, während ich die Nummer der Polizei suchte. Das Gespräch geriet zunächst nicht gut. Man war auf dem Posten durchaus nicht aufgeregt, fragte umständlich und nach zu vielen Einzelheiten, bequemte sich dann aber zum Versprechen, jemand vorbeizuschicken.
Der Mörder war ahnungslos. Er las hinter seinem Bier ruhig die Zeitung weiter. Mir schien, daß die Hände jetzt deutlichere Greifbewegungen ausführten als vorher im Zug.
Da war der Polizist!
Er stand unter der Türe und sah sich um, von einem Vorhang halb verdeckt. Ich ging sofort auf ihn zu und gab ihm, der mit wenig Ernst fragte, was denn da gespielt werde, die nötigen Hinweise. Dann schritt er auf das Opfer zu. Ich dicht hinterher. Die Einvernahme war erstaunlich knapp.
»Wie heißen Sie?«
Der Angeredete schaute ohne ersichtliche Zeichen von Angst auf und antwortete mit gleichgültiger Stimme:
»Zölestin Zirbel.«

GERD HEINZ-MOHR

Urteil im Gewitter

Nach einer Stunde Anstieg hatten wir die Höhe erreicht. Aufatmend blieb ich stehen und schaute mich um. Dabei fiel mein Blick auf die geschwärzten Mauerreste einer Kapelle. Schon hatten sich im Kampf mit allerlei Unkraut auch größere Sträucher darauf angesiedelt.

»Spuren des Krieges?« fragte ich den alten Bauern, der mich über den Berg nach Pösting begleitete.

Er schüttelte den Kopf.

»Spuren Gottes!« sagte er.

Überrascht wandte ich mich ihm zu. Diese Äußerung aus dem Munde eines zwar ernsthaften, aber doch, wie es schien, völlig praktisch eingestellten Mannes kam mir ganz unerwartet. Während des Aufstiegs hatte er mich nur von Düngemitteln und Holzpreisen unterhalten.

»Ich kann es nicht anders sagen«, fuhr er fort. »Was hier mit der Kapelle geschehen ist, war so merkwürdig, daß wir damals einig waren, die Ruine solle nicht wieder aufgebaut werden, sondern zur Mahnung stehen bleiben.«

»Erzählen Sie!« wollte ich bitten. Aber er hatte nur Luft geholt und fing schon von selbst mit dem Bericht an, während wir dem Platz zuschritten.

»Es trug sich ein paar Jahre vor dem Kriege zu. Sieben Bauern aus meinem Heimatdorf waren in Pösting zu einem Vereinstreffen gewesen und befanden sich spät abends auf dem Heimweg. Noch ehe sie zur Höhe kamen, brach ein schweres Gewitter los. Da blieb ihnen nichts anderes übrig, als sich in die kleine alte Kapelle zu flüchten, um dort das Ende des Unwetters abzuwarten.

Einstweilen sah es jedoch nicht nach Aufhören aus. Blitz folgte auf Blitz, Donnerschlag auf Donnerschlag. Auch der Regen, der immer heftiger auf das undichte Dach klatschte, änderte nichts an der Gewalt des Wetters. Mehrmals schlug es ganz in der Nähe ein, so daß die Mauern der Kapelle zitterten und die Sieben schon erschrocken die Augen zumachten, weil sie glaubten, nun habe es sie getroffen.

Es ist eigenartig, wie auch die mutigsten Männer in solcher Lage manchmal klein werden. Alle Spuren des Festrausches waren verflogen. Die Luft in dem engen, moderigen Raum drückte schwer. Gespenstig zuckte der Widerschein der Blitze an den fleckigen Wänden entlang. Obwohl der Raum weder Altar noch Bild mehr enthielt, mochte die Besonderheit des Zufluchtsortes doch dazu beitragen, daß einer der Männer nach dem andern still sein Kreuz machte und um sein Leben zu beten anfing.

Das Unwetter hielt weiter an. Ja, es schien, als habe es der Blitz eigens auf sie abgesehen, so sehr sammelte sich die ganze Wucht der Einschläge auf diese Höhe.

Die Spannung wurde unerträglich. Auf einmal schrie einer: ›Das hat alles keinen Wert! Es muß einer unter uns sein, den das Gewitter sucht, ein Sündiger, dem die Strafe nachfolgt. Nur deswegen nimmt das Donnern kein Ende!‹

›Ja!‹ murmelten die andern, froh, daß sich eine erklärende Ursache bot, ›es muß einer unter uns sein!‹

Dann aber legte sich betretenes Schweigen auf sie. Denn welcher war der Schuldige? Jeder suchte beschämt bei sich, aber keiner fühlte sich betroffen, um sich selber der Wut der anderen preiszugeben.

Endlich fand einer den Ausweg: ein Gottesurteil!

Sie wollten ihre Stöcke in einer Reihe draußen in den aufgeweichten Boden stoßen. Wessen Stock nach dem nächsten Einschlag umgefallen war, der war der Sündige.

So geschah es.

Mit innerem Beben drängten sie in einer Regenpause eilig hinaus. Jeder stieß seinen Stock mit aller Kraft in die Erde, maß dann die der anderen mit einem scheuen Blick und sprang in den Schutz der Kapelle zurück.

Drinnen hielten sie die Hände verkrampft und warteten stumm. Unendlich lange schien es diesmal zu dauern. Der Regen rauschte wieder stärker. Da kam der Einschlag, brüllend laut und nah. Sie konnten den Blitz geradezu riechen. Aufgeregt stürzten sie hinaus. Ein Stock war umgefallen. Es war der Stock vom Lindpichler. Als er ihn aufgehoben hatte und zurück wollte, waren die andern schon wieder in der Kapelle und hielten die Tür von innen zu.

›Seid doch vernünftig, Brüder!‹ rief er, fast weinend vor Schrecken, denn nun kam ihm erst richtig zum Bewußtsein, was das Urteil mit dem Stock zu bedeuten hatte. ›Ihr könnt mich doch nicht hier draußen in dem Unwetter stehen lassen!‹

›Nein!‹ schrieen sie zurück. ›Mach, daß du fortkommst! Du bist der Schuldige. Wer weiß, was du verbrochen hast! Wegen dir ist uns der Blitz nachgegangen. Geh! Du kommst nicht herein!‹

Die Gewalt des Wetters nahm noch immer zu. Verzweifelt sah sich Lindpichler nach einer Zuflucht um. Die Nacht war undurchdringlich. Der Regen trommelte auf den Boden und sog sich in den Kleidern des Draußenstehenden fest.

Wieder schlug er an die Tür der Kapelle.

›Seid barmherzig! Ich habe ja nicht mehr auf dem Gewissen als ihr!‹

Aber sie waren überzeugt, daß sie ein Recht über den Sünder hob. An ihrem entschlossenen Nein prallte alles Flehen ab. Blendend zuckte ein Blitz neben der Kapelle in den Boden. Licht und Donnerschlag waren eins.

Lindpichler fuhr entsetzt zurück, befahl seine Seele Gott und lief, jetzt schon völlig durchnäßt, ohne Rücksicht auf das, was ihn treffen konnte, querfeldein nach Hause.

In dieser Nacht schien die Hölle los zu sein.

Noch eine Weile, nachdem der Ausgestoßene glücklich sein Gehöft erreicht hatte, folgten gewaltige Einschläge wie Bombenexplosionen. Aber unten im Tal war es doch nicht mehr so schrecklich. Erst gegen die Frühe ließ das Unwetter nach.
Als die sechs Zurückgebliebenen am nächsten Morgen noch nicht daheim waren, machte sich das ganze Dorf auf die Suche.
Man fand sie, verbrannt und fast unkenntlich, zwischen den Trümmern der Kapelle. Der Blitz hatte sie getroffen. Das Urteil Gottes war anders gewesen. Sehen Sie, dieses Holzkreuz haben wir dann neben der Kapelle errichtet zu ihrem Andenken. Und die Ruine wird nicht wieder aufgebaut werden, zum Zeichen, daß sich keiner mehr für gerecht halten und seinen Bruder in die Finsternis stoßen soll.«
»Und der Lindpichler?« wollte ich wissen.
»Aus dem hat man nur mit Mühe den Hergang der ganzen Sache herausgebracht. Er hat fast kein Wort mehr gesprochen und ist während des Krieges gestorben.«

ELFRIEDE BECKER

Das Kind in der Krippe

»Beeile dich, Margaret, sonst wird es zu spät«, sagt Sally und setzt ihren Hut auf.
»Ich bin schon fertig, Sally«, sagt Margaret und legt den Pelz um den Hals.
Die beiden alten Schwestern gehen in die Kirche. Jeden Tag im Dezember gehen sie in die Kirche. Sie stehen lange Zeit vor der Weihnachtskrippe und beten. Diese Krippe ist aber auch eine ganz besondere Krippe. So eine Krippe gibt es nur in Texas[1], sonst nirgends auf der Welt. Sie steht in einer Nische. Die Figuren sind so groß wie richtige Menschen.
Heute ist Weihnachtsabend. Es ist schon lange dunkel draußen. Nur wenige Menschen gehen auf der Straße. Nur wenige Menschen sind jetzt in der Kirche. Vorn am Altar knien drei Frauen. Eine Frau sitzt in einer Bank. Ein Mann geht durch den Mittelgang nach vorne. Sally geht zuerst zur Nische. Margaret muß zurückbleiben. Eine junge Frau huscht an ihr vorbei zum Ausgang. Sie hält das Kopftuch vor das Gesicht und läuft rasch hinaus.
»Wo bleibst du, Margaret«, sagt Sally.
»Ich bin schon da«, sagt Margaret.

[1] Texas ist ein Staat im Süden der USA, in dem es bei dem weißen Teil der Bevölkerung noch starke Rassenvorurteile gibt.

Die beiden alten Schwestern stehen allein vor der Krippe. Sie falten die Hände. Da schreit Margaret auf: »Schau! Sally! Das Kind! Es ist schwarz!« Und sie klammert sich an ihre Schwester.
Das Kind beginnt zu weinen. Es zappelt und schreit. Die kleine Stimme verhallt in der Kirche.
»Es weint! Es ist lebendig!« flüstert Sally voll Entsetzen. Sie packt ihre Schwester am Arm und zerrt sie aus der Kirche. Vor dem Tor schreit sie: »Das Kind! Das Kind in der Krippe. Es ist schwarz!«
Zwei Männer gehen vorbei. Sie zögern ein wenig, schütteln die Köpfe und gehen weiter. Eine alte Frau kommt aus der Kirche. Sie hört nicht hin. Eine Dame geht mit ihrem Hund vorbei. Sie plaudert mit dem Hund.
»Komm«, sagt Sally und zerrt ihre Schwester weiter. »Wir gehen zur Mesnerin. Die muß Ordnung schaffen.«
Es dauert lange, bis die Mesnerin mitgeht. Sie begreift nichts. Endlich stehen die drei Frauen vor der Krippe. Wirklich! Da liegt ein schwarzes Kind in der Krippe und weint.
»Schrecklich! Ein schwarzes Kind in der Krippe!« flüstert Sally und deckt die Hände vor das Gesicht.
Margaret wendet sich ab und murmelt: »Ein Negerkind! So eine Schande!«
Die Mesnerin sagt: »Es ist höchstens fünf oder sechs Tage alt.« Sie nimmt das Kind aus der Krippe, steckt es unter ihre Jacke und trägt es in ihre Wohnung. Sie gibt ihm zu trinken, wickelt es in ein warmes Tuch und bringt es zur Kinderfürsorgestelle. Die Fürsorgerin schreibt alles auf, was die Mesnerin erzählt. Dann sagt sie: »Wahrscheinlich hat die Mutter nichts zu essen und keinen Platz für die Kleine.«
Um das alles kümmern sich die beiden alten Schwestern nicht. In der Kirche ist wieder alles in Ordnung. In der Krippe liegt das »richtige Kind«: eine Puppe, groß wie ein richtiges Baby, rosig und blond. Die beiden Schwestern knien nieder und beten. Dann gehen sie nach Hause, um Weihnachten zu feiern.

BERNHARD ROEDER

Weruschij

Damals arbeitete ich in Rudnik, südwestlich der Stadt Workuta. Wir bauten einen neuen Schacht. Zu unserer Brigade waren damals zwei Weruschij – das sind einfach »Gläubige«, um ihres Glaubens willen Verurteilte – aus einem anderen Lager gekommen, ein älterer Mann und ein jüngerer. Von ihnen ging, obwohl sie ganz einfache Menschen waren, ein so starker Einfluß aus, daß kein Lagerkommandant sie lange behalten wollte, und so wechselten sie häufig das Lager. Auch bei uns gingen sie am Sonntag nicht zur Arbeit, sie ließen sich schlagen und einsperren, aber sie gingen nicht. Auch sonst befolgten sie alle Gebote Gottes mit großer Strenge, und im Lager begann man über sie zu sprechen: die einen mit Ehrfurcht, die anderen spottend. Aber die Zahl der Spötter nahm immer mehr ab.

Das ärgerte den Lagerkommandanten, einen jungen rabiaten Tschekisten. Es ärgerte ihn so sehr, daß er gar nicht mehr zur Ruhe kam. Als die beiden wieder einmal an einem Sonntag nicht zur Arbeit gegangen waren, beschloß er am nächsten Tag ein Exempel zu statuieren. Wir merkten schon beim Ausrücken zum Bauplatz, daß irgend etwas im Gange war, denn statt der beiden Wachhunde, die uns regelmäßig begleiteten, waren es diesmal sechs. Auch jaulten die Bluthunde viel schlimmer als sonst. Man hatte sie offenbar nicht gefüttert.

Nachdem wir zu arbeiten begonnen hatten, erschien der Kommandant auf dem Bauplatz. Bald darauf erhielten die beiden Weruschij den Befehl, aus dem Bauplatz hinaus in die Tundra zu gehen. Wir wußten alle, was das bedeutete, auch sie wußten es. Sie hätten sich ohne weiteres weigern können; denn es war ein ungesetzlicher Befehl, den der Kommandant nicht geben durfte – den Befehl zur Flucht, um nachher sagen zu können, sie seien beim Versuch, zu flüchten, getötet worden. Aber sie weigerten sich nicht, das gehörte zu ihrer Art, zu ihrem Glauben. Sie gingen ganz ruhig durch das Tor in die Tundra hinaus, der Ältere voran, der Jüngere folgte.

Sie hatten die Mützen abgenommen und trugen sie in den gefalteten Händen, offenbar beteten sie. Wir hatten uns alle am Zaun versammelt und folgten ihnen mit den Blicken. Nachdem sie etwa sechzig Meter gegangen waren, setzten die Tschekisten die sechs Bluthunde auf die Spur und hetzten sie hinter ihnen her. Als die beiden Männer das Schnaufen und Japsen der Hunde hörten, drehten sie sich um. Der Ältere kreuzte dem Jüngeren die Arme über die Brust und tat es dann selbst. Beide blickten zum Himmel empor – und bewegten den Mund. Über dem Gejaul der Hunde konnte man nichts hören. Wahrscheinlich sangen sie. Die Hunde waren jetzt nur noch wenige Meter von ihren Opfern entfernt. Jeder wußte, was nun kommen mußte. Die meisten

bedeckten die Augen mit den Händen, um es nicht sehen zu müssen. Aber als die wütenden Hunde die Männer erreicht hatten, verharrten sie und liefen dann verwirrt um die beiden herum. Das böse Jaulen ging in ein unsicheres Winseln über, schließlich in ein freundliches Wimmern. Die Hunde krochen zu Füßen der Männer hin und wedelten mit dem Schweif und leckten ihre Schuhe. Jetzt konnte man deutlich hören, daß die Männer sangen.
Wir alle bekreuzigten uns, auch einige Tschekisten. Viele von uns schluchzten laut vor Ergriffenheit. Der Kommandant wurde ganz bleich und verließ sofort die Baustelle. Schließlich pfiff ein Tschekist die Hunde zurück. – In diesem Augenblick begriff ich, daß es etwas gibt, das stärker ist als alle Gewalt, die die halbe Welt erobert hat, und daß Gott lebt und seine Wunder tut . . . Seither bin ich ein Weruschij.

JOSEF REDING

Zungen wie von Feuer

Zuerst war alles Denken in Brocker erstickt worden und selbst das Fühlen zurückgestaut. Das war in dem Augenblick, als der Transportzug den Bahnhof seiner Heimatstadt in schneller Fahrt passierte. Anhalten im Bahnhof war den Lokomotivführern während des Fliegeralarms untersagt. Und es war Fliegeralarm. Zum vierten Mal an diesem Tage. Das hörte Brocker von einem Bauern, der zu den Soldaten in den Graben neben dem Damm gesprungen war, um den Garben zweier Tiefflieger zu entgehen. Der Zug war schon einige Kilometer hinter der Stadt durch Posten angehalten worden. Die Gleise waren mehrfach unterbrochen.
»Da ist nicht mehr viel heil in der Stadt!« hatte der Bauer gesagt und dabei mit der Faust einen harten Schlag nach unten getan, als wolle er so die Wirkung der Luftminen nachahmen.
Die beiden Vierlings-Kanonen am Kopf und Ende des Zuges hämmerten ihre Geschosse den Flugzeugen entgegen. Das Gruppenfeuer zwang die Maschinen zum Abdrehen. Richtung Stadt.
Brocker stand mit den anderen Soldaten auf und ging hinüber zu seinem Hauptmann. Zögernd erst, dann schnell, so wie es der zu grobe Schotter auf dem Gleiskörper eben zuließ.
»Herr Hauptmann, Sie wissen, ich bin aus . . .«
Mit einer ganz kleinen, scheuen Kopfbewegung deutete Brocker auf die Stadt. Auf seine Stadt.
»Ja, ich weiß, Brocker. Ich weiß.« Der Hauptmann hatte das leise gesagt. »Ich weiß auch, was Sie wollen. Nach Ihren Eltern sehen, nicht wahr?«

»Jawohl, Herr Hauptmann!«
»Warten Sie mal.«
Der Hauptmann stolperte über die Schwellen der Nebengleise auf den Zug zu und stellte einige Fragen an den Eisenbahner, der vor dem Transportführer Haltung annahm, obgleich er es nicht brauchte, und stakte zurück.
»Schaffen Sie es, um fünf Uhr morgen früh wieder hier zu sein, wenn ich Ihnen ein Krad[1] mitgebe?«
»Jawohl, Herr Hauptmann!«
Hauptmann Druß ließ sich vom Feldwebel einige Blankoformulare geben. Marschbefehle. Er schrieb in Druckschrift hinein:
»Leutnant Brocker zur Erkundung von Möglichkeiten, Transport XY unabhängig vom Schienenweg zum Zielort zu befördern, nach H. abkommandiert.«
»Hier, Brocker, damit Sie mir nicht von den Kettenhunden weggeschnappt werden. Die sind in luftversehrten Städten – so heißt es doch? – besonders großspurig. Hauen Sie ab – und – bringen Sie mir gute Nachricht, Leutnant!«
Als Brocker bereits auf dem Krad saß, sagte der Hauptmann noch: »Sie Pfingsturlauber!«
Die abgedunkelten Lichter des Motorrades waren bald vom beginnenden Abend aufgesogen. Da war nur noch das Knattern, das vom Feldweg zum Zuge drang und sich immer mehr in Richtung auf die Stadt zu verdünnte. Hauptmann Druß sah ihm lange nach. Dann drehte er sich knapp um.

Trümmerbarrieren, Glassplitter und zerrissenes Metall zwangen Brocker bereits in der Vorstadt, sein Krad bei einem ihm bekannten Wirt unterzustellen. Die Fragen nach Brockers Eltern konnte der Mann nicht beantworten.
»Alles drunter und drüber«, sagte er nur achselzuckend und schlug weiter Bretter in die leeren Fensterrahmen.
Brocker ging steifbeinig durch die Straßen, die in ihrer schwarzen, durchtrümmerten Eintönigkeit gewaltigen Gräben glichen. Nicht die strapaziöse Fahrt mit dem Motorrad, sondern die Furcht vor dem Ungewissen lähmte ihm die Glieder. Erst als die Sirenen ein neues Warnungssignal über die Stadt wellen ließen, lief er. Bald hatte er das Eckhaus erreicht, das einen großen Teil seiner Kindheit barg. Zwei Wände der Wohnung waren nackt zu sehen, oben im ersten Stock. Ein Gardinenfetzen wehte grau aus dem Fensterloch. Das war alles.
»Suchen Sie sofort den nächsten Schutzraum auf, Herr Leutnant.«
Brocker drehte sich in die Stimme hinein und ließ sich geduldig von einer winzigen Taschenlampenöffnung ins Gesicht leuchten.
Der Mann von der Streife erschrak.

[1] Motorrad

»Sie sehen ja kreideweiß aus, Herr Leutnant. Ist Ihnen nicht gut? Kann ich . . .!
»Meine Eltern haben hier gewohnt!« sagte Brocker. »Und jetzt . . .«
»Na ja«, sagte der Streifendienstler. »Die Bude ist hin. Komplett. Aber damit ist doch noch nicht gesagt, daß auch Ihren Eltern was zugestoßen ist. Sie glauben gar nicht, wie zählebig die Leute in den Städten unter den Bombenteppichen geworden sind.«
Es war Brocker peinlich, wie der Mann vor ihm in Mut zusprechen machte.
»Wo kann ich denn erfahren, was mit meinen Eltern geschehen ist?« fragte er.
»Nun, vielleicht schon hier!«
»Aber hier ist ja niemand.«
»Es gibt 'ne eigene Sprache hier. Vielleicht haben Ihre Eltern auch Nachrichten hinterlassen. Kommen Sie mal mit, bitte, Herr Leutnant!«
Der Streifenangehörige ging auf die Ruine zu und leuchtete die Mauern neben dem Türrest und den Kellerfenstern ab. Er mußte sehr dicht vor die Wand treten, damit die abgedunkelte Lampe etwas erkennen ließ. So suchte er Stück um Stück die Wand nach Zeichen ab.
»Da!« sagte der Mann mit einem Male. »Da ist schon der Brief!« rief er. »Sehen Sie hier, Herr Leutnant. Da steht es, halb verwischt. Rocker oder so ähnlich. War das ihr Name?« »Ja«, sagte Brocker. »Georg und Hermine Brocker. Sind gesund. Jetzt bei Mathilde Hansmann, Kerndorf, Paastiege 6.«
Die Stimme Brockers wurde wieder frei, als er die klobige Schrift gelesen hatte. »Mathilde Hansmann«, sagte er jetzt erklärend, »das ist meine verheiratete Schwester. Kerndorf liegt doch . . .?«
»Vierzig Kilometer südlich von hier«, sagte der Mann vom Streifendienst. »Da kommen Sie nicht mehr hin in dieser Nacht, bei den kaputten Straßen und so. Haben Sie 'nen Wagen?«
»Motorrad«, sagte Brocker.
»Trotzdem, Sie kommen nicht durch. Überhaupt scheint's wieder rund zu gehen, jetzt! Hören Sie . . .!«
An einer Stelle der Stadt wurde die Nacht aufgehellt. Ein paar Scheinwerferfinger griffen in das Schwarz hinein. Es wummerte.
Gehorsam stolperte Brocker in einen Keller unter der Milchhandlung Funsterer.
Er war jetzt ohne Druck auf dem Herzen. Aber dadurch war er frei geworden, die zertrümmerte Stadt richtig zu sehen und die verkümmernden Menschen in den Kellern. Weil er sich um seine Eltern keine Sorgen mehr zu machen brauchte, hatte er Abstand zu der Stadt gewonnen. Der Abstand war darum grausam, weil er Brocker das Leid ganz überschauen ließ. Er hörte die Schreie im Keller bei Funsterer nach jedem Bombeneinschlag in der Nähe und die gewimmerten Gebete.
»Männer raus!«

Ein Luftschutzwart hatte es in den Keller hineingerufen.
Brocker vertauschte die Feldmütze mit dem Stahlhelm und stürzte als erster hinaus in die Nacht, die keine mehr war. Phosphor rann breit einige Hauswände herunter. Im grünlichen Licht huschten Menschen vorüber. Eine Greisin schrie. Hoch und irre.
»Im Kinderheim an der Stechterstraße sind ein paar Säuglinge im verschütteten Keller. Man hört noch Weinen.« Das halbe Dutzend Männer lief durch die Häuser, die ein gräßliches Flammenspalier bildeten. Die Bomberpulks waren verschwunden. Auch die Abwehr war verstummt. Ab und zu explodierten in den Dachböden und auf den Straßen noch Brandbomben mit Sprengsätzen. Was Brocker in dem Keller des Kinderheims sah, hatte er noch in keinem Feldzug des Krieges erlebt, auch im Osten nicht. Er taumelte nach einigen Minuten des Helfens die rissigen Stufen der Kellertreppe hinauf ins Freie. Auch als er sich den Helm vom Kopf nahm, empfand er keine Kühlung, weil die Nacht brannte. Er mußte sich übergeben.
»Wird der junge Leutnant weich?« fragte ein Arbeiter seinen Kollegen.
Der ließ die Spitzhacke sinken, als er sagte: »Ich weiß nicht, hast du seine Brust gesehen? Da ist das silberne Verwundetenabzeichen dran.«
Brocker lief weg vom Kinderheim. Er arbeitete sich zur Michaelskirche. »Ich will Gott fragen, ob er das zulassen kann. Brennende Körper von Säuglingen. Ich will ihn fragen. Ich muß ihn fragen. Ganz klar werde – ich – ihn – fragen: – Gott – was – tust – du?«
Der Laufschritt Brockers skandierte[2] seine Sätze. Als der Leutnant die Kirche erreichte, war es von Feuer taghell. Das Fensterglas – fünf Jahrhunderte lang hatte es im Bund seiner Ornamentik das Licht gefiltert – zersprang trotz Sandsackmauern, die man aufgeschichtet hatte. Brocker ging durch die zerschlagene Pforte ins verkohlte Kirchenschiff.
Da fragte Brocker nicht mehr.

[2] taktmäßig betonen

LEO TOLSTOI

Das Gottschauen

In einem fernen Lande lebte einst ein König, den am Ende seines Lebens Schwermut befallen hatte. »Schaut«, sprach er, »ich habe in meinem Erdenwallen alles, was nur ein Sterblicher erleben und mit den Sinnen erfassen kann, erfahren, vernommen und geschaut. Nur etwas habe ich nicht schauen können in meinen ganzen Lebensjahren. Gott habe ich nicht gesehen. Ihn wünschte ich noch wahrzunehmen!«
Und der König befahl allen Machthabern, Weisen und Priestern, ihm Gott nahezubringen. Schwerste Strafen wurden ihnen angedroht, wenn sie das nicht vermöchten. Der König stellte eine Frist von drei Tagen.
Trauer bemächtigte sich aller Bewohner des königlichen Palastes und alle erwarteten ihr baldiges Ende. Genau nach Ablauf der dreitägigen Frist, um die Mittagsstunde, ließ der König sie vor sich rufen. Der Mund der Machthaber, der Weisen und Priester blieb jedoch stumm, und der König war in seinem Zorne bereits bereit, das Todesurteil zu fällen.
Da kam ein Hirt vom Felde, der des Königs Befehl vernommen hatte und sprach: »Gestatte mir, o König, daß ich deinen Wunsch erfülle.«
»Gut«, entgegnete der König, »aber bedenke, daß es um deinen Kopf geht.«
Der Hirte führte den König auf einen freien Platz und wies auf die Sonne. »Schau hin«, sprach er.
Der König erhob sein Haupt und wollte in die Sonne blicken, aber der Glanz blendete seine Augen, und er senkte den Kopf und schloß die Augen.
»Willst du, daß ich mein Augenlicht verliere?« sprach er zu dem Hirten.
»Aber König, das ist doch nur ein Ding der Schöpfung, ein kleiner Abglanz der Größe Gottes, ein kleines Fünkchen seines strahlenden Feuers. Wie willst du mit deinen schwachen, tränenden Augen Gott schauen? Suche ihn mit anderen Augen.«
Der Einfall gefiel dem König, und er sprach zu dem Hirten: »Ich erkenne deinen Geist und sehe die Größe deiner Seele. Beantworte mir nun meine Frage: Was war vor Gott?«
Nach einigem Nachsinnen meinte der Hirt: »Zürne mir nicht wegen meiner Bitte, aber beginne zu zählen!«
Der König begann: »Eins, zwei . . .«
»Nein«, unterbrach ihn der Hirte, »nicht so; beginne mit dem, was vor eins kommt.«
»Wie kann ich das? Vor eins gibt es doch nichts.«
»Sehr weise gesprochen, o Herr. Auch vor Gott gibt es nichts.«
Diese Antwort gefiel dem König noch weit besser als die vorhergehende.
»Ich werde dich reich beschenken; vorher aber beantworte mir noch eine dritte Frage: Was macht Gott?«

Der Hirt bemerkte, daß das Herz des Königs weich geworden war.
»Gut«, antwortete er, »auch diese Frage kann ich beantworten. Nur um eines bitte ich dich: Laß uns für ein Weilchen die Kleider wechseln.«
Und der König legte die Zeichen seiner Königswürde ab, kleidete damit den Hirten, und sich selbst zog er den unscheinbaren Rock an und hängte sich die Hirtentasche um. Der Hirt setzte sich nun auf den Thron, ergriff das Zepter und wies damit auf den an den Thronstufen mit seiner Hirtentasche stehenden König:
»Siehst du, das macht Gott: Die einen erhebt er auf den Thron, und die anderen heißt er heruntersteigen!«
Und daraufhin zog der Hirt wieder seine eigene Kleidung an.
Der König aber stand ganz versonnen da. Das letzte Wort dieses schlichten Hirten brannte in seiner Seele. Und plötzlich erkannte er sich, und unter dem sichtbaren Zeichen der Freude sprach er:
»Jetzt schaue ich Gott!«

Dem Menschen begegnen

Behindert

HAUG VON KUENHEIM

Das Leben des Christoph B.

Herbert B. erfuhr am Telefon, daß er Vater eines Jungen geworden war. Es wäre alles in Ordnung, sagte die Schwester. Als er am nächsten Morgen seine Frau im Krankenhaus besuchen wollte, nahm ihn die Stationsschwester beiseite, führte ihn in ein Zimmer, von dem aus er durch eine Glasscheibe seinen Sohn sah. Ganz sachlich erklärte ihm der Arzt: »Ihr Kind ist ohne Ohren geboren. Sie müssen auch damit rechnen, daß es mongoloid ist.« Der Vater sah das verunstaltete, häßliche Gesicht. Er wollte es nicht wahrhaben, daß dies hier sein Sohn sein sollte.

Frau B. schreibt in ihr Tagebuch: Am anderen Morgen kam Herbert, und dann haben wir zu zweit geweint. Wir haben warum und wieder warum gefragt.

Sie überlegten, ob etwas Auffälliges während der Schwangerschaft geschehen sei, ob in ihrer Familie so etwas vorgekommen sei. Sie konnten es sich nicht erklären. Auch die Ärzte konnten ihnen nicht helfen. Einer, ein junger Arzt, setzte sich nach der Visite an ihr Bett. »Sie werden fragen, wie so was kommt«, sagte er und sprach von Einwirkungen unbekannter Viren und Strahlungen, »manchmal gibt es solche Webfehler Gottes.« Vierundzwanzig Stunden nach der Geburt kam die nächste Erschütterung.

Frau B. schreibt in ihr Tagebuch: Er trinkt nichts. Er schluckt nicht. Sein Mund öffnet sich nur zu einem winzigen Spalt. Kirschkerngroß. Die Ärzte sagen, sein Kieferknochen sei verkürzt. Heute bringt man ihn ins Spezialkrankenhaus. H. kommt. Seine Augen leuchten wieder. »Er soll leben«, sagt er. »Er soll sehen, daß er einen Vater hat. Ich fürchte die anderen Menschen und das, was sie sagen werden, nicht mehr.« Ich dachte immer wieder an einen Vers aus der Bibel: »Er hatte keine Gestalt und Schöne, er war so verachtet, daß man das Angesicht vor ihm verbarg.« Und irgend etwas Besonderes, dachte ich, muß er doch zum Ausgleich haben.

Am 27. November 1961, eineinhalb Jahre nach der Geburt, las sie die fette Schlagzeile einer Berliner Morgenzeitung: »Mißgeburten durch Schlafmittel, Alarm im ganzen Bundesgebiet.«

Nach sieben Jahren:

In den Ferien nahmen B.s Christoph mit auf die Reise an die See. Er tobte im Wasser und am Strand. Er genoß es. Das unvollkommene Kind hatte einen Drang, alles vollkommen zu haben. Er rupfte wie wild Unkraut aus oder

pflückte welke Blätter von Blumen, wo immer er welche sah. Er wurde jetzt acht Jahre alt.
Die Eltern B. bleiben bei ihrem »Ja« zu Christoph. »Er ist das schwächste Glied in unserer Familie. In allen Fragen unseres Lebens werden wir uns halt nach ihm richten.« Der Vater sagt es, als sei dies das natürlichste auf der Welt.

RENATE SPRUNG

Die gestohlene Chance

Gestern, an meinem 21. Geburtstag, habe ich die größte Enttäuschung meines Lebens erlebt. Ich bin nicht zimperlich und habe schon als kleiner Junge soviel Bitterkeit schlucken müssen, wie normale Menschen in ihrem ganzen Leben nicht zu schlucken bekommen. Dabei bin auch ich, was meine geistigen Kräfte anbelangt, normal wie sie. Nur mein Körper will mir nicht gehorchen, und es kostet mich große Mühe, ihn zu beherrschen. Mein rechter Arm ist gelähmt und mein rechtes Bein steif, so daß ich es beim Laufen nachziehen muß. Dazu schüttelt mein Körper alle paar Sekunden, und wenn ich laufe, verzieht sich mein Gesicht. Dann bleiben die Leute auf der Straße stehen und sehen mich an. Nicht bösartig – das sind nur manche Kinder, die mir Dackel und Depp nachrufen und mich auslachen –, auch nicht schadenfroh, nur neugierig. Und diese Neugier tut weh. Wenn alte Leute das vergebliche Bemühen, meiner Schwachheit Herr zu werden, mitansehen, stört mich das nicht. Man gewöhnt sich an vieles. Nur wenn die Blicke eines jungen Mädchens mich streifen, schießt mir die Schamröte ins Gesicht.
Ich bin eine Zwillingsgeburt. Mein gesunder Bruder ist gleich nach der Geburt gestorben. Nur ich, der Kranke und Lebensuntüchtige, bin am Leben geblieben und habe meinen armen Eltern, die mich mit großer Liebe und Geduld erzogen haben, das Leben schwergemacht. Sie haben auf weitere Kinder verzichtet, weil sie mich nicht in ein Heim geben wollten. Es hat viele Jahre gedauert, bis ich gelernt habe, allein zu laufen, und noch länger, bis ich meine Furcht und Unsicherheit im Straßenverkehr überwunden hatte. Die Ärzte sagen, daß mein Gehirn bei der Geburt durch Druck verletzt worden sei.
Mein Vater ist Arbeiter in einer Jutefirma und bewohnt mit meiner Mutter und mir eine fabrikeigene Werkswohnung. 2½ Zimmer mit Küche und Toilette im Treppenhaus für 60 Mark im Monat.
In der Schule – ich habe alle acht Volksschulklassen durchlaufen – waren die Lehrer gut zu mir. Sie haben meine Schrift mit einer Drei bewertet. In den Sekunden, in denen ich nicht schüttelte, wurden die Buchstaben wie gesto-

chen. Der Lehrer sagte, daß das Schütteln nicht in meiner Macht stünde, und wenn ich gesund wäre, bekäme ich eine eins, denn ich hätte die beste Schrift in der ganzen Schule. Damals war die Welt für mich wochenlang in rosiges Licht getaucht. Alles schien verwandelt, und meine Eltern freuten sich mit mir. Damals war es auch, daß ich zum erstenmal in meinem Leben ohne fremde Hilfe auf meinen Beinen stehen konnte. Bislang hatte mich meine Mutter jeden Tag mit dem Handwagen zur Schule gefahren und wieder abgeholt, aber von nun an lief ich, auf meinen Stock gestützt, und hängte mich nur bei ihr ein. Mein rechter Arm ist nicht völlig tot. Wenn ich einen Gegenstand in die Hand hineinlege und die Finger mit der linken Hand einzeln darumbiege, habe ich soviel Kraft, ihn festzuhalten.

Das kam mir bei meinem späteren Broterwerb zustatten. Denn einen Beruf konnte ich bei dem ständigen Schütteln nicht erlernen. Es war schon von klein auf mein sehnlichster Wunsch gewesen, etwas zum gemeinsamen Lebensunterhalt beizusteuern, denn ich habe meinen Eltern viel Geld gekostet: die Stützkorsetts und die orthopädischen Schuhe, aus denen ich immer viel zu schnell herauswuchs. Einen Teil hat die Kasse bezahlt, aber die Hauptlast haben meine Eltern getragen, weil ihrer Meinung nach das beste Material für mich gerade gut genug war.

Die Liebe meiner Eltern hat mich in meiner Schwachheit stark gemacht, so daß ich bald schon nach meiner Schulentlassung mit dem kleinen Leiterwagen Altpapier und Lumpen sammeln und verkaufen konnte. Zuerst hat mich meine Mutter begleitet, aber nach ein paar Wochen ging es allein. Die Leute gaben mir das Papier umsonst. Sie waren froh, wenn sie es los wurden. Es waren immer nur Pfennige, die ich dafür bekam, aber wenn der Monat herum war, hatte ich damit 20 oder 30 Mark verdient. Mitunter waren es auch 40 und 50. Meine Mutter hatte mir aus Segeltuch einen breiten Gurt genäht, mit dessen Hilfe ich den Handwagen mühelos ziehen konnte. Bald schon war ich vom frühen Morgen bis in die sinkende Nacht unterwegs, und meine Arbeit machte mir Spaß. Anfangs bin ich oft gestolpert und hingefallen. Aber mit der Zeit wurde ich immer sicherer. Ich dachte an das Geld, wenn mir Knie, Schienbeine und Ellbogen schmerzten, und an die Freude meiner Eltern, wenn ich Mark auf Mark in die kleine Kassette legen konnte.

Zum Friseur gehe ich regelmäßig. Ein Gesunder mag das als Luxus betrachten, aber für mich ist es mehr. Es ist so was Ähnliches wie eine Pumpstation, an der ich das Selbstbewußtsein auftanke. Man bekommt einen weißen Umhang umgebunden, wird freundlich bedient und unterscheidet sich in nichts von den drei Männern auf den anderen Stühlen. Sie sprechen ein paar Worte mit einem, nicht von oben herab und nicht mitleidig, sondern einfach so von Mann zu Mann.

Diese beständige Sehnsucht, einfach nur Mensch unter Menschen sein zu wollen, wurde mir mit 18 Jahren zum Verhängnis. Auf meinen Gängen durch

die Stadt hatte ich gehört, wie die jungen Burschen meines Alters von schicken Anzügen, bunten Krawatten und Kofferradios träumten. Und ich sah, wie sie die Freundschaft aller, die ihre Wunschträume bereits realisiert hatten, suchten. Wie sie sie freundlich ansprachen und darum baten, einmal das Radio ein Weilchen tragen und dran herumdrehen zu dürfen.
Ich kratzte mein ganzes Geld zusammen, kaufte mir eine bunte Ringelkrawatte, einen grauen Anzug mit dezenten Streifen und ein zu meinem Anzug passendes Koffergerät. Damit ging ich am Sonntag los, und ich nahm mir vor, großzügig zu sein, wenn sie mich bitten würden. Den ganzen Tag hätten sie mein Radio tragen dürfen, und wenn einer freundlich mit mir gesprochen hätte, hätte ich ihm meine neue Krawatte geschenkt. Ich bin durch die Straßen gegangen, in denen sie immer in Gruppen beieinanderstehen, schwatzen, Spaß machen und rauchen. Ganz langsam bin ich gelaufen, habe auf ein einziges Wort gewartet und in meinem Herzen gebetet, daß einer mich ansprechen und sich nach mir umdrehen möge. Sie haben sich nach mir umgedreht, aber nur, um über mich zu lachen. Da hatte ich nicht mehr den Mut, sie anzusprechen. Meine Hände wurden kalt und feucht. Sie zitterten so heftig, daß ich nur mit großer Anstrengung das Radio halten konnte. Und mein krankes Bein wurde so schwer, daß ich es mit der gesunden Hand an der Hose überm Knie bei jedem Schritt nachziehen mußte. Sie lachten noch hinter mir her, als ich schon um die Ecke gebogen war, und sagten, daß dies der größte Witz des Jahrhunderts gewesen sei. Das war die erste große Enttäuschung in meinem Leben, aber die gestrige war größer. Ich will sie niederschreiben, um sie loszuwerden.
Viermal im Jahr wird in unserem Städtchen Sperrmüll abgeholt. An einem Tage rechts des Flusses, am darauffolgenden auf der linken Seite. An diesen Tagen gehe ich nicht zu Bett, weil viele Leute den Müll schon abends an den Straßenrand stellen. Kurz nach 21 Uhr ziehe ich mit meinem Wagen los, um Papier, Alteisen, Lumpen und andere Dinge, die man in Geld umsetzen kann, aus dem Müll zu klauben. Und jahrelang habe ich davon geträumt, daß mir einmal ein guter Fang gelingen möge. Ein Rundfunk- und ein Fernsehapparat, aus dem ich alle Kupferdrähte herausmontieren und verkaufen könnte. Kupfer wird gut bezahlt. Mein Vater würde mir dabei helfen, denn meine zitternden Hände taugen schlecht zu so feiner Arbeit. Die ganze Nacht war ich unterwegs gewesen, hatte schon ein paarmal meinen Wagen in dem kleinen Schuppen hinterm Haus geleert. Als ich in die Bergstraße einbog, war es acht Uhr morgens.
Schon von weitem sah ich den großen wuchtigen Fernseher mit dem Monstrum von Radio darauf am Straßenrand stehen. Mein Herz klopfte bis an den Hals hinauf. Endlich hatte sich mein Traum erfüllt. Nur wenige Schritte trennten mich noch von meinem Ziel, als ein Lieferwagen von hinten haarscharf an mir vorüberschoß und mit quietschenden Bremsen hielt. Zwei junge, kräftige Burschen sprangen heraus, wuchteten meine Apparate auf den Wa-

gen und gaben Gas. Es schneite in dicken, nassen Flocken, und die Straße war pappig von aufgeweichtem Schnee. »Halt!« schrie ich, »halt! Das dürft ihr nicht tun!« – und stürzte vorwärts, stolperte und fiel längelang hin. Ich hörte die Fenster aufgehen, und mein Gesicht wurde naß von meinen Tränen und vom Schnee. Heute war mir eine Chance gegeben, und sie haben sie mir gestohlen.
Zwei gesunde Burschen, beide ausgelernt, der eine Elektriker, der andere Monteur. Jeder von ihnen hat monatlich mehr in der Lohntüte, als ich durch Fleiß und mit großer Anstrengung in einem halben Jahr verdienen kann. Vor der Welt haben sie nichts Böses getan, nur sich ein Taschengeld nebenher verdient. Sie haben es am Samstagabend im »Goldenen Löwen« mit ihren Mädchen bei Musikbox und Spielautomat durchgebracht. Ich habe es durchs Fenster gesehen, als ich mit meiner letzten Papierfuhre vorüberfuhr, und ich habe gehört, wie sie sich über den Tölpel, dem sie die Beute abgejagt hatten, lustig machten.

Das Geschenk

Es war an einem herrlichen Frühlingstag, als ich das Areal der Psychiatrischen Klinik Beverin in Cazis betrat, wo ich einen mir nahestehenden Patienten besuchen wollte. Fröhliche Sonnenstrahlen liebkosten die neu erwachte Natur und warfen goldene Kringel auf das frische Grün. Doch zu meinem Herzen konnten sie heute nicht vordringen, denn schwere Gedanken beschäftigten mich.
Auf dem hellen Kiesweg zwischen gepflegten Blumenbeeten spazierte eine Frau, einen Kinderwagen vor sich her stoßend. Von Zeit zu Zeit blieb sie stehen und sprach zärtlich und liebevoll zu ihrem Kindlein. Glück, Freude und Stolz zugleich leuchteten aus ihren Augen. Sie war so vertieft in ihrer Mutterliebe, daß sie mein Herannahen nicht wahrnahm. Neugierig geworden schaute ich im Vorbeigehen in den Wagen. – Doch siehe da, kein vergnügtes Baby lag auf dem weißen Kissen, sondern eine große, hübsch angezogene Puppe. Erstaunt blickte ich der Frau nach.
Ich erfuhr dann, daß dies eine geistesschwache Patientin sei. Zu Weihnachten hatte das Pflegepersonal Geld gesammelt und damit Wagen und Puppe gekauft, um diesem kranken Mitmenschen eine Freude zu bereiten, einen großen Wunsch zu erfüllen.
Dieses kleine Erlebnis hat mich so sehr gefreut, daß mir plötzlich ganz leicht und froh wurde.

Verlassen

URSULA WÖLFEL

Hannes fehlt

Sie hatten einen Schulausflug gemacht. Jetzt war es Abend, und sie wollten mit dem Autobus zur Stadt zurückfahren. Aber einer fehlte noch. Hannes fehlte. Der Lehrer merkte es, als er die Kinder zählte.
»Weiß einer etwas von Hannes?« fragte der Lehrer.
Aber keiner wußte etwas.
Sie sagten: »Der kommt noch.«
Sie stiegen in den Bus und setzten sich auf ihre Plätze.
»Wo habt ihr ihn zuletzt gesehen?« fragte der Lehrer.
»Wen?« fragten sie. »Den Hannes? Keine Ahnung. Irgendwo. Der wird schon kommen.«
Draußen war es jetzt kühl und windig, aber hier im Bus hatten sie es warm. Sie packten ihre letzten Butterbrote aus.
Der Lehrer und der Busfahrer gingen die Straße zurück.
Einer im Bus fragte: »War der Hannes überhaupt dabei? Den hab ich gar nicht gesehen.«
»Ich auch nicht«, sagte ein anderer.
Aber morgens, als sie hier ausstiegen, hatte der Lehrer sie gezählt, und beim Mittagessen im Gasthaus hatte er sie wieder gezählt und dann noch einmal nach dem Geländespiel. Da war Hannes also noch bei ihnen.
»Der ist immer so still«, sagte einer. »Von dem merkt man gar nichts.«
»Komisch, daß er keinen Freund hat«, sagte ein anderer, »ich weiß noch nicht einmal, wo er wohnt.«
Auch die anderen wußten das nicht.
»Ist doch egal«, sagten sie.
Der Lehrer und der Busfahrer gingen jetzt den Waldweg hinauf. Die Kinder sahen ihnen nach.
»Wenn dem Hannes jetzt etwas passiert ist?« sagte einer.
»Was soll dem passiert sein?« rief ein anderer. »Meinst du, den hätte die Wildsau gefressen?«
Sie lachten. Sie fingen an, sich über den Angler am Fluß zu unterhalten, über den lustigen alten Mann auf dem Aussichtsturm und über das Geländespiel. Mittenhinein fragte einer: »Vielleicht hat er sich verlaufen? Oder er hat sich den Fuß verstaucht und kann nicht weiter. Oder er ist bei den Kletterfelsen abgestürzt?«
»Was du dir ausdenkst!« sagten die anderen.

Aber jetzt waren sie unruhig. Einige stiegen aus und liefen bis zum Waldrand und riefen nach Hannes. Unter den Bäumen war es schon ganz dunkel. Sie sahen auch die beiden Männer nicht mehr. Sie froren und gingen zum Bus zurück.
Keiner redete mehr. Sie sahen aus den Fenstern und warteten. In der Dämmerung war der Waldrand kaum noch zu erkennen.
Dann kamen die Männer mit Hannes. Nichts war geschehen. Hannes hatte sich einen Stock geschnitten, und dabei war er hinter den anderen zurückgeblieben. Dann hatte er sich etwas verlaufen.
Aber nun war er wieder da, nun saß er auf seinem Platz und kramte im Rucksack.
Plötzlich sah er auf und fragte: »Warum seht ihr mich alle so an?«
»Wir? Nur so«, sagten sie.
Und einer rief: »Du hast ganz viele Sommersprossen auf der Nase!«
Sie lachten alle, auch Hannes.
Er sagte: »Die hab ich doch schon immer.«

LORE GRAF

Nichts Besseres zu tun

Die Klasse schreit, kreischt, tobt. Rolf kniet auf dem Boden des Klassenzimmers, unbeweglich, erstarrt. Quer zwischen den zusammengepreßten Lippen steckt ein grüner Bleistift. Die Augen weit aufgerissen, schaut er verwirrt in die Gesichter seiner Peiniger, unbarmherzige Gesichter, vom Lachen fratzenhaft verzerrt.
Was wollen sie von mir? Immer nur von mir? Ich habe ihnen doch nichts getan, nichts getan, habe ich ihnen was getan? – Den Bleistift, hat Jürgen, der Klassensprecher, gesagt, hat ihn hingeschmissen mitten ins Zimmer, hol ihn. Er ist unter eine Bank gerollt. Zwischen zerknülltem Papier, Schmutz, Brotresten liegengeblieben. Hol ihn, aber nicht mit den Händen, du bist ein Hund, Rolf, faß! – Und er hat's getan, ist gekrochen wie ein Hund, hat den Ekel überwunden, den Stift mit dem Mund geholt, Staub und Krümel auf den Lippen. Wenn ich es nicht mache, schlagen sie mich wieder zusammen wie vorige Woche. Die Hose war zerrissen, die Nase hat geblutet, die Mutter hat getobt. Diese Woche habe ich kein Taschengeld bekommen.
Warum hilft mir keiner, warum sind alle gegen mich? Die Mutter? Auch die Mutter. Wehr dich doch, sagt die Mutter, schlag zurück, sagt sie, laß dir nichts gefallen, nichts gefallen, nimmt dir ein Beispiel an deinem Bruder, das ist ein Kerl! Ein Beispiel, ein Kerl, nichts gefallen . . . Daß du mir Punkt fünf zu

Hause bist, wo hast du dich wieder herumgetrieben, kein Verlaß ist auf dich, genau wie dein Vater, der hat auch nichts getaugt, kein Verlaß. Ich werd' dir's schon zeigen, einen anständigen Menschen mach' ich aus dir, kein Taschengeld, dein Bruder ist ganz anders, Hausarrest.
Ja, der Vater, wenn der hier wäre, er würde mir helfen. Wie sieht er eigentlich aus? Er ist lange fort. Von Unterschlagung ist die Rede gewesen damals, von untertauchen. Die Großmutter soll einmal einen Brief gekriegt haben, aber fragen kann ich ja nicht, das habe ich einmal . . ., nein, das nicht. Vielleicht finde ich den Brief. Ich werde suchen. Heimlich. Und dann fahre ich zum Vater . . .
Die Tür des Klassenzimmers wird aufgerissen. Der Lehrer kommt, er hat das Gekreische gehört. Endlich der Lehrer. Er wird mir helfen. Ich werde ihm alles sagen. Später, wenn es die andern nicht sehen, werde ich es ihm sagen, von Jürgen und den andern – vielleicht auch vom Vater, daß ich zum Vater fahre. Er wird mir helfen . . . Rolf kniet immer noch auf dem Boden, den Bleistift zwischen den Lippen. Was machst du da unten? Was soll der Blödsinn, von allen guten Geistern verlassen, den Hanswurst spielen, soweit kommt's noch, was Besseres hast du wohl nicht zu tun?
Was Besseres? Was Besseres zu tun? Der Lehrer. Ihm alles erzählen. Alle sind gegen mich. Der Lehrer? Auch der Lehrer.

P. FEICHT

Der Weihnachtsabend

Der fünfzehnjährige Rainer Warmuth stand vor dem Portal des alten Schlosses. Die Hände lässig in den Hosentaschen, die Füße in warmen, hinten heruntergetretenen Hausschuhen, so stand er einsam und verloren im Schnee und lauschte dem Geräusch des davonfahrenden Wagens nach. Es war der letzte Schüler gewesen, Fritz Rauscher, ein Klassenkamerad, der in die Weihnachtsferien fuhr. Noch einmal hatte Fritz ihm vorgeschlagen, Weihnachten auf dem nahen Gutshof seiner Eltern zu verleben. Aber gerade das wollte Rainer Warmuth vermeiden. So gab er vor, man habe ihn telefonisch verständigt, daß er erst später abgeholt würde. Denn dies hätte er nie eingestanden, daß er seit Tagen einen Brief in der Tasche mit sich herumtrug, der ihn vor eine völlig unerwartete Situation stellte.
»Mein lieber Junge«, las er noch einmal diesen Brief, »anbei schickt Dir Dein Vater einen Scheck über zweihundert Mark. Du sollst Dir dafür das heißersehnte Kofferradio kaufen. Daß Dein Weihnachtsgeschenk dieses Jahr so

großartig ausfällt, hat seinen Grund. Es soll Dich darüber trösten, daß weder Vater noch ich Dich dieses Weihnachten heimholen können. Vater muß über die Festtage in die Schweiz, der Generaldirektor eines großen Konzerns möchte einen hohen Lebensversicherungsvertrag nur im Kreise seiner Familie abschließen, mit der er Weihnachten verbringt. Vater fährt also nach Zürich, und ich benütze die Gelegenheit, mit dem Wagen nach St. Moritz weiterzufahren. Wir sind natürlich sehr traurig, ohne Dich zu sein, aber Du bist ja schon ein großer und vernünftiger Junge. Mit gleicher Post geht noch ein Weihnachtspaket an Dich ab, ich hoffe, daß Du Dich über seinen Inhalt freust. Die Eishockeyausstattung kannst Du umtauschen, falls sie nicht paßt. Und nun ein frohes Weihnachten, bleib gesund und sei umarmt von Deinen Dich liebenden Eltern.«

Rainer Warmuth kannte den Brief auswendig. Er zerknüllte ihn in der Tasche und ging langsam in das Schloß zurück. Die große Halle wirkte merkwürdig befremdend durch ihre Leere. Alle Schüler waren in die Ferien gefahren, auch die wenigen, deren Abreise bis zum letzten Tag ungewiß war. Aus den Wirtschaftsräumen hörte man das Klirren der Teller, die Küchenmädchen beeilten sich, mit ihrer Arbeit fertig zu werden, um zu ihren Leuten heimzukönnen. Rainer ging schnell an der offenen Tür des Speisesaals vorüber, wo die Wirtschaftsdamen des Institutes die geputzten Bestecke der Schüler in die Fächer zählten. Rainer fühlte förmlich die scheelen Blicke hinter sich, denn seinetwegen mußten sie länger hierbleiben. Es mußte für ihn gekocht und serviert werden, es sollte alles seinen geregelten Gang gehen. Doktor Hammer, der Heimlehrer, hatte schon vor Tagen bekanntgegeben, daß für Schüler, die nicht heimfahren könnten, das Heimleben genauso fortgeführt würde wie an Schultagen.

Rainer betrat sein Zimmer, das Zimmer neunzehn, das lauteste und meistgescholtene der ganzen Schule. Mit fünf Kameraden wohnte er hier, meist sah es bei ihnen aus wie in einer Räuberhöhle. Heute aber standen die Schränke geschlossen, die sechs Stühle um den Tisch aufgerichtet, kein Lineal lag herum, kein aufgeschlagenes Heft, selbst die Bücher standen nach der Größe geordnet in den einzelnen Regalen über den Betten. Von der Kirche des nahen Ortes schlug es fünf. Rainer blickte auf seine Armbanduhr – noch zwei lange Stunden bis zum Abendessen, eine Ewigkeit – am besten wäre es, sich ins Bett zu legen, Kopfschmerzen vorzutäuschen, dann müßte er keinem mehr unter die Augen kommen. In diesem Augenblick klopfte es an die Tür, und ohne ein Herein abzuwarten trat der Rektor der Schule, Direktor Rieder, ins Zimmer.

Ach, du liebe Zeit! Auch der noch! dachte Rainer erschrocken. Ausgerechnet der alte Gori. Der gefürchtete Lateinprofessor! Der verhaßte Pauker im Griechischen! Was, beim Zeus, führte den jetzt hierher? Unsicher blickte Rainer auf den gefürchteten Lehrer. Seltsamerweise wirkte der gefürchtete

Gori ebenso verlegen und unsicher wie sein Schüler. Er räusperte sich erst einmal, was er sonst nie tat, und sagte: »Nun, Warmuth? So allein?«
Beide spürten sofort die Verfehltheit des Satzes. Rainer fühlte, er müsse dem Gori zu Hilfe kommen, also sagte er schnell, etwas gezwungen lächelnd, während er einen Stuhl vom Tisch zog:
»Wollen Sie nicht Platz nehmen, Herr Direktor? Wie Sie sehen – ich bin heute Alleinbewohner des berüchtigten Zimmers neunzehn – ich bekam eben eine Nachricht von daheim – mein Vater soll – meine Mutter –« Rainer kam ins Stottern. Aber nun hatte sich der Gori gefaßt. Nun übernahm er die Führung des Gespräches.
»Mein lieber Warmuth – oder darf ich heute du und Rainer zu dir sagen, schließlich ist ja Weihnachten –, ich komme mit einer Bitte zu dir.« Er zog den Stuhl näher, setzte sich und fuhr fort:
»Vielleicht weißt du nicht, daß ich diesen Abend jedes Jahr bei meinen beiden älteren Schwestern verbringe. Diese haben mir heute abgesagt aus für mich undurchsichtigen Gründen – nun stehe ich alter Lehrer vollkommen allein da und habe keinen Menschen, mit dem ich den Weihnachtsabend verleben kann. Du könntest mir einen großen Gefallen erweisen, Rainer. Wenn du nichts Besseres vorhast, bliebe ich gern mit dir zusammen. Hier oben, in eurem berüchtigten Zimmer neunzehn. Ich gehöre nun einmal seit dreißig Jahren zu dieser Schule und fühle mich eigentlich nur hier richtig zu Hause.«
Ehe Rainer noch etwas erwidern konnte, war der Gori zur Tür gegangen und brachte einen großen Korb herein.
»Das Essen sagen wir ab«, fuhr er fort, »wir lassen das Personal heimgehen. Ich habe hier eine Menge guter Dinge, die für meine Schwestern bestimmt waren, die lassen wir uns zusammen schmecken. Du kannst getrost das Radio, das der Wagner in seinem Bett versteckt hat, hervorholen – ein wenig Musik wird uns guttun, und dein Freund wird nichts dagegen haben.«
Rainer blickte überrascht den Lehrer an. Der Gori winkte ab, und ein kleines Lächeln saß in seinen sonst so strengen Augenwinkeln. »Du glaubst wohl, wir Lehrer kennen nicht eure kleinen Heimlichkeiten? Ihr zwingt uns nur manchmal, wenn ihr es zu bunt treibt, einzugreifen . . .«
Als die Glocken zur Weihnachtsmette läuteten, waren die Kerzen am Weihnachtsbaum heruntergebrannt, den die beiden wie Verschwörer sich heimlich aus dem Festsaal heraufgeholt hatten. Am Tisch lagen die Geschenke, der Gori hatte darauf bestanden, daß Rainer sie auspackte und aufbaute, auch ein Füllfederhalter mit einer echtgoldenen Feder lag darunter, ein Geschenk des Gori, sein eigener, den er in einem unbemerkten Augenblick aus der Tasche gezogen und unter die Geschenke gelegt hatte. Sie trennten sich spät. Mit herzlichen Worten bedankte sich der alte Lehrer bei seinem Schüler für diesen schönen Weihnachtsabend.
Rainer begleitete ihn bis zum Tor, dann ging er in sein Zimmer zurück und

kam sich richtig großartig vor, dem alten Herrn, der eigentlich gar nicht so schwierig und zum Fürchten war, wie sie alle immer taten, über die Einsamkeit seines Weihnachtsabends hinweggeholfen zu haben. In diesem schönen Bewußtsein einer guten Tat fiel er glücklich in den Schlaf. Nicht weniger glücklich lächelte der alte Gori vor sich hin, als er endlich und viel zu spät das weihnachtlich geschmückte Heim seiner einzigen Tochter betrat, wo man den ganzen Abend auf ihn zur Bescherung der Enkelkinder gewartet hatte.
Aber es gibt im Leben eines Schulmannes oft Dinge, die er tun muß, auch wenn sie nicht im Stundenplan vorgeschrieben sind.

MARGRIT STUDER

Ein älterer Herr

Vorsichtig die Pfützen meidend, betritt der ältere Herr das Areal des Autofriedhofes. Die frischeingebrachten Wagen nahe der Straße interessieren ihn nicht sonderlich. Hin und wieder schüttelt er zwar den Kopf, wenn er ein auch gar schlimm zugerichtetes Fahrzeug entdeckt. Sorgsam hält er den Mantel zusammen, damit er nicht irgendwo hängenbleibt, wenn er sich jetzt zwischen den Wagen hindurchschlängelt bis zu den ältesten Wracks. Der ältere Herr denkt: Nichts zu machen, ich werde wieder schmutzige Schuhe nach Hause bringen. Marta wird sich wieder ärgern. Obwohl ich sie ja selber putze. Aber so ist sie, Schmutz regt sie auf. Wenn sie mich hier sähe! – Entzückt betrachtet er einen schwarzen Mercedes, Vorkriegsmodell, der sich mit letzter Würde, wie ein verarmter Adliger, zwischen den Trümmern seiner Kollegen behauptet. Er hebt die Kühlerhaube, studiert die Anordnung des Motors, zählt die Zylinder, die Kolben und konstatiert befriedigt die enormen Fortschritte der Technik.
Der ältere Herr ist der 67jährige Gottfried Schlicht vom Statistischen Amt, seit zehn Wochen pensioniert und mit einer ausgesprochen technisch-mechanischen Ader begabt. Diese Ader – seine Frau nennt ihn ihretwegen etwas verächtlich einen »Chlütterer«[1] – verführt ihn auf seinen täglichen Spaziergängen, immer wieder dieses verrottete, verrostete Feld technischer Trümmer aufzusuchen. Manchmal bückt er sich, hebt eine Schraube, eine Mutter oder sonst ein Stücklein Eisen auf und läßt es diskret in seine Manteltasche gleiten. Ungewollt erinnert er sich dabei an jene Gestalten der Krisenzeit, die Stumpen- und Zigarettenstummel von der Straße auflasen. Er schämt sich ein wenig. Nicht weil er sozusagen fremdes Material in seine Tasche versenkt als vielmehr wegen der Handlung an sich. Das Bücken, das verstohlene Einstekken, ja natürlich, das gehört nicht zu einem gutangezogenen älteren Herrn.

[1] abschätziges Wort für einen Bastler

Marta, denkt er schmunzelnd, hätte das sofort heraus. Sie würde sich entsetzen. Nun, indirekt ist sie selber schuld. Käme sie mit auf seine Spaziergänge, so würde er eine andere Tour einschlagen. Warum kommt sie eigentlich nie mit? Er hat sich das doch anders vorgestellt. Schade, daß sie so schwerfällig geworden ist, dabei ist sie noch zwei Jahre jünger als er.
Nun ist es doch passiert: Sein Mantel hat die verrostete offene Tür eines Opels gestreift. Eine schwarze Spur zieht sich über den grauen Stoff. Er reibt mit dem Taschentuch, macht aber die Sache nur schlimmer. Weiß der Himmel, wieso an einer solch alten Karre noch Schmiere ist. Etwas verärgert will er wieder auf den Weg zurück. Doch da ist rechts der blaue Bus.
Dieses blaue, komische Monstrum. Uralt, aber eigentlich noch ziemlich intakt. Noch in leuchtendem Blau und mit dem witzigen roten Täfelchen an der Windschutzscheibe: »Besetzt«. Schon gestern, schon vorgestern hat er den Kasten einer gründlichen Untersuchung unterzogen. Immerhin war er in seiner Jugend noch mit solchen Modellen gefahren. Was hatte er nur gestern an der Handbremse entdeckt, da war doch irgend etwas . . . Herr Schlicht klettert die Stufen hinauf, öffnet die Tür und steht – nun schon zum drittenmal – im Innern des Busses. Aber anstatt sich der Handbremse zuzuwenden, schnuppert er. Komisch, da riecht es . . . ja, nach was riecht es da? Rauch? Zigaretten? Wahrhaftig: Zigaretten! Gestern hat es nicht so gerochen. Er schaut sich um, auf den Boden, betrachtet die langen, mit brüchigem Lederpolster versehenen Bänke – und dann entdeckt er das gelbe Zigarettenpäckchen. Gauloise gelb. Noch halbvoll. Er hebt es auf. Schau an, dieser Bus wird anscheinend nicht nur von mir besucht. Schau an, schau an. Interessant. Gestern nacht ist da wohl einer drin gewesen. Aber wer?
Wer?
Obwohl die Betätigungen des Herrn Schlicht – Beamter auf dem Statistischen Amt und Freizeitmechaniker – auf einen sachlichen Menschen schließen lassen, verfügt er doch noch über ein Restchen Phantasie. Dieses Restchen ist nun krampfhaft bemüht, sich vorzustellen, wer die Person sein könnte, die sich nachts hier aufgehalten hat. Ein Verbrecher? In Eile ruft er sich die letzten Greueltaten aus den Zeitungen ins Gedächtnis zurück. Gab es da nicht einen mysteriösen Milieumord? Oder war der Übernächtler nur ein harmloser Clochard? Gauloise gelb? Läßt doch eher einen jüngern Typ vermuten? Wer? Nachdenklich legt Herr Schlicht das Päckchen Zigaretten wieder auf den Platz, wo er es entdeckt hat, und verläßt den Bus.
Selbstverständlich ist er anderntags wieder zur Stelle. Die Zigaretten sind verschwunden. Dafür findet er auf dem Boden ein Briefchen Zündhölzer. Und noch etwas: In einer Ecke der Bank liegen, schön hingebündelt, eine Autodecke, ein Paar schwarzlederne Herrenhandschuhe und eine Stabtaschenlampe. Aha! Herr Schlicht pfeift durch die Zähne. Muß ich das wohl der Polizei melden? Aber wie stehe ich da?

Er kann nicht schlafen. »Was hast du?« fragt Marta am Morgen, »du siehst ganz gelb aus. Ist dir nicht wohl?« »Nein – ja – am besten, ich geh ein wenig an die frische Luft.« »Du rennst aber auch wirklich den ganzen Tag in der Welt herum. Übertreib's nur nicht in deinem Alter!« »Adieu.« Er schnauft ordentlich, wie er beim blauen Bus ankommt, so rasch ist er gegangen. Decke, Handschuhe und Taschenlampe liegen immer noch da, außerdem ein schwarzweißer Krimi »Wettlauf mit der Vergangenheit«. Herr Schlicht steckt den Finger zwischen Hals und Kragen. Ihm wird eng. Da muß etwas geschehen. Da hat sich also irgendein lichtscheuer Bursche häuslich eingerichtet. Wenn ich es der Polizei nicht melden will, muß ich eben dem Kerl selber auf die Spur kommen.

Zu Hause begibt er sich nach dem Nachtessen in das kleine Zimmer neben der Waschküche, wo er sich eine Art Werkstatt eingerichtet hat, und hantiert, leise pfeifend, mit seinen Werkzeugen.

»Hör mal«, sagt er droben in der Wohnstube zu Marta, die bereits vor dem Fernsehen sitzt, »ich habe fast im Sinn, zu einem Jass[2] in den ›Leuen‹ zu gehen. Habe Karl angetroffen, er sagte, es fehle ihnen ein vierter. Wart nicht auf mich.« »In den ›Leuen‹, so spät noch?« Marta kann ihre Augen nicht von der zärtlichen Liebesszene auf dem Fernsehschirm reißen. »Werd mir nur ja kein Wirtshäusler! Mach dann leis, wenn du kommst, und zieh die Schuhe drunten aus.«

In der einen Tasche eine Taschenlampe, in der andern eine Schreckschußpistole wandelt Herr Schlicht Richtung Autofriedhof. Er macht einen Umweg. Er hat Zeit. Schon am Nachmittag hatte er sich einen Beobachtungsposten ausgesucht. Er gräbt seine Hände tief in die Taschen. Grinst in die Dunkelheit hinein: Maigret auf Schleichwegen. Das hätt' ich mir auch nicht träumen lassen, daß ich mich als Pensionierter kriminalistisch betätige. Wenn Marta . . . Er schaut auf die Uhr. 11 Uhr 38. Wie lange soll er warten – 11 Uhr 49 – Wenn ich morgen erkältet bin, was sage ich dann zu Marta? – 11 Uhr 53 – Jetzt! Licht! Der Vogel ist da. Jetzt nur nichts verderben. Schön langsam. Schön Zeit lassen. Nur die Ruhe kann es bringen! 10 Minuten laß ich ihm noch, damit er sich ganz sicher fühlt.

12 Uhr 05. So jetzt. Mit der abgeblendeten Taschenlampe sucht er sich einen Weg durch die Trümmer. Er schwitzt vor Anstrengung, jegliches Geräusch zu vermeiden. Nun steht er unmittelbar vor dem blauen Bus. Leise Musik tönt durch die zerbrochenen Scheiben. Kofferradio. Er ist froh über dieses Geräusch, das seinen schweren Atem übertönt. Soll ich die Pistole gleich in Anschlag bringen? Oder erst schauen, wer es ist? Sicher ist sicher. Man weiß nie. Also Pistole. In geduckter Haltung erklimmt er die zwei Tritte. Dann hält er sich mit der linken Hand fest und schiebt die rechte mit der Pistole durch

[2] Kartenspiel

das Fenster. Er richtet sich auf. »Hände hoch!« Sie starren einander in hellem Entsetzen an.

Totenbleich der Knabe auf der Bank. Mit hängendem Unterkiefer der ältere Herr an der Tür. Schließlich läßt Herr Schlicht hörbar seinen angehaltenen Atem ausströmen und sagt: »Guten Abend. Was machen Sie denn da?« Er öffnet die Tür und tritt herein. Der Knabe – Herr Schlicht schätzt ihn auf 15 – schrumpft auf seiner Bank zusammen. Trotzig senkt er den Kopf. Schweigt. Er ist in die Decke gewickelt, trägt Handschuhe, der Krimi ist zu Boden gefallen. Der Radio spielt Tanzmusik. Die beiden Taschenlampen leuchten gespenstisch.

Herr Schlicht fällt nichts anderes ein: »Wer sind Sie? Was machen Sie hier?« Er weiß nicht, warum er dem Kind da Sie sagt. Der Junge schweigt. Schwingt aber die Beine über die Bank und sitzt nun da, mit zusammengezogenen Brauen und bitterem Mund.

Ach so, denkt Herr Schlicht, ach so, der meint, ich sei von der Polizei. »Ich bin nicht von der Polizei, ich bin . . .« Nun hebt der Junge den Kopf. Argwohn im Blick. »Ich bin nur grad so vorbeigekommen und hab' das Licht gesehen und mir gedacht, was ist denn da los, ja.« Der Blick des Jungen ist blank vor Argwohn und Haß. »Und die Pistole?« Ja, die Pistole. Herr Schlicht quält ein Lächeln auf sein Gesicht. Dieses Lächeln macht den Jungen noch wacher, noch böser. Er ist imstand und haut mir den Kofferradio über den Kopf, denkt Herr Schlicht bestürzt. Da sitze ich ja schön in der Suppe. Schon lange her, seit ich mit einem solchen Jungen geredet habe. Welche Tonart muß man da wohl anschlagen?

Schwerfällig läßt sich Herr Schlicht auf die gegenüberliegende Bank nieder. Nimmt den Hut vom Kopf, legt ihn neben sich und lehnt vorsichtig die Taschenlampe an die Polsterlehne. So. »Wer sind Sie also?« – »Wer sind Sie?« »Ich? Ach so. Gut. Mein Name ist Gottfried Schlicht, Feldrainstraße 10, Postleitzahl gefällig?« »Mm.« »Wenn Sie Ihren Namen nicht sagen wollen, dann könnten Sie mir vielleicht verraten, warum Sie hier sind, ja?« »Warum sind die Veilchen blau?« »Das weiß ich nicht.« »Nehmen Sie an, ich weiß es auch nicht.« – Frecher Lümmel! Herr Schlicht spürt einen warmen Zorn in sich aufsteigen. Doch dann zeigt ihm sein Restchen Phantasie die Einsamkeit und die Angst in den Augen des Jungen. Schwerfälliger Bursche, der ich bin, denkt Herr Schlicht ärgerlich, der ist ja nur frech, weil er unglücklich ist. »Also, auf dieser Tour kommen wir ja nicht weiter, nicht wahr. Ich will Ihnen also alles genau erzählen, wieso ich hier bin.« Und dann tut er das. Langsam, oft nach Worten suchend, nichts auslassend, auch nicht das Leeregefühl, das ihn nach seiner Pensionierung bedrängte, auch nicht Marta, die den Schmutz und das Spazierengehen nicht mag, auch nicht die List, die er heute abend gebrauchte, um von zu Hause wegzukommen.

Die Hände des Jungen entspannen sich. Er dreht den Kofferradio ab. Er hört

dem Ältern zu, aufmerksam, wie ein Enkel dem Großvater. Er lächelt verwundert an gewissen Stellen, kaut selbstvergessen am Daumennagel. Und als ihm Herr Schlicht verlegen die Schreckschußpistole vorweist, da lacht er plötzlich aus vollem Hals: »Und ich hatte so den ›Schlotteri‹!«
»Jetzt aber sind Sie an der Reihe«, sagt schließlich Herr Schlicht. Da will noch einmal der Laden bei dem Jungen heruntergehen. Aber Herr Schlicht läßt es nicht zu. Er denkt – ganz in technischen Dimensionen –, jeder Motor braucht etwas Zeit, bis er warm wird. Er drückt ein wenig auf den »Anlasser«, nur ein wenig und richtig, jetzt kommt er, jetzt kommt er.
Es ist keine sensationelle Geschichte. Es ist die alte Geschichte eines Jungen, für den die Eltern keine Zeit haben, weil sie mit ihren eigenen Problemen und Spannungen bis an den Rand ausgefüllt sind. Sie sprechen von Scheidung. Der Vater hat eine andere. Die kleine Schwester, mit der er es etwa noch »glatt« hatte, weilt schon seit längerer Zeit in einem Kinderheim. Er ist allein. Sie haben nicht einmal einen Hund. Auch in der Schule klappt es nicht mehr. Es wird ihn voraussichtlich »spicken«[3]. Er sei hierher gekommen, um zu erproben, ob er es fertig brächte, ganz allein und primitiv zu leben. Er wolle fort von zu Hause, das ja doch kein Zuhause mehr sei. Über die Grenze. Und sich einfach durchschlagen, irgendwie. Er sei sowieso allein, niemand kümmere sich um ihn, keiner möge ihn. Beweis: es habe niemand gemerkt, daß er schon drei Nächte nicht zu Hause geschlafen habe.
Herr Schlicht versucht, seiner Veranlagung gemäß, sachlich und kühl zu bleiben. Es gelingt ihm nicht. Sein Restchen Phantasie zeigt ihm das trostlose Leben des Jungen in allen traurigen Details.
»Hören Sie«, sagt er endlich, »ich glaube, es ist nicht ganz zufällig, daß wir uns getroffen haben. Oder was meinen Sie? Ich glaube wirklich, daß das so sein mußte, nicht wahr? Wir wollen es doch einmal annehmen. Es ist vielleicht ein Fingerzeig für Sie, daß das Schicksal – oder Gott – Ihnen zeigen will, daß man nie ganz allein ist. Mir ist ja auch etwas aufgegangen, nämlich, daß man sich vielleicht mehr um Menschen kümmern muß als um alte Motoren. Wir könnten einander vielleicht helfen, jeder dem andern in seiner Lage. Was meinen Sie?« Die Batterie von Herrn Schlichts Taschenlampe ist ausgebrannt. Nur noch die Lampe des Jungen leuchtet, richtet den Strahl auf das Gesicht des älteren Herrn. Der Junge sitzt im Dunkeln. Er schweigt.
»Sehen Sie, ich will Sie nicht überreden. Merken Sie sich meine Adresse: Feldrainstraße 10. Läuten Sie zweimal kurz, dann weiß ich, Sie sind's. Ich bin immer zu Hause nach sieben Uhr abends. Und – gehen Sie jetzt auch wieder heim. Ich geh auch, Sie wissen ja, meine Marta . . . Also denn: auf Wiedersehen – vielleicht . . .«

[3] hier: Ausschluß aus der Schule wegen ungenügender Leistungen

»Du bist so merkwürdig in letzter Zeit. Wartest du eigentlich auf jemand? Du siehst aus, als ob du etwas hörtest, das ich nicht höre«, sagt Marta tadelnd während des Nachtessens. Auch am nächsten Abend macht sie eine solche Bemerkung. Und am übernächsten. Nach einer Woche sagt sie nichts mehr. Denn Herr Schlicht ist nicht mehr merkwürdig. Nur vielleicht ein wenig traurig. Aber das merkt sie nicht.

Nach elf Tagen läutet um acht Uhr zweimal kurz die Hausglocke. »Wer kommt denn noch?« sagt Marta ärgerlich. »Laß nur, ich geh schon. Ich glaub, ich weiß, wer es ist, ich – e – es ist einer wegen Werkzeugs, ich geh mit ihm in die Werkstatt hinunter.«

Ausgestoßen

URSULA WÖLFEL

Drei Straßen weiter

Endlich hatten sie eine neue Wohnung gefunden, eine richtige Wohnung mit vier Zimmern. Endlich konnten sie aus der Baracke ziehen, und die drei ältesten Kinder brauchten nicht mehr in der Küche zu schlafen.

»Eine Wohnung in einem richtigen Haus! Mit Badezimmer und Balkon!« sagte die Frau.

»Ihr habt's ja wohl!« sagten die Nachbarn aus den Baracken.

Und das klang ein bißchen neidisch.

Aber sie halfen ihnen, als sie die Möbel auf den Lastwagen packten, sie wollten auch die Kinder bis zum Abend versorgen.

Drei Straßen weiter hielt der Lastwagen wieder.

Jetzt merkten sie erst, wie schäbig ihre Schränke und Betten aussahen, hier auf dem Bürgersteig in der hellen Sonne.

»Wir hätten doch einen neuen Küchenschrank kaufen sollen«, sagte die Frau. »Man schämt sich ja richtig!«

»Wie stellst du dir das vor?« sagte der Mann. »Jetzt müssen wir sparen.«

Oben im Treppenhaus sagte die Hausverwalterin zur Frau aus dem ersten Stock:

»Diese Leute sind da. Jetzt können wir uns auf allerhand gefaßt machen. Vier Kinder, alle unter sechs. Und richtiges Barackenpack!«

Sie machte das Flurfenster auf und rief hinunter: »Sie! Passen Sie auf, daß Sie im Treppenhaus nicht an die Wände stoßen! Und von eins bis drei ist Ruhe hier im Haus! Und nachher muß die Treppe geputzt werden, aber ordentlich!«

»Das fängt ja gut an«, sagte der Mann unten auf der Straße.

Am Abend holten sie die Kinder ab.

Die alten Nachbarn fragten: »Wann ladet ihr uns in eure neue Wohnung ein?«

»Später mal«, sagte der Mann.

»Wir dürfen da im Haus nicht auffallen«, sagte die Frau. »Wir sind doch noch neu dort.«

»Feine Leute seid ihr jetzt!« sagten die alten Nachbarn. »Nächstens kennt ihr uns nicht mehr!«

Am Tag darauf kam die Hausverwalterin.

»Der Kinderwagen darf nicht unten im Hausflur stehen«, sagte sie. »Und der Roller auch nicht. Holen Sie den Krempel nach oben.«

Die Frau stellte den Kinderwagen und den Roller in den Wohnungsflur.

Eine Woche später sagte der Mann aus dem ersten Stock zu ihr: »Die Kinder machen einen Lärm im Hof, das ist nicht auszuhalten! Und das ewige Getrappel da oben! Haben Sie denn keinen Teppich?«
»Doch, doch«, sagte die Frau schnell. »Wir wollten uns gerade einen kaufen!«
Und sie kauften einen Teppich fürs Wohnzimmer und einen für den Flur. Das Geld dafür mußten sie sich leihen. Sie verboten den Kindern, im Hof zu spielen, und es gab keinen Spielplatz in der Nähe. Darum fuhr der Junge jetzt manchmal mit dem Roller durch die Wohnung, und das Mädchen schob seinen Puppenwagen im Flur hin und her.
Wieder kam die Hausverwalterin.
Sie sagte: »Was ist das für eine Rollerei bei Ihnen? Der Herr aus dem ersten Stock hat sich beschwert. Da, wo Sie herkommen, in den Baracken, da kann man sich vielleicht so benehmen, aber nicht hier!«
Die Frau brachte den Roller und den Puppenwagen auf den Dachboden.
Die Frau aus dem Erdgeschoß traf den Mann im Treppenhaus. Sie sagte:
»Ich möchte nur wissen, weshalb Ihre Frau jede Nacht erst um ein Uhr nach Hause kommt. In anständigen Häusern gibt es so etwas nicht.«
»Meine Frau hilft abends in einer Hotelküche«, sagte der Mann. »Wir sind eine große Familie, sie muß eben mitverdienen.«
»Warum sind Sie nicht in den Baracken geblieben?«
Die Frau aus dem Erdgeschoß schlug ihre Wohnungstür zu.
Kurz danach kamen die alten Nachbarn aus den Baracken zu Besuch.
»Wir kommen nur eben mal vorbei«, sagten sie. »Ihr ladet uns ja doch nicht ein!«
Sie hatten einen Korb voll Flaschen mitgebracht. Es war Sommer, und sie wollten auf dem Balkon sitzen. »Aber redet bitte nicht so laut, lacht nicht soviel!« sagte die Frau.
Da wurde der Mann wütend.
»Meine Freunde dürfen reden und lachen wie sie wollen!« sagte er.
Die alten Nachbarn wurden immer lustiger und lauter.
Die Hausverwalterin schellte. Sie wollte sich über den Lärm beschweren. Alle liefen zur Tür.
»Prost!« riefen die fröhlichen Leute. »Es ist doch erst neun Uhr!«
Dann kam der Mann aus dem ersten Stock. Er wollte sich auch beschweren.
»Immer herein! Mitfeiern!« riefen die fröhlichen Leute.
»Unverschämtheit!« sagte der Mann aus dem ersten Stock.
Als er weg war, sagten die alten Nachbarn: »Das sind also eure neuen Hausleute.«
Und das klang ein bißchen mitleidig.
Ein paar Tage später sagte die Frau zu ihrem Mann: »Die Leute im Haus grüßen mich nicht mehr.«
»Laß sie doch!« sagte der Mann.

Nach einem halben Jahr zogen sie wieder aus.
»Da seid ihr ja wieder!« sagten die alten Nachbarn in den Baracken.
Und das klang ein bißchen schadenfroh.

PETER KILIAN

Wer wirft den ersten Stein?

Amande war mit ihren fünfundzwanzig Jahren so dick und unförmig wie ein Faß. Die Ärzte waren sich natürlich einig. Was gibt es da schon zu rätseln? Die innere Sekretion befand sich nicht in Ordnung, doch mit derlei Deutungen war Amande nicht geholfen, ebensowenig ihren Eltern, die unter dem Ungemach der Tochter zu leiden hatten. Sie war ja die einzige, sorgfältig auferzogen und geschult; an nichts hatte es ihr gefehlt.
Sie massierte, schwamm, hungerte und weinte lange Nächte hindurch: doch alles blieb vergebliche Mühe und überflüssige Selbstkasteiung. Ihr Umfang wuchs und die Waage log nicht, die Zweifel an ihr vermochten nichts zu ändern. Nicht alle Menschen besitzen Taktgefühl, nicht alle haben genügend Phantasie, die Qualen und Hemmnisse eines jungen Mädchens zu verstehen, das der Anmut und Schlankheit beraubt ist. Worte vermögen das Leid und die Qualen nicht annähernd zu schildern, denen Amande ausgesetzt war. Und am meisten hatte sie unter der Jugend zu leiden, den Kindern, die so wunderbar gut und zugleich grausam sein können.
Es mögen drei oder vier Jahre her sein, als Amande mit ihren Eltern die Sommerferien in einem kleinen Kurort der Innerschweiz verbrachte. In einer gut gehaltenen, etwas abseits gelegenen Pension nisteten sie sich für einige Wochen ein. Sie hatten Glück mit dem Wetter. Ein Tag war so strahlend wie der andere. Amandes Mutter lernte Mütter kennen, die ebensowenig einem Schwatz abgeneigt waren wie sie, und der Vater wurde schnell mit andern Väter bekannt, die wie er einen guten, alten Wein zu schätzen wußten und dem Kartenspiel mit Leidenschaft frönten.
Nur Amande blieb allein. Sie fand keine Freundinnen und suchte auch keine. Das hatte sie längst aufgegeben. Sie liebte die Einsamkeit und das Alleinsein. Tag für Tag suchte sie einen verborgenen Platz in einer nahen, kleinen Bucht auf, die sie schon bald nach ihrer Ankunft aufgespürt hatte. Dort kam nur selten ein Mensch hin, und wenn es doch geschah, so verweilte er nicht lange. Die Fahrstraße befand sich hinter einem Wall von Erlen und war außerdem noch durch eine morastige Wiese vom Ufer abgeschnitten. Sie fühlte sich wunderbar geborgen in der versteckten Bucht; sehr feiner Sand war an dieser

Stelle angeschwemmt worden, der zwar keine große Fläche bedeckte, aber für sie allein reichlich genügte. Der Zugang zur Bucht befand sich auf der westlichen Seite; es war ein sehr schmales, fast nur angedeutetes Weglein, das um den Felsvorsprung herumführte und sich draußen auf der morastigen Wiese irgendwie verlief.

Hier verbrachte Amande die langen Stunden des Tages ungestört, schwimmend und lesend. Manchmal nahm sie sich am Morgen eine Kleinigkeit zum Essen mit. Sie erschien dann erst zum Nachtessen wieder in der Pension.

Amande liebte Bücher. In ihnen fand sie Trost und das Vergessen. Unbekannte, ungewohnte und weite Straßen öffneten sich darin, die zu fremden Städten führten und in unbekannte, tief ersehnte Länder. In den Büchern erlebte sie Schicksale anderer Zonen, fand sie Vertrauen und Liebe von Menschen, die nichts von ihrer Häßlichkeit wußten. Sie liebte Schiffe und empfand zehrende Sehnsucht nach Meeren und unbekannten Strömen, nach Städten unter fremden Himmeln und sengenden Weiten tropischer Ferne. Da war sie Mensch wie alle andern.

Immer wieder marterte sie ihren Körper. Sie schwamm weit hinaus und legte sich dann unter das brennende, flimmernde Licht des Mittags. Die Mahnungen des Arztes berührten sie nicht. Seine Worte, die lehrerhaft verweisenden, schlug sie in den Wind. »Das Herz, verstehen Sie, Fräulein Amande, das Herz! Mit dem Herzen läßt sich nicht spaßen. Es ist nicht so widerstandsfähig, wie Sie vielleicht glauben. Sie haben es zu viel gequält. Mäßig müssen Sie sein, mäßig . . .« Läppisch waren diese Phrasen, lächerliche Gewohnheitsworte. Was wußte er von ihr? O, wie blind doch diese Menschen waren! Das Weinen würgte ihren Hals; eine gräßliche Leere, so, als stürzte sie im Traum in endlose Tiefen, klaffte auf einmal in ihrem Innern auf, und in ihrem Herzen spürte sie ein wehes Zucken, so schmerzhaft, daß es ihr fast den Atem nahm.

Es war in der dritten Woche, als Amande an einem Nachmittag wieder weit in den See hinausschwamm. Lange lag sie auf dem Rücken im kühl sich anschmiegenden Wasser und blickte in die unendliche, flimmernde Bläue. Nur Himmel sah sie noch, Höhe oder Tiefe, es war wohl beides. Dann schwamm sie langsam und schon etwas ermüdet zurück. Sie fühlte nun selbst, daß sie wieder zu lange draußen geblieben war.

Als sie aus dem Wasser steigen und sich an ihren Lagerplatz begeben wollte, hörte sie plötzlich ein Lärmen, und gleich darauf erschienen auf dem schmalen Pfad, von dem sie glaubte, daß er nur ihre Entdeckung sei, einige Kinder. Amande stutzte und blieb bis zu den Hüften im Wasser stehen. Die Kinder hatten sie sofort erspäht, sie blieben stehen, blickten verdutzt, steckten dann die Köpfe zusammen, tuschelten, kicherten, und ein sprenzliger, wie Unkraut aufgeschossener Knabe begann laut und ungeniert zu lachen. Amande spürte, wie eine flammende Röte in ihren Kopf wallte; das Lachen und Kichern der Kinder, die neugierig haftenden Blicke schreckten sie zurück. Sie begann

gedankenlos und bestürzt wieder hinauszuschwimmen. Es war eine geradezu panische Flucht vor der Neugier der Kinder. Erst als sie schon ein gutes Stück vor der Bucht lag, wurden ihre Gedanken ruhiger. Sie wollte noch ein Weilchen warten, bis die Kinder von ihrer Neugier lassen und sich verlaufen würden, dann konnte sie ungefährdet zu ihren Kleidern gelangen. Sie spürte das Zucken im Herzen wieder sehr stark. Die Pein hatte ihr hart zugesetzt. Die Kinder aber blieben; da ihnen im Augenblick kein anderer Zeitvertreib einfiel, wollten sie warten, bis die Dicke wieder ans Ufer kommen würde. Sie verfolgten mit den Augen neugierig die einsame, ziellose Schwimmerin, die vor ihnen geflohen war, dies wußten sie genau, aber ihre Neugier wurde dadurch nur noch mehr aufgestachelt und entzündet.
Wohl mehr als eine halbe Stunde schwamm Amande, von den neugierigen Augen der Kinder überwacht, vor der Bucht hin und her. Dann fühlte sie mit einemmal eine bleierne Müdigkeit. Zuerst wollten die Beine nicht mehr; sie sanken in die Tiefe wie Gewichte. Dann begann es in den Armen. Ein Krampf lähmte die Gelenke, und als dieser Anfall vorüber war, zuckte es schmerzhaft in ihrer Herzgegend. Es war ein unbestimmter Schmerz, der zwar von ihrem Herzen ausging, aber gleichzeitig in ihrem ganzen Körper zu fühlen war. Sie mußte auf die Zähne beißen und war dem Weinen nahe. Dann gewann sie Boden unter den Füßen und stand so eine Weile im Wasser, das ihr fast bis zum Hals reichte. Es war ihr elend zumute, und ihre Hilflosigkeit fand kaum mehr einen Halt. Warum gingen die Kinder nicht fort? Diese Frage kreiste unablässig in ihrem Kopf, wie eine Grammophonnadel in der gleichen Rille. Warum gehe ich nicht hinaus? tauchte zwischenhinein eine andere Frage auf. Der Gedanke, vor den aufdringlich starrenden Augen der Kinder aus dem Wasser zu steigen, wurde zur Marter. Das Gekicher, die flüsternden Worte, die sie zwar nicht verstand, aber deren Bedeutung sie ahnte, wuchsen zu einem Albdruck an. Warum gingen sie nicht? Warum ließen sie von ihrem grausamen Spiel nicht ab? Amande flehte in ihrem Innern die Kinder um Erbarmen an, doch laut wagte sie nicht zu rufen; denn dann wäre ihre Lage wohl nur noch peinvoller geworden. Da riß aber die Geduld des großen Knaben, und er rief weithin hörbar: »Fräulein, wird das Wasser nicht zu kalt?« Und die ganze Bande lachte schallend heraus. »So lange können ja nicht einmal wir schwimmen!« setzte er hinzu, angefeuert durch den Erfolg seiner Keckheit.
Amandes Zähne schlugen heftig aufeinander. Sie fror entsetzlich, obschon die Sonne noch am Himmel stand und über der weiten Wasserfläche funkelte und glitzerte. Sie spürte, wie ihre Beine steif und gefühllos wurden. Tief einatmend versuchte sie nochmals zu schwimmen, aber es ging nicht mehr. Die Kraft hatte sie verlassen. Und die Kinder hockten nun alle in einer Reihe im Sand, flüsterten, kicherten und lachten laut. Sie ließen die Dicke nicht aus den Augen. Ein Dampfschiff, das draußen vorüberfuhr, hornte, und die Kinder

begannen johlend zu winken. Man erwiderte das ausgelassene Geheul vom Schiff mit flatternden Tüchern und schwenkenden Armen. Es war ein friedliches, sommerliches Bild, eingebettet in die reizvolle und abwechslungsreiche Seelandschaft, mit ihren grünen Hängen, Bäumen und dem zauberischen Bann der Berge.

Noch während die Kinder schrien und winkten, fühlte Amande, daß die Qualen unerträglich wurden, daß sich das Uferbild vor ihr verzerrte und zu schwanken begann; daß sie die Kinder nur noch als seltsame Schemen und Schattenbilder gewahrte und die Erlen über dem Erdwall sich verdunkelten. Mit einer letzten, verzweifelten Anstrengung arbeitete sie sich durch das Wasser, dann taumelte sie wie eine Betrunkene über das Ufer und fiel mit einemmal dumpf wie ein Sack in den Sand.

Die Kinder hatten im Nu das Schiff vergessen, als sie sahen, daß das dicke Fräulein endlich aus dem Wasser stieg. Sie lachten, als die Gemarterte über das Ufer schwankte, und sie lachten noch, als sie zusammenfiel und sich nicht mehr rührte. Erst nach einer kleinen Weile gefror ihr Lachen und Gekicher mit einem Schlag, sie blickten sich ratlos an und verloren plötzlich ihre kecke Selbstsicherheit.

Amande aber regte sich nicht mehr. Das kleine Mädchen, angstvoll aufspringend, eilte zu ihr hin, berührte die Liegende sanft mit den Fingerspitzen und sagte gutherzig: »Ist Ihnen nicht gut, Fräulein?« Aber das Fräulein antwortete nicht. Reglos, unförmig lag es im Sand, das Gesicht der Erde zugekehrt.

Da erst fuhr die Furcht in die Kinder. Zwei der Buben liefen geängstigt und mit schlechtem Gewissen davon, über den Erlenwall hinauf, wo sie die Straße am schnellsten erreichen konnten. Zwei andere eilten atemlos ins Dorf, um Hilfe zu holen. Das Mädchen blieb zurück. Es hatte die letzten, guten Worte an Amande gerichtet und viel gut gemacht, aber Amande hatte sie ja nicht mehr vernommen. Furcht war in den Augen des kleinen Mädchens, aber auch Fassungslosigkeit und Staunen. Ratlos stand es einige Schritte von dem schweren und massigen Körper entfernt und wagte ihn nicht mehr anzuschauen. Am liebsten wäre es geflohen; ein unheimliches Gefühl stieg in ihm auf, vielleicht auch eine dumpfe Ahnung von Schuld.

Dann kamen der Arzt, ein Polizist und noch ein Mann in Zivil. Sie wurden von den beiden Knaben, die sehr unruhig und hastig waren, durch die morastige, federnde Wiese geleitet, und dann stiegen sie alle durch das Erlengehölz zur Bucht hinab.

Was gibt es noch weiter zu erzählen? Der Doktor konnte nur noch den Tod feststellen. Ein Herzkrampf, meinte er unsicher. Der Polizist nickte nur, und der Mann in Zivil zündete einen Stumpen an. Kniend blickte der Doktor auf die Buben, die mit großen, fassungslosen Augen schauten, und hinter ihnen befand sich das Mädchen mit seltsam starren Blicken. Der Polizist folgte der Augenrichtung des Doktors.

»Geht nun nach Hause!« sagte er barsch, milderte aber gleich seine Stimme, indem er hinzufügte: »Es ist brav von euch, daß ihr uns gleich geholt habt . . .« Dann wandte er sich wieder der Toten zu.
Er mußte die Kinder nicht ein zweites Mal nötigen. Schnellfüßig eilten sie auf dem schmalen Pfad um den Felsen herum.
Und die Schuld? Um des Himmels willen, wer spricht da von Schuld? Und wer würfe den ersten Stein nach ihnen? Es war doch nur ein argloses Spiel, und es waren doch nur Kinder . . .

MAX VON DER GRÜN

Kinder sind immer Erben

Bislang glaubte ich, Mörder müsse man an ihren Händen erkennen, Massenmörder dagegen an ihren Augen. Ich weiß nicht, warum ich das glaubte, wahrscheinlich hatte sich aus den Kindertagen diese Annahme in mir festgesetzt.
Mein Nachbar hatte die schönsten Augen, die ich je sah, und meine Frau, die gern in Bildern spricht, nannte seine Augen weinende Aquamarine; seine Hände waren so schmal und wohlgepflegt, daß sie Frauenhänden glichen.
Dann wurde mein Nachbar verhaftet. Meine Frau und ich sahen an einem Sonntagvormittag zwei grüne Autos vorfahren. Uniformierte und Zivilisten führten meinen Nachbarn aus dem Haus in einen der grünen Wagen. Das ganze Stadtviertel wußte am Abend davon.
Am Montag darauf lasen wir in der Zeitung, der Verhaftete werde beschuldigt, an der Ermordung von 200 Geiseln in einem mährischen Dorf im Jahre einundvierzig beteiligt gewesen zu sein.
»Nein«, sagte meine Frau. »Nein, nie! Nicht dieser Mann!«
Ich wollte es auch nicht glauben. Ich war sprachlos geworden und beschimpfte stumm die Zeitungsleute als Schmutzfinken. Dieser Mann? Er und seine Frau spielten jede Woche einmal bei uns Doppelkopf, wir zechten und waren fröhlich und fuhren manchmal übers Wochenende vor die Stadt in den Wald. Manchmal sprachen wir auch über Politik, und er konnte sich über alles maßlos erregen, was auch nur den geringsten Anruch von Gewalt hatte. Waren wir bei ihnen eingeladen, konnten wir uns aufmerksamere Gastgeber nicht wünschen.
Vor drei Jahren hatte er sich ein Auto gekauft, seitdem nahm er mich in die Stadt zur Arbeit mit, morgens und abends fuhr er einen Umweg von einem Kilometer durch eine der belebtesten Straßen der Stadt, nur damit ich nicht der Unannehmlichkeit ausgesetzt war, mit der Straßenbahn zu fahren. Ich

hätte morgens eine halbe Stunde früher aufstehen müssen, abends wäre ich eine Stunde später nach Hause gekommen.
Und dieser Mann mit den Augen wie weinende Aquamarine sollte nun ein Massenmörder sein?
»Aber«, sagte meine Frau hilflos, »er lebte doch nicht unter falschem Namen. Er lebte wie wir, er hat gearbeitet, schwer geschuftet für seine Familie. Er war doch ein herzensguter Mann. Und hast du mal gehört, wie er mit seinen Kindern sprach? Spricht so ein Mann, der so sein soll, wie es jetzt in der Zeitung steht? Nein, nein. So könntest du mit unseren Kindern nie sprechen. Er vergötterte seine Kinder.«
Eine Antwort konnte ich ihr nicht geben, ich dachte all die Tage hindurch nur an unser wöchentliches Doppelkopfspiel und an die Geiseln in dem kleinen mährischen Dorf. Frauen sollen dabei gewesen sein und Kinder, und sie wurden von Maschinengewehren so kunstgerecht umgemäht, daß sie sofort in die lange, von ihnen selbst ausgehobene Grube fielen. Das soll die Erfindung meines Nachbarn gewesen sein; er habe damals, so hieß es, sogar einen Orden dafür bekommen.
»Mein Gott«, sagte meine Frau immer wieder, »mein Gott! Die Frau und die Kinder. Mein Gott, die Kinder, die Kinder!«
»Dort in Mähren sollen auch Kinder dabei gewesen sein«, sagte ich heftiger, als ich wollte.
»Vielleicht lügen die Zeitungen«, sagte sie später, »und alles ist nur Erfindung oder eine Namensverwechslung. Er hat doch frei unter uns gelebt, er hätte doch untertauchen können, ja, wie so viele verschwinden, daß ihn keiner findet.«
Ich sah an den Samstagen, wenn ich zu Hause war, unsere Nachbarin ihre Kinder zur Schule bringen, zum Schutz, denn die anderen Kinder in unserer Straße riefen die ihren Mörderkinder.
»Wir sollten sie besuchen«, sagte an einem Abend meine Frau. »Wir waren nicht mehr bei ihr, seit ihr Mann verhaftet ist.«
»Bist du verrückt? Das können wir nicht. Denk an meine Stellung! Wenn uns jemand sieht, dann heißt es womöglich noch, wir hätten davon gewußt, und wir werden auch vor Gericht gezerrt.«
»Aber«, rief meine Frau, und die Tränen schossen ihr in die Augen, »die Frau kann doch nichts dafür. Und dann: die Kinder, die Kinder.«
»Vielleicht hat die Frau alles gewußt«, rief ich ungehalten.
»Na und? Soll sie hingehen und ihren eigenen Mann anzeigen? Würdest du mich anzeigen? Würde ich dich anzeigen? Sag schon, so sag schon! Du stellst dir alles so leicht vor.«
»Mord bleibt Mord«, sagte ich. Am nächsten Morgen ging ich an den Kindern des Verhafteten vorbei, als hätte ich sie nie gesehen. Sie riefen hinter mir her: »Onkel Karl, Onkel Karl.«

Dann kam der Prozeß, und das Ausmaß des Verbrechens war noch schrecklicher, als wir geglaubt hatten. Es stellte sich heraus, daß die Frau, zumindest in groben Zügen, von der Vergangenheit ihres Mannes wußte. Sie konnte ihre Aussage verweigern, aber sie sagte aus.
Am Ende ihrer Aussage fragte sie der Richter, warum sie all die Jahre geschwiegen habe. Sie weinte, als sie sagte: »Was sollte ich denn tun? Was nur? Was? Er ist doch . . .«
Aus den Zeitungen erfuhren wir das alles, obwohl das Gerichtsgebäude nur tausend Meter von unserer Wohnung entfernt lag.
»So, da hast du nun die ganze Wahrheit«, sagte ich zu meiner Frau nach dem Urteil, »fünfzehn Jahre Zuchthaus.«
»Die ganze Wahrheit?« fragte sie leise.
»Die ganze Wahrheit«, schrie ich ihr ins Gesicht.
»Und die Kinder?« fragte sie, und dann nach einer Weile: »Wenn du nun aber dieser Mann wärst?«
»Ich bin aber nicht dieser Mann, verstehst du? Ich bin nicht dieser Mann. Ich bin es nicht.«
»Nein, du nicht. Du hast damals Glück gehabt, damals in den Jahren.«
»Du bist verrückt! Glück. Wenn ich das schon höre! Man brauchte so etwas nicht zu tun, man konnte sich weigern, verstehst du? Man konnte sich weigern.«
»Weißt du das so genau?« fragte sie.
»Ja, das weiß ich genau.«
»Und du hast dich geweigert?« bohrte sie weiter.
Ich war erstaunt. »Ich? Mich geweigert? Nein, wieso? Ich bin doch nie in die Lage gekommen. Nein, das blieb mir erspart. Ja, wie soll ich das sagen?«
»Ich sagte doch, du hast Glück gehabt, du bist nie in die Lage gekommen. Und du hättest dich natürlich geweigert.«
»Natürlich hätte ich!« rief ich aufgebracht.
Sie sah mich lange an, dann sagte sie: »Manchmal hast du auch Augen wie er, aber nur manchmal.«
»Sei vernünftig! Es geht hier um die Wahrheit und um die Gerechtigkeit. Wo kämen wir hin, wenn . . .«
»Oder um Rache? Nicht wahr? Wird ein anderer abgeurteilt, beruhigt das euer Gewissen. Geht es nicht auch um die Kinder? Ja, mein Lieber, auch um die Kinder.«
Dann trug sie das Abendessen auf.
Die Kinder des Verurteilten riefen nun nicht mehr Onkel Karl hinter mir her, sie versteckten sich, wenn sie mich kommen sahen, und das war schlimmer, als wenn sie gerufen hätten.
Am dritten Samstag nach dem Urteil kam meine Frau in das Wohnzimmer, meine drei Kinder ebenfalls, und sie hatten Päckchen in den Händen, meine

Frau Blumen. Ich wollte mich zu einem Mittagsschlaf hinlegen und ärgerte mich über die Störung.
»Geht ihr aus?« fragte ich. »Wo wollt ihr so früh schon hin?«
»Hinüber«, sagte sie. »Zu ihr und den Kindern.«
»Was?« Ich war bestürzt und zornig. »Wenn du schon hinüber willst, dann warte, bis es Nacht ist.«
»Nein«, sagte sie, »dann sieht mich doch keiner.«

GERTRUD SCHNELLER

Das Wiedersehen

Peters Hand zittert leicht, als er sie auf die Türklinke legt. Rascher als nötig geht er auf den hintersten, in der rechten Ecke des Cafés stehenden Tisch zu. Dann bleibt er stehen und sagt:
»Ich wußte, daß ich dich hier finden werde.«
Der Angeredete blickt überrascht hinter dem großen Zeitungsblatt hervor. Als er Peter sieht, läßt er das Blatt fallen und ruft:
»Du! Bist du schon wieder . . .«
Das letzte Wort läßt er unausgesprochen. Aus Pietätsgründen, wie der andere vermutet.
»Drei Jahre sind lange genug«, meint Peter leise.
Jean nickt, rückt den Stuhl zurecht und heißt ihn Platz nehmen.
»Trinkst du einen Schwarzen?«
»Gerne.«
Der Kellner kommt. Sein Blick richtet sich suchend auf den Gast. Dann plötzlich scheint ein Erinnern auf sein Gesicht zu kommen.
»Der wußte es auch, nicht wahr?« sagt Peter.
»Ach«, erwidert Jean, »Kellner wissen alles. Mach dir nichts daraus.«
Sie schweigen.
Dann sagt Peter leise: »Bist du noch immer auf der Bank?«
»Ja.«
»Ich wußte es. So sicher, wie ich wußte, dich zu dieser Tageszeit hier beim Lesen der Zeitung antreffen zu können.«
»Hast du schon Arbeit?« fragte der andere.
»Ja, ja. Dafür hat man gesorgt. Morgen kann ich bereits anfangen. Und du . . . du bist Prokurist geworden, nicht wahr?«
Jean nickte.
»Ich würde es nie mehr tun«, sagte Peter leise. »Nie mehr.«

Jean nickt wieder.
»Wirst du wieder bei Frau Ruegg wohnen?«
»Nein! Ich wollte. Aber sie hatte alle möglichen Ausreden, als ich heute morgen bei ihr vorbeiging. Die wirkliche Strafe, weißt du, die kommt erst jetzt.«
»Nein, nein. Das ist es sicher nicht«, sagt Jean rasch.
»Bedenke, es herrscht ein großer Zimmermangel.«
Sie schweigen wieder. Jean zündet eine Zigarette an und spielt mit dem Blatt der Zeitung, während Peter nachdenklich in seinem Schwarzen rührt. Plötzlich blickt Jean auf die Uhr, ruft den Kellner und zahlt.
»Ich muß jetzt gehen. Verzeih bitte. Mein Zug fährt in einer halben Stunde. Ich fahre für drei Wochen aufs Land. Meine langweilige Bronchitis, du weißt ja.«
Peter wird blaß. Auch der, denkt er bitter, auch der hat Ausreden. Mein einziger Freund.
Er gibt Jean die Hand und wünscht ihm gute Erholung. Obwohl er nicht an diese Reise und nicht an seine Erholung glaubt.
Peter sitzt nun allein am Tisch. Seine Rechte spielt zitternd auf dem Blatt der Tageszeitung. Sein Blick ist gesenkt. Er sieht deshalb nicht, wie Jean sich bei der Tür entschlossen umwendet und auf den hintersten, in der rechten Ecke stehenden Tisch zusteuert. Erst als er dicht vor ihm steht, blickt er überrascht auf.
»Hast du etwas vergessen?« fragt Peter.
»Ja! Ich habe vergessen, dir den Schlüssel zu geben.«
»Den Schlüssel. Welchen Schlüssel?«
»Den Schlüssel zu meiner Wohnung. Du kannst, solange ich weg bin, bei mir wohnen.«

HERMANN HEER

Bob Whiston

I.

Bob steht mit dem Köfferchen in der Hand vor dem Tor – des Gefängnisses, in dem er zwei Jahre gesessen hat. Etwas unschlüssig schaut er die Straße hinauf und hinab. Natürlich, er geht jetzt nach Hause. Er zögert nicht, weil er Angst hätte, daß seine Frau ihn unfreundlich empfangen könnte. Sie hat ihn ja regelmäßig besucht. Er weiß, daß sie sich freut. Und die Kinder sind ja immer noch klein. – Aber die Leute, die Nachbarn. Die werden Stielaugen machen, wenn er wieder die

Straße heraufkommt. Nun, da ist nichts zu machen. Er geht zur Bushaltestelle, und bald nimmt der nächste Bus ihn mit.
Es war, wie er es sich gedacht hatte. Die Frau freute sich aufrichtig. Die Kinder, ein Bub und ein Mädchen von etwa 3 und 4 Jahren, gewöhnten sich bald an den »Mann«, den sie »Papa« zu nennen lernten. Kein Vorwurf, obwohl die Frau es nicht leicht gehabt hatte: Kinder in den Hort, sie selber Aushilfen da und dort, in Wirtschaften am Ausschank, Hausputz usw. Aber nach ein paar Tagen mußte es ja sein: Stelle suchen.

II.

Versuchen kann man's ja. Er geht zum Betrieb, in dem er früher gearbeitet hatte als Lastwagenchauffeur. Der Chef tut kühl und unbekannt: »Sie wünschen?« – »Bin entlassen, wollte fragen, ob ich wieder arbeiten kann.« – »Wie bitte? Sie glauben doch nicht, wir könnten Leute wie Sie noch brauchen? Das kann sich unsere Firma nicht leisten. Tut uns leid. Wünschen alles Gute.«
Da war es nun also, was er so gefürchtet hatte: Einen Zuchthäusler will niemand. Vorbestraft!
Dabei – und nun kam die Wut über ihn. Er fand, so schlimm sei's denn doch nicht, und die großen Halunken laufen natürlich frei herum, nur die kleinen Sünder, die werden hart bestraft. So geht er eine, zwei Stunden durch die Straßen, bis er endlich wieder nach Hause findet – leider nicht mehr ganz nüchtern; und er sieht es genau in den Augen seiner Frau, daß sie Angst hat: es ist derselbe Blick wie früher, wenn er spät nach Hause gekommen war.
Es war ja nicht nur das. Schließlich hatte er auch ein Glas zuviel gehabt, als er jenen ekelhaften Kerl niedergeschlagen hatte, der ihn länger als eine Stunde gehänselt hatte, bis er dann aufstand und sagte: . . . Wie es passiert war, wußte er gar nicht mehr recht. Er sah nur rot vor den Augen, und dann lag er am Boden, der Kerl eben, und stand nicht mehr auf. Schwere Körperverletzung mit dauerndem Schaden. Dann Polizei, Untersuchungshaft. An die Gerichtsverhandlung konnte er sich noch erinnern. Da wurde er genau beschrieben, was für einer er sei: Kräftig, aber mit Schwächen, nicht oft, aber manchmal Zahltag nicht heimbringen und höcklen, und dabei tut ihm Alkohol schon gar nicht gut, er macht ihn noch jähzorniger. Und sagen läßt er sich schon gar nichts.
Noch ein paar Tage sucht er. Dann aber bleibt er entmutigt zu Hause, brütet vor sich hin, traut sich nicht mehr unter die Leute. Sobald sie fragen: »Haben Sie Zeugnisse der letzten 2 Jahre? Wo haben Sie die letzten zwei Jahre gearbeitet?«, weiß er, daß es fertig ist. Man stellt keinen jähzornigen Trunkenbold mit Vorstrafe ein. Dabei ist er kein Trinker. Manchmal, zugegeben.
Eines Tages kommt die Frau und sagt: »Ich wüßte etwas. Der Mann meiner Schulfreundin arbeitet in einer Heizölfirma.« Er horcht auf: Wäre es möglich

– Fahrer auf Tankwagen? Leider nicht, sagt die Frau, nur als Beifahrer, und das ist schmutzige Arbeit, Öl von oben bis unten. Nein, er will nicht, er ist Chauffeur und hat seinen Stolz als Berufsmann. Die Frau sagt nichts mehr. Er macht noch ein paar Versuche, selber etwas zu finden, vergeblich. Schließlich geht er doch hin, zur Heizölfirma, wird angestellt.

III.

Der Chauffeur mustert ihn kalt. »Auch schon gearbeitet auf unserer Branche? – Dann gibt's zu lernen. Vor allem: dreckig wirst du, das ist deine Sache, merk dir's. *Ich* fahre – du machst den Dreck mit dem Öl. Als Zuchthäusler mußt du ja froh sein, daß wir dich genommen haben.«
Beinahe wäre er auf ihn losgegangen. Aber zum Glück konnte er sich noch zurückhalten. Doch keine Woche verging, ohne daß er das Wort Zuchthäusler hören mußte. Und das mit dem Dreck stimmte auch: Der Fahrer hetzte ihn und schonte sich. Und wenn sie einmal einkehrten, ließ er ihn nicht am selben Tisch sitzen. Lange würde er das nicht mehr aushalten.
Sie fuhren mitten durch die Stadt. Eben kamen die Leute zur Mittagspause aus den Büros und Geschäften. Da: Polizeisirenen. Alles hält an. Die Leute drängen sich an den Straßenrändern. Von der Bankstraße herunter rast ein Hillman. 100 m hinterher das Polizeiauto. Jetzt Schüsse, eine ganze Salve aus einer Maschinenpistole. (Wie sich nachher herausstellt: ein frecher Bankraubversuch kurz vor Schalterschluß.) Die Polizei hat die Reifen des Wagens getroffen. Nicht weit vom Tankwagen kommt der Hillman an einer Hausmauer zum Stehen. Die Leute strömen hin und drängen sich zu Hunderten. Zweifellos, der Räuber ist gefangen.
Plötzlich ruft einer: Fürio![1] Einer trommelt dem Führer an die Scheibe: »Ihr Wagen brennt!« »Alle raus!« Tatsächlich, hinten qualmt es. Ein paar Schüsse gingen in den Tank. Öl fließt aus, und es hat Feuer gefangen. Jede Sekunde kann der Wagen explodieren. Der Chauffeur schreit wie wild: »Haut ab. Ihr geht in die Luft, haut ab, wer kann.« Man hört ihn nicht. Der Räuber ist zu interessant. Ein Polizist erkennt, wie gefährlich es ist. Aber es geht um Sekunden vielleicht. Und die Leute, jetzt zum Teil aufmerksam geworden, wollen auch da zuschauen. Es ist zum Verzweifeln. Keine Feuerwehr da; wie käme sie auch durch?
Da – der Tankwagen, ist es möglich? Er bewegt sich. Langsam, aber er fährt. Ist das nicht ganz verrückt? Aber da sieht man's – am Steuer ein Mann. Es ist Bob. Von jenseits der Straße ruft der Chauffeur: »Bist du verrückt? – Er ist verrückt! Es ist eben ein Zuchthäusler.« Er selbst bleibt schön weit weg.
Der Wagen fährt. Langsam, und er bleibt langsam, behutsam. Hinter ihm her

[1] Feuer

eine schmale Straße von Feuer. Das Öl fließt aus, durch die Flammen am Wagen hindurch, und bleibt brennend auf der Straße liegen. Aber der Wagen, schwarz qualmend, bewegt sich weiter, unaufhörlich hupend. Die Leute verdrücken sich jetzt doch in die Nebenstraßen. Der Wagen fährt, langsam, immer weiter.

In sicherer Entfernung folgt ihm ein Polizeiauto. Nun dämmert es den Leuten, was passiert ist. Da hat es einer gewagt, sich ans Steuer zu setzen, und er macht den wahnsinnig gefährlichen Versuch. Vielleicht gelingts, etwas zu retten, die Explosion wenigstens von diesen Menschen zu entfernen. Jeder Meter wird jetzt zum Gewinn.

Der Mann am Steuer weiß nicht, wie sein Wagen hinten aussieht. Aber er spürt: Die Hitze wächst. Er bleibt am Steuer. Jetzt hat er hundert Meter, 200 Meter. Noch immer fährt er. 500 Meter. Die Häuser stehen lockerer. Soll er abspringen? Noch sind viele Leute auf der Straße, die zum Essen nach Hause eilen. Er fährt weiter, behutsam immer noch. Jetzt kommen die Wiesen. Er nimmt eine Nebenstraße. Ein Kilometer, zwei Kilometer! So, jetzt auf freiem Feld.

Jetzt stellt er den Motor ab, springt heraus, flieht zurück, querfeldein. Und nun wirft's ihn zu Boden. Der Luftdruck der Explosion! Er fällt in die Ackerfurche. Es tat ihm nichts. Er steht auf. Schmutzig, schwarz, aber glücklich: er hat's geschafft, er hat Hunderten das Leben gerettet durch seinen Mut, mit dem Einsatz des eigenen Lebens. – Wer? Der »Zuchthäusler«! Der Letzte ist der Erste geworden.

Fremd

HEINZ REIN

Freundschaft mit Hamilton

Als Milan Ristic von Bord der »Città di Fiume« gegangen war, konnte er sich zuerst nicht entschließen, in die fremde Stadt New York hineinzugehen. Er blieb am Pier stehen, auch als alle Passagiere bereits weggefahren waren. Alle schienen ein Ziel zu haben, nur er, Milan Ristic aus Dubrovnik, er wurde von niemandem erwartet. Unter den neun oder zehn Millionen Menschen dieser Stadt war nicht ein einziger, der ihn kannte.

Milan trat schließlich an einen Mann heran, der vornübergebeugt an der Kaimauer lehnte und nach Brooklyn hinübersah. Der Mann trug einen hellen Regenmantel, dessen Kragen hochgeklappt war, und einen gelblichen Filzhut, den er ins Genick geschoben hatte.

»Entschuldigen Sie, Sir«, sagte Milan, »können Sie mir vielleicht sagen . . .«

Der Mann richtete sich auf und wandte sich um. Es war ein Neger. »Hallo, Mister«, sagte er und tippte mit zwei Fingern an seinen Hut. »Was kann ich für Sie tun?« Er sagte es freundlich und lächelte dabei. In seinem dunkelbraunen Gesicht erschienen die weißen Reihen seiner Zähne.

»Ich möchte in ein kleines Hotel«, sagte Milan. »Anständig, aber nicht zu teuer. Können Sie mir sagen . . .« Der Neger nickte. »Natürlich, Mister«, antwortete er. »Macht es Ihnen etwas aus, in Harlem zu wohnen? Haben Sie etwas gegen Neger?«

»Nicht das Geringste«, beteuerte Milan. Er meinte es ehrlich. Er hatte wirklich nichts gegen Neger, es machte Milan gar nichts aus, sich von einem Neger in das neue, fremde Land einführen zu lassen.

Sie gingen eine Straße entlang, stiegen zur Subway hinab und in die Hochbahn um und gelangten endlich nach Harlem. Der Neger, er nannte sich Hamilton Carr, sprach unterwegs kaum ein Wort, ja, es schien Milan sogar, als ob er sich bemühte, einen gewissen Abstand zwischen Milan und sich zu bringen. Zuerst hatte Milan vermutet, der Neger wollte eine günstige Gelegenheit benutzen, um mit dem Koffer im Gewühl zu flüchten, aber der Neger unternahm keinen Versuch, in der Menge wegzutauchen. Er mußte also einen anderen Grund haben, sich zurückzuhalten. Als sie im »Hotel St. Louis« angekommen waren, stellte Milan den Neger zur Rede.

Hamilton sah Milan ernst an. »Sie irren sich, Mister. Nicht meinetwegen habe ich mich zurückgehalten, sondern Ihretwegen. Ich wollte nicht, daß Sie Unannehmlichkeiten hätten.«

Milan verstand sofort. »Ach«, sagte er mit großzügiger Geste, »wenn es das ist! Ich hoffe, Mister Carr, wir werden gute Freunde.«
Hamilton lächelte zurückhaltend. »Gute Freunde? Nicht nur hier in Harlem, auch in Downtown, in Yonkers und in Coney Island?« »Selbstverständlich!« erwiderte Milan und ergriff die Hände des Negers.
»Ich habe noch nie einen weißen Freund gehabt«, sagte Hamilton und hob resigniert die Schultern. »Oder immer nur für kurze Zeit und gewissermaßen heimlich.«
»Ich bin anders«, versicherte Milan. »Ein Freund ist immer und überall ein Freund.«
Milan Ristic und Hamilton Carr wurden tatsächlich gute Freunde. Das Zimmer im »St. Louis« war einfach, aber sauber, das Essen war ungewohnt, aber schmackhaft, und die Leute waren von anderer Hautfarbe, aber herzlich und gutmütig. Hamilton verschaffte Milan einen Job als Wagenwäscher in einer Garage an der Ausfallstraße von Bronx und Newhaven. Hamilton war hier als Hilfsarbeiter beschäftigt. Für Milan war die Arbeit ein Sprungbrett, von dem er sich sobald als möglich abzuschnellen gedachte, wenn er ein lohnenswertes Ziel sah.
Dieses Ziel bot sich ihm überraschend bald. Als Milan kaum drei Wochen in Green's Garage arbeitete, begann einer der regelmäßigen Kunden, ein Mr. Arlington, mit ihm ein Gespräch.
»Ich beobachte Sie schon eine ganze Weile«, sagte er. »Sie sind flink und geschickt. Ich habe eine Fabrik, in der Drahtseile und Kabel hergestellt werden. Haben Sie Lust, bei mir zu arbeiten?«
»Ja«, antwortete Milan rasch. »Aber . . . aber ich möchte gern mit meinem Freund zusammenbleiben, Sir.«
»Ich habe auch für Ihren Freund Arbeit, wenn er tüchtig ist«, sagte Mr. Arlington. »Wer ist denn Ihr Freund?«
»Der Neger dort drüben an der Hebebühne«, antwortete Milan mit einer Kopfbewegung.
»Ausgeschlossen!« unterbrach Mr. Arlington ihn schroff. »In meinem Betrieb werden keine Neger beschäftigt! Hören Sie«, fügte er belehrend hinzu, »wenn Sie hier weiterkommen wollen, dann ist Ihnen ein Neger nur ihm Wege.« Er grüßte kurz und ließ seinen Wagen an. »Überlegen Sie sich's. Morgen komme ich wieder vorbei.«
Milan gab Hamilton den Inhalt des Gespräches wieder. Hamilton schwieg, auch als Milan in ihn drang. Schließlich sagte Milan schroff: »Du kannst doch nicht verlangen, daß ich deinetwegen eine solche Chance auslasse!«
»Ich verlange es ja gar nicht«, widersprach Hamilton ruhig. »Aber ich weiß genau, das ist der erste Schritt aus unserer Freundschaft.« Milan wußte, daß Hamilton recht hatte, aber er gab es nicht zu. »Unsinn!« rief er. »Wir bleiben doch Freunde. Wir wohnen ja Tür an Tür.« Er war überzeugt, daß er immer Hamiltons Freund bleiben würde.

Milan nahm die Stelle in Mr. Arlingtons Fabrik an und wurde bald Vormann. Er blieb mit Hamilton Carr befreundet, er wohnte ja noch immer im »St. Louis«, das einem Onkel Hamiltons gehörte, dennoch hatte er das Gefühl, als lasse er sich zu Hamilton herab.
Als Milan Jane Mitchell kennenlernte – sie war Fernschreiberin in Mr. Arlingtons Fabrik, ein Mädchen, so blond, wie Milan sich immer ein Mädchen gewünscht hatte –, zog er nach Brooklyn und sah Hamilton lange Zeit nicht. Er traf ihn erst wieder, als er mit Jane eines Tages einen Ausflug nach Connecticut machte und an Green's Tankstelle und Garage vorüberkam. Er sah Hamilton an der Zapfsäule stehen und verlangsamte die Fahrt.
Hamilton bemerkte ihn sofort, hob eine Hand und lächelte ihm entgegen. Milan winkte zurück, dann blickte er in Janes Gesicht. Sie hatte die Lippen zwischen die Zähne gezogen und die Augenbrauen hoch in die Stirn gehoben. Ihre Miene drückte Verachtung, beinahe Haß aus.
Milan gab sofort Gas und wandte sich nicht um, als er an der Tankstelle vorüber war. Er wußte genau, daß Hamilton ihm nachwinkte, wahrscheinlich mit immer schlaffer werdender Hand, und daß ihm ein bitteres Gefühl die Kehle zuwürgte, aber er drehte sich nicht um.
»Wer war denn der Neger?« fragte Jane streng. »Kennst du ihn etwa?« »Keine Spur«, sagte Milan. »Ich habe hier zwei- oder dreimal getankt, daher kennt er mich. Du weißt ja, wie diese Nigger sind. Wenn man einmal freundlich zu ihnen war, dann biedern sie sich gleich an.« »Und ich dachte schon, du machst dich gemein mit diesen Niggern«, sagte Jane und legte ihm eine Hand wie entschuldigend auf den Arm. Milan fühlte Janes Hand sonst gern, aber jetzt war es, als lege sich diese Hand wie eine stählerne Kette um ihn.

WOLFDIETRICH SCHNURRE

Jenö war mein Freund

Als ich Jenö kennenlernte, war ich neun; ich las Edgar Wallace und Conan Doyle, war eben sitzengeblieben und zuchtete Meerschweinchen.
Jenö traf ich zum ersten Mal auf dem Stadion am Faulen See beim Grasrupfen; er lag unter einem Holunder und sah in den Himmel. Weiter hinten spielten sie Fußball und schrien manchmal »Toooooor!« oder so was. Jenö kaute an einem Grashalm; er hatte ein zerrissenes Leinenhemd an und trug eine Manchesterhose, die nach Kokelfeuer und Pferdestall roch.
Ich tat erst, als sähe ich ihn nicht, und rupfte um ihn herum; aber dann drehte

er doch ein bißchen den Kopf zu mir hin und blinzelte schläfrig und fragte, ich hätte wohl Pferde.
»Nee«, sagte ich, »Meerschweinchen.«
Er schob sich den Grashalm in den anderen Mundwinkel und spuckte aus. »Schmecken nicht schlecht.«
»Ich eß sie nicht«, sagte ich; »dazu sind sie zu nett.«
»Igel«, sagte Jenö und gähnte, »die schmecken auch nicht schlecht.«
Ich setzte mich zu ihm. »Igel –?«
»Tooooooor!« schrien sie hinten.
Jenö sah wieder blinzelnd in den Himmel. Ob ich Tabak hätte.
»Hör mal«, sagte ich; »ich bin doch erst neun.«
»Na und –«, sagte Jenö; »ich bin acht.«
Wir schwiegen und fingen an, uns leiden zu mögen.
Dann mußte ich gehen. Doch bevor wir uns trennten, machten wir aus, uns möglichst bald wieder zu treffen.
Vater hatte Bedenken, als ich ihm von Jenö erzählte. »Versteh mich recht«, sagte er, »ich hab nichts gegen Zigeuner, bloß –«
»Bloß –?« fragte ich.
»Die Leute –« sagte der Vater und seufzte. Er nagte eine Weile an seinen Schnurrbartenden herum. »Unsinn«, sagte er plötzlich; »schließlich bist du jetzt alt genug, um dir deine Bekannten selbst auszusuchen. Kannst ihn ja mal zum Kaffee mit herbringen.«
Das tat ich denn auch. Wir tranken Kaffee und aßen Kuchen zusammen, und Vater hielt sich auch wirklich hervorragend. Obwohl Jenö wie ein Wiedehopf roch und sich auch sonst ziemlich seltsam benahm – Vater ging drüber weg. Ja, er machte ihm sogar ein Katapult aus echtem Vierkantgummi und sah sich obendrein noch alle unsere neu erworbenen Konversationslexikonbände mit uns an.
Als Jenö weg war, fehlte das Barometer über dem Schreibtisch.
Ich war sehr bestürzt; Vater gar nicht so sehr.
»Sie haben andere Sitten als wir«, sagte er; »es hat ihm eben gefallen. Außerdem hat es sowieso nicht mehr viel getaugt.«
»Und was ist«, fragte ich, »wenn er es jetzt nicht mehr rausrückt?«
»Gott –«, sagte Vater, »früher ist man auch ohne Barometer ausgekommen.«
Trotzdem, das mit dem Barometer, fand ich, ging ein bißchen zu weit. Ich nahm mir jedenfalls vor, es Jenö wieder abzunehmen.
Aber als wir uns das nächste Mal trafen, hatte Jenö mir ein so herrliches Gegengeschenk mitgebracht, daß es unmöglich war, auf das Barometer zurückzukommen. Es handelte sich um eine Tabakpfeife, in deren Kopf ein Gesicht geschnitzt war, das einen Backenbart aus Pferdehaar trug.
Ich war sehr beschämt, und ich überlegte lange, wie ich mich revanchieren könnte. Endlich hatte ich es: Ich würde Jenö zwei Meerschweinchen geben. Es

bestand dann zwar die Gefahr, daß er sie aufessen würde, aber das durfte einen jetzt nicht kümmern; Geschenk war Geschenk.
Und er dachte auch gar nicht daran, sie zu essen; er lehrte sie Kunststücke. Innerhalb weniger Wochen liefen sie aufrecht auf zwei Beinen; und wenn Jenö ihnen Rauch in die Ohren blies, legten sie sich hin und überkugelten sich. Auch Schubkarrenschieben und Seiltanzen lehrte er sie. Es war wirklich erstaunlich, was er aus ihnen herausholte; Vater war auch ganz beeindruckt.
Ich hatte damals außer Wallace und Conan Doyle auch gerade die zehn Bände von Doktor Doolittle durch, und das brachte mich auf den Gedanken, mit Jenö zusammen so was wie einen Meerschweinchenzirkus aufzumachen.
Aber diesmal hielt Jenö nicht durch. Schon bei der Vorprüfung der geeigneten Tiere verlor er die Lust. Er wollte lieber auf Igeljagd gehen, das wäre interessanter.
Tatsächlich, das war es. Obwohl – mir war ziemlich mulmig dabei. Ich hatte nichts gegen Igel, im Gegenteil, ich fand sie sympathisch. Aber es wäre sinnlos gewesen, Jenö da beeinflussen zu wollen. Und das lag mir auch gar nicht.
Er hatte sich für die Igeljagd einen handfesten Knüppel besorgt, der unten mit einem rauhgefeilten Eisenende versehen war; mit dem stach er in Laubhaufen rein oder stocherte auf Schutthalden unter alten Eimern herum. Er hatte so oft bis zu vier Stück an einem Nachmittag harpuniert; keine Ahnung, wie er sie aufspürte, er muß sie gerochen haben, die Burschen.
Jenös Leute hausten in ihren Wohnwagen. Die standen zwischen den Kiefern am Faulen See, gleich hinter dem Stadion. Ich war oft da, viel häufiger als in der Schule, wo man jetzt doch nichts Vernünftiges mehr lernte.
Besonders Jenös Großmutter mochte ich gut leiden. Sie war unglaublich verwahrlost, das stimmt. Aber sie strahlte soviel Würde aus, daß man ganz andächtig wurde in ihrer Nähe. Sie sprach kaum; meist rauchte sie nur schmatzend ihre Stummelpfeife und bewegte zum Takt eines der Lieder, die von den Lagerfeuern erklangen, die Zehen.
Wenn wir abends mit Jenös Beute dann kamen, hockte sie schon immer am Feuer und rührte den Lehmbrei an. In den wurden die Igel jetzt etwa zwei Finger dick eingewickelt. Darauf legte Jenö sie behutsam in die heiße Asche, häufelte einen Glutberg auf über ihnen, und wir kauerten uns hin, schwiegen, spuckten ins Feuer und lauschten darauf, wie das Wasser in den Lehmkugeln langsam zu singen anfing. Ringsum hörte man die Maulesel und Pferde an ihren Krippen nagen, und manchmal klirrte leise ein Tamburin auf, oder mit einer hohen trockenen Männerstimme zusammen begann plötzlich hektisch ein Banjo[1] zu schluchzen.
Nach einer halben Stunde waren die Igel gar. Jenö fischte sie mit einer Astgabel aus der Glut. Sie sahen jetzt wie kleine, etwas zu scharf gebackene

[1] Zupfinstrument

Landbrote aus; der Lehm war steinhart geworden und hatte Risse bekommen, und wenn man ihn abschlug, blieb der Stachelpelz an ihm haften, und das rostrote Fleisch wurde sichtbar. Man aß grüne Paprikaschoten dazu oder streute rohe Zwiebelkringel darauf; ich kannte nichts, das aufregender schmeckte.

Aber auch bei uns zu Hause war Jenö jetzt oft. Wir sahen uns in Ruhe die sechs Bände unseres neuen Konversationslexikons an; ich riß die Daten der Nationalen Erhebung aus meinem Diarium und schrieb rechts immer ein deutsches Wort hin, und links malte Jenö dasselbe Wort auf Rotwelsch daneben. Ich habe damals eine Menge gelernt; von Jenö, meine ich, von der Schule rede ich jetzt nicht.

Später stellte sich auch heraus, es verging kein Tag, an dem die Hausbewohner sich nicht beim Blockwart über Jenös Besuche beschwerten, sogar zur Kreisleitung ist mal einer gelaufen. Weiß der Himmel, wie Vater das jedesmal abbog, mir hat er nie etwas davon gesagt.

Am meisten hat sich Jenö aber doch für meine elektrische Eisenbahn interessiert; jedesmal, wenn wir mit ihr gespielt hatten, fehlte ein Waggon mehr. Als er dann aber auch an die Schienenteile, die Schranken und die Signallampen ging, fragte ich doch mal Vater um Rat.

»Laß nur«, sagte er; »kriegst eine neue, wenn Geld da ist.«

Am nächsten Tag schenkte ich Jenö die alte. Aber merkwürdig, jetzt wollte er sie plötzlich nicht mehr, er war da komisch in dieser Beziehung.

Und dann haben sie sie eines Tages doch abgeholt; die ganze Bande; auch Jenö war dabei. Als ich früh hinkam, hatten SA und SS das Lager schon umstellt, und alles war abgesperrt, und sie scheuchten mich weg.

Jenös Leute standen dicht zusammengedrängt auf einem Lastwagen. Es war nicht herauszubekommen, was man ihnen erzählt hatte, denn sie lachten und schwatzten, und als Jenö mich sah, steckte er zwei Finger in den Mund und pfiff und winkte rüber zu mir.

Bloß seine Großmutter und die übrigen Alten schwiegen; sie hatten die Lippen aufeinandergepreßt und sahen starr vor sich hin. Die anderen wußten es nicht. Ich habe es damals auch nicht gewußt; ich war nur traurig, daß Jenö jetzt weg war. Denn Jenö war mein Freund.

DETLEF MARWIG

Rein äußerlich

Sie wäre nicht tragisch, die Geschichte, meint Irene, da sie ja nur mit ihrem Äußeren zu tun habe, meint sie.
Sie ist 1,52 klein, schwarzäugig und -haarig und würde auf dem Balkan und im Vorderen Orient kaum auffallen. Dennoch ist sie Deutsche und, wie ihre Eltern einst nachweisen mußten, arisch. »Aber das ist mir egal«, sagt sie.
Im Supermarkt packt und zeichnet sie Fisch- und andere Konserven, Teigwaren und Feinkost aus, ordnet sie in Regale ein und hilft gelegentlich supermarktfremden Kunden bei der Suche. Sie ist eine Halbtagskraft. Die zweite Hälfte des Tages schaltet sie um auf Hausfrau.
»Einer muß es ja machen«, sagt sie.
Mit Putzeimern, Aufnehmern und dergleichen geht sie nicht um.
»Dafür werde ich zu schlecht bezahlt«, sagt sie.
Auch mit den Kassiererinnen hat sie nichts zu tun.
»Wir bleiben unter uns, wir Halbtagskräfte«, sagt sie.
Es begann damit, daß Irene so schön vor sich hindöste, denn der Laden war leer, und gepackt hatte sie.
Da rief eine der Kassiererinnen, blond und blauäugig: »He, Sie!«
»He Sie! bin ich nicht«, sagte Irene, und sie blieb deshalb sitzen. Das brachte die Kassiererin auf, und Empörung klang in ihrer Stimme mit, als sie einige Phon[1] lauter quer durch den Laden brüllte: »He Sie!!« »Ich dachte, die hat durchgedreht, das kann man nämlich schnell an der Kasse«, sagt Irene. Aber sie blieb sitzen, denn wer sich aufregt, regt sich auch wieder ab, meint sie.
Die Kassiererin packte wilde Empörung, die ihrer Stimme ungeahnte Durchschlagskraft verlieh.
»He Sie, holen Sie sofort Wasser, und machen Sie Lauge. Ich will hier putzen«, rief sie, und dann schrie sie einige böse Worte über die, die »auße Karpaten[2] kommen und sich hier mausig machen«.
»Jetzt ist ihr nicht mehr zu helfen, hab' ich gedacht«, sagt Irene.
Sie ging ins Lager.
»Da hört man das Geschrei nicht so laut«, sagt sie.
Da kam die Filialleiterin zu ihr und bat um Aufklärung. Die verweigerte Irene ihr nicht. Worauf die Filialleiterin zur Kassiererin ging und die aufklärte.
»Da war sie dann ruhig«, sagt Irene.
Kurz vor Feierabend kam die Kassiererin dann zu Irene und war ein wenig verlegen.

[1] Maß zur Messung der Lautstärke
[2] Gebirge in Mitteleuropa

»Entschuldigen Sie, bitte entschuldigen Sie vielmals«, sagte sie, »ich habe geglaubt, Sie wären die kleine Türkin.«
»Ich habe entschuldigt«, sagte Irene, »was kann sie schließlich dafür, daß ich so aussehe.«

JOSEF REDING

Im Schwenkkreis des Krans

Rocco spürte jäh den Frost im Blut. Er spürte ihn wie den Biß einer Dogge. Aber da war keine Dogge auf der kälteklirrenden Baustelle. Da war nur das verärgerte Zischen der Schweißbrenner, das Aneinanderklunkern der Stahlträger unter knirschenden Trossen. Und manchmal die langgezogenen Kommandos der Vorarbeiter.
Rocco versuchte seinen rechten Handballen von dem Metall zu lösen, auf dem der Rauhreif glitzerte. Der klobig gesteppte Fäustling war verrutscht. Die schweißfeuchte Hand klebte am Stahl.
»Los, Itacker! Mach mal 'n bißchen avanti!«
Kranführer Lüpsen hatte diesen Ruf ausgestoßen. Als Rocco zu dem Mann in der himmelblauen Steppjacke hinübersah, stand Lüpsen noch die zerflatternde Nebelwolke des Atems vor dem Mund. Rocco riß seine Hand mit einem Ruck vom eisigen Stahl. Der Handballen blutete. Der Sizilianer spürte es nicht. Der größere Schmerz hatte den kleineren geschluckt. Das Wort »Itakker« war für ihn ätzender als ein Quadratzentimeter weggefetzter Haut. Rocco legte die Schlinge des Drahtseiles schnell und sorgsam um den Träger. Die Trossen spannten sich. Sie hoben fast zärtlich den Stahlträger vom hartgefrorenen braunen Sand und schwenkten ihn in das Skelett hinein, das in einigen Wochen, zusammen mit dem roten Fleisch des Mauerwerks, ein Flugzeug-Hangar[1] werden sollte. Rocco blickte Lüpsen starr ins Gesicht. Nicht angriffslustig, nur traurig. Es dauerte lange, bis Lüpsen den Blick spürte.
»Na, Itacker? Was guckst du mich so komisch an? Hast du Sorgen?«
»Ja«, sagte Rocco.
»Liegen dir unsere Kartoffeln zu schwer im Magen?«
»Die Kartoffeln nicht!« sagte Rocco.
»Sondern?« fragte Lüpsen und räkelte sich und kletterte tapsig aus dem Gehäuse des Krans und stieg vorsichtig die Leiter hinunter. Er sagte dabei: »Wir machen Fuffzehn. Die drüben haben genug Träger zur Montage. Sollen sie erst mal aufarbeiten. Also: zwei Zigarettenlängen Pause.«
Lüpsen hielt sich die aufgerissene Zigarettenpackung an die Lippen und

[1] Flugzeughalle

nibbelte sich an ein Mundstück heran. Sieht aus wie ein Kaninchen, dachte Rocco in diesem Augenblick. Als Lüpsen ihm das Päckchen anbietend hinhielt, zögerte Rocco. Dann nahm er eine Zigarette und saugte Lüpsens Streichholzflamme in den Tabak.
»Danke«, sagte er.
»Prego«, grinste Lüpsen. »Bin ich nicht perfekt auswärts?«
»Fast«, sagte Rocco.
»Wo waren wir vorhin?« fragte Lüpsen.
»Bei den Kartoffeln, die mir nicht schwer im Magen liegen«, sagte Rocco.
»Sondern?« fragte Lüpsen.
»Mir liegt schwer im Magen, daß du uns Italiener immer . . .«
»Verflixt noch mal, wir brauchen T-Träger, nicht V-Träger. Ihr habt uns in der letzten halben Stunde bloß V-Träger rübergeschickt! Lüpsen, laß die T-Träger kommen. Sofort!«
»Geht in Ordnung!« rief Lüpsen zurück. Und zu Rocco sagte er: »Der Bauführer hat 'ne Stimme wie ein Elefant.«
Und du, Lüpsen, hast eine Haut wie ein Elefant, wollte Rocco sagen. Aber seine Lippen waren plötzlich sehr müde, und er sagte es nicht. Er blieb stehen und sah zu, wie Lüpsen die eiserne Leiter emporkraxelte.
»Her mit den Trägern, Lüpsen!« rief der Bauführer noch einmal.
Lüpsen war auf dem letzten Drittel der Leiter. Rocco sah, wie der Kranführer den Kopf hob, um dem Antreiber etwas zuzurufen. Aber es kam kein Laut heraus. Lüpsen klammerte sich an die Sprossen und schwankte mit fahlem Gesicht hin und her. Die genagelten Grubenschuhe des Kranführers rutschten wie mit einem Grunzen von der geriffelten Leiter. Rocco spie die halbgerauchte Zigarette gegen den Trägerstapel und rannte auf die Kranleiter zu. Im Schwenkbereich des Krans wurde das Rennen zu einem lächerlichen Gehopse. Ölkannen verbauten den Weg. Werkzeuge lagen am Fuß der Leiter. Rocco schaffte es, in dem Zeitsplitter am Kran zu sein, als Lüpsen hintenüber fiel. Der schwere Körper des Kranführers schlug wie ein Doppelzentnersack aus dreifacher Manneshöhe in die geöffneten Arme des Italieners. Rocco wurde zu Boden gerissen, spürte einen Stoß am unteren Rand der Schulterblätter. Lüpsen lag auf ihm. Der Kranführer stöhnte. Die Arme ruderten in trägen Reflexbewegungen durch die Luft.
Rocco sah nur seine fortgespiene Zigarette. Nur diesen schwelenden Rest. Er genoß es, den graugelben Rauchfaden so ruhig emporsteigen zu sehen. Fast war er enttäuscht, als einige Monteure auf ihn zuliefen. Sie verdeckten ihm das Blickfeld. Als er wieder frei wurde, hatte ein Fuß den zarten Faden zerrissen, die Zigarette zertreten.
»Lüpsen, was machst du hier für Sprungübungen? Bist doch nicht in der Badeanstalt. Zwei Tage vor Weihnachten ist kein Freibad mehr geöffnet. Jedenfalls nicht in Deutschland. Höchstens in Sizilien. Hahaha.«

Der Bauführer versuchte mit seinen gezwungenen Scherzchen den benommenen Lüpsen zu ermuntern. Lüpsen wurde auf die Beine gestellt, festgehalten und abgeklopft. Auch Rocco half man auf.
»Mir ist der Film gerissen«, sagte Lüpsen langsam und knöpfte seine blaue Steppjacke am Hals auf. »Die Zigarette auf 'n nüchternen Magen, das wird's gewesen sein.«
Jetzt drehte Lüpsen sich zu Rocco um. »Ich hätte mir's Genick brechen können, Itacker, wenn du mich nicht aufgefangen hättest. Dank dir schön. Werd' ich dir nicht vergessen. Und . . .« »Schon gut«, sagte Rocco und schlug in die Hand ein, die ihm der Kranführer entgegenhielt. Und der Sizilianer dachte: Sprich um Gottes willen jetzt nicht weiter, Lüpsen. Sag nicht: Und ich lade dich auch nett zu Weinachten ein, Itacker. In meine Familie hinein laß' ich dich kommen, Itacker. Sag's nicht! Sonst zwinge ich dich diese Leiter noch einmal hinauf und werfe dich von der obersten Sprosse hinunter wie eine schmutzige Last. Spürst du nicht, Lüpsen, Vorarbeiter, daß es Worte gibt, die wie Dolche zustechen? Warum kommt dir immer dieses abwertende »Itacker« von den Lippen? Bist du gemein, oder bist du nur dumm? Da sagte Lüpsen es. Er sagte: »Und das ist klar, Itacker! Weihnachten feierst du unter meinem Tannenbaum, in meiner Familie.«
Die Monteure konnten es nicht begreifen, warum der Italiener unvermittelt die Faust in Lüpsens Gesicht stieß. Hatte Lüpsen nicht gerade noch den Burschen eingeladen? War das der Dank? Auch Lüpsen stand fassungslos, als man den Italiener von ihm fortgedrängt hatte. »Ist der Itacker wahnsinnig geworden?« flüsterte er und wischte sich das frische Blutgerinnsel aus dem Mundwinkel. »Itacker!« rief er Rocco nach. »Warum hast du mein Weihnachtsgeschenk nicht angenommen, du blöder Hund?«
Rocco hörte nicht mehr hin. Er ging auf die Baubaracke zu. Er wußte, wo er am Weihnachtsabend sein würde. In der Bretterbude zurrte er beim bullernden Kanonenofen sein Arbeitszeug zu einem Bündel zusammen. Der aufgerissene Handballen schmerzte. Endlich, dachte Rocco.

JOSEF REDING

Dialog ohne Tannengrün

Kavalam Chandera verlangte eine Flasche Mineralwasser. Bevor die Wirtin Glas und Flasche vor Kavalam auf den nassen Ausschank stellte, schaute sie auf den Kopf des jungen Mannes. Kavalam Chandera wußte: sein gelbseidener Turban.

Aber einen Augenblick später blickte die Wirtin wieder gleichmütig auf die Arbeit, die sie mit ihren roten, aufgesprungenen Händen zu tun hatte: Sie fuhr mit dem Spülbesen in die Kelche der schlanken, mattierten Pilsgläser, die unter den quirlenden Borsten so hell und hastig kicherten, als würden sie nachhaltig gekitzelt.

»Zum Wohl, Herr Türke!«

Kavalam Chandera drehte sich zur Seite. Neben ihm stand der einzige Gast dieses kleinen Ecklokals, das sich mit verwitterter Aufschrift »Zum durstigen Nachtschwärmer« nannte. Der junge Inder schaute den heiteren Zuproster an. Der Mann sah aus wie jemand, der nur auf ein Glas in die Kneipe kommt und dann am Tresen[1] klebenbleibt. Er hatte den schweren Ledermantel bis zum Gürtel aufgeknöpft. Die Enden eines Schotten-Wollschals hingen ihm breit über Brust und Bauch wie eine weltliche Stola.

»Ein ganz herzliches Prösterchen, Herr Türke. Und willkommen in unserem Vaterland!« sagte der Mann im Ledermantel jetzt und hob sein kleines Glas, in dem auf heller Flüssigkeit eine dunkle Kirsche unwillig kreiste. Erst als er Wodka und Kirsche mit geschlossenen Augen in den Mund gekippt hatte, bemerkte der Mann, daß der Glasrand an einer Stelle abgestoßen war. Der Mann lachte, knabberte dann wie ein Kaninchen an der beschädigten Stelle und sagte mit einer artigen Kopfverbeugung zum Inder:

»Tschuldigen Sie schon vielmals, Herr Türke, daß ich Ihnen mit 'nem angebissenen Glas den Willkommenstrunk entboten habe. Und das am Heiligabend. Aber die Frau Wirtin hat mir kein besseres Pinnchen gegeben. Tschuldigen Sie. Vielmals. Wie gesagt. Müssen 'nen üblen Eindruck kriegen von unserer Gastro – Gastno – Gästebetrieblichkeit, jawohl!« – Und vorwurfsvoll blickte der Mann auf die Wirtin.

Die Frau hinter dem Ausschank lachte mit gutmütigem Glucksen, tauschte das beschädigte Glas gegen ein unversehrtes aus und schüttete aus einer konisch geformten Flasche mit kyrillischen[2] Etikett-Buchstaben das Gläschen voll.

»Zur Entschädigung, Herr Wilms. Geht auf mein Konto. Ist ja schließlich Heiligabend.«

»Danke«, sagte der Mann. »Aber man merkt's gar nicht.«

[1] Buffet, Schanktisch
[2] nach dem Slawenapostel Kyrill genannte slawische Schrift

»Was merkt man nicht?« fragte die Wirtin, die durch ihre rostrote Strickjacke füllig wirkte.
»Daß Heiligabend ist. Sie haben keinen Baum geschmückt. Nicht mal 'n bißchen Tannengrün.«
»Das wird hier sofort trocken und nadelt. Dann hängen nur noch Astgerippe an den Wänden. Sieht nicht gut aus.« Die Wirtin verteidigte ihre Unterlassung mit Eifer. »In Nazareth gab's schließlich damals auch kein Tannengrün, oder?« – Die Frau war froh, daß ihr dieses Argument eingefallen war. »Oder?« fragte sie noch einmal.
»Nö, das gab's wohl nicht in Nazareth«, sagte der Mann im Ledermantel. »Ist da wohl kein Boden für. Und kein Klima. Gibt's das bei Ihnen, Herr Türke?«
»Was?« fragte der Inder.
»Tannengrün?«
»Ja. Zum Gebirge hin. Im Norden.«
»So«, sagte der Mann im Ledermantel und nickte rechthaberisch der Wirtin zu. »Dann feiern Sie doch sicher auch Weihnachten mit Tannengrün?«
»Nein«, sagte der Inder.
»Wie, Sie haben Weihnachten ohne Tannengrün?«
»Nein«, lächelte der Inder. »Wir haben Tannengrün ohne Weihnachten.«
»Aha! – Ja, in der Türkei ...«, sagte der Mann im Ledermantel.
»Nein, bei uns in Indien«, sagte der Inder.
»So, gar nicht Türkei?« fragte der Mann und wiegte den Kopf. »Hm, Indien«, sagte er. »Das liegt doch auch – da unten.« Und der Daumen des Mannes zeigte über die wattierte, glänzende Lederschulter ins Imaginäre.
»Na ja – da unten – schon«, lächelte der Inder und ahmte die Bewegung des Mannes nach.
»Ich meine«, sagte der Mann und wischte sich mit dem Wollschal durch das Gesicht, »ich meine – da unten in der Türkei tragen die Leute doch auch so einen – Turban wie Sie. Die Muselmänner – nee, Muselmanen heißt das wohl – also, ich hab' mal 'ne irrwitzig komische Oper gesehen – gehört ...«
Der Mann verhaspelte sich. Als er das merkte, versuchte er mit einem einzigen Wort – das er wie ein Kappmesser gebrauchte – aus dem sprachlichen und begrifflichen Dschungel hinauszugelangen. »Prost!« rief er und hielt sein Glas wie eine durchsichtige, flachblättrige Blüte dem Inder entgegen.
»Prost, Herr Tür ..., Herr Inder, lassen Sie uns anstoßen!«
»Darf man das? Anstoßen mit Mineralwasser?« fragte Kavalam Chandera amüsiert.
»Ich lade Sie zu einem doppelstöckigen Wodka ein«, sagte der Mann und hob die freie Hand lässig empor, als grüße er sieghaft eine riesige Zuschauermenge.
»Nein, danke sehr«, sagte der Inder. »Keinen Alkohol, bitte. Ich muß jetzt gehen.«
»Darf man fragen, wohin?«

»Zu einer Weihnachtsfeier bei der Familie meines Chefs, Direktor Eschlohe. Ich bin in seinem Betrieb Praktikant.«
»Hui, Direktor«, sagte der Mann im Ledermantel und verzog in einem Gemisch von Anerkennung und Widerwillen seinen Mund.
»Der Eschlohe hat sein Haus keine hundert Schritte von hier«, sagte die Wirtin.
»Ich weiß«, sagte der Inder. »Ich war vorhin schon am Gartenportal. Aber vor lauter Aufregung ist mir die Kehle trocken geworden. Darum habe ich das Mineralwasser bestellt. Zum Anfeuchten und Mutmachen.«
»Na, dann!« sagte die Wirtin und goß das brausende Wasser aus der Flasche ins Glas. »Sehr zum Wohl!«
»Prosit«, sagte der Inder leise, griff unbeholfen zum Glas. Jetzt erschraken die Wirtin und der Ledermantelmann. Beide Arme des Inders waren bogig verwachsen und verkümmert. Nur die Hände waren makellos gebildet.
Kavalam Chandera trank und ließ dem Mann und der Wirtin dabei Zeit, ihre Befangenheit zu verlieren.
»Ich muß jetzt gehen«, sagte der Inder.
»Einen schönen Abend wünsche ich Ihnen«, sagte die Wirtin und versuchte, ihre zugeknöpfte Jacke noch einmal zuzuknöpfen.
»Einen schönen Heiligabend«, sagte der Mann und spielte nachdenklich in den zerlaufenden Wasserfeldern auf dem kupfernen Ausschank.
»Das wünsche ich auch Ihnen«, sagte der Inder. Als er bezahlen wollte, wehrte die Wirtin ab. »Weihnachtsgeschenk«, sagte sie. Der Inder nickte und ging.

Grüner Plastik-Schreibtisch, zwei Aktenschränke, ein Bücherbrett mit Fachliteratur und an der Wand die Porträtskizze eines Kindes mit impressionistisch aufgelösten Konturen. Das war außer drei lehnenlosen Sesseln das gesamte Mobiliar von Eschlohes Arbeitszimmer, in das der Direktor den jungen Inder hineingebeten hatte. Kavalam Chandera war überrascht. Er hatte sich den Raum anders vorstellt, mit pompöser Staffage, Gobelins und gotischer Madonna. Die zerlesenen Illustrierten-Mappen, die ihm seine Zimmervermieterin manchmal auf den Waschtisch legte, zeigten bisweilen solche Luxushöhlen in stichiger Farbe.
»Wir haben noch eine Viertelstunde für uns«, sagte Eschlohe. »Meine Frau und die Töchter schmücken im Wohnzimmer den Baum und bereiten die Bescherung vor. Wenn's klingelt, dürfen wir hineingehen. Darf ich Ihnen bis dahin etwas anbieten, Herr Chandera? Kognak, Martini?«
»Nein, danke«, sagte der Inder. »Ich bin Mohammedaner.«
»Entschuldigen Sie«, sagte Eschlohe. »Sie gestatten, daß ich mir etwas nehme? War ein harter Vormittag. Ich war noch im Betrieb. Die Schichten-Einteilung für die Feiertage war noch nicht endgültig geregelt.«

Kavalam Chandera schaute den Direktor an, als er zum Aktenschrank ging und dort eine kleine Weinbrandflasche herausnahm. Eschlohe wirkte wie ein Dreißiger, obgleich er sicher schon zwei Jahrzehnte älter war. Sein Körper war hager. Sein Gesicht hatte etwas von der Gespanntheit, die Kavalam von seinen Betriebskollegen kannte, wenn sie einen schwierigen Stahlschnitt mit dem Schneidbrenner machen mußten.
»Aber Sie rauchen doch eine Zigarette mit mir, Herr Chandera? Oder Zigarre?«
»Zigarette, gern«, sagte der Inder.
Als das Zeremoniell des Zigarettenanbietens und Feuerreichens vorüber war und Kavalam Chandera vergeblich mit den Ellbogen nach den Sessellehnen suchte, stand Eschlohe so ruckartig auf, daß einige Weinbrandspritzer auf seine Jackenrevers gerieten.
»Verzeihung, ich hätte daran denken sollen«, sagte Eschlohe. »Ihre kranken Arme. Ich hole Ihnen einen bequemeren Sessel.«
»Nein, bitte, es macht mir nichts aus. Ich sitze gut«, sagte der Inder rasch.
»Wirklich?«
»Wirklich«, sagte Kavalam Chandera. Eschlohe setzte sich zögernd, wobei er das Weinbrandglas vorsichtig balancierte. »Ein Arbeitszimmer ist ein Arbeitszimmer«, sagte Eschlohe. »Darum habe ich nichts hineinstellen lassen, was ablenkt. Komfort erstickt die Arbeitslust. Gefühl auch. Darum habe ich kein Tannengrün in diesem Zimmer. Das haben Sie im vorweihnachtlichen Deutschland wohl noch nie erlebt. Herr Chandera, einen Raum ohne Tannengrün?«
»Doch«, sagte der Inder.
»Dann haben Sie etwas höchst Seltenes gesehen«, sagte Eschlohe. »Aber Sie sind ja ein guter Beobachter. Ich möchte Ihnen das gern sagen, ohne Drechselei. Die Vorschläge, die Sie im Oktober zur Materialeinsparung eingereicht haben, alle Achtung! Ich bewundere Ihre Augen, die manchen eingerissenen Schlendrian im Betrieb so scharf sehen. Und – Ihre Hände, die Verbesserungen so überzeugend aufzeichnen können.«
»Manchmal . . .«, Eschlohe zauderte, trank den Weinbrandrest und setzte noch einmal an: »Manchmal habe ich mich auch gefragt, wie Sie das – schaffen, ich meine – rein physisch – die exakten Zeichnungen, die präzisen Werkstücke – mit – mit Ihrer Versehrtheit an den Armen.«
Hoffentlich hört er bald auf, so zu sprechen, dachte der Inder. Und hoffentlich fragt er nicht.
»Wie ist das eigentlich passiert mit Ihren Armen, Herr Chandera?« fragte Eschlohe. Er fragte es nicht behaglich, sondern mit sachlicher Wißbegier, als ob er in der Fabrik sei und sich erkundigte: warum ist die Fräsmaschine in Halle III nicht einsatzbereit?
»War sicher ein Unfall?« Eschlohe bohrte weiter.
»Kein Unfall«, sagte der Inder.

»Sondern?« fragte Eschlohe.
Unweihnachtliche Fragen, dachte der Inder. Fragen, auf die es nur unweihnachtliche Antworten gibt. Soll er sie haben! – Und Kavalam Chandera sagte: »Bettlerfabrik.«
»Was ist das?« fragte Eschlohe.
»Als Kind wurde ich in eine solche Bettlerfabrik verkauft. Von meinen Eltern, die mit meinen sechs Geschwistern im ständigen Zustand des Verhungerns lebten. Für fünfzig Rupies. Das war damals der Preis für einen schlachtreifen Hammel. Und für ein Kind, das zuviel war. Soll ich weitererzählen?«
Eschlohe drückte seine halbgerauchte Zigarette so fest aus, als habe er ein gefährliches Insekt zu töten. »Ja«, sagte er dann entschlossen. »Sprechen Sie weiter.«
»Wie Sie wollen«, sagte der junge Inder. »Für das Geld, das für meine Angehörigen einen Monat Weiterleben bedeutete, kam ich in das System einer Bettlerfabrik in Kalkutta, die von da ab über meinen Körper verfügen konnte. Und die Herren dieser wohlfunktionierenden Organisation verfügten. Zwar war ich unterernährt, aber normal gewachsen. Zu normal, um das Mitleid der weißen Straßenpassanten von Kalkutta erregen zu können. Da verunstaltete man meine Arme so, daß dieses Mitleid sich einstellte. Nur die Hände ließ man unversehrt, damit dort das Almosengeld hineinfallen konnte, das ich zweimal am Tag beim Chef abzuliefern hatte, damit ich einmal am Tage eine Handvoll Reis und ein Stück Stockfisch bekam.«
»Entsetzlich«, sagte Eschlohe.
»Ich war noch zufrieden mit meinem Schicksal«, sagte der Inder. »Meinen Mitbettlern ging es meistens schlechter. Die ausgeklügelte Art der rigorosen Verunstaltungen, die noch möglich waren, möchte ich Ihnen nicht schildern.«
»Aber – wie sind Sie denn schließlich aus – aus dieser Hölle herausgekommen?« fragte Eschlohe.
»Der Appell an das Mitleid hatte mehr als die beabsichtigte Wirkung. Eine Engländerin, die Frau eines Kasernen-Architekten, nahm mich von der Straße. Die Barmherzigkeit dieser Dame war an diesem Tage besonders ausgeprägt. Es war Weihnachten. Ich habe es erst später erfahren, daß für die Christen der ›innigste‹ Festtag gefeiert wurde. Bis dahin kannte ich weder dieses Fest noch unsere eigenen. Ich durfte mich sattessen, die Missionsschule besuchen, durfte wachsen. Nur die Arme wuchsen nicht mehr. Später, als die Engländer das Land verließen, war ich schon zu gut ausgebildet, als daß der Staat auf mich verzichten wollte. Stipendium. Universität. Austausch. Und jetzt Weihnachtsfeier bei Herrn Direktor Eschlohe und Familie.«
Kavalam Chandera hatte seinen gerafften Lebenslauf sachlich wie ein Nachrichtensprecher berichtet. Er stand auf. »Ich habe immer Angst vor diesem Tag, vor Ihrem Weinachtsfest. Meine Arme tun mir weh an diesem Hochfest und noch einiges mehr.«

»Ich wollte Sie nicht kränken, Herr Chandera, mich interessierte nur . . .«
»Sie brauchen sich nicht zu entschuldigen, Herr Eschlohe. Sie haben gefragt, und ich habe geantwortet. Das ist alles. Und wenn ich jetzt gehe, werden Sie das verstehen. Sie feiern leicht Weihnachten. Ich sehr schwer. Ich wünsche Ihnen einen harmonischen Heiligabend.«
»Bitte . . .« Eschlohe wollte ihn mit ein paar Worten zurückhalten. Mit ein paar richtigen Worten. Aber da er sie nicht so schnell fand, sagte er gar nichts.

Als Kavalam Chandera in die Kneipe »Zum durstigen Nachtschwärmer« zurückkam, stand der Mann im Ledermantel noch immer da. Der Inder stellte sich zu ihm.

UDO KELCH

Unser Gast aus Kairo

Wir haben heute einen besonderen Gast beim Mittagessen. Es ist Herr Hassan aus Kairo, ein neuer Geschäftsfreund meines Vaters. Mutter gibt sich darum auch besondere Mühe mit dem Essen. Ein köstlicher Schweinebraten brutzelt im Herd. Vater bietet in der Zwischenzeit Herrn Hassan ein Gläschen Wein an. Aber unser Gast lehnt ab. Vater ist etwas verlegen und fragt, ob er lieber ein Glas Orangensaft trinken möchte. Erfreut nickt unser Gast. Bald darauf kommt Mutter mit der Bratenschüssel herein und wünscht guten Appetit.
Vater möchte dem Gast das schönste Stück vom Braten vorlegen, aber Herr Hassan dankt und legt sich nur ein paar Karoffeln mit Gemüse auf den Teller. Wir sind alle verlegen. Mutter ist sogar ärgerlich geworden und sagt: »Dabei ist das ein so schöner Braten, und ich habe mir so viel Mühe gegeben.« Herr Hassan wird über und über rot und blickt beklommen auf das Tischtuch. Eine peinliche Situation. Ich möchte am liebsten unter den Tisch kriechen, denn mir ist eben eingefallen, was ich bei Karl May gelesen habe, daß Moslems keinen Wein trinken und kein Schweinefleisch essen dürfen. Vater versucht die Situation zu retten: »Sicherlich ißt Herr Hassan überhaupt kein Fleisch. Nicht wahr, Sie sind Vegetarier.« Und ehe unser Gast antworten kann, ruft Mutter erleichtert aus: »Natürlich, da werde ich Ihnen aber jetzt schnell ein paar Eier in der Küche braten.« Und schon ist sie zum Zimmer hinaus. Die Stimmung ist verdorben, und das Gespräch will nicht mehr in Gang kommen. Da fällt zu allem Überfluß Herrn Hassan noch die Gabel herunter. Vater schickt mich in die Küche, um eine neue zu holen. Dort erkläre ich meiner

Mutter, was mir vorhin eingefallen ist. Wenig später betritt Mutter wieder das Eßzimmer. Sie sieht Herrn Hassan groß an und beginnt zu sprechen:

. . . .

Herr Hassan ist danach wie ausgewechselt. Am Nachmittag, beim Kaffeetrinken, hat er noch sehr viel von den Sitten und Gebräuchen seiner Heimat erzählt.

Was wird die Mutter in ihrer kleinen Rede gesagt haben?

Was würdet ihr von Herrn Hassan über seine Religion wissen wollen?

Allahs Gebot stoppte den Bus

London (NP). Ein orientalisches Abenteuer erlebten die Fluggäste des Busses 66, der zwischen Huddersfield und Meltham verkehrt, südlich der englischen Industriestadt Leeds. Plötzlich hielt nämlich der Bus auf freier Strecke, und der Fahrer – ein aus Pakistan zugewanderter frommer Moslem – machte sich daran, eines der ihm von seinem Glauben vorgeschriebenen Gebete zu Allah zu sprechen.

Das tat er nicht etwa am Lenkrad sitzend, sondern er nahm es mit Allahs Geboten sehr genau. Zuerst einmal klemmte er sich den kleinen Gebetsteppich, den er stets mit sich führte, unter den Arm. Dann wandelte er damit durch den ganzen Bus bis zur hinteren Bank. Den Fahrgast, der sich dort niedergelassen hatte, forderte er höflich auf, sich einen anderen Platz zu suchen. Als die Bank frei war, breitete er den Teppich aus, kniete darauf nieder und hob und senkte die Arme im Gebet. Sein Gesicht wandte er dabei in jene Richtung, in der er Mekka vermutete.

Etwa fünf Minuten lang währte die fromme Handlung. Ein wenig verlegen sahen die Fahrgäste ihr zu. Eine Frau wollte aussteigen, da der Fahrer jedoch die Türen geschlossen hatte, setzte sie sich wieder. Ein Mann, der es offenbar eilig hatte, sah ungeduldig auf die Armbanduhr. Zu sagen wagte er aber nichts. Es erschien ihm taktlos, das Gebet zu stören.

Seine Befürchtung, er könne sein Fahrziel zu spät erreichen, war jedoch gegenstandslos. Als der Fahrer sein Gebet beendet hatte, rollte er den Gebetsteppich wieder zusammen, begab sich ans Lenkrad zurück und fuhr zügig weiter. Pünktlich wie immer erreichte er die Endstation.

Keiner der Fahrgäste beschwerte sich über den frommen Mann aus Pakistan. Trotzdem sprach sich die Sache herum, und so sahen sich mehrere »Autoritäten« zu Erklärungen veranlaßt. Ein Sprecher der in England lebenden Mohammedaner ließ wissen, daß die Moslems nun einmal unter dem Gebot stünden, fünfmal täglich zu beten – was sie allerdings meist nicht in aller Öffentlichkeit täten. Kurz und tolerant drückte sich der Chef der Busgesellschaft aus: »Wir lieben solche Zwischenfälle nicht gerade, aber Schaden hat ja niemand davongetragen. Darum ist der Fall für uns erledigt.«

Liebe

Der Liebescomputer

Von Zeit zu Zeit zieht Franz ein besonders langes Gesicht. Dann hat er sich mit seiner Freundin Angelika verkracht. Neulich reichte es ihm. »Ich suche mir eine andere«, so schimpfte er, »wir haben einfach zu gegensätzliche Interessen. Will ich auf den Sportplatz, schwärmt sie vom Theater. Lade ich sie zu einer Autofahrt ein, will sie lieber spazierengehen. Erkläre ich ihr, mein Leben am liebsten in der Stadt verbringen zu wollen, träumt sie von ländlichen Idyllen. Was soll man da machen?«

Einige Tage später erfährt Franz, daß es einen Liebescomputer gibt. Er ließ sich Formulare schicken. Das Ausfüllen dauerte Stunden. Bis ins kleinste wollte man alles von ihm wissen. Allein um zu entscheiden, ob er lieber Erbsensuppe oder Koteletts mag, brauchte er 15 Minuten.

Nach langer Zeit traf ein Brief ein. Eine gewisse Rita meldete sich und behauptete, der Computer hätte Franz für sie bestimmt. Ein Rendezvous wurde verabredet. Dafür machte er sich besonders fein. »Ich will sie ins Kabarett führen«, so verkündete er. Dann stand Rita vor der Tür. Sie war blond, langbeinig und gar nicht schüchtern. Nach kurzer Begrüßung schlug sie vor: »Gehen wir heute abend doch ins Kaberett.« Franz war wirklich überrascht. Woher konnte das Mädchen wissen, daß er genau dasselbe vorhatte?

Die beiden sollten noch mehr Überraschungen dieser Art erleben. Franz erzählte am selben Abend: »Es gibt eigentlich nichts, was wir nicht beide mögen: Autofahren, Tanzen, Schallplattenhören, Lesen. Rita geht sogar gern auf den Sportplatz und begeistert sich für den Fußball. Sie schätzt die gleichen Platten wie ich, schwärmt für dieselben Popstars und liebt wie ich den Jazz. Sie besitzt wie ich den Führerschein, liest die gleichen Bücher, bleibt bei einem Stadtbummel vor den Schaufenstern stehen, die auch mich interessieren, und raucht meine Zigaretten!«

Hatte der Computer also die Richtige ausgesucht?

»Aber wir treffen uns trotzdem nicht mehr«, grinste Franz – »als Freundin unmöglich. Morgen gehe ich wieder mit Angelika aus.«

THEODOR WEISSENBORN

Es ist alles aus

Eines Tages war Pierre in die Kneipe gekommen. Es war in der ruhigen Mittagszeit, kein Gast war da, und ich war damit beschäftigt, die Espressomaschine zu putzen, als er hereinkam.
»Hallo, Jean!« sagte er.
»Hallo, Pierre!« sagte ich.
»Wie geht's?«
»Blendend!« sagte er. »Ich hab' einen festen Job beim Güterversand.« Er gab mir über die Theke hinweg die Hand.
»Wie?« sagte ich, »du arbeitest? Willst du dir selber untreu werden?«
»Warum nicht?« sagte er. »Ich brauche jetzt eine Menge Geld für wichtige Zwecke, äußerst wichtige Zwecke. – Bring mir einen Espresso, bitte!« Er setzte sich an den Tisch rechts in der Ecke, reckte die Arme in die Luft und wirbelte eine Schachtel herum, die er an einem Bindfaden in der Hand hielt.
Ich kannte Pierre gut. Er hatte sich ein paarmal bei mir betrunken, krakeelte aber nie und kam nur, wenn er Geld hatte. Ich mochte ihn leiden. Er war ein großer, kräftiger, träger Kerl, faulenzte herum, rauchte Ketten und trank. Er trank Bier, Weißen und Roten – wenn er's sich leisten konnte, den teureren Beaujolais –, aber keinen Whisky und keinen Pernod. Er hatte mir erzählt, daß er drei Semester in Grenoble Geographie studiert hatte, daß seine Eltern im Krieg umgekommen waren und daß man ihn, als er sechzehn gewesen war, gezwungen hatte, auf Menschen zu schießen.
»War Sonja schon da?« fragte er, als ich ihm den Espresso brachte.
»Ich hab' sie nicht gesehen«, sagte ich.
»Okay, dann kommt sie noch«, sagte er. »Wir hatten uns für die Mittagspause heute verabredet.«
Ich ging wieder hinter die Theke und putzte an meiner Espressomaschine. Pierre schlürfte an seinem Kaffee, summte vor sich hin und holte ein paar Butterbrote aus der Jackentasche. Er hatte die Schachtel vor sich auf den Tisch gestellt, kaute und schluckte, sah sie an und lächelte von Zeit zu Zeit. Als er die Butterbrote gegessen hatte, wischte er sich mit dem Taschentuch sorgfältig den Mund und die Hände ab und fing an, den Bindfaden, der um die Schachtel gebunden war, aufzuknoten. Ich war neugierig, was er wohl in der Schachtel hatte, und sah ihm durch das Gestänge der Espressomaschine zu. Er knotete den Bindfaden umständlich auf, hob den Deckel der Schachtel ab, ein weißes Seidenpapier wurde sichtbar, er faltete es vorsichtig auseinander, und zum Vorschein kamen ein Paar winzige Kinderschuhe, weiß, mit einer blauen Stickerei.
»Mensch, Pierre!« sagte ich. »Wirklich?«
»Ja, wirklich«, sagte er und strahlte über das ganze Gesicht. »Das ist der

Anfang für eine kleine Aussteuer. Es hat natürlich noch viel Zeit. Aber man kann ruhig schon damit anfangen.«
»Hübsch sind die«, sagte ich.
»Find ich auch«, sagte er. »Ich bin überzeugt, daß sie Sonja auch gefallen.«
»Na, auf jeden Fall meinen herzlichen Glückwunsch!« sagte ich. »Und wie jetzt weiter? Werdet ihr heiraten?«
»Klar! Von mir aus«, sagte Pierre.
»Großartig!« sagte ich.
Während ich mich wieder an die Arbeit machte, packte Pierre die Schühchen so vorsichtig wieder ein, wie er sie ausgepackt hatte. Er strich das Seidenpapier schön glatt und legte den Deckel auf die Schachtel. Den Bindfaden wickelte er zusammen und steckte ihn in die Hosentasche. Dann zündete er sich eine Zigarette an, summte und sah durch das Fenster auf die Straße.
»Da kommt sie«, sagte er nach einer Weile.
Die Tür ging auf, und Sonja kam herein.
Ich hatte Sonja ein paarmal gesehen. Sie war ein kräftiges, schwarzhaariges Mädchen mit einer tadellosen Figur, temperamentvoller als Pierre.
»Saluuut, Liebling!« sagte sie. Sie faßte Pierre um den Hals und küßte ihn.
»Salut!« sagte Pierre. »Wie geht's dir, Liebes? Du siehst blaß aus.« Sie schüttelte sich das Haar aus dem Gesicht und setzte sich.
»Ach was! Mir geht's großartig«, sagte sie. »Gut geht's mir. – Du bist nicht böse, daß ich so spät komme?« – Er nahm ihre Hand.
»Du!« sagte er.
Sie nahm eine von seinen Zigaretten.
»Gib mir mal Feuer!« sagte sie. Er streichelte immerzu ihre Hand.
»Hast du jetzt keine Angst mehr?« sagte er.
»Angst!« sagte sie wegwerfend, »ich brauch keine Angst mehr zu haben. Das ist überstanden.« Sie nahm Pierres Feuerzeug und steckte sich die Zigarette an. »Ich war bei einem Arzt, Liebling.« Sie strich Pierre mit der Linken das Haar aus der Stirn und lachte ihn an.
»Bei einem Arzt?«
»Ja, bei einem Arzt.«
»Hm. – Und?«
Sie legte Pierre den Arm um den Hals und bemühte sich, leise zu sprechen. Aber ich verstand doch, was sie sagte. »Es ist weg«, sagte sie, »es ist alles in Ordnung, Liebling. Es ist weg«, lachte sie, »ja, es ist weg. Es ist alles wie früher, Pierre. Wir können zusammensein. Alles wie früher, Liebling. Ist das nicht herrlich?« Sie wollte ihn an sich ziehen.
Pierre starrte sie an. Er fuhr immerzu mit dem Daumen und Zeigefinger an der Tischkante entlang, immer hin und her.
»Wie, wie, wie . . .?« sagte er.
Sie erschrak. – »Pierre«, sagte sie, »versteh doch! Ich wollte frei sein, Pierre,

frei. Hörst du? Pierre, du bist doch nicht böse? Hör doch, Pierre! Du weißt doch, daß ich dich liebe! Es ist doch jetzt alles wie früher! – Pierre!«
Für einen Augenblick war es totenstill in dem Schankraum. Man hörte die Fliegen an den Scheiben summen, draußen fuhr ein Obstkarren vorbei, im Privatraum hinten hatte der Chef das Radio angestellt.
Pierres Gesicht war ganz klein geworden.
»Es kann doch nicht weg sein«, sagte er tonlos, »auf einmal weg, weg . . .«
»Pierre!« sagte Sonja, »Pierre! Hör doch!«
»Oooh!« sagte Pierre. Er stützte die Ellbogen auf den Tisch und vergrub den Kopf in den Händen. Dann rutschten die Ellbogen auseinander und er lag mit dem Kopf auf der Tischplatte.
»Es ist alles aus«, sagte er dumpf.
»Pieeeerre!« sagte Sonja. In ihrer Stimme war Angst. Sie begriff nicht. Sie faßte Pierre an den Schultern.
Er schüttelte ihre Hände ab und richtete sich auf, das Gesicht bleich, verzerrt vor Wut.
»Laß mich los!« schrie er. »Es ist aus! Kapierst du? Geh! Los! Geh zu Jacques oder Jules oder irgendeinem! Faß mich nicht mehr an!« Und damit stieß er sie von sich, daß sie auf den Stuhl zurückfiel. Sie sah ihn mit weit aufgerissenen Augen an. »Ich gehe«, sagte sie, »ich gehe ja schon.« Sie raffte ihre Tasche an sich und lief, die Hand vor den Mund gepreßt, hinaus.
Pierre saß an seinem Tisch und hatte den Kopf in die Hände gestützt. Er sah vor sich hin auf die Tischplatte. Er saß lange so. Einmal sah er zu mir herüber, ich versuchte, seinem Blick zu begegnen, aber sein Blick war ganz leer. Dann stand er auf. Er stieß sich mit dem Oberschenkel an der Tischecke, kam durch den Raum auf mich zu und sagte: »Gib mir einen doppelten Pernod, Jean!«

SIEGFRIED LENZ

Ein Haus aus lauter Liebe

Sie hatten einen Auftrag für mich und schickten mich raus in die sehr feine Vorstadt am Strom. Ich war zu früh da, und ich ging um das Haus herum, ging die Sandstraße neben dem hüfthohen Zaun entlang. Es war sehr still, nicht einmal vom Strom her waren die tiefen, tröstlichen Geräusche der Dampfersirenen zu hören, und ich ging langsam und sah auf das Haus. Es war ein neues, strohgedecktes Haus, die kleinen Fenster zur Straßenseite hin waren vergittert, sie sahen feindselig aus wie Schießscharten, und keins der Fenster war erleuchtet. Ich ging einmal um das Haus herum, streifte am Zaun entlang, erschrak über das Geräusch und lauschte, und jetzt flammte ein Licht über der großen Terrasse auf, die ganze Südseite des Hauses wurde hell, auch im Gras blitzten zwei Scheinwerfer auf, leuchteten scharf und schräg in das Laub der Buchen hinauf, und das Haus lag nun da unter dem milden, rötlichen Licht, das aus den Buchen zurückfiel, still und friedlich.

Es war so still, daß ich den Summer hörte, als ich den Knopf drückte, und dann das Knacken in der Sprechanlage und plötzlich und erschreckend neben mir die Stimme, eine ruhige, gütige Stimme. »Kommen Sie«, sagte die gütige Stimme, »kommen Sie, wir warten schon«, und ich ging durch das Tor und hinauf zum Haus. Ich wollte noch einmal an der Tür klingeln, aber jetzt wurde sie mir geöffnet, tat sich leise auf, und ich hörte die gütige Stimme flüstern, flüsternde Begrüßung, dann trat ich ein, und wir gingen leise ins Kaminzimmer.

»Bitte setzen Sie sich«, sagte der Mann mit der gütigen Stimme, »nur zu, bitte, Sie sind jetzt hier zu Hause.«

Es war ein untersetzter, fleischiger Mann; sein Gesicht war leicht gedunsen, und er lächelte freundlich und nahm mir den Mantel ab und die Mappe mit den Kollegheften. Dann kam er zurück, spreizte die kurzen, fleischigen Finger, nickte mir zu, nickte sehr sanft und sagte: »Es fällt uns schwer. Es fällt uns so schwer, daß ich schon absagen wollte. Wir bringen es nicht übers Herz, die Kinder abends allein zu lassen, aber ich konnte diesmal auch nicht absagen.«

»Ich werde schon achtgeben auf sie«, sagte ich.

»Sicher werden Sie achtgeben«, sagte er, »ich habe volles Vertrauen zu Ihnen.«

»Ich mache es nicht zum ersten Mal«, sagte ich.

»Ich weiß«, sagte der Mann, »ich weiß es wohl; das Studentenwerk hat Sie besonders empfohlen. Man hat Sie sehr gelobt.« Er goß uns zwei Martini ein, und wir tranken, und während ich das Glas absetzte, spürte ich, wie ich erschauerte, aber ich wußte nicht wovor: sein Gesicht war freundlich, und er lächelte und sagte: »Vielleicht komme ich früher zurück; es ist ein Jubiläum, zu dem wir fahren müssen, ich will sehen, daß ich früher zurückkomme. Die Unruhe wird mich nicht bleiben lassen.«

»Es sind nur ein paar Stunden«, sagte ich.

»Das ist lange genug«, sagte er. »Ich kann von den Kindern einfach nicht getrennt sein, ich denke immer an sie, auch in der Fabrik denke ich an sie. Wir leben nur für unsere Kinder, wir kennen nichts anderes, meiner Frau geht es genauso. Aber Sie werden gut achtgeben auf sie, ich habe volles Vertrauen zu Ihnen, und vielleicht komme ich früher zurück.«

»Ich habe mich eingerichtet«, sagte ich, »ich habe meine Kolleghefte mitgebracht, und von mir aus können Sie länger bleiben.«

Er erhob sich, kippte den Rest des Martini sehr schnell hinunter, schaute zur

Uhr und wischte sich mit dem Handrücken über den Mund. Sein Handrücken war breit und behaart, ich sah es, als er mir die Hand auf den Arm legte, als er mich freundlich anblickte und mit gütiger Stimme sagte: »Sie schlafen schon in ihrem kleinen, weißen Bett. Maria ist zuerst eingeschlafen, es ist ein Wunder, daß sie zuerst eingeschlafen ist; aber ich darf jetzt nicht hinaufgehen an ihr kleines Bett, jetzt nicht, denn ich könnte mich nicht mehr trennen. Sie sollen wissen, was wir Ihnen anvertrauen, was wir in Ihre Hände legen – Sie sollen wissen, daß Sie achtgeben auf unsere ganze Liebe.«

Er gab mir seine Hand, eine warme, fleischige Hand, und ich glaubte auch im sanften Druck dieser Hand seine Trauer über die Trennung zu verspüren, den inständigen Schmerz, der ihn jetzt schon ergriffen hatte. In seinem Gesicht zuckte es bis hinauf zu den Augen, zuckte durch sein trauriges Lächeln hindurch, durch die Gedunsenheit und Güte. Und dann erklang ein kleiner Schritt hinter uns, hart und schurfend, kam eine Treppe herab, kam näher, und setzte aus, und das Gesicht des Mannes entspannte sich, als der Schritt aussetzte, wurde weich und ruhig: »Ich habe volles Vertrauen zu Ihnen.«

Wir wandten uns zur gleichen Zeit um, und als ich sie erblickte, wußte ich sofort, daß ich sie bereits gesehen hatte, oder doch jemanden, der so aussah wie sie: blond und schmalstirnig und sehr jung; auch den breiten, übergeschminkten Mund hatte ich in Erinnerung und das schmale, schwarze Kreuz, das sie am Hals trug. Sie nickte flüchtig zu mir herüber, flüchtigen Dank für mein Erscheinen; sie stand reglos und ungeduldig da, ein Cape in der Hand, darunter baumelnd eine Tasche, und der untersetzte Mann mit der gütigen Stimme nahm seinen bereitgelegten Mantel auf, winkte mir zu, winkte mit der Hand seinen Kummer und sein Vertrauen zu mir herüber und ging. Die sehr junge Frau drehte ihm den kräftigen Rücken zu, stumme Aufforderung, er nahm das Cape, legte es um ihre Schultern, und jetzt erklang der harte, schurfende Schritt, entfernte sich, wurde noch einmal klar, als sie über die Steinplatten der Terrasse gingen, und verlor sich auf dem Sandweg.

Ich sah durch das Fenster, erkannte, wie zwei Autoscheinwerfer aufflammten, deren Licht drüben in den Zaun fiel, ich hörte den Motor anspringen, sah die Scheinwerfer wandern, kreisend am Zaun entlang nach der Ausfahrt suchen, und nun blieben sie stehen. Der Mann stieg aus und kam zurück, entschuldigte seine Rückkehr, durch gütiges Lächeln, mit seiner Trauer über die Trennung, und er schrieb eine Telefonnummer auf einen Kalenderblock, riß das Blatt ab, legte es vor mich hin und beschwerte es mit einem Zinnkrug. »Falls doch etwas passiert«, sagte er, »falls. Sie schlafen zwar fest in ihrem kleinen, weißen Bett, es besteht kein Grund, daß sie aufwachen, alles nur für den Fall . . . Sie brauchen nur diese Nummer zu wählen. Sie sollen wissen, was wir Ihnen anvertrauen.« Er entschuldigte sich abermals, lauschte zur Treppe hinauf und ging.

Ich wartete, ich saß da und wartete, daß sie noch einmal zurückkämen, aber die Scheinwerfer tauchten nicht mehr auf; vor mir lag die Telefonnummer, unterstrichen und eingekastelt auf dem Blatt, mit dem fleckigen Zinnkrug beschwert. Ich starrte auf die Telefonnummer – »falls doch etwas passiert, falls« –, ich zog das Blatt hervor, legte es auf die äußerste Tischkante, dann kramte ich die Hefte aus der Mappe hervor, schichtete sie auf – »Sie wissen, was wir Ihnen anvertrauen« – und versuchte zu lesen. Ich blätterte in den Kollegnotizen: Stichworte, in Eile abgenommene Jahreszahlen, zusammenhanglose Wendungen, und immer wieder Ausrufungszeichen, immer wieder – welchen Sinn hatten sie noch? Nichts wurde deutlich, kein Zusammenhang entstand; ich empfand zum ersten Mal die Sinnlosigkeit des Mitschreibens in der Vorlesung, all die verlorene, fleißige Gläubigkeit, mit der ich die Hefte vollgeschrieben hatte.

Drüben am Fenster ging das Telefon. Ich erschrak und sprang auf und nahm den Hörer ab; ich führte ihn langsam zum Ohr, wartete, unterdrückte den Atem, und jetzt hörte ich eine Männerstimme, keine gütige Stimme, sondern knapp, vorwurfsvoll: »Milly, wo warst du, Milly? Warum hast du nicht angerufen, Milly? Hörst du, Milly?« Und nun schwieg die Stimme, und ich war dran. Ich sagte nur »Verzeihung«, ich konnte nicht mehr sagen als dies eine Wort, aber es genügte: ein schmerzhaftes Knacken erfolgte, die Leitung war tot, und ich ließ den Hörer sinken. Doch nun, da ich ihren Namen kannte, wußte ich auch, wo ich sie gesehen hatte: ich hatte sie beim Friseur gesehen, in einem der fettigen, zerlesenen Magazine, unter dem Schnappen der Schere und dem einschläfernden Wohlgeruch, Milly: kräftig, blond und schmalstirnig, und ein neues Versprechen für den Film.

Die Buchenscheite im Kamin knisterten, und der zuckende Schein des Feuers lief über den Fries auf dem Kaminsims, lief über den grob geschnitzten Leidensmann und seine grob geschnitzten Jünger, die ausdrucksvoll in die Zeit lauschten mit herabhängenden, resignierten Händen. Ich steckte mir eine Zigarette an und ging zu meinen Heften zurück; ich schloß die Hefte und legte sie auf einen Stapel und beobachtete das Telefon; gleich, dachte ich, würde er anrufen, der Mann mit der gütigen Stimme, gleich würde er in freundlicher Besorgnis fragen, ob die Kinder noch schliefen, seine einzige Liebe; wenn er am Ort des Jubiläums ist, dachte ich, wird er anrufen. Und während ich das dachte, erklang ein Kratzen an der Tür oben, hinter der Balustrade, und dann hörte das Kratzen auf, der Drücker bewegte sich, ging heftig auf und nieder, so, als versuchte jemand, die Tür gewaltsam zu öffnen; aber anscheinend mußte sie verschlossen sein, denn so heftig auch am Drücker gerüttelt wurde, die Tür öffnete sich nicht.

Ich drückte die Zigarette aus, stand da und sah zur Tür hinauf, und auf einmal drang ein Klageton zu mir herab, ein flehender, unverständlicher Ruf, und wieder war es still – als ob der, der sich hinter der Tür bemerkbar zu machen versuchte, seiner Klage nachlauschte, darauf hoffte, daß sie ein Ziel traf. Ich

rührte mich nicht und wartete; die Klage hatte mich nicht zu betreffen, ich war da, um die Kinder zu hüten; aber jetzt begann ein Trommeln gegen die Tür, verzweifelt und unregelmäßig, ein Körper warf sich mit dumpfem Aufprall gegen das Holz, stemmte, keuchte, Versuch auf Versuch, in panischer Auflehnung. Ich stieg langsam die geschwungene Treppe hinauf bis zur Tür, ich blieb vor der Tür stehen und entdeckte den Schlüssel, der aufsteckte, und ich horchte auf die furchtbare Anstrengung auf der andern Seite. Nun mußte er sich abgefunden haben drüben, ich vernahm seine klagende Kapitulation, den schnellen Atem seiner Erschöpfung, er war fertig, er gab auf.
In diesem Augenblick drehte ich den Schlüssel herum. Ich schloß auf, ohne die Tür zu öffnen; ich beobachtete den Drücker, aber es dauerte lange, bis er sich bewegte, und als er niedergedrückt wurde, geschah es behutsam, prüfend, fast mißtrauisch. Ich wich zurück bis zur Balustrade, die Tür öffnete sich, und ein alter Mann steckte seinen Kopf heraus. Er hatte ein unrasiertes Gesicht, dünnes Haar, gerötete Augen, und er lächelte ein verworrenes, ungezieltes Lächeln, das Lächeln der Säufer. Überraschung lag auf seinem Gesicht, ungläubige Freude darüber, daß die Tür offen war; er drückte sich ganz heraus, lachte stoßweise und kam mit ausgestreckten Händen auf mich zu.
»Danke«, sagte er, »vielen Dank.«
Er steckte sich sein grobes Leinenhemd in die Hose, horchte den Gang hinab, wo die Kinder schliefen, und machte eine Geste der Selbstberuhigung. »Sie schlafen«, sagte er, »sie sind nicht aufgewacht.« Dann stieg er vor mir die Treppe hinab, Schritt für Schritt, hielt seine Hände über das Kaminfeuer, streckte sie ganz aus, so daß ich das tätowierte Bild eines Segelschiffes über dem Gelenk erkennen konnte, und während er nun seine Hände zu reiben begann, sagte er: »Sie sind von Bord, sie sind beide weggefahren, ich habe es vom Fenster gesehen.«
Er richtete sich wieder auf, sah sich prüfend um, als wollte er feststellen, was sich verändert habe, seit er zum letzten Mal hier unten war, prüfte die Gardinen, das Kaminbesteck und die Lampen, bis er auf einem kleinen Tisch die Martiniflasche entdeckte und die beiden Gläser. Ohne den Inhalt zu prüfen, entkorkte er die Flasche, stieß den Flaschenhals nacheinander in die Gläser und schenkte ein.
»Soll ich ein neues Glas holen?« sagte ich.
»Laß man«, sagte er, »das Glas hier ist gut. Daraus hat nur mein Sohn getrunken. Ich brauche kein neues Glas.«
Er forderte mich auf, mit ihm zu trinken, kippte den Martini in einem Zug runter und füllte gleich wieder nach.
»Jetzt mach ich Landurlaub«, sagte er, »jetzt sind sie beide weg, und da kann ich Urlaub machen. Wenn sie da sind, darf ich mich nicht zeigen an Deck. Trink aus, Junge, trink.« Er stürzte das zweite Glas runter, füllte gleich wieder nach und kam auf mich zu und lächelte.

»Dank für den Urlaub, Junge«, sagte er. »Sie lassen mich sonst nicht von Bord, mein Sohn nicht, seine Frau nicht, keiner läßt mich raus. Ich habe einen tüchtigen Sohn, er ist mehr geworden als ich, er hat eine eigene Fabrik, und ich bin nur Vollmatrose gewesen. Darum lassen sie mich nicht raus, Junge, darum haben sie mir Landverbot gegeben. Sie haben Angst, sie haben eine verfluchte Angst, daß mich jemand sehen könnte, und wenn sie Besuch haben, schieben sie mir eine Flasche rein. Und ich kann nicht mehr viel vertragen.«
»Darf ich Ihnen eine Zigarette geben?« sagte ich.
»Laß man«, sagte er und winkte ab.
Der Alte setzte sich hin, hielt das Glas zitternd mit beiden Händen vor der Brust, zog es in kleinen Kreisen unter seinem gesenkten Gesicht vorbei, und dabei brummelte und summte er in sanfter Blödheit vor sich hin. Nach einer Weile hob er den Kopf, blickte mich versonnen über den Glasrand an und trank mir zu. »Trink aus, Junge, trink«, und er legte seinen Kopf so weit nach hinten, daß ich fürchtete, er werde umkippen; aber gegen alle Schwerkraft pendelte sein Oberköprer wieder nach vorn, fing sich, balancierte sich aus.
Das Telefon schreckte uns auf; wir sprangen hoch, der Alte an mir vorbei zum Treppenabsatz, zutiefst erschrocken, mit seinen Armen in der Luft rudernd, bis er auf das Geländer schlug und sich festklammern konnte.
Ich nahm den Hörer ab, ich glaubte zu wissen, wer diesmal anrief, doch ich täuschte mich: es war Milly, die sich meldete, die mit sehr ruhiger Stimme und nebenhin fragte: »Ist mein Mann schon da?«
»Nein«, sagte ich, »nein, er ist noch nicht da.«
»Er wird gleich da sein, er ist schon unterwegs. Wurde angerufen?«
»Ja«, sagte ich.
»Danke.«
Ich wollte etwas sagen, aber sie hatte aufgelegt, und während ich auf den Hörer in meiner Hand blickte, schwenkten zwei Scheinwerfer in jähem Bogen auf die Einfahrt zu, schwenkten über die Zimmerdecke und kreisend an der Wand entlang: das Auto kam den Sandweg herauf. Auch der Alte hatte das Auto gesehen, er mußte auch begriffen haben, was am Telefon gesagt worden war, denn als ich den Kopf nach ihm wandte, stand er bereits oben vor seinem Zimmer und machte mir eilige Zeichen. Ich lief die Treppe hinauf und wußte, daß ich es seinetwegen tat. »Zuschließen«, sagte er hastig, »sperr mich ein, Junge, schließ zu.« Und er ergriff meine Hand und drückte sie fest, und dieser Dank war aufrichtig. Ich drehte den Schlüssel um, ging hinab und setzte mich an den Tisch, auf dem meine Hefte lagen. Ich schlug ein Heft auf und versuchte zu lesen, als ich schon die Schritte auf den Steinplatten der Terrasse hörte.
Er kam zurück, vorzeitig; von Ungeduld und Liebe gedrängt, kam er viel früher zurück, als ich angenommen hatte, und bevor er noch bei mir war, hörte ich die gütige Stimme fragen: »Waren sie alle brav?« Und ohne meine

Antwort abzuwarten, schlich er, mit Schal und Mantel, nach oben. Ich hörte ein Schloß klicken, hörte es nach einer Weile wieder, und jetzt kam er den Gang herab, überwältigt von Glück, kam am Zimmer des Alten vorbei und über die Treppe zu mir. Er legte die kurze, fleischige Hand auf meinen Arm, seufzte inständig vor Freude und sagte: »Sie schlafen in ihrem kleinen Bett«, und als Höflichkeit mir gegenüber: »Sie waren doch alle brav, meine Lieben?«
»Ja«, sagte ich, »sie waren alle brav.«

SIEGFRIED LENZ

Der seelische Ratgeber

Sie lobten mich zu Wenzel Wittko hinüber, dem seelischen Ratgeber unserer Zeitschrift, und sie machten mich zu seinem Gehilfen. Nie habe ich für einen Menschen gearbeitet wie für Wenzel Wittko. Er hatte kurzes, schwarzes Haar, versonnene Augen, gütig war sein Mund, gütig das Lächeln, das er zeigte, über seinem ganzen teigigen Gesicht lag ein Ausdruck rätselhafter Güte. Mit dieser Güte arbeitete er; mit Geduld, Gin und Güte las er die tausend Briefe, die der Bote seufzend zu uns hereintrug: Briefe der Beladenen, der Einsamen und Ratsuchenden. Oh, niemand kann das Gewicht der Briefe schätzen, das traurige Gewicht der Fragen, mit denen sich die Leser an Wenzel Wittko wandten. Sie schrieben ihm all ihre Sorgen, ihre Verzweiflungen, ihre Wünsche – er wußte immer Rat. Er wußte, was einer Dame zu antworten war, die keine Freunde besaß; er tröstete eine Hausfrau, deren Mann nachts aus dem Eisschrank aß; souverän entschied er, ob man seine Jugendliebe heiraten dürfe: keiner, der eine Frage an ihn stellte, ging leer aus. Die Sekretärin, die unsicher war, ob ihr Chef sie nach Hause fahren dürfe; der junge Mann, dessen Schwiegereltern ihn mit ›Sie‹ anredeten, die Witwe, die von ihrer ehrgeizigen Tochter ein Schlagsahneverbot erhalten hatte – alle, alle erhielten persönlichen Trost und Ratschlag. Es gab nichts, was Wenzel Wittko umgangen, wovor er gekniffen hätte: alles unter der Sonne konnte er entscheiden, aufrichten und beschwichtigen: was sich entglitten war, wurde zusammengeführt; was bedrückte, wurde ausgesondert; wo es an Frohsinn mangelte, wurde er hinverfügt. Wo kein Mensch mehr raten konnte: Wenzel Wittko, unser seelischer Ratgeber, brachte es mit Geduld, Gin und Güte zustande.
Ich durfte ihm dabei helfen, ich und Elsa Kossoleit, unsere Sekretärin: bewundernd sahen wir zu, wie er den Korb mit den straff geschnürten Briefpacken in sein Zimmer zog, wie er sich hinkniete, die Schnüre löste und sein gütiges Gesicht tief und träumerisch über den Inhalt senkte. Bewunde-

rung war das wenigste, was wir für ihn aufbrachten; wenn er grüßte, empfanden wir ein warmes Glück, wenn er uns rief, eine heiße Freude.
Mich rief er schon am ersten Tag zu sich; höflich lud er mich ein, Platz zu nehmen, bot mir Gin in der Teetasse an, musterte mich lange mit rätselhafter Güte.
»Kleiner«, sagte er plötzlich, »hör mal zu, Kleiner.«
»Ja«, sagte ich.
»Du wirst einen Weg für mich machen, Kleiner. Du kannst zu Fuß hingehen, es ist nicht weit. Du brauchst nur einen Brief für mich abzugeben, in meiner alten Wohnung.«
»Gern«, sagte ich, »sehr gern.«
Er gab mir den Brief, und ich machte mich auf – schwer sind die frühen Jahre der Lehre. Ohne mich aufzuhalten, forschte ich nach der Straße, forschte nach dem Haus; es war eine stille, melancholische Villa, in der sich die alte Wohnung von Wenzel Wittko befand. Ich klingelte, wartete und klingelte noch einmal, dann erklang ein zögernder, leichter Schritt, eine Sicherheitskette wurde entfernt und die Tür mißtrauisch geöffnet. Im Spalt stand eine schmale alte Frau; unwillig, die Mühsal der Treppe im kleinen Vogelgesicht, fragte sie mich nach dem Grund der Störung.
»Ein Brief«, sagte ich.
Sie sah mich erstaunt an.
»Ein Brief von Herrn Wittko.«
Sie streckte die Hand aus, nahm mir hastig den Brief ab, riß ihn auf und las, und obschon ihr Gesicht gesenkt war, sah ich, daß ein Ausdruck von feiner Geringschätzung auf ihm erschien, von würdevoller Verachtung und noblem Haß: sie las nicht zu Ende. Sie hob den Kopf, knüllte mir den Brief in die Hand und sagte:
»Nehmen Sie. Diese Kündigung hätte der Vagabund sich sparen können. Wir haben ihn schon vorher rausgesetzt.«
Ich sah sie betroffen an, mit hilfloser Erschrockenheit, und ich sagte:
»Das ist aber ein Brief von Wenzel Wittko.«
»Das habe ich gesehen«, sagte sie. »Wir sind glücklich, daß er aus dem Haus verschwunden ist.«
Sie schloß die Tür; ich hörte den zögernden, leichten Schritt, hörte im Haus eine Tür schlagen, und ich wandte mich ratlos um und ging zur Redaktion zurück.
Ich gab Wenzel Wittko den Brief, er lächelte, als er ihn in der Hand hielt, lächelte in all seiner rätselhaften Güte; schließlich glättete er ihn sorgfältig mit dem Lineal und schob ihn in seine Brusttasche: die Briefe der Beladenen waren wichtiger, sie durften nicht warten. Er hatte bereits einige zusammengestellt, und er rief Elsa Kossoleit und diktierte ihr die Antwortspalte: wie man sich bei Treulosigkeit des Mannes zu verhalten habe, wie ein junges Mädchen

sich trösten könne, das mit zu großen Füßen geboren war, was gegen eine abergläubische Großmutter auszurichten sei. Wir lauschten seinem sanften Diktat, sannen der Art nach, wie er die Welt einrenkte, wesentliche Wünsche erfüllte; mit halbgeschlossenen Augen, an der Teetasse mit dem Gin nippend, so gab er Ratschlag um Ratschlag ab zum Wohl der Zeit.
Nachdem er sich verströmt hatte in Trost und Aufrichtung, rief er mich wieder zu sich.
»Kleiner«, sagte er. »Du könntest etwas für mich tun. Hier sind zwei Päckchen für meinen Sohn, es sind Spielsachen drin, kleine Dinge, die Freude machen: du könntest sie abgeben für ihn.«
»Gern«, sagte ich, »sehr gern.«
»Der Junge ist draußen im Internat«, sagte er. »Du kannst mit der Bahn hinfahren; das Geld gebe ich dir zurück.«
»Ich fahr wirklich gern hin«, sagte ich.
Er faßte mich ins Auge, schaute mich mit versonnener Liebe an und gab mir die Päckchen und entließ mich.
Frohgemut fuhr ich hinaus, wo das Internat lag; es lag in bewaldeter Vorstadt, am Strom, hoch an teurem Hang: weiß sah ich es vor mir aufschimmern, mauerumgeben. Über knirschendem Kiesweg näherte ich mich, passierte den Pförtner, passierte eine Ruheterrasse, auf der zarte Zöglinge ihren Körper der Sonne aussetzten; dann landete ich im Geschäftszimmer. Ich übergab die Päckchen einem gut gekleideten, hinkenden Herrn; er würde sie sofort weiterleiten, sagte er, direkt an den Sohn von Wenzel Wittko: beruhigt zog ich davon. Doch ich hatte das glasverkleidete Pförtnerhaus noch nicht erreicht, als mich ein verstörter Junge einholte, in schnellem Lauf kam er heran, die Päckchen unterm Arm; blond, mit fuchtelnden Armen verstellte er mir den Weg, schob mir die Päckchen zu und sagte:
»Hier, nehmen Sie das. Bringen Sie alles zurück.«
»Es ist für dich«, sagte ich vorwurfsvoll, »es ist von deinem Vater.«
»Deswegen«, sagte er. »Schmeißen Sie es ihm hin, ich will nichts von ihm haben. Er soll auch nicht mehr rauskommen hierher.«
»Heißt du denn überhaupt Wittko?« fragte ich.
»Ja«, sagte er, »leider heiße ich so. Nehmen Sie das Zeug wieder mit.«
Unschlüssig nahm ich die Päckchen wieder an mich, blieb stehen, sah dem Jungen nach, der eilig verschwand, zu eilig, ohne sich noch einmal nach mir umzublicken. Diesmal jedoch wollte ich meinen Auftrag erfüllen, wollte Wenzel Wittko nicht enttäuschen, und darum übergab ich beide Päckchen dem Pförtner, der mir versprach, sie weiterzuleiten.
So konnte ich Wenzel Wittko den Schmerz der Zurückweisung ersparen; er brauchte sich nicht damit abzugeben, konnte frei sein für die Briefe der Beladenen, denen allen er etwas zu raten und zu sagen hatte. Und mit Geduld, Gin und rätselhafter Güte schöpfte er nützliche Weisheit aus dem Brunnen

seiner Seele; der Brunnen versiegte nicht, für alles, was Wenzel Wittko erreichte, hielt er lindernden Ratschlag bereit. Ob Eheleute getrennt verreisen sollen, ob man sich einen zu groß geratenen Mund kleiner schminken darf, ob man als Frau nachgiebig oder schon als Bräutigam tonangebend sein soll: alle wesentlichen Fragen der Zeit wurden von Wenzel Wittko, unserem seelischen Ratgeber, gelöst; jeder, der sich an ihn wandte, durfte hoffen, selbstlos verströmte er sich für die andern.
Ich hatte nur die Gelegenheit, mich für ihn zu verströmen: freudig trug ich neue Briefe zu ihm hinein, gern kaufte ich Gin für ihn, spülte die gebrauchten Tassen aus, und ehrgeizig erledigte ich Botengänge, um die er mich bat. Wie er sich für andere opferte, so opferte ich mich für ihn.
Darum bedrückte es mich auch nicht, als er mich eines Tages nach Feierabend bat, einen Brief für ihn in einer Kneipe abzugeben; glücklich machte ich mich auf den Weg. Es war eine Kellerkneipe, die ich ausmachte: leer und zugig, Zementfußboden, die Tische mit Sand geschrubbt, niemand war außer mir da. Ich trat an die polierte Theke, wartete, räusperte mich, und als immer noch keiner kam, schlug ich zwei Gläser aneinander. Jetzt erschien hinter einem braunen Vorhang eine Frau; sie war hübsch und müde, scharfe Schatten unter den Augen. Leise, im weißen Kittel, ging sie hinter die Theke, ihre Hand hob sich zum Bierhahn hinauf, doch ich winkte ab.
Ich gab ihr den Brief.
»Für Sie«, sagte ich.
Sie nahm den Brief, hielt ihn unter das Licht und las den Absender, und plötzlich wurde ihr Gesicht starr, eine alte Erbitterung zeigte sich, und die Frau zerriß den Brief, ohne ihn gelesen zu haben, steckte die Schnipsel in die Kitteltasche.
»Es tut mir leid«, sagte ich unwillkürlich.
»Das macht nichts«, sagte sie, »es geht schon vorbei, es ist schon vorbei.« In ihren müden Augen standen Tränen.
»Kann ich etwas tun?« fragte ich.
Sie schüttelte den Kopf.
»Nein«, sagte sie. »Es ist nichts mehr zu tun, es ist alles zu Ende. Sagen Sie meinem Mann, daß ich die Scheidung beantragt habe. Mehr brauchen Sie ihm nicht zu sagen.«
»Ich arbeite für ihn«, sagte ich.
»Das tut mir leid«, sagte sie, und sie wandte sich langsam um, eine Hand in der Kitteltasche, ging auf den braunen Vorhang zu und schlug ihn zur Seite. Ich sah, daß ihre Schultern zuckten.
Still verließ ich die Kneipe, ging die sauberen Zementstufen hinauf; es war windig draußen, und ich begann zu frieren. Ich schlug den Weg zur Redaktion ein: es brannte noch Licht oben, Wenzel Wittko wartete auf mich, heute abend noch wollte er eine Antwort haben. Als ich zu ihm kam, saß er vor

einem Stapel von Briefen und einer Tasse Gin, und der erste Blick, der mich beim Eintreten traf, war scharf und grausam, so grausam, daß ich erschrak, doch dann löste sich sein Ausdruck, Güte lag wieder in seinem Gesicht, die rätselhafte Güte, mit der er allen Beladenen draußen in der Welt riet und half.
»Was ist, Kleiner«, fragte er, »was ist los mit dir?«
»Ich glaube nichts«, sagte ich.
»Hast du den Brief abgegeben?«
»Ja«, sagte ich.
»Und hast du mir etwas mitgebracht?«
»Die Scheidung«, sagte ich. »Ihre Frau hat die Scheidung beantragt.«
Ein Schimmer von schneller Genugtuung trat in seine Augen, eine seufzende Zufriedenheit, aber er fing sich sofort, zeigte auf die gestapelten Briefe, die vor ihm lagen, und sagte milde:
»Sie warten noch auf mich, Kleiner. Sie warten alle darauf, daß ich ihnen etwas sage. Es gibt soviel Leute, die Hilfe brauchen, ich kann sie nicht im Stich lassen.«
Und er versenkte sich tief und träumerisch in das Studium der Briefe; ich aber ging. Ich ging langsam die Treppe hinab und dachte an den nächsten Tag, und ich hatte das Gefühl, mit meinem Gesicht in einen Haufen Asche gefallen zu sein . . .

ERNST LANGE

Der Dreckspatz

Wir arbeiteten damals mit einer Handvoll Christen aus aller Welt in einer Siedlung von sehr, sehr armen Menschen. Sie wohnten nicht in Häusern, sondern in Baracken und Holzhütten, die so schlecht waren, daß der Regen hineinlief und der Wind hindurchpfiff. Und so groß war die Not, daß die Bewohner allen Mut verloren hatten, sich selbst zu helfen. Darum hatten wir uns vorgenommen, ihnen ihre Hütten halbwegs herzurichten, damit sie im Winter nicht frieren und erfrieren müßten. Und wir wollten ihnen gleichzeitig etwas von dem Kind in der Krippe sagen, das auch in einem solchen Holzschuppen geboren war.
Eines Tages kam Peggy, die Amerikanerin, zu uns, um uns bei unserer Arbeit zu helfen. Peggy war ein wunderschönes Mädchen. Sie war so schön, daß die Leute sich auf der Straße nach ihr umsahen. Und das schönste an ihr war, daß sie immer aussah, als hätte sie gerade ein Bad genommen und sich umgezogen. Sie sagte immer: »Schmutz macht mich krank.«

Am nächsten Morgen zeigte ich ihr die Siedlung. Sie machte ganz erschreckte Augen. »Mein Gott«, sagte sie immer wieder, »wie schrecklich, wie schmutzig!« Und als wir dann die Hütte betraten, in der wir arbeiten wollten, wäre sie fast auf der Türschwelle schon wieder umgekehrt. Es sah wirklich schrecklich aus in der Hütte. Die Witwe, die mit ihrem kleinen Jungen in ihr wohnte, war schon seit Wochen krank und konnte nicht mehr recht für sich sorgen. Es roch abscheulich, als wäre tagelang nicht gelüftet worden. Auf dem Spülstein und dem Herd türmte sich das unaufgewaschene Geschirr. Der Mülleimer lief über. Der Boden war mit Unrat bedeckt. Hunderte von Fliegen schwirrten umher. Und das bejammernswerteste war der kleine Junge. Er lag neben seiner Mutter auf dem Bett und schlief. Vielleicht vier Jahre war er alt. Sein mageres Körperchen war in unsagbar schmutzige Lumpen eingehüllt. Das schwarze Haar war verklebt und verfilzt. Aus dem Mund rann ihm der Speichel.

Er wachte auf, als wir nähertraten. Sofort hing sein Blick wie gebannt an Peggy. »Tante«, sagte er wie verzaubert. Wahrscheinlich hatte er noch nie etwas so Schönes gesehen wie Peggy. »Schöne Tante!« Und juchzte laut. Er glitt vom Bett herunter. Er breitete die Arme aus und kam auf Peggy zugelaufen. Ich sah, wie sie totenbleich wurde. »Nein«, sagte sie, »nein!« Und wich zurück. Aber das Kind setzte seinen Weg fort, wollte sie offenbar umarmen. »Geh weg!« schrie Peggy außer sich. »Geh weg!« Und als der Junge immer näher kam, tat sie etwas Schreckliches. Sie gab ihm einen harten Stoß vor die Brust, daß er hintenüber stürzte und bitterlich zu weinen anfing. Dann stürzte sie hinaus, ebenfalls weinend.

Ich ging ihr nach. Aber sie lief wie gehetzt vor mir her. Ich fand sie erst im Lager wieder. Sie war dabei, ihre Koffer zu packen.

»Aber Peggy«, sagte ich, »das ist doch nicht dein Ernst.«

»Doch«, sagte sie, »ich reise ab. Ich halte das nicht aus. Es ist zu widerlich.«

»So«, sagte ich. »Menschen in Not sind dir widerlich. Möchte wissen, warum du überhaupt gekommen bist. Schließlich ist das hier keine Sommerfrische. Wir sind hier, weil wir Christen sind und weil diese Menschen uns brauchen.«

»Es hat keinen Zweck«, sagte sie. »Ich ertrage den Schmutz einfach nicht. Ich habe mir eben zuviel zugetraut.« Und damit nahm sie ihr Gepäck – das meiste hatte sie ja noch gar nicht ausgepackt – und ging, nein lief hinaus, als könnte sie es auch nicht eine Minute länger bei uns aushalten.

Ich folgte ihr. Ich nahm ihr die Koffer ab. Ich wollte sie zur Bahn bringen, vielleicht überlegte sie es sich doch noch anders. Der Weg zur Straßenbahn führte an dem Haus vorbei, in dem wir gerade gewesen waren. Und das war unser Glück.

Wir sahen den Jungen schon von weitem. Er saß auf der Straße und beguckte sich die vorüberfahrenden Autos. »Komm bloß«, sagte Peggy entsetzt. »Komm, schnell!« Und sie ging weiter, so rasch sie konnte. Aber der kleine

Junge hatte uns schon gesehen. »Tante«, schrie er und breitete wieder seine Ärmchen aus. »Tante!« und juchzte.
Da blieb Peggy wie angewurzelt stehen. »Mein Gott«, sagte sie, »und ich habe ihm doch wehgetan. Ich habe ihm doch wehgetan!«
Dann ging alles sehr schnell. Die beiden setzten sich zur gleichen Zeit in Bewegung, auf der einen Seite der schmutzige kleine Junge, auf der anderen Seite die schöne, vornehme Peggy. Mit ausgebreiteten Armen liefen sie aufeinander zu. In dem Augenblick kam ein Auto angerast. »Halt!« schrie ich. »Bleib stehen! Ein Auto!« Denn sie mußten beide unfehlbar in den Wagen hineinlaufen. Aber sie hörten nicht. Mitten auf der Straße hockte Peggy sich nieder und fing den Kleinen in ihren Armen auf. Das Auto kam knapp einen Meter vor ihnen mit kreischenden Bremsen zum Stehen.
Es war ein seltsames Bild. Das schöne, vornehm angezogene Mädchen, das den kleinen, schmutzigen Jungen im Arm hielt und immer wieder abküßte, und davor der Autofahrer, der vor lauter Entgeisterung gar nicht zum Schimpfen kam. »Völlig übergeschnappt, was?« fragte er. »Ja«, sagte ich und lachte. Kopfschüttelnd kletterte er wieder in seinen Wagen. Ich schob Peggy hinüber auf den Bürgersteig. »Und was machen wir jetzt mit den Koffern?« fragte ich.
»Vielleicht trägst du sie wieder nach Hause«, sagte Peggy. »Ich werde inzwischen diesen Dreckspatz hier säubern.«
Vielleicht sagt ihr jetzt: »Das ist aber eine seltsame Weihnachtsgeschichte. Weihnachten kommt ja gar nicht darin vor!« Wirklich nicht? Ich meine, wo immer ein Mensch den Stern, das helle Licht Gottes, sieht und zur Krippe aufbricht, da ist Weihnachten.

Die Welt gestalten

Kirche

HARVEY COX
Die komische Figur des Christen

Ein Reisezirkus brach in Flammen aus, nachdem er sich am Rande eines dänischen Dorfes niedergelassen hatte. Der Direktor wandte sich an die Darsteller, die schon für ihre Nummer hergerichtet waren, und schickte den Clown ins Dorf, um Hilfe beim Feuerlöschen zu holen, das nicht nur den Zirkus zerstöre, sondern über die ausgetrockneten Felder rasen und die Stadt selber vernichten könnte. Der angemalte Clown rannte Hals über Kopf auf den Marktplatz und rief allen zu, zum Zirkus zu kommen und zu helfen, das Feuer zu löschen. Die Dorfbewohner lachten und applaudierten diesem neuen Trick, durch den sie in die Schau gelockt werden sollten. Der Clown weinte und flehte, er versicherte, daß er jetzt keine Vorstellung gab, sondern daß die Stadt wirklich in tödlicher Gefahr war. Je mehr er flehte, desto mehr johlten die Dörfler, bis das Feuer über die Felder sprang und sich in der Stadt selbst ausbreitete. Noch ehe die Dörfler zur Besinnung kamen, waren ihre Häuser zerstört.

KURT MARTI
Der Fürst

Wenn ich mich recht erinnere – nur erinnert man selten, ohne daß wie von selbst Erfindung mit unterläuft –: wenn ich mich recht erinnere, bemerkte ich den Fremden erst, als ich anstelle der vorher zahlreichen Predigtgänger zum Abendmahl nur noch verstreut in den Bankreihen sitzende, dadurch erkennbar gewordene Einzelpersonen vor mir sah, jede auf ihre eigene Weise geöffnet oder in sich gekehrt, manche mit der geübten Sicherheit derer, die allzugut wußten, was jetzt dann, wie immer, geschehen würde.

Mit einer Art heiterer Grandezza saß er in der vordersten Bank, im langen, dunkeln Überwurf südländischen Schnitts; ein fürstlicher Überwurf sozusagen, oder fürstlich der, der ihn trug. Um genau zu sein: noch ehe mir dieser Überwurf auffiel, fühlte ich seinen Blick, nicht zudringlich zwar, nicht unangenehm: einen bei aller Gelassenheit unbeirrbaren Blick, der als Magnet auf mich wirkte. Ich sah zu ihm hin, sah in zwei dunkle Augen, wie lächelnd und ohne hypnotischen Zwang auf mich gerichtet. Langes, schwarzes Haar, ein bartloses Gesicht, das wirkte, als wäre es schön geschnitten. Ich assoziierte, zu Recht oder Unrecht: Renaissancekopf. Er saß leicht zurückgelehnt, die Beine mit Grazie übereinandergeschlagen, den einen Arm (oder beide?) flach auf die Banklehne gelegt. So folgte er meinen Worten, nachher den Bewegungen meiner Hände, die die vorgeschnittenen Stangen des Brotes zerbrachen, die Brocken verteilten, wie immer. Mich irritierte sein Blick: Wer war das? Wo kam er wohl her? Was wollte er hier?

Allein in der vordersten Bank sitzend, hätte er als erster zum Abendmahlstisch kommen können, war jedoch sitzen geblieben, ohne dem einladenden Kopfnicken des Abendmahlshelfers Beachtung zu schenken, so daß dieser zur zweiten Bank, hinter ihm, trat, worauf sich dort die Leute erhoben, aus der Bankreihe in den Mittelgang traten, um von da an den Tisch zu kommen. Warum war der Fremde hier, wenn er nicht herzutreten wollte, um wie die andern Brot und Wein zu empfangen? Hätte er sich nur ansehen wollen, wie wir hier das Abendmahl zu begehen pflegen, würde er sich dann zuvorderst hingesetzt haben? Ich wurde unaufmerksam, zerstreut. Sollte er etwas im Schilde führen, mit einemmal aufstehen vielleicht, um mit souveräner Geste das Abendmahl als nichtig, als irrelevant, als Leerform zu erklären? Alles wickelte sich zwar so gemessen, so feierlich und friedlich ab wie immer. Vielleicht aber glaubte er, gerade dieses »wie immer« durchschaut zu haben und entlarven zu können: ein Fanatiker des Absoluten, der die glanzlose Selbstverständlichkeit, mit der wir rituell agierten und konsumierten[1], festlich zu sprengen gedachte, um endlich die schöne, die grausame Wahrheit fröhlich und laut zu verkünden. So viel gesammelter Überlegenheit war jedenfalls wenig zu trauen. Seine Präsenz in der vordersten Bank irritierte mich, zumal ich wußte, daß sein Protest – oder was es sonst sein würde – mich hilflos gefunden hätte. Ich wäre kaum fähig gewesen, ihm mit kurzen, weil überzeugten Worten entgegenzutreten. Eine schwache Position, das fühlte ich nur zu gut. In Situationen wie der gefürchteten taugen differenzierte Argumente[2] nichts. Sah ich dann flüchtig wieder zu ihm hin, so verriet seine Haltung allerdings keinerlei Drohung. Gesammelt saß er, wenn auch entspannt, fast lässig, mit seinem Lächeln. Ein Fremder, in den man sich nicht einfühlen kann, erst recht nicht, weil er ohne die übliche Unsicherheit Fremder zu sein schien, strahlte er doch Souveränität aus. Und dieses sozusagen apokalyptische[3] Lächeln! Möglicherweise verstand er kein Deutsch, hatte somit nichts begriffen von allem, was gesagt worden war, versuchte dafür, sich Gesten und Dinge desto genauer einzuprägen: Becher, Brot, Austeilung. Und schien dabei so

[1] gemeint ist: das Abendmahl vollzogen und empfingen
[2] ins einzelne gehende Erklärungen
[3] endzeitliche

unverbraucht fasziniert, als wäre er unverhofft Zeuge des ersten Abendmahles geworden.
Die letzten Leute traten an den Tisch, aßen ihr Brot, verteilten sich nach links oder rechts, um von einem der Kirchgemeinderäte den Becher zu nehmen, zu trinken. Sonnenlicht fiel jetzt schräg durch die Fenster, füllte die vorher dämmerige Kirche mit Glanz. Ich nahm es als Zeichen, daß sich auch diesesmal alles wie immer – gesegnet sei dieses »wie immer«! – zum guten Abschluß runden sollte.
Alle waren zu ihren Plätzen zurückgekehrt. Ich legte die angebrochene Brotstange zu den andern, nicht mehr gebrauchten. Da. Auf einmal erhob er sich. Ich erschrak. Er schritt vor den Tisch, blieb stehen, breitete die Arme fast waagrecht aus, vielleicht, um seinen Überwurf in den Rücken zu drängen, ich weiß nicht. Hinterher denke ich: ein theatralischer Auftritt! Die Arme ausgebreitet, stand er lächelnd vor mir, ein Fürst. Ich nahm wiederum eine Brotstange auf, brach ein Stück ab, reichte es ihm. Er senkte die Arme, empfing das Brot, führte den Bissen zum Mund, aß ruhig, aß eine Ewigkeit lang. Dann, anstatt seitwärts zu einem der Kelchhalter zu gehen, streckte er mir beide Hände geöffnet wieder hin. Ich hatte das Brot schon zurückgelegt und sah ihn ratlos an. Meine Arme hingen schlaff, doch mein Kopf bewegte sich, zeigte in Richtung des Kelchhalters rechts. Umsonst. Lächelnd blieb er stehen, machte mit den wartenden, offenen Händen seinerseits eine Bewegung, die ich nicht begriff, so daß er leise sagte: »Noch mehr! Alles!« Ich fühlte die Blicke der Gemeinde, die aufmerksam geworden war. Nicht im geringsten verlegen oder unterwürfig, mit höflicher Nachsicht sagte er jetzt: »Ich habe Hunger.« Begann ich zu begreifen? Ich weiß es nicht mehr. Ich hörte mich stammeln: »Nicht hier, nachher.« Er lächelte, zögerte, so daß ich schon entsetzt zu überlegen begann: Er kann doch nicht stehen bleiben und hier, vor versammelter Gemeinde, alles Brot – es war noch reichlich vorhanden – aufessen oder sich seelenruhig in die Taschen stopfen wollen! Auch sah ich nun, daß der Überwurf franste, die Kleidung schäbig und sein Gesicht älter war, als mir geschienen hatte. Die Haltung freilich blieb unverändert die eines Fürsten, souverän und verwirrend. Ich spürte, wie mich die Seitenblicke der Kelchhalter diskret befragten, ob sie noch bleiben oder die Becher auf den Tisch zurückbringen sollten. »Nachher«, bat ich den Fürsten noch einmal. Er lächelte und bekreuzigte sich unvermittelt. Dann ging er zum Kelchhalter rechts, ergriff den Becher und trank ihn, ohne nur einmal abzusetzen, leer, man sah es genau. Danach bekreuzigte er sich ein zweitesmal. Die Gemeinde, so schien mir, hielt den Atem an. Gleichmütig schritt er zur ersten Bank zurück.
Nachher, im Vorraum der Kirche, als sich die Leute verlaufen hatten, gab ihm der Sigrist das übriggebliebene Brot, in ein Papier gewickelt, dazu eine fast noch volle Flasche Abendmahlswein. Der Fürst ließ sich weiter in kein

Gespräch ein. Er nahm das Brot, die Flasche, steckte sie in die Seitentaschen des Überwurfs, dankte freundlich und ging.

ERNST LANGE

Die Kerzen

Als ich meinen zweiten Weisen traf, war der große Krieg schon vorbei. Allerdings erst drei oder vier Tage.

Mein Freund Theo, der Pfarrer, und ich waren damals gerade dabei, unsere Kirche wieder herzurichten, denn wir wollten so bald wie möglich wieder Gottesdienst in ihr halten. Sie sah schlimm aus. Die letzten Kriegstage hatten ihr arg mitgespielt. Der Boden war mit Schutt und Putz bedeckt, auf der Empore hatte es gebrannt, der Wind pfiff durch die Fensterhöhlen. Aber die Decke war heil, einen Teil der Bänke konnte man noch gebrauchen, und auch Altar und Kanzel waren unversehrt. Darum waren wir mit Eifer bei der Sache. Die Arbeit war allerdings ziemlich schwierig. Denn wir hatten gar kein Gerät, keine Schubkarren, keine Schaufeln, keine Bretter. Wir hatten nur einen alten Besen, zwei Eimer und unsere vier Hände. Alles andere hatte der Krieg gefressen.

Plötzlich hörten wir schwere Schritte. »Was ihr da machen?« fragte eine rauhe, tiefe Stimme. Wir fuhren herum und erschraken. Denn da stand ein russischer Soldat, die Maschinenpistole unter dem Arm. Und wir hatten damals alle Angst vor den Russen. Es wurden viele schlimme Dinge von ihnen berichtet. Und vor allem wußten wir, daß die kommunistischen Soldaten von Gott und der Kirche gar nichts wissen wollten.

»Wir räumen auf«, sagte Theo. »Wir wollen hier nächsten Sonntag Gottesdienst halten.«

»Nicht gutt«, sagte der Soldat. »Die Menschen draußen haben keine Häuser, Häuser wichtiger als Kirchen.«

»Die Menschen draußen haben keinen Mut, ihre Häuser wieder aufzubauen«, sagte Theo. »Hier werden sie Mut gewinnen.«

»Mut, hier?« sagte der Soldat. »Warum hier?«

»Der da«, sagte Theo und zeigte auf den Gekreuzigten über dem Altar. »War auch kaputt, genau wie wir. Und Gott hat ihm geholfen.«

Der Soldat sah zum Altar hin. Dann brummelte er etwas Unverständliches, drehte sich um und stapfte hinaus. Eine Stunde später hörten wir ein Auto vor der Kirche stoppen.

»He, Pfarrer!« schrie er. Wir gingen hinaus. Da stand unser Soldat vor einem

Lastauto, und auf dem Wagen – wir trauten unseren Augen nicht! – waren Schubkarren, Schaufeln, große Besen, ein Stapel Bretter und zwei Rollen Drahtglas, lauter Dinge, die wir für unsere Kirche so nötig brauchten und die doch damals nirgends aufzutreiben waren. »Komm, faß an!« sagte der Soldat zu mir und lachte. So brachten wir all die Herrlichkeiten hinein in die Kirche.
»Vielen Dank«, sagte Theo und wollte dem Soldaten die Hand geben.
»Nix«, sagte der, »los, arbeiten, arbeiten!« Und damit fing er an zu arbeiten. Wir waren einfach sprachlos. Da kam ein Feind, ein Kommunist, einer, der von Gott nichts wissen wollte, und half uns unsere Kirche wieder herrichten. Warum tat er das? Ganz beschämt gingen wir wieder an unser Werk. Damit ging es nun viel schneller voran. Wir hatten gutes Werkzeug, und unser Soldat schuftete wie ein Wilder. In ein paar Stunden hatten wir den ganzen Schutt hinausgeschafft. Dann sagte Theo: »Schluß für heute!« und wir stellten unser Gerät fort.
Draußen drehte der Soldat sich eine Zigarette. »Ich Sergej«, sagte er. Auch wir stellten uns vor. Dann fragte Theo: »Warum hilfst du uns, Sergej? Glaubst du auch an Gott?«
Sergej lachte. »Ich, nein. Ich Kommunist. Aber meine Mutter. Alte Leute sind so.«
»Und von dem da«, Theo zeigte zum Altar hin, »hat dir deine Mutter erzählt?« – Sergej nickte. – »Deine Mutter ist eine gute Frau, denn sie hat einen guten Sohn«, sagte Theo ernst. – »Nicht gut«, meinte Sergej leise, »nein, gar nicht gut.« Dann sprang er in seinen Wagen und fuhr davon.
Von nun an half Sergej uns jeden Tag ein paar Stunden bei unserer Arbeit. Und am Sonnabendmittag waren wir fertig. Da holte Sergej einen länglichen, offenbar ziemlich schweren Gegenstand aus dem Auto. »Ich habe etwas . . . wie sagt ihr? . . . organisiert.« Er lachte verlegen und doch glücklich wie ein Junge, der eine Überraschung vorhat. Er packte sein Paket aus. Zum Vorschein kamen vier riesige Wachskerzen, über einen Meter lang und dicker als ein Männerarm, wie man sie in katholischen Kirchen manchmal findet.
»Junge, Junge«, sagte ich, denn Kerzen waren damals eine große Kostbarkeit. Dann tat Sergej etwas sehr Merkwürdiges. Er trug die vier Kerzen auf den geöffneten Händen wie eine Opfergabe zum Altar und legte sie dort nieder. Dann beugte er sich und küßte den Altartisch. Er sah sehr schön aus, der Soldat, als er sich vor dem Gekreuzigten neigte. Dann kam er zu uns zurück und war sehr verlegen. Aber er sagte leise: »Für euren Altar, für . . . für den da!« Und gab uns die Hand und verschwand. Als er fort war, ging Theo zum Altar und nahm eine der Kerzen in die Hand. »Schön sind sie«, sagte er. »Schade, daß wir sie nicht gebrauchen können. Sie sind viel zu groß und zu schwer für unsere kleinen Leuchter. Aber ich kann sie vielleicht bei den Katholiken gegen kleinere umtauschen.«
Er hatte natürlich recht. Die Kerzen waren wirklich zu groß für unsere

Leuchter. Und doch war es ein Fehler, ein schwerer Fehler, daß wir sie nicht aufsteckten für unseren ersten Gottesdienst nach dem Krieg.
Denn am Tag darauf, eine halbe Stunde vor dem Gottesdienst, kam Sergej in die Kirche. Er kam auf mich zu und wollte mir gerade die Hand geben, als sein Blick auf den Altar fiel. Da zog er die Hand wieder zurück. »Ihr habt sie nicht genommen?« fragte er, und es war einen Augenblick lang, als wollte er anfangen zu weinen. »Ihr habt sie also nicht genommen!« Und jetzt war seine Stimme schwer und böse vor Zorn und Enttäuschung. »Kerzen von einem Kommunisten sind wohl nicht gut genug für . . . den da!« Aber diesmal war das »den da« nicht voll heimlicher Ehrfurcht, sondern voller Enttäuschung. Ohne ein weiteres Wort ging er davon.
Plötzlich war mir klar, wie schrecklich wir ihn verletzt hatten. Ich lief ihm nach. Aber es war zu spät. Er saß schon im Wagen, und gleich darauf war er verschwunden. Wir haben ihn nie wieder gesehen.
Die ersten Gemeindeglieder, die schon in ihren Bänken saßen, werden sich gewundert haben, als ihr Pfarrer etwas später eigenhändig vier riesige Kerzen mit Wachs auf den Altartisch klebte. Aber sie mußten sich nicht lange wundern. Denn in seiner Predigt erzählte Theo von Sergej und seinen Kerzen und auch davon, daß wir in unserer Blindheit einen Menschen hatten davongehen lassen, den das Kind in der Krippe zu sich gerufen hatte.

WERNER SIMPFENDÖRFER

Haarschneiden in der Kirche

Ich traf in der Hauptkirche der Assembléias de Deus Sao Paulo[1] einen Polizisten, der einem alten Indianer die Haare schnitt. »Der Bruder«, sagte mir der Polizist, »ist krank. Er kann den Friseur nicht bezahlen. Darum schneide ich ihm die Haare, denn ich war früher einmal Friseur.« Warum das ausgerechnet im Kirchengebäude geschehen mußte . . ., darüber äußerte er sich selbstverständlich nicht: Die Kirche ist nämlich das einzige Haus, in dem der Polizist diesen Dienst ungestört von Katzen, Hühnern, einem Rudel Kindern und unter vernünftigen Lichtverhältnissen ausführen kann. »Die Kirche selbst hat nur die Funktion, uns vor Sonne und Regen zu schützen«, sagte Manoel de Mello. Darum ist nicht das Kirchengebäude heilig, sondern was darin geschieht, und sei es der Dienst an »einem dieser Geringsten«.

[1] wörtlich: Gemeinde Gottes in Sao Paulo

JOSEF REDING

Nipfes visitiert . . .

Der Landrover stoppte vor den Buckeln der Krale[1]. Prälat Nipfes wunderte sich. Zwar wünschte er sich keinen pompösen Empfang. Aber bisher hatten alle Missionare, bei denen er während seiner Visitationsreise zu Gast war – nach Anmeldung, versteht sich –, bei seiner Ankunft für eine kleine, nette Feier gesorgt: Aufsagen eines Matthias-Claudius-Gedichtes (in deutsch), Absingen von »Maria, breit den Mantel aus« (auch in deutsch) und an der Wandtafel der Missionsschule die reichverzierte Schrift: »Willkommen in Afrika, Hochwürdiger Herr Prälat Nipfes!« (noch einmal in deutsch).

Aber hier war nichts. Hier in Loanaka gab es nur den mehligen grauen Sand und die Halbkugeln der Krale und die schwarzen Flecke der Feuerstellen und einen von ärmlichen Pfützen umlagerten Ziehbrunnen und zum Horizont hin ein grünes Viereck. Vergeblich musterte Prälat Nipfes die Umrisse der gelben Lehmkrale, die sich scharf gegen das magere Blau des Himmels abhoben; auf keiner Hütte stand ein Kreuz. Wenn es schon nicht für eine Notkirche aus Brettern und Wellblech reichen sollte, hätte Grotheus wenigstens ein Kreuz über seinen Kral setzen können. Schließlich hat das Heimatbistum Grotheus spürbar unterstützt, sehr spürbar.

Prälat Nipfes stieg aus dem Landrover. Der Fahrer hatte die niedrige Stahlblechtür geöffnet. Mit der einen Hand hielt der Mischling – blaue Augen, rötliches Haar und schwarze Haut – den Schlag offen, mit der andren reichte er Prälat Nipfes den Tropenhelm. Der Tropenhelm war weiß bezogen, aber mit Fliegendreck gepunktet. Prälat Nipfes zog die violette Schärpe über dem Leib zurecht und ging auf den nächsten der Krale zu.

Im Schlagschatten des schulterhohen Lehmpferchs lag eine Frau. Sie hatte die Knie an den Leib gezogen und stöhnte beinahe melodisch, wenn man das regelmäßige Auf- und Abschwellen der heiseren Stimme dafür halten durfte. Die Frau war bis auf einen handbreiten Ledergurt nackt. Neben ihrem Kopf stand ein Krug Wasser.

Der Prälat winkte den Fahrer heran und hieß ihn die Frage: Wo ist Pater Grotheus, Pater Max Grotheus, Pater Max? an die Frau richten. Als die Frau antwortete: Mit den anderen im Hirsefeld, bemerkte Prälat Nipfes, daß die Frau ein knochiges Gesicht hatte und daß ihre Wange von einem Loch, groß wie ein Daumenabdruck, gezeichnet war: Er sah das Zahnfleisch und zwei Backenzahnstümpfe feucht schimmern. Jetzt wagte Prälat Nipfes einen weiteren Blick auf die Frau, deren Nacktheit ihn befangen gemacht hatte; doch die faltige Haut über den dürren Gliedern war eher Verhüllung als Preisgabe.

[1] afrikanische Rundsiedlung

Der Fahrer warf ein steifes, fast haarloses Fell vom Einschlupf des Krals zurück. Zwei Kinder, die vorher durch einen Riß im Fell die Ankunft der Fremden beobachtet hatten, starrten mit großen Augen, aber offenbar ohne Angst Prälat Nipfes an. Wie bei der Frau gab es bei den Kindern keine nach außen gerundeten Wangen. Zwischen Backenknochen und Kinn kerbten sich Buchten ein. Die Schultern sprangen eckig vor. Die Rippen waren zählbar.

Der Prälat gab dem Chauffeur einen Wink. Der Fahrer griff in die Jackentasche und schenkte den Kindern Bonbons. Zu Anfang hatte der Prälat Schokoladenriegel bei sich gehabt; sie waren ihm aber zerschmolzen. Jetzt beließ er es bei Bonbons.
Das kleinere Kind biß sofort hinein und kaute die Süßigkeit hastig mit dem blauweißen Papier. Das größere Kind machte das Papier vorher ab, steckte das Bonbon mit geschlossenen Augen in den Mund und lutschte andächtig.
Sie verteilen Liebesgaben, Monsignore?
Prälat Nipfes sah erstaunt auf; er hatte den Kindern über das Kräuselhaar gestreichelt. Zwischen den Kralen kam ein hochgewachsener Neger auf ihn zu. Der Mann trug Leinenschuhe und Shorts. Über der Schulter hatte er einen Spaten mit spitz zulaufendem Blatt.
Sie sprechen meine Sprache? fragte Prälat Nipfes.
Leidlich, sagte der Neger.
Hätte ich hier in Zentralafrika nicht erwartet. Einen Ne . . . einen Eingeborenen, der so gut Deutsch spricht, der überhaupt Deutsch spricht.
Sie können ruhig Neger sagen, Monsignore, sagte der Mann in den Shorts. Das ist genauso töricht wie Eingeborener. Ich weiß, das Vokabular[2] der Europäer zur Bezeichnung eines Afrikaners ist schmal. Was soll ich zu Ihnen sagen, Monsignore? Guten Tag, Weißer oder Einheimischer oder Boy?
Ich bin Prälat Nipfes und möchte Pater Grotheus besuchen.
Mein Name ist Muel. Einfach Muel. Hausname und Vorname in einem. Bin hier in Loanaka geboren. Aufgewachsen in Missionsschulen an der Küste. Studiert habe ich in Frankreich und Deutschland, Zoologie. Wenn es Ihnen nichts ausmacht, Monsignore Nipfes, riechen Sie doch mal in diese Richtung . . .
Muel zeigte auf einen Steinwall. Prälat Nipfes wußte nicht, ob der junge Mann Spaß machte. Nipfes schnupperte schließlich in den Wind. Es roch scharf nach Kot und Urin.
Ziegen, sagte Muel. Ich bin zugunsten meiner Landsleute erst einmal in die praktische Zoologie eingestiegen, statt aussterbende Hirschkäfer zu sezieren. Hier stirbt was anderes aus . . . Der junge Mann zeigte mit der Spatenblatt-

[2] Wortschatz

spitze auf die Frau neben dem Kral. Aber ich rede andauernd von mir, von uns, Monsignore. Sie sagten, Sie haben eine Verabredung mit Pater Grotheus. Vor Sonnenuntergang wird es schwierig sein. Pater Grotheus arbeitet mit seinen Gemeindemitgliedern in der Hirse. Mit dem Auto kommen Sie nicht dahin. Fließsand liegt zwischen uns und dem Acker. Und Pater Grotheus hat es nicht gern, wenn man ihn bei der Arbeit stört.
Prälat Nipfes lächelte nachsichtig. Er hatte dieses Lächeln schon vor vierzig Jahren im Konvikt geübt, und er konnte es. Von mir wird sich Pater Grotheus schon stören lassen, junger Mann, sagte er. Ich habe ihm schließlich eine Menge mitgebracht.
Ich weiß, sagte Muel. Er nennt Sie: Mein Nikolaus mitten im Sommer. Aber heimlich hat er immer seinen Knecht Ruprecht hinter sich. Davor habe ich Angst.
Das sagt Pater Grotheus?
Ja, sagt Muel.
Aber überzeugen Sie sich, ich habe keinen Knecht Ruprecht dabei. Oder halten Sie meinen Fahrer für einen solchen?
Nein, der verteilt ja Bonbons, sagte Muel.
Eben, sagte der Prälat.
Aber Sie wissen, wie Pater Grotheus das meint, das mit dem Ruprecht?
Ich wüßte nicht, sagte Prälat Nipfes.
Darf ich's Ihnen erklären? Kommen Sie in den Schatten. Sie schwitzen, Monsignore. Wollen Sie trinken? Ich kann Ihnen einen Eimer Wasser aus dem Brunnen hochleiern.
Danke, sagte der Prälat. Wir haben eine Kühlbox mit ein paar Flaschen Mineralwasser im Wagen. Aber wenn Sie wollen, Herr Muel, können Sie gerne eine . . .
Muel schüttelte den Kopf. Gehen wir zu den Ziegen hinüber? fragte er. Was wir an Gestank ertragen müssen, kommt uns an Schatten zugute. Der Steinwall wirft mehr Schatten als das ganze Dorf mit seinen niedrigen Lehmblasen zusammen.

Muel ging zum Ziegengehege hinüber, ohne die Zustimmung des Prälaten abzuwarten. Mißmutig folgte Nipfes. Der Sand gab unter dem schweren Körper des Prälaten nach und drang in die Schuhe.
Der Fahrer stand unschlüssig. Dann stapfte er zum Landrover, holte eine Flasche Sprudelwasser und einige Apfelsinen und brachte sie der hungerkranken Frau.
Setzen Sie sich in diese Nische, sagte Muel zum Prälaten. Hier ist ein toter Winkel, was den Geruch anlangt.
Prälat Nipfes setzte sich gehorsam. Er nahm den Tropenhelm ab und wischte das nasse Schweißleder mit dem Taschentuch. Sie haben einiges von dem

mitgebracht, was Pater Grotheus dringend braucht, sagte Muel. Medikamente. Gutscheine für Traktor und Saatgetreide. Geld.
Stimmt, sagte der Prälat. Aber woher wissen Sie?
Weil Pater Grotheus jeden Tag davon spricht, seitdem Sie sich angemeldet haben.
Zwei Ziegen wurden durch eine vom Steinwall plumpsende Eidechse erschreckt, setzten mit einigen Sprüngen durch das Gehege. Staub wirbelte in kleinen Säulen hoch.
Aber das andere, was Sie mitgebracht haben, Monsignore, das sieht man nicht, sagte Muel.
Das sind . . .? fragte Prälat Nipfes.
Das sind Mahnungen. Vergessen Sie das Missionarische nicht, Pater Grotheus. Wir hören, daß Sie hier Ackerbau und Viehzucht treiben und daß Sie damit Erfolg haben. Aber Ihr Heimatbistum will auch seelsorgerische Erfolge sehen. Eine Kirche. Taufen. Stimmt doch, Monsignore, ja? So oder so ähnlich wollten Sie mahnend mit Max – entschuldigen Sie, ich nenne Pater Grotheus meistens Max, er hat es mir erlaubt – sprechen, ihm ins Gewissen reden, wie man bei Ihnen so schön sagt. Das ist Ihr Ruprecht.

Sie scheinen sich nicht nur mit Tierkunde, sondern auch mit Menschenkunde beschäftigt zu haben, sagt der Prälat.
Menschenkunde ergibt sich zwangsläufig. Man hat so viel mit ihnen zu tun, sagte Muel.
Die beiden Kinder hatten sich an den Händen gefaßt und kamen zufrieden zur Schattennische der Männer. In den freien Handtellern trugen die Kleinen wieder Bonbons; offensichtlich hatte der Fahrer nachgefüllt.
Muel stocherte in den schwarzen, bohnenartigen Ziegenkötteln und streute Sandpuder darüber. Lassen Sie Pater Grotheus so weiterarbeiten wie bisher, Monsignore.
Was meinen Sie damit, Muel?
Ich meine damit, daß Sie ihn nicht zwingen sollten, eine Kirche zu bauen oder ein paar Taufen nach Hause als vollzogen zu melden. Auf der anderen Seite des Geheges stand früher eine Kirche. Sie wurde beim Aufstand niedergebrannt. Damals war Max noch nicht hier. Sein Vorgänger war nur Seelsorger gewesen. Er brauchte viel Zeit dazu, die Kirche zu bauen und schön auszuschmücken und die Täuflinge vorzubereiten. Viele wurden getauft. Und die doppelte Zahl von Menschen verreckte – ja verreckte, weil man zu diesem jahrelangen Hungersterben eben nicht Sterben sagen kann –, weil der damalige Pater nicht ins Hirsefeld ging und arbeitete, sondern meistens Religionsunterricht gab. Er war keiner von uns, sondern blieb einer von euch. Er wurde verjagt und seine Kirche verbrannt. Sie können die Asche befühlen. Sie ist noch heiß. Sie wird nie kalt. Auch in der Nacht nicht.

Die Frau am Kral lachte plötzlich schrill. Dann ging das Lachen wieder in Stöhnen über. Der Prälat schickte den Fahrer, der sich am anderen Ende des Geheges niedergesetzt hatte, zu der Kranken.
Sollte man nicht beides machen? fragte Prälat Nipfes. Im Hirsefeld arbeiten und taufen?
Wen wollen Sie hier taufen? fragte Muel.
Die beiden Kinder zum Beispiel, sagte Prälat Nipfes und zeigte auf die Bonbonlutscher.
Das ist zu einfach, sagte Muel. Die beiden da werden sich von jedem taufen oder kaufen lassen, der ihnen die Hand mit Bonbons füllt. Heute von Ihnen und Ihrer Kirche, morgen vom Funktionär einer Ideologie. Ich bin auch getauft worden, so getauft. Zu früh. Meine Eltern bekamen zwanzig Pfund Mehl dafür. Vielleicht hat dieser kleine Sack Mehl dazu beigetragen, daß ich noch am Leben bin. Meine Eltern habe ich verstanden, als ich später davon hörte. Aber den, der mich getauft hat, den verstehe ich heute noch nicht.
Pater Grotheus ist doch nicht als Bauer zu euch gekommen. Nicht nur als Bauer.
Er ist ein Bauer, von dem man viel lernen kann. Schließlich stammt er von einem Bauernhof, sagte Muel.
Nein, das ist zuwenig, sagte der Prälat und stand auf.
Für uns ist es viel, sagte Muel.
Grotheus hat ein Gelübde abgelegt, als Priester.
Das erfüllt er hier als einer, der mithilft, für Hungernde Brot zu machen.
Es gibt auch einen anderen Hunger als den des Leibes, sagte Prälat Nipfes brüsk.
Den spüren wir hier nicht, solange der Leib verschmachtet.
Das ist doch primitiv, rief der Prälat und machte einige Schritte in Richtung Landrover.
Muel folgte ihn, ging neben ihm. Hunger ist primitiv.
Sattheit auch, sagte der Prälat.
Gestillter Hunger muß nicht Sattheit sein, sagte Muel.
Sie reden wie ein Marxist, sagte der Prälat.
Vielleicht bin ich einer, sagte Muel.
Aha!
Ihr Aha kommt zu schnell. Ich wurde nachdenklich, als ich Ihre Missionsschule hinter mich gebracht hatte. Die Patres und Schwestern hatten nur Lösungen für das Jenseits, aber keine für das Diesseits. Das Diesseits war für sie nicht erwähnenswert. Aber in diesem Diesseits verenden meine Geschwister – vor der Zeit!

Jetzt, wo Muel laut wurde, hatte der Prälat seine Stimme wieder in der Gewalt. Er sagte: Was wollen Sie? Die Medikamenten-Pakete und der

Lieferschein für den Traktor, die ich mitgebracht habe, sind das nicht sehr diesseitige Dinge?
Gott sei Dank, sagte Muel.
Nett von Ihnen, daß Sie den Namen Gottes wenigstens in diesem Zusammenhang gebrauchen, sagte der Prälat, und man spürte, daß er für die Ironie Begabung mitbrachte.
Aber Sie können nicht ausschließlich auf dem Diesseits herumreiten, sagte Nipfes. Selbst für Menschen, die bis zum Doppelkinn satt sind, ist das Diesseits mal zu Ende.
Ich bin bereit, mit Ihnen über das Jenseits zu diskutieren, wenn dieses Dorf nicht mehr am Hunger krepiert.
Und bis dahin? fragte Nipfes.
Bis dahin liest Pater Grotheus weiter die Messe im Dorf. Jeden Tag. Bei Sonnenaufgang, bevor er das Werkzeug verteilt und den Pfad zum Hirsefeld geht.
Und die Messe liest er allein, sagte der Prälat. Keiner aus dem Dorf ist dabei.
Doch. Ich, sagte Muel. Manchmal.

Dritte Welt

JOSEF REDING

Gastspiel ohne Gage

Die Stewardeß serviert gerade Karamelpudding mit Cocktailkirsche zum Nachtisch. Da bockt das Flugzeug zweimal, rutscht langsam über der rechten Tragfläche ab, fängt sich wieder und beginnt einen taumeligen Gleitflug.

Die Puddingnäpfchen rollen zwischen den Füßen der Passagiere. Speisen klatschen auf fahrige Hände, die rasch die Haltegurte vor dem Leib zusammenzurren wollen. Die Triebwerke lärmen nicht mehr. Fauchendes Rauschen mit einem schrillen Pfeifen als Grundton. Von irgendwoher eine Gnomenstimme: Zufußgehn, zufußgehn, ätsch, ätsch, ätsch! Über dem Eingang zum Cockpit flackern sinnlos gewordene Aufforderungen. Die Verbindungstür geht auf, zu, auf, zu. Die Sängerin aus der ersten Klasse wimmert ein gedehntes: Waaaaas iiiiiist? Die Stimme des Piloten über Lautsprecher, betont bedächtig, aber zu gepreßt, um beruhigend zu wirken: Hier Flugkapitän Fuller. Ein plötzlicher Triebwerkausfall macht bei uns und bei Ihnen bestimmte Maßnahmen erforderlich. Die Chancen für eine glatte Notlandung . . . Der Sirenenton der wiederanspringenden linken Düse überlagert die Lautsprecherstimme. Das Flugzeug gerät durch den einseitigen Antrieb in eine Haarnadelkurve, wird aber durch heftig arbeitende Quer- und Seitenruder in den Kurs zurückgezwungen.

Die Sängerin läßt von der Zwerchfellstütze an aufwärts alle angestaute Luft aus dem Brustkasten: Puuuuuuh! Der Gnom quakt: Angeschmiert, angeschmiert!

Kralek zum Nebenmann: Du, Beiderholm, das ist'n Neider, der dir Hauptrolle und Regie nicht gönnt bei unserem südamerikanischen Gastspiel. Hat vielleicht 'ne Schubkarre voll Split in das Triebwerk gekippt.

Beiderholm nickt: Nachruf in europäischen Zeitungen für uns etwa so: Das junge Ensemble des Bordstein-Theaters, dessen unkonventionelle Einakter in Werkshallen und auf Stadtplätzen aufgeführt wurden, ist beim Anflug zu einer Tournee durch vierzehn lateinamerikanische Orte abgestürzt. In der gleichen Maschine befanden sich auch die Sopranistin Maria Gebarda und der Bauchredner Torsten Elmesborg . . .

Kralek: Besonders bestürzt ist die Theaterwelt über das Hinscheiden von Werner Beiderholm, der am Anfang einer steilen Karriere . . .

Menschenskind, laß den schwarzen Flax, sagt Beiderholm. Schließlich sind wir mit diesem schwingenlahmen Vogel noch nicht heil gelandet. Unsere Weihnachtsvorstellung in Rio fällt mit ziemlicher Sicherheit ins Wasser.

Und dafür haben wir extra ein Stück in der Landessprache unserer Gastgeber einstudiert!
Darum tut's mir nicht leid, sagt Beiderholm. Er zitiert langsam: Honremos al Senor, – la negra estampa de su mano buena – que ha dictade en el clamor ...
Und was heißt das?
Das ist mein Text. Der Anfang: Laßt uns den Herrn ehren, das schwarze Bild seiner guten Hand – der im Gewirr die Stille verfügte ...
Am Flugzeug beginnt das Düsenaggregat wieder zu stottern, springt an, setzt aus, läuft jetzt längere Zeit störungsfrei.
Die Stimme des Flugkapitäns ist wieder da: ... Anweisung bekommen, auf einem nahegelegenen verlassenen Militärflugplatz zu landen ... große Chancen ohne Bruch ... bitte Schuhe ausziehen und Hemdenkragen öffnen ... Kopf nach vorn beugen und Hände schützend darüberlegen ... später nach Landung durch Rutsche ... Stewardeß weitere Erklärungen ...
Die Maschine sinkt jetzt mit der Geschwindigkeit eines Fahrstuhls, sackt durch die Wolkendecke. Ein Netz von Flußadern schimmert matt. Graugelbes Land. Wenig Vegetation. Ein Betonviereck! Eine Frau spricht plötzlich überlaut einen Satz aus einem Tischgebet: ... und segne, was Du uns bescheret hast! – Die Aufregung hat den Fehlgriff ausgelöst: die Bitte klingt in dieser Situation wie Ironie. Die Frau schweigt sofort wieder oder betet unhörbar weiter.
Das ehemalige Fluggelände wird deutlicher. Drei Längspisten, zwei Querpisten. Ein Barackenstrang. Zwei Hallen. Eine dritte besteht nur aus Verstrebungen; wurde nie zu Ende gebaut oder zerfällt schon. Im Windschutz der Hangars ein Rudel Hütten, zwischen denen beim Nahen des Flugzeuges einige Menschen hin- und herlaufen.
Das Rollfeld ist nicht so eben, wie es aus der Höhe schien. Aus den Fugen und Ritzen des Betons ist Gras gekrochen und bildet Wülste. Das Fahrwerk der Maschine rumpelt hart über diese Hindernisse weg. Eine Spitze der Tragfläche ist schon fast am Boden, wird aber vor der Berührung mit dem Beton wieder hochgerissen.
Die Maschine steht. Es ging so schnell, daß selbst für die Angst wenig Zeit blieb.
Die Stewardeß. Wieder mit dem Startlächeln, das ihr eine Weile abhanden gekommen war. Sie sagt: Meine Damen und Herren, da keine anderen Ausstiegsmöglichkeiten bestehen, werden wir nun mit dazu vorbereiteten Gummi-Rutschen das Flugzeug verlassen. Zuerst werden ein Steward und eine Kollegin aussteigen, um Sie dann unten auffangen und ihnen behilflich sein zu können. Dabei können Sie die richtige Benutzung der Rutsche beobachten. Da keine Kinder an Bord sind, können die Frauen zuerst aus der Maschine.
Müssen wir denn überhaupt aus dem Flugzeug? fragt Kralek.

Ja, sagt die Stewardeß freundlich, weil wir nicht wissen, ob Brandgefahr besteht. Es scheint nicht so zu sein, aber wir müssen diese Sicherheitsvorschrift einhalten . . . am besten wird es sein, wenn Sie sich hinter den Mauern der Flughallen sammeln . . .
Beiderholm, die Theatergruppe und die anderen Passagiere der notgelandeten Maschine sind im Windschatten des Hangars bald von den Bewohnern der Hütten umringt, die ihnen fröhlich die Hände schütteln.
Gehören die Senores[1] vielleicht zum Vortrupp einer neuen Flugplatzbesatzung? wird Beiderholm von einem alten Indio gefragt, der hier offenbar eine Art von Bürgermeisterwürde ausübt. Jedenfalls schweigen die anderen Hüttenbewohner, sobald der Alte spricht.
Du, Kralek, der hat noch gar nicht begriffen, daß wir hier 'ne Notlandung gebaut haben. Unser Pilot muß schon Klasse sein, wenn er die angeschlagene Maschine so glatt aufgesetzt hat.
Na, mein Fluglehrer würde da ganz anders urteilen, sagt der Pilot, den Beiderholm nicht beim Herankommen gesehen hat. Aber es freut mich, daß Sie mit meinen Leistungen zufrieden sind.
Jetzt spricht Fuller, der Flugkapitän, mit den Hüttenbewohnern. Aus dem Rede- und Antwortspiel verstehen Beiderholm und Kralek so viele Brocken, daß sie sich ein Bild machen können:
Die Indios hier siedelten sich an, als der Militärflugplatz gebaut wurde. Für die drei Dutzend Menschen hinter den Hangars gab es genug Hilfsdienste zu verrichten, die sie ernährten. Zuerst bei den Bautrupps und später bei den Fliegern und Bordwarten, in der Kantine und beim Instandhalten der Unterkünfte. Die Frauen wuschen den Soldaten das Zeug.
Der Flugbetrieb dauerte nur zwei Jahre. Dann bekam die Staffel einen Verlegungsbefehl. Von den Soldaten blieb nichts zurück als ein Trüppchen von vier Kleinkindern, die wahrscheinlich in Liebe, aber gewiß unter Umgehung der Mühen eines standesamtlichen oder kirchlichen Zeremoniells entstanden sind.
Aber diese Kleinen sind nicht unsere Hauptsorge, sagt Jacinto, der alte Indio, obgleich vier Esser mehr da sind. Wir kamen hierher, weil der Betrieb auf dem Flugplatz uns mit ernährte. Wir lebten nicht üppig. Wir hatten aber unser Auskommen. Und seitdem das Militär weg ist, hoffen wir auf eine neue Belegung. Wer läßt schon für teures Geld einen Flugplatz mit allem Drum und Dran bauen, um ihn dann wie zerbrochenes Spielzeug liegenzulassen?
Das Militär kann alles, sagt Pilot Fuller. Vor allem: es kann sich alles leisten! Ich kenne den Laden. War selbst mal drin.
Aber es läßt sich keine Uniform, kein Overall mehr blicken, sagt Jacinto. Der rote Windsack über den Hangars bleicht langsam aus und zerfasert. Wir

[1] Herren

versuchen es nun schon seit Monaten mit der Landwirtschaft. Doch selbst wenn man sich in den trockenen, harten Boden hineingräbt, gibt er nicht viel her. Sie sehen es ja selbst, Senores!
Jacintos magere Hand beschreibt einen Halbkreis. Wirklich, wenn man genau auf den Boden starrt, sieht man wenig Unterschied zwischen der ramponierten Betonpiste des Flugplatzes und der Beschaffenheit der Felder mit ihren verkümmerten Maisstauden.
Wir hungern, sagt Jacinto. Die Gesichter der Indios beweisen, daß Jacinto die Wahrheit sagt.
Wir hungern auch morgen, zu Weihnachten, sagt Jacinto. Dann spürt man besonders, daß man hungert und nichts kriegt. Und wir dachten, das große Geschenk wären Sie, weil Sie den Flugplatz wieder . . .
Wie lange bleiben wir hier? fragt die Sängerin energisch. Das Mitleid hat die Frau resolut gemacht. Sie stellt ihre Stämmigkeit neben Beiderholm.
Mindestens zwei Tage, höchstens drei. Hubschrauber und Fahrzeuge sind zu uns unterwegs. Die Gesellschaft hat sie auf unsere Funksignale schon losgeschickt, als wir noch in der Luft waren. Wenn die Maschine nicht fertig wird, werden wir per Bus zum nächsten regulären Flughafen gebracht.
Also auf jeden Fall haben wir reichlich Verpflegung an Bord, Kapitän Fuller?
Reicht mindestens für zwei Wochen, wenn Sie die Vorräte dazu rechnen, die zum Verkauf bestimmt sind: Schokolade, Kekse, Bonbonnieren . . .
Das wollte ich nur wissen, sagt die Sängerin. Wir werden die Leute hier beschenken. Jetzt erst etwas zum Sattmachen, und heute am Heiligabend was Besseres, was Leckeres. Und darüber hinaus werden wir diesen Indios eine Vorstellung schenken!
Bitte, wie meinen Sie das . . .?
Eine Vorstellung geben wir heute ab, gratis. Ich singe etwas Volkstümliches aus meinem Repertoire, der Bauchredner kann endlich mal wieder einen ordentlichen Auftritt absolvieren, statt an den unpassendsten Stellen mit seiner Gnomenstimme die anderen Passagiere zu verstören, und . . .
Und wir machen Generalprobe für unseren Einakter in der Landessprache, sagt Kralek zu Beiderholm und den anderen.
Ist aber kein Weihnachtsstück, sagt Beiderholm.
Kommt der liebe Gott wenigstens drin vor? fragt die Sängerin.
Nach Gott wird in dem Stück heftig gesucht, sagt Beiderholm. Aber er zeigt sich nicht.
Werden die Indios das verstehen? fragt Kralek.
Vielleicht besser, als die Premierengäste uns bei unserem weihnachtlichen Auftakt verstanden hätten: piekfein angezogene landsmannschaftliche Kolonie, Botschafter, Kulturattachees[2]! Wir haben doch bis jetzt vor einem Publi-

[2] Auslandsvertretungen zugeteilter Berater für den Bereich Kultur

kum in Hemdsärmeln und mit der Kaffeepulle gespielt, das uns auch verstanden hat. Und wenn die Indios hier uns nicht kapieren, dann ist etwas mies an uns, unser Schauspielen, meine Inszenierung ... Kralek, das beginnt mich jetzt mehr zu reizen als die vorgeschriebenen Etappen unserer Gastspielreise. – Können wir an unser Gepäck, Kapitän Fuller?
Ja, sagt Fuller.
Die Luft und die Farben sind eigentlich zu weich für unser sperriges Stück, sagt Beiderholm.
Kralek nimmt erst jetzt die milde Luft und die violetten Schraffuren am Abendhimmel wahr. Eine Stunde vor dem Auftritt hat er kein Gespür mehr für Wetter und Licht, sondern nur noch Angst um seinen Text. Die Angst hat sich heute vervielfacht, weil es ein fremdsprachiger Text ist.
Die Sängerin hat ein Gesamtprogramm gemacht. Sie will mit einem finnischen Weihnachtslied eröffnen. Dann soll die Bordsteingruppe ihren Einakter spielen, dann bringt eine Stewardeß ein Harmonika-Potpourri[3], dann mag der Bauchredner seine Puppe sprechen lassen und dann kommt wieder die Sängerin zum Finale mit einer Arie.
Die Szene spielt an der Flanke des Flugzeugs. Der Bordmechaniker hat eine Positionslampe drehbar gemacht und läßt den Lichtkegel spielen. Die Sängerin bekommt sogar eine rosa Vorsatzblende bei ihrem Auftritt. Sie hat darum gebeten. Wenn man Teint[4] stimmt, stimmt auch mein Timbre[5], hat sie gesagt.
Die Indios und die Passagiere, die keinen Auftritt haben, lagern im Halbkreis auf alten Tonnen, Decken und Holzkisten.
Der Kapitän hat mit dem Mikrophon die Ansage übernommen. Meine Damen und Herenn, liebe Gäste, Sie erleben in einer Sondervorstellung die Weltberühmtheit, Gast der Metropolitan Opera und der Mailänder Skala: Maria Gebarda!
Die Sängerin singt gut. Sie singt so, wie sie auch vor verwöhntem, vieltausendköpfigem Publikum singen würde. Beiderholm freut sich darüber. Er hatte gefürchtet, daß die Gebarda dies so im Nebenbei erledigen würde.
Aber obgleich die Sängerin sich anstrengt, bleiben die Indios wie taub. Die Indios essen und essen. Sie haben Brot und Fleisch und Käse und Schokolade auf den Knien und Schößen und stecken alles andächtig in winzigen Stückchen durcheinander in sich hinein. Kaum einer, der den Kopf zu der Sopranistin hebt, kaum einer, der sein Ritual des immerwährenden Verzehrs unterbricht. Als die Gebarda zu Ende ist, klatschen die Passagiere frenetisch, schon aus Mitgefühl, um die Sängerin nicht spüren zu lassen, daß sich bei den Indios keine Hand rührt. Keine Hand rühren kann, denn in den dürren Händen sind die Lebensmittel.

[3] Melodienfolge
[4] Gesichtsfarbe
[5] Klangfarbe der Gesangsstimme

Beiderholm weiß, daß es falsch war, diese Wohltätigkeitsveranstaltung mitzumachen. Er weiß auch, daß sein Ehrgeiz töricht war, dieses Publikum für einen Test zu mißbrauchen. Satte wissen nicht, wie es Menschen zumute ist, die monatelang, jahrelang, ein Leben lang Hunger gehabt haben.
Die Geschmacklosigkeit beim bürgerlichen Theater-Abonnenten mag darin bestehen, daß er bei offener Szene sein Konfekt auspackt und genüßlich ißt. Unsere Geschmacklosigkeit besteht darin, daß wir Halbverhungerten die Andacht des Essens durch Theater stören wollen.
Beiderholms Gedanken können nicht mehr als Bremse für das gelten, was zu tun ist. Er will sein Stück nun gespielt wissen und seine Rolle spielen. Er hat den Mut nicht, jetzt abzubrechen, wie er auch den Mut nicht hatte, die Einladung zum Gastspiel in Südamerika abzulehnen, weil andere ihm gesagt hatten: Das ist der große Sprung und das ist endlich internationales Bekanntwerden und das bedeutet Schlagzeilen und Fernsehinszenierungen und endlich Raus aus dem Kleinkarierten und dem Sich-Abstrampeln vor Dockarbeitern in der Butterbrotpause.
Beiderholm spielt. Er sagt seine Sätze wie ein Nachrichtensprecher, deutlich und mit dem mühsam erarbeiteten Anschein des Nichtbeteiligtseins an dem, was kundgetan wird. Beiderholm sagt: Ni marmol ni musica ni pintura, sino palabra en el tiempo. Und da er die fremden Worte nur mechanisch lernen konnte, muß er sie immer mit seiner Muttersprache grundieren: Weder Marmor noch Musik und Malerei, sondern das Wort in der Zeit!
Und während Beiderholm in dieser beginnenden Nacht das sagt, weiß er, daß auch diese Worte nur bedingt wahr sind. Für die Indios hier stimmen sie nicht. Für die Indios müßte jemand da sein, der nicht viel Worte macht, sondern der ihnen die Maschinen bringt und ihnen die Handgriffe zeigt, mit denen sie diese Erde aufbrechen können. Oder der ihnen zeigt, wie man von hier weggeht. Wie man von hier weggehen kann, weil man nicht mehr auf Soldaten warten muß, die vielleicht mal wiederkommen und vielleicht nie mehr. Beiderholm spielt und denkt das in der Lichtglocke vor dem Flugzeug, das gar nicht stolz aussieht wie sonst auf den Werbeprospekten der Luftgesellschaften, die zum großen Weihnachtsflug einladen.
An diesem Heiligen Abend steht auf einem Flugplatz, der nicht mehr funktioniert, eine Maschine, die nicht mehr fliegen kann. Und es stehen Menschen da, von denen sich einer schämt und ein paar essen. Das ist alles.

B. TRAVEN

Der Großindustrielle

In einem kleinen indianischen Dorfe im Staate Oaxaca erschien eines schönen Tages ein Amerikaner, der Land und Leute zu studieren gedachte. Bei seinem Hin- und Herwandern gelangte er zur Hütte eines indianischen Klein-Landwirtes, der sich seinen bescheidenen Lebensunterhalt dadurch verbesserte, daß er in der freien Zeit, die ihm von seiner Tätigkeit auf seinem Maisfeld blieb, kleine Körbchen flocht. Diese Körbchen wurden aus Bast geflochten, der in verschiedenen Farben, die der Indianer aus Pflanzen und Hölzern zog, gefärbt war. Der Mann verstand diese vielfarbigen Basststrähnen so künstlerisch zu verflechten, daß, wenn das Körbchen fertig war, es aussah, als wäre es mit Figuren, Ornamenten, Blumen und Tieren bedeckt. Daß diese Ornamente nicht auf das Körbchen etwa aufgemalt waren, sondern als Ganzes sehr geschickt hineingeflochten waren, konnte auch einer, der nichts davon verstand, sofort erkennen, wenn er das Körbchen innen betrachtete. Denn innen kamen alle die Ornamente an der gleichen Stelle wie außen zur Ansicht. Die Körbchen mochten verwandt werden als Nähkörbchen oder als Schmuckkörbchen.

Wenn der Indianer etwa zwanzig Stück dieser kleinen Kunstwerke geschaffen hatte und er in der Lage war, sein Feld für einen Tag allein zu lassen, dann machte er sich frühmorgens um zwei Uhr auf den Weg zur Stadt, wo er die Körbchen auf dem Markte feilbot. Die Marktgebühr kostete ihn zehn Centavos[1].

Obgleich er an jedem einzelnen Körbchen mehrere Tage arbeitete, so verlangte er für ein Körbchen nie mehr als fünfzig Centavos. Wenn der Käufer jedoch erklärte, das sei viel zu teuer, und wenn er zu handeln begann, dann ging der Indianer auf fünfundreißig, auf dreißig und selbst auf fünfundzwanzig Centavos hinunter, ohne je zu wissen, daß dies das Los vieler, wohl der meisten Künstler ist.

Es kam oft genug vor, daß der Indianer nicht alle seine Körbchen, die er auf den Markt gebracht hatte, verkaufen konnte; denn viele Mexikaner, die glauben betonen zu mussen, daß sie gebildet sind, kaufen bei weitem lieber einen Gegenstand, der in einer Massenindustrie von zwanzigtausend Stück täglich hergestellt wird, aber den Stempel Paris oder Wien oder Dresdner Kunstwerkstatt trägt, als daß sie die Arbeit eines Indianers ihres eigenen Landes, der nicht zwei Stück ganz genau gleich anfertigt, in ihrem Einzigkeitswert zu schätzen verstünden.

Wenn so der Indianer seine Körbchen nicht alle verkaufen konnte, dann ging

[1] mexikanische Geldeinheit

er mit dem Rest von Ladentür zu Ladentür hausieren, wo er, je nachdem, mit barscher, mit gleichgültiger, mit wegwerfender, mit gelangweilter Geste behandelt wurde, wie Hausierer, Buch- und Einrahmungsagenten behandelt zu werden pflegen.

Der Indianer nahm diese Behandlung hin, wie alle Künstler, die allein den wirklichen Wert ihrer Arbeit zu schätzen wissen, derartige Behandlung hinnehmen. Er war nicht traurig, nicht verärgert und nicht mißgestimmt darüber.

Bei diesem Forthausieren des Restes wurden ihm oft nur zwanzig, ja sogar fünfzehn und zehn Centavos für das Körbchen geboten. Und wenn er es selbst für diese Nichtigkeit verkaufte, so sah er häufig genug, daß die Frau das Körbchen nahm, kaum richtig ansah und dann, noch in seiner Gegenwart, das Körbchen auf den nächsten Tisch warf, als wollte sie damit sagen: »Das Geld ist ja völlig unnütz ausgegeben, aber ich will doch den armen Indianer etwas verdienen lassen, er hat ja einen so weiten Weg gehabt. Wo bist du denn her? – So, von Tlacotepec. Weißt du, kannst du mir nicht ein paar Truthühner bringen? Müssen aber schwer und sehr billig sein, sonst nehme ich sie nicht.«

Die Amerikaner sind ja nun mit solchen kleinen Wunderwerken nicht so verwöhnt wie die Mexikaner, die, von einigen Ausnahmen abgesehen, nicht wissen und nicht schätzen, was sie in ihrem Lande an Gütern haben. Und wenn nun auch der gewöhnliche Amerikaner den wirklichen Wert an unvergleichlicher Schönheit dieser Arbeiten nicht abzuschätzen versteht, so sieht er doch in den meisten Fällen sofort, daß hier eine Volkskunst vorliegt, die er würdigt und um so rascher erkennt und schätzt, als sie in seinem Lande fehlt.

Der Indianer hockte vor seiner Hütte auf dem Erdboden und flocht die Körbchen.

Sagte der Amerikaner: »Was kostet so ein Körbchen, Freund?«

»Fünfzig Centavos, Señor«, antwortete der Indianer.

»Gut, ich kaufe eines, ich weiß schon, wem ich damit eine Freude machen kann.« Er hatte erwartet, daß das Körbchen zwei Peso kosten würde.

Als ihm das klar zum Bewußtsein kam, dachte er sofort an Geschäfte.

Er fragte: »Wenn ich Ihnen nun zehn dieser Körbchen abkaufe, was kostet dann das Stück?«

Der Indianer dachte eine Weile und sagte: »Dann kostet das Stück fünfundvierzig Centavos.«

»All right, muy bien, und wenn ich hundert kaufe, wieviel kostet dann das Stück?«

Der Indianer rechnete wieder eine Weile: »Dann kostet das Stück vierzig Centavos.«

Der Amerikaner kaufte vierzehn Körbchen. Das war alles, was der Indianer auf Vorrat hatte.

Als der Amerikaner nun glaubte, Mexiko gesehen zu haben und alles und

jedes zu wissen, was über Mexiko und die Mexikaner wissenswert ist, reiste er zurück nach New York. Und als er wieder mittendrin war in seinen Geschäften, dachte er an die Körbchen.
Er ging zu einem Großschokoladenhändler und sagte zu ihm: »Ich kann Ihnen hier ein Körbchen anbieten, das sich als sehr originelle Geschenkpackung für feine Schokoladen verwenden läßt.«
Der Schokoladenhändler besah sich das Körbchen mit großer Sachkenntnis. Er rief seinen Teilhaber herbei und endlich auch noch seinen Manager. Sie besprachen sich, und dann sagte der Händler: »Ich werde Ihnen morgen den Preis sagen, den ich zu zahlen gewillt bin. Oder wieviel verlangen Sie?«
»Ich habe Ihnen bereits gesagt, daß für mich nur Ihr Angebot entscheidend ist, ob Sie die Körbchen erhalten. Ich verkaufe diese Körbchen nur an das Haus, das am meisten dafür bietet.«
Nächsten Tag kam der Mexikokenner wieder zu jenem Händler. Sagte der Händler: »Ich kann für das Körbchen, mit den feinsten Pralinés gefüllt, vier, vielleicht gar fünf Dollar bekommen. Es ist die originellste und schönste Packung, die wir dem Markte anbieten können. Ich zahle zwei und einen halben Dollar das Stück, Hafen New York, Zoll und Fracht auf meine Lasten, Verpackung zu Ihren Lasten.«
Der Mexikoreisende rechnete nach. Der Indianer hatte ihm bei einer Abnahme von hundert das Stück für vierzig Centavos angeboten, das waren zwanzig Cents. Er verkaufte das Stück für zwei und einen halben Dollar. Dadurch verdiente er am Stück zwei Dollar dreißig Cent oder ungefähr zwölfhundert Prozent.
»Ich denke, ich kann es für diesen Preis tun«, sagte er.
Worauf der Händler antwortete:
»Aber unter einer wichtigen Bedingung. Sie müssen mir wenigstens zehntausend Stück dieser Körbchen liefern können. Weniger hat für mich gar keinen Wert, weil sich sonst die Reklame nicht bezahlt, die ich für diese Neuheit machen muß. Und ohne Reklame kann ich den Preis nicht herausholen.«
»Abgeschlossen«, sagte der Mexikokenner. Er hatte rund vierundzwanzigtausend Dollar verdient, von welchem Betrage nur die Reise abging und der Transport bis zur nächsten Bahnstation.
Er reiste sofort nach Mexiko und suchte den Indianer auf. »Ich habe ein großes Geschäft für Sie«, sagte er. »Können Sie zehntausend dieser Körbchen anfertigen?«
»Ja, das kann ich gut. Soviel wie Sie haben wollen. Es dauert eine Zeit. Der Bast muß vorsichtig behandelt werden, das kostet Zeit. Aber ich kann so viele Körbchen machen, wie Sie wollen.«
Der Amerikaner hatte erwartet, daß der Indianer, als er von dem großen Geschäft hörte, halbtoll werden würde, etwa wie ein amerikanischer Automobilhändler, der auf einen Schlag fünfzig Dodge Brothers verkauft. Aber der

Indianer regte sich nicht auf. Er stand nicht einmal auf von seiner Arbeit. Er flocht ruhig weiter an seinem Körbchen, das er gerade in den Händen hatte.
Es waren vielleicht noch fünfhundert Dollar extra zu verdienen, womit die Reisekosten gedeckt werden können, dachte der Amerikaner; denn bei einem so großen Auftrag konnte der Preis für das einzelne Körbchen sicher noch ein wenig herabgedrückt werden.
»Sie haben mir gesagt, daß Sie mir die Körbchen das Stück für vierzig Centavos verkaufen können, wenn ich hundert Stück bestelle«, sagte er nun.
»Ja, das habe ich gesagt«, bestätigte der Indianer. »Was ich gesagt habe, dabei bleibt es.«
»Gut dann«, redete der Amerikaner weiter, »aber Sie haben mir nicht gesagt, wieviel ein Körbchen kostet, wenn ich tausend Stück bestelle.«
»Sie haben mich nicht darum befragt, Señor.«
»Das ist richtig. Aber ich möchte Sie jetzt um den Preis für das Stück fragen, wenn ich tausend Stück bestelle und wenn ich zehntausend Stück bestelle.«
Der Indianer unterbrach jetzt seine Arbeit, um nachrechnen zu können. Nach einer Weile sagte er: »Das ist zu viel, das kann ich so schnell nicht ausrechnen. Das muß ich mir erst gut überlegen. Ich werde darüber schlafen und es Ihnen morgen sagen.«
Der Amerikaner kam am nächsten Morgen zum Indianer, um den neuen Preis zu hören.
»Haben Sie den Preis für tausend und für zehntausend Stück ausgerechnet?«
»Ja, das habe ich, Sēnor. Und ich habe mir viel Mühe und Sorge gemacht, das gut und genau auszurechnen, um nicht zu betrügen. Der Preis ist ganz genau ausgerechnet. Wenn ich tausend Stück machen soll, dann kostet das Stück zwei Pesos, und wenn ich zehntausend Stück machen soll, dann kostet das Stück vier Pesos.«
Der Amerikaner war sicher, nicht richtig verstanden zu haben. Vielleicht war sein schlechtes Spanisch daran schuld.
Um den Irrtum richtigzustellen, fragte er: »Zwei Pesos für das Stück bei tausend und vier Pesos das Stück bei zehntausend? Aber Sie haben mir doch gesagt, daß bei hundert das Stück vierzig Centavos kostet.«
»Das ist auch die Wahrheit. Ich verkaufe Ihnen hundert das Stück für vierzig Centavos.« Der Indianer blieb sehr ruhig, denn er hatte sich das alles ausgerechnet, und es lag kein Grund vor, zu streiten. »Señor, Sie müssen das doch selbst einsehen, daß ich bei tausend Stück viel mehr Arbeit habe als mit hundert, und mit zehntausend habe ich noch viel mehr Arbeit als mit tausend. Das ist gewiß jedem vernünftigen Menschen klar. Ich brauche für tausend viel mehr Bast, habe viel länger nach den Farben zu suchen und sie auszukochen. Der Bast liegt nicht gleich so fertig da. Der muß gut und sorgfältig getrocknet werden. Und wenn ich so viele tausend Körbchen machen soll, was wird denn dann aus meinem Maisfeld und aus meinem Vieh? Und dann müssen mir

meine Söhne, meine Brüder und meine Neffen und Onkel helfen beim Flechten. Was wird denn da aus deren Maisfeldern und aus deren Vieh? Das wird dann alles sehr teuer. Ich habe gewiß gedacht, Ihnen sehr gefällig zu sein und so billig wie möglich. Aber das ist mein letztes Wort, Señor, verdad, ultima palabra, zwei Pesos das Stück bei tausend und vier Pesos das Stück bei zehntausend.«

Der Amerikaner redete und handelte mit dem Indianer den halben Tag, um ihm klarzumachen, daß hier Rechenfehler vorliegen. Er gebrauchte ein neues Notizbuch voll von Blättern, um an Ziffern zu beweisen, wie der Indianer für sich ein Vermögen verdienen könne bei einem Preis von vierzig Centavos für das Stück und wie man Unkosten und Materialkosten und Löhne verrechnet.

Der Indianer sah sich die Ziffern verständnisvoll an, und er bewunderte die Schnelligkeit, mit der der Amerikaner die Ziffern niederschreiben und aufsummieren, zerdividieren und durchmultiplizieren konnte. Aber im Grunde machte es wenig Eindruck auf ihn, weil er Ziffern und Buchstaben nicht zu lesen vermochte und aus der klugen, volkswirtschaftlich sehr bedeutenden Vorlesung des Amerikaners keinen andern Nutzen zog als den, daß er lernte, daß ein Amerikaner stundenlang reden kann, ohne etwas zu sagen.

Als der Amerikaner dann endlich erkannte, daß er den Indianer von seinen Rechenfehlern überzeugt hatte, klopfte er ihm auf die Schulter und fragte: »Also, mein guter Freund, wie steht nun der Preis?«

»Zwei Pesos das Stück für tausend und vier Pesos das Stück für zehntausend.«

Der Indianer hockte sich nieder und fügte hinzu: »Ich muß jetzt wieder an meine Arbeit, entschuldigen Sie mich, Señor.«

Der Amerikaner reiste in Wut zurück nach New York, und alles, was er zu dem Schokoladenhändler sagen konnte, war: »Mit Mexikanern kann man kein Geschäft machen, für diese Leute ist keine Hoffnung.«

So wurde New York davor bewahrt, von Tausenden dieser köstlichen kleinen Kunstwerke überschwemmt zu werden. Und so wurde es möglich zu verhüten, daß diese wunderschönen Körbchen, in die ein indianischer Landmann den Gesang der Vögel, die um ihn waren, die Farbenpracht der Blumen und Blüten, die er täglich im Busch sah, und die ungesungenen Lieder, die in seiner Seele klangen, hineinzuweben gewußt hatte, zermanscht und zerstampft in den Kehrichttonnen in der Park Avenue gefunden wurden, weil sie keinen Wert mehr hatten, nachdem die Pralinés herausgeknabbert waren.

JOSEF REDING

Aufenthalt in Dum-Dum

Da sprang ein halbnackter Junge vor unseren Wagen. Der Junge sprang in unsere Fahrbahn und hob seine knorrige Krücke und wirbelte damit vor unserer insektenverklebten Windschutzscheibe. Er redete hastig und zeigte schließlich mit der faserig abgestoßenen Krückenspitze seitwärts ins Gelände. So blieb er stehen, starr, wie ein Wegweiser. Er sagte nichts mehr. Wir blickten in die Richtung, die der Junge meinte. Aber wir sahen nur eine Felsengruppe – nein, mehr: eine Wolke, rauchfarben, löste sich zögernd aus den gebündelten, abwärts gekrümmten Blattsicheln.

»Was ist?« fragte Niklas den Taxifahrer. Der Wagen stand. Wir hatten das Bremsen nicht gespürt.

»Man braucht Hilfe, Sir«, sagte der Chauffeur. »Es ist ein Unglück geschehen, und es sind Leute zu Schaden gekommen.« Er zeigte auf den Jungen. »Seine Leute.«

»In einer halben Stunde müssen wir am Flugplatz sein«, sagte Niklas. »Unsere Maschine . . .«

»Ich schaffe es in zehn Minuten, Sir«, sagte der Fahrer zur Windschutzscheibe. Und als Niklas nichts sagte, setzte der Chauffeur hinzu: »Seine Mutter verblutet.«

»Nehmen Sie den Jungen ins Auto«, sagte Niklas sofort. »Er soll uns den Weg zeigen.«

Der Fahrer winkte mit dem Kopf. Der Junge humpelte an den Wagen. Ich rückte unsere Filmkiste zurecht und wies einladend auf die Deckelfläche. Der Junge setzte sich schnell und geschickt und legte seine Krücken über den heilen Schenkel. Auf der schweißnassen Brust, die vom roten Staub paniert war, glaubte ich sein Herz pochen zu sehen. Der Junge sah uns nicht an. Er schaute stumm auf den Hinterkopf des Fahrers, dessen Haare über den Hemdkragen fransten.

Das Auto bog rumpelnd von der Straße, deren Teerdecke unter der Hitze schlüpfrig geworden war, in einen ausgefahrenen Sandweg hinein. Die tiefen Wagenspuren im Weg stimmten nicht mit dem Radabstand unseres Taxis überein. Der Fahrer mußte mit einem Rad in der Wegmitte und mit dem anderen auf der niedrigen Böschung steuern. Der Junge kam auf dem glatten Stahlblech der Filmisten ins Rutschen. Ich hielt ihn um die Schultern fest. Als er mich scheu anschaute, grinste ich und zog eine lustige Fratze, um ihm Mut zu machen. Aber er blieb ernst und traurig.

»Sind wir eigentlich noch in Kalkutta?« fragte Niklas. Er fragte wohl nur, weil ihn das Schweigen störte.

»Wir sind in Dum-Dum«, sagte der Fahrer.

»Dum-Dum?« fragte Niklas. Er dachte nach. »Hat das was mit den Kugeln zu tun, vor denen wir im Krieg besondere Angst hatten? Ich meine – du kennst die doch auch, nicht?«
»Ja«, sagte ich. »Wenn ein Geschoß eine besonders gräßliche Wunde riß, sprachen alle von Dum-Dum. Kugeln mit abgeplatteten, angefeilten Bleikernen. Laut Genfer Konvention[1] verboten. Und doch manchmal verwendet.«
»Und in diesem öden Vorort . . .«, begann Niklas. »Stand im Ersten Weltkrieg eine Munitionsfabrik«, vollendete der Fahrer. »Traurige Berühmtheit«, sagte Niklas.
Der Sandweg schlängelte sich in die Palmengruppe. Wir erkannten hinter dem vertikalen Gitterwerk der schlanken Stämme einige orangenfarbene Hausfassaden, groß und eindrucksvoll geschnitten, mit breiter Treppe und hohen Portalen. »Hier läßt sich's leben«, sagte Niklas. »Gutsbesitzer unter sich.« Aber dann schwieg Niklas. Jetzt sahen wir nämlich, daß die Treppenaufgänge handbreite Risse hatten, in denen gelbes Gras nistete, daß die Türen faulten und die Fenster mit angelehntem Wellblech verschlossen waren.
Der Junge neben mir begann am ganzen Körper zu zittern. Er tippte dem Fahrer auf die Schulter und zeigte an seiner Schläfe vorbei auf einen Schutthaufen, aus dem sperriges, zerknicktes Gebälk ragte. Sonnenstrahlen flimmerten in einer trägen Staubschwade, die zwischen Niedersinken und Aufstieg schwankte. Neben den Trümmern lagen zwei Gestalten auf einer verschossenen Wolldecke.
Wir rannten zu den Verletzten. Der Junge mit der Krücke stürzte. Als ich ihm aufhelfen wollte, wehrte er ab.
Die Körper auf der Decke waren eine junge Frau und ein Kind, nicht älter als vier oder fünf Jahre. Die Frau trug einen ziegelroten Sari[2]. Erst als wir uns herunterbeugten, sahen wir, daß das Rot an der Schulter der Frau dunkler war. Ich hob behutsam die verklebte Seide des Saris etwas an. Die Frau stöhnte. Neben mir sagte Niklas: »Der Fuß des Kindes ist zerquetscht. Ohnmächtig.«
Ich lief zum Auto zurück, zog den Reißverschluß unseres Materialkoffers auf und holte den Erste-Hilfe-Kasten heraus. Jetzt erst sah ich, daß auf dem Rand eines verfallenen Ziehbrunnens neben dem Auto reglos ein Greis saß, der einen violetten Turban trug und ein weißes Tuch um die Hüften geschlungen hatte.
Der alte Mann schaute mich an und lächelte. Wieder bei den Verletzten, sah ich, daß der Blutfleck unter der roten Seide sich verstärkt hatte. Das Blut kam von der Halsseite her. Ich drehte die Frau vorsichtig um. Das Blut quoll stoßweise. Halsschlagader. Während ich um die Schulter der Frau einen festen

[1] internationales Abkommen
[2] indisches Frauengewand

und um den Hals einen lockeren Verband legte, hatte Niklas mit dem Chauffeur gesprochen. Der Mann klappte die Rückenpolster der Sitze hinterwärts um. Dann trug er das Kind heran. Im Wagen erwachte es aus seiner Bewußtlosigkeit und schrie laut.
Die Frau verbiß sich ein Wimmern, als wir sie zu ihrem Kind auf die Polster legten, über die der Fahrer eine ölbefleckte Zeltbahn gebreitet hatte.
»Wie lange wird's dauern?« fragte Niklas.
»Das nächste Dispensarium[3] ist zwei Meilen von hier«, sagte der Fahrer. Er setzte sich ans Lenkrad. Im Wagen war kein Platz mehr.
»Fahr schnell«, sagte Niklas. Dann, als ob er sich entschuldigen wollte, verbesserte er sich rasch. »Fahr vorsichtig!« Mit leichtem Schaukeln rollte das Taxi zwischen den Palmen davon. »Den seht ihr nie wieder, Sahib[4]«, sagte der Greis auf der Brunnenmauer. Er zischte beim Sprechen. Er hatte keine Zähne mehr.
»Was soll das?« fragte Niklas.
»Viele Kisten im Auto. Schöne Kisten. Wertvolle Kisten.«
Der Alte lächelte.
»Unsere Kameras«, sagte Niklas verstört. »Der Fahrer wird doch nicht damit . . .«
»Oh, Kameras«, sagte der alte Mann und spielte mit dem Ziegelstaub. »Die Sahibs sind Touristen?«
Niklas drehte dem Greis verärgert den Rücken zu und ging in die Richtung des zusammengestürzten Hauses.
Der Alte schaute jetzt auf mich. Der feste Blick seiner großen Augen in den tiefen, bläulichen Höhlen stand in seltsamem Gegensatz zu dem nachsichtigen Lächeln. Die Frage des Greises war an mich weitergegeben.
»Nein, wir sind keine Touristen. Wir haben in Kalkutta gefilmt. Beruflich.«
»Ein schöner Beruf«, sagte der Alte. »Sie haben nette Aufnahmen gemacht. Tempel?«
»Weniger nette«, sagte ich. »Lepraviertel.«
Das Lächeln des Greises war wie weggewischt.
»Wozu machen Sie das?« fragte er.
»Damit man bei uns zu Hause sieht, daß die Menschen hier krank sind und Hunger haben«, sagte ich.
»Und warum sollen Ihre Landsleute das sehen?« fragte er.
»Damit sie helfen, daß die Menschen hier nicht mehr krank zu sein und keinen Hunger mehr zu haben brauchen.«
»So«, sagte der Alte und warf den Staub zur Erde. »Warum filmen Sie nicht diese sterbenden Häuser hier? Warum zeigen Sie nicht diese Villa, die vorhin

[3] Armenapotheke
[4] Herr

zusammengebrochen ist und um ein Haar die Frau und das Kind erschlagen hätte?«
Ich sagte nichts. Der Alte stand vom Brunnenrand auf.
»Sie schweigen«, sagte er mit seinen wässerigen Zischlauten.
»Ich will Ihnen sagen, warum Sie diese Häuser filmen müßten. Als die Villen hier in Dum-Dum entstanden, da wurde der Hunger in Kalkutta größer und die Lepra mächtiger. Und als hier die Fabrik gebaut wurde, als hier die Menschenzerreißer gemacht wurden, da bekam ganz Dum-Dum den Aussatz. Und dann zogt ihr weg, spät, viel zu spät, und ließet die Häuser hier zurück wie abgetragene Kleider. Und ihr ließet den Aussatz zurück und den Hunger. Und darum sind eure Häuser verflucht. Und wer von uns in eure verlassenen Häuser einzieht, nimmt diesen Fluch auf sich. Und wer sich von uns nicht eine eigene Hütte baut – hören Sie, Sahib? Eine eigene, der wird von dem, was ihr zurückgelassen habt, verschüttet. Eure Dinge sind böse!« In das Gesicht des Alten war eine fleckige Röte gestiegen. Er setzte sich heftig zurück auf den zerbröckelnden Brunnenrand.
Der Junge mit der Krücke kam von irgendwoher auf mich zugehumpelt. Er stellte sich vor mich hin. Jetzt lächelte er. Im Auto vorhin hätte ich viel für dieses Lächeln gegeben. Nun aber, nach der Rede des Alten, konnte ich nichts damit anfange. »Sahib«, sagte der Junge, nahm die Krücke unter die Achsel und griff nach meiner Hand. Ich gab sie ihm. Aber meine Hand war schlaff.
»Mensch, das Auto«, rief Niklas von der Hausruine her.
»Der Alte hat mir vorhin doch einen mächtigen Schreck eingejagt! Gut, daß nichts von dem stimmt, was er sagt.«
Unser Taxifahrer war wieder da. »Alles okay!« rief er vom Lenkrad her. »Die Frau liegt schon bei den barmherzigen Schwestern auf dem Operationstisch. Und um das Kind kümmert man sich auch. Steigen Sie ein! Wir schaffen es noch rechtzeitig bis zum Flugplatz, wenn wir sofort abfahren!« Niklas sprang in den Wagen. Ich stand noch zwischen dem Alten und dem einbeinigen Jungen. Dem Alten wollte ich noch etwas sagen. Aber Niklas rief, und der Fahrer hupte, und das humpelnde Kind zog mich an der Hand zum Auto hin. Ich stieg ein. Als wir an dem Alten vorbeifuhren, versuchte ich, sein Gesicht zu sehen. Aber er hatte sein Gesicht von uns abgewendet.

GÜNTHER WEISENBORN

Zwei Männer

Als der Wolkenbruch, den sich der argentinische Himmel damals im Februar leistete, ein Ende gefunden hatte, stand das ganze Land unter Wasser. Und unter Wasser standen die Hoffnungen des Pflanzers von Santa Sabina. Wo ein saftgrünes Vermögen in Gestalt von endlosen Teefeldern mit mannshohen Yerbabüschen[1] gestanden hatte, dehnte sich morgens ein endloses Meer. Der Farmer war vernichtet, das wußte er. Er saß auf einer Maiskiste neben seinem Haus und zählte die fetten Blasen, die an seine Schuhe trieben und dort zerplatzten. Das Maisfeld glich einem See. Der Rancho[2] des Peons[3] war darin verschwunden. Sein Schilfdach trieb im Strom davon, eine nickende Straußenleiche vor sich herschiebend. Der Peon hatte sich zu seinem Herrn geflüchtet und saß neben ihm. Er war ein Indio, der mit breitem, eisernen Gesicht ins Leere starrte. Seine Frau war ertrunken, als sie sich losriß, um ihre Hände zur Madonna zu erheben. Der Peon hatte drei Blasen gezählt. Ihre Hand hatte die letzte Blase zerschlagen. Der Farmer hatte seine Frau in der Stadt. Sie würde vergeblich auf seinen Schritt vor der Tür warten. Denn der Farmer gab sich noch eine Nacht. Es ist unter Männern Brauch, daß man sich in gewissen Lagen die letzte Zigarette teilt. Der Farmer, im Begriff nach des Mannes Art zu handeln, wurde von seinem Peon unterbrochen. »Herr!« rief der Indio, »der Parana! Der Strom kommt . . .!« Er hatte recht. Man hörte in der Ferne ein furchtbares Donnern. Der Parana, angeschwollen von Wasser und Wind, brach in die Teeprovinzen ein. Parana, das heißt der größte Strom Argentiniens. Dieses Donnern war das Todesurteil für die Männer von Santa Sabina. Sie verstanden sich auf diese Sprache, die Männer. Sie hatten tausendmal dem Tod ins Auge gesehen. Sie hatte das Weiße im Auge des Pumas gesehen und der Korallenschlange ins kaltstrahlende Gesicht. Sie hatten dem Jaguar gegenübergestanden und der großen Kobra, die sich blähte. Sie hatten alle diese Begegnungen für sich entschieden, denn ihr Auge war kalt und gelassen ihre Hand.

Jetzt aber halfen keine Patronen und kein scharfes Auge. Dieser Feind hier, das Wasser, war bösartig wie hundert Schlangen, die heranzischten, und todesdurstig wie der größte Puma auf dem Ast. Man konnte das Wasser schlagen, es wuchs. Man konnte hineinschießen, es griff an. Es biß nicht, es stach nicht, das Wasser, es suchte sich nur eine Stelle am Mann, seinen Mund, um ihn anzufüllen, bis Blasen aus der Lunge quollen. Das Wasser war gelb und lautlos. Und man sah vor Regen den Himmel nicht.

[1] südamerik. Teepflanze

[2] Hirtenlager

[3] Tagelöhner

Auf einer kleinen Insel, halb unsichtbar in der triefenden Finsternis, saß der Farmer mit seinem Peon vor seinem Haus.
Dann kam der große Parana. Er kam nicht mit Pauken und Posaunen. Nein, man merkte ihn gar nicht. Aber plötzlich stand der Schuh des Farmers im Wasser. Er zog ihn zurück. Aber nach einer Weile stand der Schuh wieder im Wasser, weiß der Teufel ... Und wenn man die Maiskiste zurucksetzte, so mußte man sie bald noch ein wenig zurücksetzen, denn kein Mann sitzt gern im Wasser.
Das war alles, aber das war der Parana.
Gegen Abend fiel das Hühnerhaus um. Man hörte das halberstickte Kreischen der Vögel, dann war es wieder still. Später zischte es plötzlich im Wohnhaus auf, denn das Wasser war in den Herd gedrungen.
Als es dunkel wurde, standen der Farmer und Peon bereits bis zum Bauch im Wasser. Sie kletterten auf das Schilfdach. Dort auf dem Gipfel saßen sie schweigend, dunkle Schatten in der dunkelsten aller Nächte, indes Töpfe und Kästen aus den Häusern hinausschwammen. Ein Stuhl stieß unten das Glasfenster in Scherben. Das Wasser rauschte. Die Blasen platzten. Ein totes Huhn schwamm im Kreise vor der Haustür.
Als das Wasser das Dach erreicht hatte, stieß es die Hausmauern nachlässig um. Das Dach stürzte von den gebrochenen Pfosten, schaukelte und krachte, dann drehte es sich um sich selbst und trieb in die rauschende Finsternis hinaus.
Das Dach ging einen langen Weg. Es fuhr kreisend zu Tal. Es trieb am Rande der großen Urwälder vorbei. Es segelte durch eine Herde von Rindern, die mit himmelwärts gestreckten Beinen totenstill auf dem wirbelnden Wasser trieben. Glotzäugige Fische schoßen vor dem Schatten des Daches davon. Schwarze Aasgeier trieben, traubenweise an ein Pferd gekrallt, den Strom hinab. Sie blickten mordlustigen Auges herüber ... Blüten, Möbel und Leichen vereinigten sich zu einem Zug des Todes, der talwärts fuhr, einem undurchsichtigen Ende entgegen.
Gegen Morgen richtete sich der Farmer auf und befahl seinem Peon, nicht einzuschlafen. Der Indio verwunderte sich über die harte Stimme seines Herrn.
Er wäre bedenkenlos dem Farmer um die Erde gefolgt. Er war Indio und wußte, was ein Mann ist. Aber er wußte auch, daß ein Mann ein schweres Gewicht hat. Wenn nur ein Mann auf dem Dach sitzt, so hält es natürlich länger, nicht wahr, als wenn es unter dem schweren Gewicht zweier Männer auseinanderbricht und versinkt. Und dann gute Nacht ...
Er glaubte nicht, daß der Farmer gutwillig das Dach verlassen würde, aber man konnte ihn hinunterkippen, denn es ging hier um Leben und Tod. Das dachte der Indio, und er rückte näher. Sein Gesicht war steinern, es troff von Regen.

Das Dach würde auf keinen Fall mehr bis zum Morgen schwimmen. Jetzt schon brachen einzelne Bündel ab und schwammen nebenher. Die Männer mitten auf dem furchtbaren Strom wußten nicht, wo sie waren. Dichter Nebel fuhr mit ihnen. Ringsum das Wasser schien stillzustehen. Fuhren sie im Kreis? Sie wußten es nicht. Sie sahen sich an.

Da folgte der Farmer dem Brauch aller Männer, zog seine letzte Zigarette, brach sie in zwei Teile und bot dem Indio eines an. Sie rissen das Papier ab und kauten den Tabak, da sie kein Feuer hatten.

Er ist ein guter Kamerad, dachte der Peon. Es hat keinen Zweck. Es soll alles seinen Weg gehen. Als er den würzigen Geschmack des Tabaks fühlte, wurde aus der Feindschaft langsam ein Gefühl der Treue. Was willst du? Der Peon hatte seine Frau verloren und sein Kind. Sie hatte die letzte Blase ihres Atems mit ihrer Hand zerschlagen. Er hatte nichts mehr, was ihn zu leben verlockte. Das Schilfdach sank immer tiefer. Wenn er selbst ins Wasser sprang, hielt das Dach vielleicht noch und trug seinen Herrn bis zum Morgen.

Der Dienst ist aus, adios, Senor! Der Peon kletterte über den Giebel bis an den Rand des Daches, als er plötzlich im dunklen Wasser Kalmane[4] rauschen sah, Jaquares[5], die ihn aufmerksam anstarrten. Zum erstenmal verzog der Indio sein Gesicht, dann hielt er den Atem an und sprang. Aber er wurde im selben Moment von seinem Herrn gehalten, der ihn wieder aus dem Wasser zog und seinen Peon zornglühend anschrie. Kreideweiß, mit rotgeränderten Augen und triefenden Haaren, beugte sich der Farmer über ihn, nannte ihn den Vater allen Unsinns und rüttelte ihn. Dann befahl er ihm, seinen Platz einzunehmen und den Mut nicht zu verlieren, verdammt noch mal . . .!

Gegen Morgen trieben sie an Land, sprangen über Baumäste und wateten stundenlang, bis sie ins Trockene kamen. Sie klopften den Boden mit Stöcken nach Schlangen ab, und ehe sie sich zum Schlafen in das Maisfeld legten, sagte der Farmer:

»Morgen gehen wir zurück und fangen wieder an.«

»Bueno[6]«, sagte der Indio. Der Regen hörte auf.

[4] und [5] Raubfische

[6] gut

Gewalt

ROBERT SHECKLEY

Der Tod spielt mit

Raeder hob vorsichtig den Kopf über die Fensterbrüstung. Er sah die Feuerleiter, und unter ihr eine enge Gasse. Dort unten standen drei Abfalltonnen und ein defekter Kinderwagen. Hinter der letzten Tonne tauchte ein schwarzer Ärmel auf; die Hand umklammerte etwas Schimmerndes. Raeder duckte sich hastig. Eine Kugel pfiff durch das Fenster über seinem Kopf und schlug in der Decke ein. Putz bröselte auf ihn herab.

Jetzt wußte er über die Gasse Bescheid. Sie war bewacht, wie die Tür.

Er lag ausgestreckt auf dem rissigen Linoleum, starrte zum Einschuß an der Decke hinauf, lauschte den Geräuschen draußen vor der Tür. Er war ein hochgewachsener Mann mit blutunterlaufenen Augen und zwei Tage alten Bartstoppeln. Schmutz und Überanstrengung hatten sein Gesicht gezeichnet, die Angst seine Züge verändert, hier einen Muskel gespannt, dort einen Nerv zum Zucken gebracht. Das Resultat war verblüffend. Sein Gesicht hatte jetzt Charakter, denn es war durch die Erwartung des Todes umgeformt.

In der Gasse hielt sich ein bewaffneter Bandit auf, auf der Treppe waren zwei Gangster. Er saß in der Falle. Er war tot.

Gewiß, dachte Raeder, er bewegte sich noch, er atmete noch, aber das lag nur an der Unfähigkeit des Todes. In ein paar Minuten würde sich der Tod seiner annehmen, Löcher in sein Gesicht und seinen Körper stoßen, seine Kleidung künstlerisch mit Blut färben und seine Glieder in irgendeiner grotesken Variation des Friedhof-Balletts anordnen . . .

Raeder biß sich auf die Unterlippe. Er wollte leben. Es müßte doch einen Weg geben.

Er rollte sich auf den Bauch und studierte die schäbige Wohnung, in die ihn die Gangster getrieben hatten. Ein perfekter, kleiner Einzimmer-Sarg. Er besaß eine Tür, die unter Beobachtung stand, und eine Feuerleiter, die bewacht wurde. Und außerdem gehörte ein winziges, fensterloses Badezimmer zur Wohnung.

Er kroch auf dem Bauch zum Badezimmer und stand auf. In der Decke befand sich ein gezacktes Loch mit einem Durchmesser von nahezu vierzehn Zentimetern. Wenn er es vergrößern und sich in die Wohnung darüber hochziehen könnte . . .

Er hörte einen dumpfen Schlag. Die Mörder wurden ungeduldig. Sie begannen die Tür aufzubrechen.

Er studierte das Loch in der Decke. Sinnlos, überhaupt daran zu denken. Er konnte es sich niemals rechtzeitig vergrößern.
Sie warfen sich gegen die Tür, bei jedem Anprall Flüche ausstoßend. Bald würde das Schloß auseinanderbrechen, oder die Scharniere würden sich auf alle Fälle aus dem verfaulten Holz lösen.
Die Tür würde umstürzen, und die beiden Männer mit den ausdruckslosen Gesichtern würden hereinkommen, ihre Jacketts abstauben . . .
Aber irgend jemand würde ihm gewiß helfen! Er nahm den winzigen Fernsehempfänger aus der Tasche. Das Bild war verschwommen; er machte sich nicht die Mühe, es scharf einzustellen. Der Ton kam klar und deutlich aus dem Kleinlautsprecher.
Er hörte, wie die sonore Stimme Mike Terrys zur riesigen Zuschauerschaft sprach.
». . . furchtbare Situation«, sagte Terry gerade. »Jawohl, liebe Zuschauer. Jim Raeder ist in einer wirklich entsetzlichen Lage. Er hatte sich unter einem falschen Namen in einem drittklassigen Hotel am Broadway eingemietet, wie Sie sich entsinnen werden. Das schien Sicherheit genug zu bieten. Aber der Hotelpage erkannte ihn und verriet der Thompsonbande sein Versteck.«
Die Tür knarrte unter den heftigen Stößen. Raeder umklammerte das kleine Fernsehgerät und lauschte.
»Jim Raeder konnte gerade noch aus dem Hotel entkommen! Hart verfolgt, betrat er das Wohnhaus in der West End Avenue mit der Nummer 156. Er hatte vor, über die Dächer zu fliehen. Und es hätte klappen können, verehrte Zuschauer, es hätte beinahe geklappt. Aber die Tür zum Dach war abgesperrt. Das Ende schien nahe . . . Aber Raeder stellte fest, daß Appartement sieben unbewohnt war. Er flüchtete sich in die Wohnung . . .«
Terry machte eine Kunstpause, dann rief er: »– und jetzt sitzt er dort in der Falle, wie eine gefangene Maus! Die Thompsonbande bricht die Tür auf! Die Feuerleiter wird bewacht! Unsere Kameraleute, die von einem Gebäude in der Nähe aus arbeiten, vermitteln Ihnen jetzt Nahaufnahmen. Sehen Sie ihn, liebe Zuschauer? Gibt es keine Hoffnung mehr für Jim Raeder?«
›Gibt es keine Hoffnung mehr?‹ wiederholte Raeder stumm, während ihm der Schweiß aus allen Poren trat, als er in dem dunklen, stickigen Badezimmer stand und den regelmäßigen Stößen gegen die Tür lauschte.
»Einen Augenblick!« rief Mike Terry. »Halten Sie aus, Jim Raeder, halten Sie noch ein bißchen aus. Vielleicht besteht noch Hoffnung! Ich erhalte eben einen dringenden Anruf von einem unserer Zuschauer, einen Anruf über die Gute-Samariter-Leitung! Hier ist jemand, der glaubt, Ihnen helfen zu können, Jim! Hören Sie uns, Jim Raeder?«
Raeder wartete. Die Scharniere der Wohnungstür brachen aus dem angefaulten Holz.
»Sprechen Sie ruhig, Sir«, sagte Mike Terry. »Wie heißen Sie, Sir?«

»Äh – Felix Bartholemow.«
»Nur keine Nervosität, Mr. Bartholemow. Äußern Sie sich.«
»Na ja, okay, Mr. Raeder«, erklärte die zittrige Stimme eines alten Mannes, »ich habe früher in der West End Avenue 156 gewohnt. Sogar in demselben Appartement, wo Sie sich jetzt aufhalten, Mr. Raeder. Hören Sie, das Badezimmer hat ein Fenster, Mr. Reader. Es ist übermalt worden, aber es ist da –«
Raeder steckte den Fernsehapparat in die Tasche, entdeckte die Umrisse des Fensters und stieß mit dem Fuß zu. Glas splitterte, und plötzlich drang Tageslicht ins Badezimmer. Er räumte die gezackten Splitter vom Fensterbrett und schaute hinaus.
Es ging weit hinunter auf einen Hof mit Betonboden.
Die Scharniere rissen aus dem Holz. Er hörte, wie die Tür zu Boden stürzte. Hastig stieg er durchs Fenster, hing einen Augenblick an den Fingerspitzen und ließ sich fallen.
Der Aufprall nahm ihm die Luft weg. Betäubt erhob er sich. Im Badezimmer erschien ein Gesicht.
»Pech«, sagte der Mann, beugte sich hinaus und zielte mit einer stumpfnasigen Pistole.
In diesem Augenblick explodierte im Badezimmer eine Rauchbombe.
Der Schuß des Gegners verfehlte sein Ziel bei weitem. Fluchend fuhr er herum. Weitere Rauchbomben detonierten im Hof, und der Nebel hüllte Raeder ein.
Er hörte Mike Terrys aufgeregte Stimme aus dem Gerät in seiner Tasche tönen. »Laufen Sie!« schrie Terry. »Laufen Sie um Ihr Leben, Raeder! Fliehen Sie, solange die Gangster noch durch den Rauch behindert werden. Und danken Sie der Guten Samariterin Sarah Winters aus Brocktan, Massachusets, Edgar Street 341, die fünf Rauchbomben gestiftet hat und einen Mann beauftragte, sie zu werfen!«
Mit etwas ruhigerer Stimme fuhr Terry fort: »Sie haben heute einem Menschen das Leben gerettet, Mrs. Winters. Würden Sie unseren Zuschauern sagen, wie es –«
Raeder konnte sie nicht mehr hören. Er raste durch den raucherfüllten Hof, vorbei an Wäscheleinen, hinaus auf die offene Straße.

Er ging die 63. Straße hinunter, gebückt, um seine Größe ein wenig zu tarnen, taumelnd durch die Erschöpfung, schwindlig aus Mangel an Nahrung und Schlaf.
»He, Sie da!«
Raeder drehte sich um. Auf den Stufen eines Wohnhauses saß eine ältere Frau und sah ihn mit zusammengezogenen Brauen an.
»Sie sind Raeder? Der, den sie umbringen wollen?«

Raeder ging weiter.
»Kommen Sie hier herein, Raeder«, sagte die Frau.
Vielleicht war es eine Falle. Aber Raeder wußte, daß er auf die Großzügigkeit und Anständigkeit der Leute vertrauen mußte. Er war ihr Repräsentant, eine Verkörperung ihres Wesens, ein einfacher Mann in Schwierigkeiten. Ohne sie war er verloren. Mit ihnen konnte ihm nichts zustoßen.
Vertrauen Sie auf die Leute, hatte ihm Mike Terry gesagt. Sie lassen Sie niemals im Stich.
Er folgte der Frau in ihr Wohnzimmer. Sie bot ihm einen Stuhl an und verließ den Raum. Wenige Augenblicke später kam sie mit einem Teller Stew zurück. Sie beobachtete ihn, während er aß, wie man im Zoo einem Affen beim Verschlingen von Erdnüssen zusieht.
Zwei Kinder kamen aus der Küche und starrten ihn an. Drei Männer in Arbeitsanzügen verließen das Schlafzimmer und stellten eine Fernsehkamera auf ihn ein. In der Ecke stand ein großer Fernsehempfänger. Während er das Essen hinunterschlang, beobachtete Raeder das Bild Mike Terrys und lauschte der ernsten, besorgt klingenden Stimme.
»Hier ist er, verehrte Zuschauer«, erklärte Terry. »Hier ist Jim Raeder, seit zwei Tagen bei seiner ersten richtigen Mahlzeit. Unsere Kameraleute haben sich wirklich angestrengt, um Ihnen das zu zeigen! Danke, Jungs . . . Liebe Zuschauer, Jim Raeder hat vorübergehend bei Mrs. Velma O'Dell, 63. Straße 343, eine Zuflucht gefunden. Vielen Dank, Gute Samariterin O'Dell! Es ist wirklich großartig, wie Menschen aus allen Kreisen Jim Raeder ins Herz geschlossen haben!«
»Sie sollten sich beeilen«, sagte Mrs. O'Dell.
»Ja, Mrs. O'Dell«, erwiderte Raeder.
»Ich will in meiner Wohnung keine Schießerei.«
»Ich bin gleich fertig, Mrs. O'Dell.«
Eines der Kinder fragte: »Bringen sie ihn denn nicht um?«
»Halt den Mund«, sagte Mrs. O'Dell.
»Jawohl, Jim«, leierte Mike Terry, »Sie beeilen sich besser. Ihre Verfolger sind nicht weit zurück. Sie sind keine Dummköpfe, Jim. Bösartig, anomal, verrückt – ja! Aber nicht dumm. Sie folgen einer Spur von Blut – Blut aus Ihrer verletzten Hand, Jim!«
»Kommen Sie her, ich verbinde Sie«, sagte Mrs. O'Dell. Raeder stand auf und ließ sich verbinden. Dann gab ihm Mrs. O'Dell ein braunes Jackett und einen grauen, breitkrempigen Hut.
»Das sind Sachen von meinem Mann«, erklärte sie.
»Er hat eine Tarnung, verehrte Zuschauer!« rief Mike Terry entzückt. »Das ist etwas ganz Neues! Eine Verkleidung! Und noch sieben Stunden, bis Jim Raeder in Sicherheit ist!«
»Nun verschwinden Sie«, sagte Mrs. O'Dell.

»Ich gehe schon«, erwiderte Raeder. »Vielen Dank auch.«
»Für mich sind Sie nicht bei Trost«, meinte sie. »Nur ein Verrückter kann sich auf so etwas einlassen.«
»Ja, Mrs. O'Dell.«
»Die Sache ist doch diesen Einsatz nicht wert.«
Raeder bedankte sich und verließ das Haus. Er ging zum Broadway, fuhr mit der Untergrundbahn zur 59. Straße, stieg in einen Pendlerzug zur 86. Straße um. Dort kaufte er eine Zeitung und stieg in die Manhasset-Schnellverkehrsbahn ein.
Er warf einen Blick auf die Uhr. Noch sechseinhalb Stunden.

Während der Fahrt denkt Raeder zurück. Er denkt an den Lastwagenfahrer, der ihn auf die Idee gebracht hatte, und den Radiohändler, der ihm die Sache mit den Show-Auftritten näher erklärt und ihn auf das »Selbstmordgesetz« hingewiesen hatte, wonach jeder für das große Los sein Leben riskieren dürfe.
Er denkt auch an die Stationen seiner »Karriere«:
1000 Dollar für ein Autorennen mit anderen ungeübten Fahrern;
3000 Dollar für eine Bruchlandung mit einem Flugzeug;
10 000 Dollar für einen Stierkampf;
30 000 Dollar für einen Unterwasser-Kampf mit Haien, Kraken und anderen »Wettkämpfern« um einen Schatz . . .

Der U-Bahn-Zug kam zum Stehen und riß ihn aus seiner Versunkenheit. Raeder schob den Hut ins Genick und bemerkte gegenüber einen Mann, der ihn anstarrte und dann seiner dicklichen Nachbarin etwas zuflüsterte. Hatten sie ihn erkannt?
Als sich die Türen öffneten, erhob er sich sofort und warf einen Blick auf die Uhr. Fünf Stunden mußte er noch aushalten.

Am Manhasset-Bahnhof stieg er in ein Taxi und wies den Fahrer an, ihn nach New Salem zu bringen.
»New Salem?« fragte der Chauffeur und starrte ihn durch den Innenspiegel an.
»Richtig.«
Der Fahrer schaltete sein Funkgerät ein. »Passagier nach New York. Ja, richtig. New Salem.«
Sie fuhren los. Raeder runzelte die Stirn und fragte sich, ob das ein Signal gewesen war. Selbstverständlich war es bei Taxifahrern üblich, sich in der Zentrale abzumelden. Aber irgend etwas in der Stimme dieses Mannes . . .
»Lassen Sie mich hier raus«, sagte Raeder.
Er zahlte und ging die schmale Landstraße hinunter, die sich durch lichten Wald schlängelte. Die Bäume waren zu klein und standen zu weit auseinander, um als Versteck dienen zu können. Raeder wanderte weiter und suchte nach einem Unterschlupf.
Ein schwerer Lastwagen näherte sich. Jim ging weiter, den Hut tief in die Stirn

gezogen. Aber als das Fahrzeug herankam, hörte er eine Stimme aus dem Fernsehempfänger in seiner Tasche rufen: »Vorsicht!«
Er sprang in den Graben. Der Lastwagen schleuderte vorbei, Raeder nur knapp verfehlend, und hielt mit kreischenden Bremsen. Der Fahrer schrie: »Da ist er! Schieß, Harry, drück doch endlich ab!«
Kugeln fegten das Laub von den Bäumen, als Raeder in den Wald raste.
»Wieder ist es passiert!« erklärte Mike Terry aufgeregt seinen Zuschauern. »Ich fürchte, daß sich Jim Raeder in ein irriges Gefühl der Sicherheit verrannt hat. Das geht nicht, Jim! Nicht, wenn Ihr Leben auf dem Spiel steht! Nicht, solange Mörder Sie verfolgen! Nehmen Sie sich in acht, Jim, Sie müssen noch viereinhalb Stunden durchstehen!«
Der Lastwagenfahrer sagte: »Claude, Harry, schneidet ihm den Weg mit dem Wagen ab. Er sitzt in der Falle.«
»Sie sitzen in der Falle, Jim Raeder!« schrie Mike Terry. »Aber man hat Sie noch nicht! Und Sie können der Guten Samariterin Susy Peters, South Orange, New Jersey, Elmstreet zwölf, für den Warnruf vorhin, als der Lkw herankam, danken. Wir bringen die kleine Susy in wenigen Augenblicken vor die Kamera . . . Sie sehen, verehrte Zuschauer, unser Hubschrauber ist am Schauplatz angelangt. Jetzt können Sie Jim Raeder auf der Flucht beobachten, während ihm die Mörder den Weg abschneiden, ihn einkreisen . . .«
Raeder rannte durch den Wald und erreichte eine Betonstraße; auch auf der gegenüberliegenden Seite gab es stark gelichteten Wald. Einer der Gangster kam von hinten heran. Der Lastwagen hatte eine Nebenstraße befahren und war jetzt eineinhalb Kilometer entfernt, brauste aber auf Raeder zu.
Von der anderen Seite her näherte sich ein Personenwagen. Raeder rannte auf die Straße hinaus und winkte verzweifelt. Das Auto hielt.
»Schnell!« schrie die blonde, junge Frau am Steuer.
Raeder hechtete in den Wagen. Die Frau wendete das Fahrzeug. Eine Kugel durchschlug die Windschutzscheibe. Sie trat auf den Gashebel, fuhr beinahe den Gangster über den Haufen, der im Weg stand.
Bevor der Lastwagen in Schußweite war, raste die Limousine davon.

Raeder lehnte sich zurück und schloß die Augen. Die junge Frau konzentrierte sich auf die Lenkung des Wagens.
»Es hat wieder geklappt!« rief Mike Terry mit ekstatischer Stimme. »Jim Raeder ist wieder den Kiefern des Todes entrissen worden, dank der Hilfe unserer Guten Samariterin Janice Morrow, New York City, Lexington Avenue 433. Haben Sie so etwas schon erlebt, meine Damen und Herren? Wie Miss Morrow durch den Kugelregen raste und Jim Raeder vor dem Untergang rettete! Wir werden uns später mit Miss Morrow unterhalten und uns ihre Erlebnisse mit ihren eigenen Worten schildern lassen. Inzwischen, während Jim Raeder vielleicht der Sicherheit, vielleicht neuen Gefahren entgegenrast,

hören Sie eine Mitteilung unseres Sponsors. Bleiben Sie an Ihrem Gerät! Jim muß noch vier Stunden und zehn Minuten überstehen, bevor er in Sicherheit ist. Noch ist alles möglich!«
»Okay«, sagte das Mädchen. »Die Übertragung ist vorübergehend unterbrochen. Raeder, was zum Teufel ist mit Ihnen los?«
»Wie?« fragte Jim. Das Mädchen war Anfang Zwanzig. Es sah tüchtig, anziehend, unberührbar aus. Raeder stellte fest, daß es ein gutgeschnittenes Gesicht und eine schöne Figur hatte. Und er bemerkte, daß die junge Dame wütend war.
»Miss«, sagte er, »ich weiß nicht, wie ich Ihnen danken soll –«
»Lassen Sie das Gerede«, erwiderte Janice Morrow. »Ich bin keine Gute Samariterin. Ich arbeite für die Sendegesellschaft JBC.«
»Die Sendeleitung hat mich also retten lassen!«
»Sehr klug gefolgert«, meinte sie.
»Und warum?«
»Hören Sie, die Sendung ist teuer, Raeder. Wir müssen eine gute Schau bringen. Wenn die Zuschauerzahlen geringer werden, sitzen wir alle auf der Straße. Und Sie arbeiten nicht mit!«
»Was? Wie?«
»Weil Sie furchtbar sind«, sagte Janice bitter. »Sie sind ein Versager, eine Null. Wollen Sie etwa Selbstmord begehen? Haben Sie überhaupt nicht gelernt, wie man sich durchschlägt?«
»Ich gebe mein Bestes.«
»Die Thompsonbande hätte Sie bis jetzt schon ein dutzendmal erledigen können. Wir haben die Leute gebeten, die Sache auszudehnen und langsam vorzugehen. Aber es ist genau so, als müßte jemand auf eine zwei Meter große Tontaube schießen. Die Thompsonleute machen mit, aber sie können auch nur bis zu einem gewissen Punkt schwindeln. Wenn ich nicht gekommen wäre, hätten sie Sie abknallen müssen – Sendezeit hin, Sendezeit her.«
Raeder starrte sie an und fragte sich, wie ein hübsches Mädchen so reden konnte. Sie warf ihm einen Blick zu, sah dann schnell wieder auf die Straße.
»Schauen Sie mich nicht so an!« sagte sie. »Sie haben sich entschieden, Ihr Leben für Geld zu riskieren, Freundchen. Für sehr viel Geld sogar! Sie wußten, was gespielt wurde. Tun Sie nicht wie ein unschuldiger, kleiner Drogist, der entsetzt erkennt, daß die bösen Gangster hinter ihm her sind. Das ist wieder eine ganz andere Geschichte.«
»Ich weiß«, sagte Raeder.
»Wenn Sie nicht ordentlich leben können, dann versuchen Sie wenigstens, ordentlich zu sterben.«
»Das ist nicht Ihr Ernst«, erwiderte Raeder.
»Ich würde mir da nicht so sicher sein . . . Sie haben noch drei Stunden und vierzig Minuten, bis die Sendung zu Ende ist. Wenn Sie am Leben bleiben

können, gut. Das Geld gehört Ihnen. Aber wenn Sie es nicht schaffen, dann strengen Sie sich wenigstens an.«
Raeder nickte, ohne den Blick von ihr zu lassen.
»In wenigen Augenblicken geht die Sendung weiter. Ich muß einen Motorendefekt vortäuschen und Sie fortschicken. Die Leute Thompsons nehmen jetzt keine Rücksicht mehr. Sie legen Sie um, sobald sie können. Verstanden?«
»Ja«, sagte Raeder. »Kann ich Sie später einmal sehen, wenn ich durchkomme?«
Sie biß sich zornig auf die Unterlippe. »Wollen Sie mich auf den Arm nehmen?«
»Nein. Ich möchte Sie wiedersehen. Darf ich?«
Sie sah ihn forschend an. »Ich weiß nicht. Lassen wir's. Wir sind beinahe soweit. Ich glaube, Sie verschwinden am besten im Wald auf der rechten Seite. Fertig?«
»Ja. Wo kann ich Sie erreichen? Nachher, meine ich.«
»Oh, Raeder, Sie hören mir ja nicht zu. Gehen Sie durch den Wald, bis Sie einen ausgewaschenen Hohlweg finden. Viel ist das nicht, aber etwas Deckung bietet er doch.«
»Wo kann ich Sie erreichen?« wiederholte Raeder.
»Ich stehe im Telefonbuch von Manhattan.« Sie brachte den Wagen zum Stehen. »Okay, Raeder, laufen Sie.«
Er öffnete die Tür.
»Warten Sie.« Sie beugte sich hinüber und küßte ihn auf den Mund. »Viel Glück, Sie Idiot. Rufen Sie mich an, wenn Sie es schaffen.«
Er hetzte in den Wald.

Er rannte zwischen Birken und Fichten dahin, kam gelegentlich an einem Haus vorbei, wo sich Gesichter an die großen Fenster preßten. Ein Bewohner eines dieser Häuser mußte die Bande verständigt haben, denn die Gangster waren knapp hinter ihm, als er den kleinen Hohlweg erreichte. Sie wollten sehen, wie einer starb. Oder vielleicht wollten sie auch nur beobachten, wie er ganz knapp dem Tod entging.
Es kam auf dasselbe heraus.
Er sprang in den Hohlweg, kroch in das dichte Unterholz, und blieb regungslos liegen. Die Gangster erschienen auf beiden Böschungen, streiften langsam umher, achteten auf die geringste Bewegung. Er hörte einen Revolverschuß. Aber der Gangster hatte nur ein Eichhörnchen abgeknallt. Es wand sich einen Augenblick, dann war es still.
Raeder hörte den Hubschrauber des Fernsehens heranbrummen. Er fragte sich, ob Kameras auf ihn gerichtet waren. Möglich. Und wenn man ihn sah, war vielleicht irgendein Guter Samariter bereit, ihm zu helfen.
Raeder lag im Unterholz auf dem Rücken. Er machte ein frommes Gesicht,

faltete die Hände und begann zu beten. Er betete leise, weil das Publikum für auffällige Religiosität nichts übrig hatte. Aber seine Lippen bewegten sich. Das konnte man keinem Menschen verwehren.
Und er betete wirklich. Einmal hatte ein Lippenleser im Publikum einen Flüchtigen dabei ertappt, daß dieser zu beten vorgab, in Wirklichkeit aber Multiplikationen vor sich hinmurmelte. Diesem Mann war jede Hilfe versagt geblieben.
Raeder beendete sein Gebet. Er warf einen Blick auf die Uhr und stellte fest, daß er noch zwei Stunden überstehen mußte.
Und er wollte doch nicht sterben! Das ganze Geld war das nicht wert, wieviel sie ihm auch bezahlen mochten! Er mußte verrückt gewesen sein, total wahnsinnig, um sich darauf einzulassen . . .
Aber er wußte, daß das nicht stimmte. Und er erinnerte sich genau, wie geistig normal er gewesen war.

Vor einer Woche war er im Studio von ›Der Tod spielt mit‹ gewesen, hatte in die Scheinwerfer geblinzelt und sich von Mike Terry die Hand schütteln lassen.
»Nun, Mr. Raeder«, hatte Terry ernst gefragt, »begreifen Sie die Regeln des Spiels, an dem Sie sich beteiligen wollen?«
Raeder nickte.
»Wenn Sie annehmen, Jim Raeder, sind Sie eine Woche lang ein gejagter Mann. Mörder werden Ihnen auf der Spur sein, Jim. Ausgebildete Mörder; Männer, die wegen anderer Verbrechen gesucht werden und für diese eine Tat nach dem Gesetz über freiwilligen Selbstmord Straffreiheit erhalten haben. Sie werden versuchen, Sie umzubringen, Jim – begreifen Sie?«
»Ich verstehe«, sagte Raeder. Er verstand auch die zweihunderttausend Dollar, die man ihm aushändigen würde, wenn er die Woche überlebte.
»Ich frage Sie noch einmal, Jim Raeder. Wir zwingen keinen Menschen, mit seinem Leben als Einsatz zu spielen.«
»Ich will spielen«, sagte Raeder.
Mike Terry wandte sich dem Publikum zu. »Meine Damen und Herren, ich habe hier die Durchschrift eines ausführlichen psychologischen Testberichts, den eine unparteiische Institution auf unseren Wunsch über Jim Raeder erstellt hat. Gegen Einsendung von 25 Cents für Portokosten wird jedem Interessenten ein Exemplar übersandt. Der Test zeigt, daß Jim Raeder geistig gesund, völlig im Gleichgewicht und in jeder Hinsicht voll verantwortlich ist.«
Er wandte sich Raeder zu.
»Wollen Sie immer noch mittun, Jim?«
»Ja.«
»Nun gut!« rief Mike Terry. »Jim Raeder, darf ich Ihnen Ihre Gegner vorstellen!«

Die Thompsonbande marschierte ins Studio, vom Publikum ausgepfiffen.
»Schauen Sie sich diese Männer an, liebe Zuschauer!« sagte Mike Terry mit unverhohlener Verachtung. »Schauen Sie sie sich nur an! Asozial, durch und durch verrottet, völlig amoralisch. Diese Männer kennen kein Gesetz als den abnormen Kodex des Verbrechens, keine Ehre, als die Ehre des feige angeworbenen Mörders. Sie sind dem Untergang geweiht, verurteilt von unserer Gesellschaft, die ihr Unwesen nicht lange dulden wird, einem frühen, schäbigen Tod vorherbestimmt.«
Das Publikum schrie begeistert auf.
»Was haben Sie zu sagen, Claude Thompson?« fragte Terry.
Claude, der Sprecher der Thompsons, trat ans Mikrophon, ein magerer, glattrasierter Mann im dunklen Anzug.
»Ich sage«, erklärte Claude Thompson mit heiserer Stimme, »ich sage, daß wir nicht schlechter sind als alle anderen. Ich meine, wie Soldaten im Krieg, sie töten doch auch. Und sehen Sie sich die Korruption in den Behörden und Gewerkschaften an. Jeder bereichert sich auf seine Weise.«
Das war Thompsons dürftige Lebensanschauung. Aber mit welcher Geschwindigkeit und Präzision zerstörte Mike Terry die Rechtfertigung des Gangsters! Terrys Fragen bohrten tief in die schmutzige Seele des Anführers. Am Ende des Gesprächs stand Claude Thompson der Schweiß auf der Stirn. Er wischte sich das Gesicht mit einem seidenen Taschentuch und warf seinen Leuten hastige Blicke zu.
Mike Terry legte Raeder die Hand auf die Schulter. »Hier ist der Mann, der sich bereit erklärt hat, Ihr Opfer zu sein – wenn Sie ihn fangen können.«
»Wir erwischen ihn«, erwiderte Thompson zuversichtlich.
»Verlassen Sie sich nicht zu sehr darauf«, meinte Terry. »Jim Raeder hat mit wilden Stieren gekämpft – jetzt steht er Schakalen gegenüber. Er ist ein Durchschnittsmensch. Er ist das Volk – das schließlich Ihr und Ihrer Leute Untergang sein wird.«
»Wir schnappen ihn«, sagte Thompson.
»Noch eins«, meinte Terry leise. »Jim Raeder steht nicht allein da. Die Menschen Amerikas sind für ihn. Gute Samariter aus allen Winkeln unserer großen Nation stehen bereit, ihn zu unterstützen. Der unbewaffnete, wehrlose Jim Raeder kann auf die Hilfe und Anständigkeit des Volkes zählen, dessen Repräsentant er ist. Geben Sie sich also nicht zu selbstbewußt, Claude Thompson! Der Mann von der Straße ist für Raeder – und er ist die Mehrheit!«

Raeder dachte darüber nach, regungslos im Unterholz liegend. Ja, die Leute hatten ihm geholfen. Aber auch den Banditen.
Ein Schauder überlief ihn. Er hatte entschieden, erinnerte er sich. Er allein trug die Verantwortung. Das hatte der psychologische Test bewiesen.

Trotzdem, welche Verantwortung trugen die Psychologen, von denen er getestet worden war? Welche Verantwortung traf Mike Terry, wenn er einem unbegüterten Mann soviel Geld bot? Die Gesellschaft hatte die Schlinge geflochten und sie um seinen Hals gelegt; er erhängte sich selbst damit, und das nannte man ›freier Wille‹.
Wessen Fehler war es?
»Aha«, rief jemand.
Raeder sah nach oben und bemerkte einen dicken Mann in seiner Nähe. Er trug ein auffallendes Tweedjackett. Um seinen Hals hing ein Fernglas, in der Hand hielt er einen Spazierstock.
»Mister«, flüsterte Raeder, »bitte verraten Sie mich nicht!«
»Hierher!« rief der Dicke und deutete mit dem Spazierstock auf Raeder. »Da ist er!«
Ein Verrückter, dachte Raeder. Der verdammte Narr glaubt wohl, wir spielen hier Räuber und Gendarm.
»Gleich hier! Schnell!« schrie der Mann.
Fluchend sprang Raeder auf und rannte davon. Er ließ den Hohlweg hinter sich und sah in der Ferne ein weißes Gebäude. Er lief darauf zu. Hinter sich konnte er immer noch den Mann rufen hören.
»Hierher, diesen Weg. Schaut doch hin, könnt ihr ihn noch nicht sehen?«
Die Gangster schossen wieder. Raeder hastete weiter, stolperte auf dem unebenen Boden, raste vorbei an drei Kindern, die in einem Baumhaus spielten.
»Da ist er!« schrien die Kinder. »Da ist er!«
Raeder stöhnte auf und lief weiter. Er erreichte die Stufen des Gebäudes und sah, daß es eine Kirche war.
Als er die Tür aufstemmte, traf ihn eine Kugel in die rechte Kniekehle.
Er stürzte, kroch in die Kirche hinein.
Das Fernsehgerät in seiner Tasche tönte: »Was für ein Endspurt, meine Damen und Herren, was für ein Endspurt! Raeder ist getroffen! Er ist getroffen, liebe Zuschauer, er kriecht jetzt, er hat Schmerzen, aber er gibt nicht auf! Jim Raeder gibt nicht auf!«
Raeder lag im Mittelgang vor dem Altar. Er hörte die eifrige Stimme eines Kindes sagen: »Er ist dort hineingegangen, Mr. Thompson. Wenn Sie sich beeilen, erwischen Sie ihn noch!«
Galt denn eine Kirche nicht als Freistatt? fragte sich Raeder.
Dann wurde die Tür aufgerissen, und Raeder mußte einsehen, daß man sich nicht mehr an solche Gewohnheiten hielt. Er riß sich zusammen und kroch am Altar vorbei durch die Hintertür der Kirche hinaus.
Er befand sich in einem alten Friedhof. Er kroch vorbei an Kreuzen und Sternen, vorbei an Grabsteinen aus Marmor und Granit, vorbei an Steingrabmälern und groben Holzbrettern. Eine Kugel streifte einen Grabstein, über-

schüttete ihn mit Steinsplittern. Er kroch vorsichtig zum Rand eines offenen Grabes.
Sie hatten ihn aufgenommen, dachte er. Alle diese netten, durchschnittlichen, normalen Leute. Hatten sie nicht gesagt, daß er ihr Vertreter war? Hatten sie nicht geschworen, ihr Eigen zu beschützen? Aber nein, sie haßten ihn. Warum hatte er das nicht erkannt? Ihr Held war der eiskalte Bursche mit dem Colt in der Hand, Thompson, al Capone, Billy the Kid, El Cid, der Mann ohne menschliche Regung. Ihn verehrten sie, diesen leblosen, roboterhaften Mörder.
Raeder versuchte sich zu bewegen und rutschte hilflos in das offene Grab.
Er lag auf dem Rücken und starrte zum blauen Himmel empor. Dann ragte eine dunkle Silhouette über ihm auf, löschte den Himmel aus. Metall schimmerte. Langsam begann die Silhouette zu zielen.
Und Raeder ließ für immer alle Hoffnung fahren.
»Halt, Thompson!« schrie die durch Lautsprecher verstärkte Stimme Mike Terrys.
Der Revolver schwankte.
»Es ist eine Sekunde nach fünf! Die Woche ist um! Jim Raeder hat gewonnen!«
Das Studiopublikum machte sich in einem gellenden Aufschrei Luft.
Die um das Grab versammelten Gangster verzogen mürrisch die Gesichter.
»Er hat gewonnen, Freunde, er hat gewonnen!« schrie Mike Terry. »Schaut auf den Bildschirm, seht hin! Die Polizei ist angekommen, man entfernt die Thompsonbande von ihrem Opfer – dem Opfer, das sie nicht töten konnte. Und das verdankt es nur euch, Gute Samariter Amerikas. Sehen Sie, meine Damen und Herren, sanfte Hände heben Jim Raeder aus dem offenen Grab, das seine letzte Zuflucht war. Auch die Gute Samariterin Janice Morrow ist dabei. Ist das der Anfang einer Liebe? Jim scheint das Bewußtsein verloren zu haben, Freunde, man gibt ihm ein Aufputschungsmittel. Er hat zweihunderttausend Dollar gewonnen! Und nun hören wir ein paar Worte von Jim Raeder!«
Es blieb kurze Zeit still.
»Merkwürdig«, sagte Mike Terry. »Liebe Zuschauer, leider können wir im Augenblick nicht mit Jim sprechen. Die Ärzte untersuchen ihn. Haben Sie kurze Zeit Geduld . . .«
Es wurde still. Mike Terry wischte sich die Stirn und lächelte.
»Es ist die Belastung, verehrte Zuschauer, die furchtbare Belastung. Die Ärzte erklären mir . . . Nun, liebe Zuschauer, Jim Raeder hat vorübergehend seine geistige Gesundheit verloren. Aber nur vorübergehend! JBC wird die besten Psychiater und Psychoanalytiker des Landes beauftragen. Wir werden für diesen mutigen jungen Mann alles Menschenmögliche tun. Und selbstverständlich übernehmen wir sämtliche Kosten.«

Mike Terry warf einen Blick auf die Uhr im Studio. »Wir müssen jetzt Schluß machen, liebe Zuschauer. Verfolgen Sie die Ankündigung unserer nächsten großen Sensationsschau. Und keine Angst, ich bin davon überzeugt, daß Jim Raeder bald wieder unter uns sein wird.«
Mike Terry lächelte und blinzelte dem Publikum zu. »Er muß ja gesund werden, Freunde. Wir alle stehen ja auf seiner Seite.«

KURT KUSENBERG

Ein verächtlicher Blick

Das Telefon summte, der Polizeipräsident nahm den Hörer auf. »Ja?«
»Hier spricht Wachtmeister Kerzig. Soeben hat ein Passant mich verächtlich angeschaut.«
»Vielleicht irren Sie«, gab der Polizeipräsident zu bedenken. »Fast jeder, der einem Polizisten begegnet, hat ein schlechtes Gewissen und blickt an ihm vorbei. Das nimmt sich dann wie Geringschätzung aus.«
»Nein«, sprach der Wachtmeister. »So war es nicht. Er hat mich verächtlich gemustert, von der Mütze bis zu den Stiefeln.«
»Warum haben Sie ihn nicht verhaftet?«
»Ich war zu bestürzt. Als ich die Kränkung erkannte, war der Mann verschwunden.«
»Würden Sie ihn wiedererkennen?«
»Gewiß. Er trägt einen roten Bart.«
»Wie fühlen Sie sich?«
»Ziemlich elend.«
»Halten Sie durch, ich lasse Sie ablösen.«
Der Polizeipräsident schaltete das Mikrofon ein. Er entsandte einen Krankenwagen in Kerzigs Revier und ordnete an, daß man alle rotbärtigen Bürger verhafte.
Die Funkstreifen waren gerade im Einsatz, als der Befehl sie erreichte. Zwei von ihnen probierten aus, welcher Wagen der schnellere sei, zwei andere feierten in einer Kneipe den Geburtstag des Wirtes, drei halfen einem Kameraden beim Umzug, und die übrigen machten Einkäufe. Kaum aber hatten sie vernommen, um was es ging, preschten sie mit ihren Wagen in den Kern der Stadt.
Sie riegelten Straßen ab, eine um die andere, und kämmten sie durch. Sie liefen in die Geschäfte, in die Gaststätten, in die Häuser, und wo sie einen Rotbart aufspürten, zerrten sie ihn fort. Überall stockte der Verkehr. Das

Geheul der Sirenen erschreckte die Bevölkerung, und es liefen Gerüchte um, die Hetzjagd gelte einem Massenmörder.
Wenige Stunden nach Beginn des Kesseltreibens war die Beute ansehnlich; achtundfünfzig rotbärtige Männer hatte man ins Polizeipräsidium gebracht. Auf zwei Krankenwärter gestützt, schritt Wachtmeister Kerzig die Verdächtigen ab, doch den Täter erkannte er nicht wieder. Der Polizeipräsident schob es auf Kerzigs Zustand und befahl, daß man die Häftlinge verhöre. »Wenn sie«, meinte er, »in *dieser* Sache unschuldig sind, haben sie bestimmt etwas anderes auf dem Kerbholz. Verhöre sind immer ergiebig.«
Ja, das waren sie wohl, jedenfalls in jener Stadt. Man glaube jedoch nicht, daß die Verhörten mißhandelt wurden; so grob ging es nicht zu, die Methoden waren feiner. Seit langer Zeit hatte die Geheimpolizei durch unauffälliges Befragen der Verwandten und Feinde jedes Bürgers eine Kartei angelegt, aus der man erfuhr, was ihm besonders widerstand: das Rattern von Stemmbohrern, grelles Licht, Karbolgeruch, nordische Volkslieder, der Anblick enthäuteter Ratten, schlüpfrige Witze, Hundegebell, Berührung mit Fliegenleim, und so fort. Gründlich angewandt, taten die Mittel meist ihre Wirkung: sie entpreßten den Befragten Geständnisse, echte und falsche, wie es gerade kam, und die Polizei frohlockte. Solches stand nun den achtundfünfzig Mann bevor.
Der Mann, dem die Jagd galt, befand sich längst wieder in seiner Wohnung. Als die Polizisten bei ihm läuteten, hörte er es nicht, weil er Wasser in die Badewanne strömen ließ. Wohl aber hörte er, nachdem das Bad bereitet war, den Postboten klingeln und empfing von ihm ein Telegramm. Die Nachricht war erfreulich, man bot ihm einen guten Posten im Ausland an – freilich unter der Bedingung, daß er sofort abreise.
»Gut«, sagte der Mann. »Gut. Jetzt sind zwei Dinge zu tun: der Bart muß verschwinden, denn ich bin ihn leid, und ein Paß muß her, denn ich habe keinen.«
Er nahm sein Bad genüßlich, und kleidete sich wieder an. Dem Festtag zu Ehren wählte er eine besonders hübsche Krawatte. Er ließ sich durchs Telefon sagen, zu welcher Stunde er auf ein Flugzeug rechnen könne. Er verließ das Haus, durchschritt einige Straßen, in die wieder Ruhe eingekehrt war, und trat bei einem Friseur ein. Als dieser sein Werk verrichtet hatte, begab der Mann sich ins Polizeipräsidium, denn nur dort, das wußte er, war in sehr kurzer Frist ein Paß zu erlangen.
Hier ist nachzuholen, daß der Mann den Polizisten in der Tat geringschätzig angeschaut hatte – deshalb nämlich, weil Kerzig seinem Vetter Egon ungemein glich. Für diesen Vetter, der nichts taugte und ihm Geld schuldete, empfand der Mann Verachtung, und die war nun, als er Kerzig gewahrte, ungewollt in seinen Blick hineingeraten. Kerzig hatte also richtig beobachtet, gegen seine Meldung konnte man nichts einwenden.

Ein Zufall wollte es, daß der Mann beim Eintritt ins Polizeipräsidium erneut dem Polizisten begegnete, der ihn an Vetter Egon erinnerte. Dieses Mal aber wandte er, um den anderen nicht zu kränken, seine Augen rasch von ihm ab. Hinzu kam, daß es dem Armen offenbar nicht gutging; zwei Wärter geleiteten ihn zu einem Krankenwagen.

So einfach, wie der Mann es gewähnt, ließ sich die Sache mit dem Paß nicht an. Es half ihm nichts, daß er mancherlei Papiere bei sich führte, daß er das Telegramm vorwies: die vermessene Hast des Unternehmens erschreckte den Paßbeamten.

»Ein Paß«, erklärte er, »ist ein wichtiges Dokument. Ihn auszufertigen verlangt Zeit.«

Der Mann nickte. »So mag es in der Regel sein. Aber jede Regel hat Ausnahmen.«

»Ich kann den Fall nicht entscheiden«, sagte der Beamte. »Das kann nur der Polizeipräsident.«

»Dann soll er es tun.«

Der Beamte kramte die Papiere zusammen und erhob sich. »Kommen Sie mit«, sprach er. »Wir gehen den kürzesten Weg – durch die Amtszimmer.«

Sie durchquerten drei oder vier Räume, in denen lauter rotbärtige Männer saßen. »Drollig«, dachte der Mann. »Ich wußte nicht, daß es ihrer so viele gibt. Und nun gehöre ich nicht mehr dazu.«

Wie so mancher Despot gab der Polizeipräsident sich gern weltmännisch. Nachdem der Beamte ihn unterrichtet hatte, entließ er ihn und hieß den Besucher Platz nehmen. Diesem fiel es nicht leicht, ein Lächeln aufzubringen, denn der Polizeipräsident ähnelte seinem Vetter Arthur, den er gleichfalls nicht mochte. Doch die Muskeln, die ein Lächeln bewirkten, taten brav ihre Pflicht – es ging ja um den Paß.

»Kleine Beamte«, sprach der Polizeipräsident, »sind ängstlich und meiden jede Entscheidung. Selbstverständlich bekommen Sie den Paß, sofort, auf der Stelle. Ihre Berufung nach Istanbul ist eine Ehre für unsere Stadt. Ich gratuliere.« Er drückte einen Stempel in den Paß und unterschrieb.

Lässig, als sei es ein beliebiges Heftchen, reichte er seinem Besucher das Dokument. »Sie tragen da«, sprach er, »eine besonders hübsche Krawatte. Ein Stadtplan – nicht wahr?«

»Ja«, erwiderte der Mann. »Es ist der Stadtplan von Istanbul.«

»Reizender Einfall. Und nun –« der Polizeipräsident stand auf und reichte dem Mann die Hand – »wünsche ich Ihnen eine gute Reise.« Er geleitete den Besucher zur Tür, winkte ihm freundlich nach und begab sich in die Räume, wo man die Häftlinge vernahm.

Ihre Pein zu kürzen, hatten die Bedauernswerten manches Delikt eingestanden, nur jenes nicht, dessen man sie bezichtigte. »Weitermachen!« befahl der Polizeipräsident und ging zum Mittagessen.

Bei seiner Rückfahrt fand er eine Meldung vor. Ein Friseur hatte ausgesagt, er habe am Vormittag einen Kunden auf dessen Wunsch seines roten Bartes entledigt. Den Mann selbst könne er nicht beschreiben, doch erinnere er sich eines auffälligen Kleidungsstückes: einer Krawatte mit einem Stadtplan.
»Ich Esel!« schrie der Polizeipräsident. Er eilte die Treppe hinunter, zwei Stufen mit jedem Satz. Im Hof stand wartend sein Wagen. »Zum Flugplatz!« rief er dem Fahrer zu und warf sich auf den Rücksitz.
Der Fahrer tat, was er vermochte. Er überfuhr zwei Hunde, zwei Tauben und eine Katze, er schrammte eine Straßenbahn, beschädigte einen Handwagen mit Altpapier und erschreckte Hunderte von Passanten. Als er sein Ziel erreichte, erhob sich weit draußen, auf die Sekunde pünktlich, das Flugzeug nach Istanbul von der Rollbahn.

WALTER JENS

Bericht über Hattington

Der Winter kam in diesem Jahr sehr früh; schon Mitte November hatten wir 15 Grad Kälte, und in der ersten Dezemberwoche schneite es sechs Tage lang hintereinander; am fünften, einem Mittwoch, brach Hattington aus. Er hatte offenbar damit gerechnet, daß der Schnee seine Spuren verschluckte – und diese Rechnung ging auf. Die Hunde verloren die Witterung, und die Gendarmen kehrten noch im Laufe der Nacht nach Colville zurück.
Am Morgen darauf wurde unser Polizeiposten verstärkt, und Sergeant Smith bekam zwei neue Kollegen: man vermutete nämlich, daß Hattington versuchen würde, auf dem schnellsten Wege zu uns nach Knox zu gelangen; denn hier hatte man ihn, einen seit langem gesuchten Verbrecher, im Mai auf offener Straße verhaftet – wahrscheinlich auf eine Anzeige hin, die von der Kellnerin Hope und dem Tankstellenwart Madison kam, bei denen Hattington in Kreide stand. Die Annahme lag also nahe, daß der Zuchthäusler, um Rache zu nehmen, zuerst nach Knox kommen würde.
Von nun an wohnte die Angst in unserer Stadt. Martha Hope verreiste für einige Wochen, Madison hatte den Revolver entsichert neben dem Bett. Aber auch wir anderen waren in Sorge: nach 10 Uhr abends verließ niemand sein Haus, die Kinder wurden von den Eltern zur Schule gebracht. Die Polizei durchkämmte jeden Winkel: kein Keller und kein Speicher, kein Schuppen und keine Baracke, die man nicht mehrfach durchsuchte; sogar die Kanalisationsschächte wurden geprüft. Doch obwohl sich nirgendwo auch nur die schwächste Fährte fand (kein Anzeichen einer Vermutung, geschweige denn

eine handfeste Spur), wollte das Gerücht nicht verstummen, einer unter uns habe den Entkommenen, der nur auf seine Stunde warte, versteckt: einmal sollte es der Schankwirt Ellington, ein andermal der Zeitungshändler Bore, das dritte Mal ein zugewanderter Hausierer sein, der seine Waren zwischen Colville und Baxton verkaufte. Das Mißtrauen beherrschte die Stadt; anonyme Briefe wurden geschrieben; im »Colville-Star« fand man geheimnisvolle Annoncen: ACHTET AUF BORE ODER JUDAS ELLINGTON, WO WARST DU AM 4. DEZEMBER? Erst als Weihnachten und Neujahr vorbeigingen, ohne daß das geringste geschah, begannen wir wieder Hoffnung zu schöpfen, zumal es jetzt hieß, ein reisender Weinhändler habe Hattington in einer kanadischen Kleinstadt, nahe der Grenze, gesehen. Martha Hope kehrte zurück; Madison verkaufte den Wachhund, in den Wirtschaften war wieder Hochbetrieb, und es hatte den Anschein, als ob unsere Bürger das wochenlang Versäumte in ein paar Tagen nachholen wollten. Die Fenster wurden entriegelt, Sicherheitsschlösser geöffnet, man hörte Lärm und Musik auf den Straßen, und die Maskerade im *Saloon*, ein Fest wie seit Jahren nicht mehr, dauerte bis gegen sechs Uhr früh.

Aber dann fand man plötzlich, am 11. Januar, unten am Fluß die Leiche von Emily Sawdy, und zwei Tage später wurde Helen Fletcher, ein vierzehnjähriges Mädchen, auf dem Schulweg von einem Maskierten in einen Hausflur gezerrt und in grausamer Weise mißhandelt. Hattington, daran (so glaubte man) gab es nun nichts mehr zu deuteln, war also doch in der Stadt . . . Wer aber hatte ihn versteckt? Madison vielleicht, um sich freizukaufen? Oder Martha Hope, weil sie erpreßt worden war? Schwarze Listen machten die Runde; Häuserwände und Gehsteige waren mit Verleumdungen bedeckt; und als am 1. Februar das Drei-Männer-Tribunal beauftragt wurde, das Leben jeden Bürgers genau zu durchforschen, begann eine Hexenjagd, die an die schlimmsten Zeiten denken ließ. Bald gab es kein Geheimnis mehr, das, von Schnüfflern entdeckt, nicht ans Tageslicht kam: Ehemänner, die einmal gefehlt hatten, sahen sich wie Verbrecher behandelt, harmlose Trinker wurden des Mordes verdächtigt; der Frauenverein ließ vor den Kino-Vorstellungen Zettel verteilen, auf denen sich die Bürger ermahnt sahen, den Umgang mit gewissen Leuten, wenn ihnen das Leben lieb sei, zu meiden. Auf der anderen Seite mehrten sich gerade in diesen Tagen unter den jungen Leuten Unordnung und Zuchtlosigkeit. Während die Älteren ihre Häuser nach Möglichkeit nur noch zur Arbeit oder zum Kirchgang verließen, versammelten sich die Jüngeren abends im Wirtshaus, tranken und johlten, pöbelten die Erwachsenen an und errichteten am Ende ein solches Schreckensregiment, daß wir ihrer nur mit Hilfe einer Art von Zivilpolizei, der Bürgerwehr, Herr werden konnten. Schließlich blieb kein anderer Ausweg, als die Rädelsführer kurzweg zu verhaften – und dabei kam dann heraus, daß auch die schlimmsten Radaubrüder sich eher aus Furcht, eines Tages Hattingtons Opfer zu werden, denn aus Übermut zusammenrotteten. Das hat mir wieder einmal gezeigt, wie schnell die allgemeine Raserei im Schatten der Angst und des Schreckens gedeiht. Doch im übrigen standen die Eltern, was den Verfall der Sitten betrifft, ihren Kindern nicht nach. Ich selbst habe Nächte erlebt, in denen man mich mehr als ein dutzendmal anrief, um mich mit verstellter Stimme zum Boykott angeblich verdächtiger Bürger zu zwingen.

Und dann kam jener 17. März, an dem man Madison erwürgt in seinem Zimmer fand: der Mörder hatte ihm ein Kainsmal[1] auf die Schläfe gebrannt. Von diesem Tag an war es auch den Vernünftigen unter uns nicht mehr möglich, Geduld zu bewahren. Wer jetzt noch zur Besonnenheit mahnte und dem hysterischen[2] Taumel zu begegnen versuchte, sah sich kurzerhand auf die Verdächtigen-Liste gesetzt – und das hieß: eingeworfene Scheiben, zerschlagener Hausrat, Drohungen, Anzeigen, Prügel und Feme. Nur ein paar Wochen noch, und es kam zu Tätlichkeiten unter den Bürgern. Schon Anfang April hatten Fanatiker eine Negerpuppe gelyncht[3], einige Tage später die Praxis des jüdischen Doktors zerschlagen. Nun ging man einen Schritt weiter: im Zeichen Hattingtons wurden alte, längst verjährte Rechnungen beglichen; Revolver, Messer und Knute regierten, und wer sich widersetzte, dem wurde zum Lohn mit Kreide ein H auf die Haustür gemalt: er ist ein Hattington-Freund; ihr könnt mit ihm tun, was ihr wollt; niemand wird ihm beistehen wollen.

Im April hat dann sogar Reverend[4] Snyder, einer der letzten besonnenen Männer, kapituliert: von der Kanzel aus befahl er uns, den Mörder und seine Helfershelfer zu jagen. Das war am Sonntag vor Ostern, am Tag darauf war die Macht des Winters gebrochen, und die große Schmelze begann. Die Sonne brachte alles an den Tag: am Karfreitag fand man Hattingtons Leiche, hundert Meter vom Zuchthaus entfernt. Weiter war er nicht gekommen, bei seinem Ausbruchsversuch im November. Der Schnee hatte die Spuren verschluckt, der Eissarg seinen Körper geschützt.

Von diesem Tag an begann es still zu werden, hier bei uns in Knox. Wer es irgend ermöglichen konnte, zog weg. Emily Sawdys und Madisons Mörder aber wurde niemals gefunden, das Vergehn an Helen Fletcher nicht gesühnt. Nur ich habe einen bestimmten Verdacht, doch ich schweige, und sonst weiß niemand, wer der Täter war. Eines aber ist sicher: es gibt nicht viele Leute in unserer Stadt, die frei sind von Schuld.

[1] Spur der bösen Tat am Täter
[2] krankhafter Zustand mit Vortäuschung versch. Krankheiten
[3] gewalttätiges, ungesetzliches Volksgericht an einem (vermeintlichen) Verbrecher
[4] Pfarrer

GERHARD ZWERENZ

Nicht alles gefallen lassen . . .

Wir wohnten im dritten Stock mitten in der Stadt und haben uns nie etwas zuschulden kommen lassen, auch mit Dörfelts von gegenüber verband uns eine jahrelange Freundschaft, bis die Frau sich kurz vor dem Fest unsre Bratpfanne auslieh und nicht zurückbrachte.

Als meine Mutter dreimal vergeblich gemahnt hatte, riß ihr eines Tages die Geduld, und sie sagte auf der Treppe zu Frau Muschg, die im vierten Stock wohnt, Frau Dörfelt sei eine Schlampe. Irgendwer muß das den Dörfelts hinterbracht haben, denn am nächsten Tag überfielen Klaus und Achim unsern Jüngsten, den Hans, und prügelten ihn windelweich.

Ich stand grad im Hausflur, als Hans ankam und heulte. In diesem Moment trat Frau Dörfelt drüben aus der Haustür, ich lief über die Straße, packte ihre Einkaufstasche und stülpte sie ihr über den Kopf. Sie schrie aufgeregt um Hilfe, als sei sonst was los, dabei drückten sie nur die Glasscherben etwas auf den Kopf, weil sie ein paar Milchflaschen in der Tasche gehabt hatte.

Vielleicht wäre die Sache noch gut ausgegangen, aber es war just um die Mittagszeit, und da kam Herr Dörfelt mit dem Wagen angefahren.

Ich zog mich sofort zurück, doch Elli, meine Schwester, die mittags zum Essen heimkommt, fiel Herrn Dörfelt in die Hände. Er schlug ihr ins Gesicht und zerriß dabei ihren Rock. Das Geschrei lockte unsre Mutter ans Fenster, und als sie sah, wie Herr Dörfelt mit Elli umging, warf unsre Mutter mit Blumentöpfen nach ihm. Von Stund an herrschte erbitterte Feindschaft zwischen den Familien.

Weil wir nun Dörfelts nicht über den Weg trauen, installierte Herbert, mein ältester Bruder, der bei einem Optiker in die Lehre geht, ein Scherenfernrohr am Küchenfenster.

Da konnte unsre Mutter, waren wir andern alle unterwegs, die Dörfelts beobachten.

Augenscheinlich verfügten diese über ein ähnliches Instrument, denn eines Tages schossen sie von drüben mit einem Luftgewehr herüber. Ich erledigte das feindliche Fernrohr dafür mit einer Kleinkaliberbüchse, an diesem Abend ging unser Volkswagen unten im Hof in die Luft.

Unser Vater, der als Oberkellner im hochrenommierten Café Imperial arbeitete, nicht schlecht verdiente und immer für den Ausgleich eintrat, meinte, wir sollten uns jetzt an die Polizei wenden.

Aber unserer Mutter paßte das nicht, denn Frau Dörfelt verbreitete in der ganzen Straße, wir, das heißt unsre gesamte Familie, seien derart schmutzig, daß wir mindestens zweimal jede Woche badeten und für das hohe Wassergeld, das die Mieter zu gleichen Teilen zahlen müssen, verantwortlich wären.

Wir beschlossen also, den Kampf aus eigener Kraft in aller Härte aufzunehmen, auch konnten wir nicht mehr zurück, verfolgte doch die gesamte Nachbarschaft gebannt den Fortgang des Streites.
Am nächsten Morgen schon wurde die Straße durch ein mörderisches Geschrei geweckt.
Wir lachten uns halbtot, Herr Dörfelt, der früh als erster das Haus verließ, war in eine tiefe Grube gefallen, die sich vor der Haustür erstreckte.
Er zappelte ganz schön in dem Stacheldraht, den wir gezogen hatten, nur mit dem linken Bein zappelte er nicht, das hielt er fein still, das hatte er sich gebrochen.
Bei alledem konnte der Mann noch von Glück sagen – denn für den Fall, daß er die Grube bemerkt und umgangen hätte, war der Zünder einer Plastikbombe mit dem Anlasser seines Wagens verbunden. Damit ging kurze Zeit später Klunker-Paul, ein Untermieter von Dörfelts, hoch, der den Arzt holen wollte.
Es ist bekannt, daß die Dörfelts leicht übelnehmen. So gegen zehn Uhr begannen sie unsre Hausfront mit einem Flakgeschütz zu bestreichen. Sie mußten sich erst einschießen, und die Einschläge befanden sich nicht alle in der Nähe unserer Fenster.
Das konnte uns nur recht sein, denn jetzt fühlten sich auch die anderen Hausbewohner geärgert, und Herr Lehmann, der Hausbesitzer, begann um den Putz zu fürchten. Eine Weile sah er sich die Sache noch an, als aber zwei Granaten in seiner guten Stube krepierten, wurde er nervös und übergab uns den Schlüssel zum Boden.
Wir robbten sofort hinauf und rissen die Tarnung von der Atomkanone. Es lief alles wie am Schnürchen, wir hatten den Einsatz oft genug geübt. Die werden sich jetzt ganz schön wundern, triumphierte unsre Mutter und kniff als Richtkanonier das rechte Auge fachmännisch zusammen.
Als wir das Rohr genau auf Dörfelts Küche eingestellt hatten, sah ich drüben gegenüber im Bodenfenster ein gleiches Rohr blinzeln, das hatte freilich keine Chance mehr, Elli, unsre Schwester, die den Verlust ihres Rockes nicht verschmerzen konnte, hatte zornroten Gesichts das Kommando »Feuer!« erteilt.
Mit einem unvergeßlichen Fauchen verließ die Atomgranate das Rohr, zugleich faucht es auch auf der Gegenseite. Die beiden Geschosse trafen sich genau in der Straßenmitte.
Natürlich sind wir nun alle tot, die Straße ist hin, und wo unsre Stadt früher stand, breitet sich jetzt ein graubrauner Fleck aus.
Aber eins muß man sagen, wir haben das Unsre getan, schließlich kann man sich nicht alles gefallen lassen.
Die Nachbarn tanzen einem sonst auf der Nase herum.

ERNEST HEMINGWAY

Alter Mann an der Brücke

Ein alter Mann mit einer Stahlbrille und sehr staubigen Kleidern saß am Straßenrand. Über den Fluß führte eine Pontonbrücke[1], und Karren und Lastautos und Männer, Frauen und Kinder überquerten sie. Die Maultier-Karren schwankten die steile Uferböschung hinter der Brücke hinauf, und Soldaten halfen mit und stemmten sich gegen die Speichen der Räder. Die Lastautos arbeiteten schwer, um aus alledem herauszukommen, und die Bauern stapften in dem knöcheltiefen Staub einher. Aber der alte Mann saß da, ohne sich zu bewegen. Er war zu müde, um noch weiterzugehen.

Ich hatte den Auftrag, über die Brücke zu gehen, den Brückenkopf auf der anderen Seite auszukundschaften und ausfindig zu machen, bis zu welchem Punkt der Feind vorgedrungen war. Ich tat dies und kehrte über die Brücke zurück. Jetzt waren dort nicht mehr so viele Karren und nur noch wenige Leute zu Fuß, aber der alte Mann war immer noch da.

»Wo kommen Sie her?« fragte ich ihn.

»Aus San Carlos«, sagte er und lächelte.

Es war sein Heimatort, und darum machte es ihm Freude, ihn zu erwähnen, und er lächelte.

»Ich habe Tiere gehütet«, erklärte er.

»So«, sagte ich und verstand nicht ganz.

»Ja«, sagte er, »wissen Sie, ich blieb, um die Tiere zu hüten. Ich war der letzte, der die Stadt San Carlos verlassen hat.«

Er sah weder wie ein Schäfer noch wie ein Kuhhirt aus, und ich musterte seine staubigen, schwarzen Sachen und sein graues, staubiges Gesicht und seine Stahlbrille und sagte: »Was für Tiere waren es denn?«

»Allerhand Tiere«, erklärte er und schüttelte den Kopf. »Ich mußte sie dalassen.«

Ich beobachtete die Brücke und das afrikanisch aussehende Land des Ebro-Deltas und war neugierig, wie lange es jetzt wohl noch dauern würde, bevor wir den Feind sehen würden, und ich horchte die ganze Zeit über auf die ersten Geräusche, die immer wieder das geheimnisvolle Ereignis ankündigen, das man ›Fühlung nehmen‹ nennt, und der alte Mann saß immer noch da.

»Was für Tiere waren es?« fragte ich.

»Es waren im ganzen drei Tiere«, erklärte er. »Es waren zwei Ziegen und eine Katze und dann noch vier Paar Tauben.«

»Und Sie mußten sie dalassen?« fragte ich.

[1] Schiffsbrücke

»Ja, wegen der Artillerie. Der Hauptmann befahl mir, fortzugehen wegen der Artillerie.«
»Und Sie haben keine Familie?« fragte ich und beobachtete das jenseitige Ende der Brücke, wo ein paar letzte Karren den Uferabhang hinunterjagten.
»Nein«, sagte er, »nur die Tiere, die ich angegeben habe. Der Katze wird natürlich nichts passieren. Eine Katze kann für sich selbst sorgen, aber ich kann mir nicht vorstellen, was aus den andern werden soll.«
»Wo stehen Sie politisch?« fragte ich.
»Ich bin nicht politisch«, sagte er. »Ich bin sechsundsiebzig Jahre alt. Ich bin jetzt zwölf Kilometer gegangen, und ich glaube, daß ich jetzt nicht weitergehen kann.«
»Dies ist kein guter Platz zum Bleiben«, sagte ich. »Falls Sie es schaffen können, dort oben, wo die Straße nach Tortosa abzweigt, sind Lastwagen.«
»Ich will ein bißchen warten«, sagte er, »und dann werde ich gehen. Wo fahren die Lastwagen hin?«
»Nach Barcelona zu«, sagte ich ihm.
»Ich kenne niemand in der Richtung«, sagte er, »aber danke sehr. Nochmals sehr schönen Dank.«
Er blickte mich ganz ausdruckslos und müde an, dann sagte er, da er seine Sorgen mit jemandem teilen mußte: »Der Katze wird nichts passieren, das weiß ich; man braucht sich wegen der Katze keine Sorgen zu machen. Aber die andern; was glauben Sie wohl von den andern?«
»Ach, wahrscheinlich werden sie heil durch alles durchkommen.«
»Glauben Sie das?«
»Warum nicht?« sagte ich und beobachtete das jenseitige Ufer, wo jetzt keine Karren mehr waren.
»Aber was werden sie unter der Artillerie tun, wo man mich wegen der Artillerie fortgeschickt hat?«
»Haben Sie den Taubenkäfig unverschlossen gelassen?« fragte ich.
»Ja.«
»Dann werden sie wegfliegen.«
»Ja, gewiß werden sie wegfliegen. Aber die andern? Es ist besser, man denkt nicht an die andern«, sagte er.
»Wenn Sie sich ausgeruht haben, sollten Sie gehen«, drängte ich. »Stehen Sie auf, und versuchen Sie jetzt einmal zu gehen.«
»Danke«, sagte er und stand auf, schwankte hin und her und setzte sich dann rücklings in den Staub.
»Ich habe Tiere gehütet«, sagte er eintönig, aber nicht mehr zu mir. »Ich habe doch nur Tiere gehütet.«
Man konnte nichts für ihn tun. Es war Ostersonntag, und die Faschisten[2]

[2] antidemokratische, nationalistische Verbände

rückten gegen den Ebro vor. Es war ein grauer, bedeckter Tag mit tiefliegenden Wolken, darum waren ihre Flugzeuge nicht am Himmel. Das und die Tatsache, daß Katzen für sich selbst sorgen können, war alles an Glück, was der alte Mann je haben würde.

JOSEF REDING

Schonzeit für Pappkameraden

Plump. Erdbraun. Keine Gesichter. Keine Hälse.
So stehen die Zielbilder am Ende der Schießgasse. Den Umrissen des Menschen nachempfunden. Die Taschen auf der Brust sind überdeutlich aufgezeichnet.
Haltepunkt auf den Knopf, rechte Brusttasche! sagt Unteroffizier Sebaldt. Der Unteroffizier ist braungebrannt. Viel draußen: Geländekunde, Ausmärsche, Tarnübungen und Schießstand. Wie heute morgen, wo die Sonne noch Mühe hat, den Tau verdunsten zu lassen.
Auf der Pritsche neben dem lässig stehenden Unteroffizier Sebaldt liegt Dworski. Dworskis Gewehrmündung rührt zittrig in der Luft, kommt nicht zur Ruhe.
Von den Pritschen rechts und links neben Dworski belfern die Schüsse mit einiger Regelmäßigkeit. Dworski schießt nicht.
Ladehemmung? fragt der Unteroffizier.
Nein, sagt Dworski.
Sonst was? fragt der Unteroffizier.
Nichts, sagt Dworski.
Dann schießen Sie, sagt der Unteroffizier und fügt ein nachdrückliches Bitte an. Er sagt es noch einmal: Bitte, bitte! Und denken Sie dran, Dworski, Haltepunkt Knopf rechte Brusttasche.
An Dworskis Haaransatz bilden sich Schweißperlen. Es ist kühl. Der Drillichanzug ist dünn. Dworski friert. Aber auf seiner Stirn die Schweißperlen.
Sind Sie nun ein Modell für das Standbild »Wilderer im Anschlag« oder der Soldat Dworski beim Scharfschießen? Mensch, ballern Sie endlich!
Jawoll, sagt Dworski und schießt. Er schießt trotzig das Magazin leer, ohne zwischendurch neu zu visieren. Dann setzt er das Gewehr ab. Unteroffizier Sebaldt drückt auf einen Knopf. Der erdfarbene Pappkamerad rollt an einem Drahtzug auf die Pritsche zu, kommt in Armlänge vor Dworski zum Stehen, schwankt von der plötzlichen Bremsung. Unteroffizier Sebaldt kann nicht glauben, was er sieht. Er fährt mit der Hand über die Pappfläche. Den haben Sie ja nicht mal geritzt, Dworski. Wenn's jetzt ernst wäre, könnte dieser Feind

Sie munter ummähen. Ist ja nicht zu fassen. Nicht mal 'n Knieschuß! Mensch, das Ganze noch einmal, Dworski!
Diesmal schießt Dworski sofort, als der Pappkamerad in seine Halterungen einrastet. Und Sekunden später ist die lebensgroße Scheibe wieder bei ihm.
Das gibt's ja nicht, sagt Unteroffizier Sebaldt. Nur Fahrkarten schießen bei diesem Ziel? Da steckt doch was anderes hinter, Dworski. Haben Sie 'nen Antrag auf Ersatzdienst laufen?
Nein, Herr Unteroffizier.
Sieht aber so aus, als ob Sie scharf drauf sind. Soll ich Ihnen das noch mal vormachen, wie Sie Druckpunkt nehmen sollen und so?
Wenn Sie wollen, Herr Unteroffizier . . .
Aber ich sehe ja, daß es gar nicht nötig ist. Sie liegen wie 'ne eins, haben den Kolbenhals richtig in die Schulter gezogen und könnten auf dem Titelbild fürs Exerzier-Reglement stehen. Bloß wenn Sie schießen – pleite! Jetzt setzen Sie noch mal nach, Dworski, und machen Sie mal aus dem Pappkameraden einen Schweizerkäse . . .
Dworski schießt wieder. Aus dem Sandbruch hinter den Zielfiguren stäubt es auf. Dworski wischt sich mit dem Ärmel den Schweiß von der Stirn und aus den Augenwinkeln.
Wieder Fehlanzeige! sagt der Unteroffizier. Er bewegt dabei kaum seine Lippen. Unteroffizier Sebaldt will laut werden. Dann entschließt er sich zu einem scharfen Flüstern neben Dworskis Pritsche.
Das ist nichts anderes als Befehlsverweigerung, Dworski. Ich hatte schon allerlei Kroppzeug unter meinen Männern, aber das einer hartnäckig am Pappkameraden vorbeischießt, das ist noch nicht dagewesen. Wenn ich mir 'ne Oma von der Straße hole und verbind ihr die Augen und leg sie in Zielrichtung mit dem Gewehr auf die Pritsche und laß sie abdrücken, die kann ja gar nicht auf Dauer an dem Pappheini da vorbeiknallen. Das schaffen nur Sie, Dworski. Was sind Sie nochmal von Beruf?
Schausteller, sagt Dworski.
Und was stellen Sie da zur Schau?
Ich jongliere und – und bin Kunstschütze.
Unteroffizier Sebaldt nickt mit dem Kopf. Erst langsam, dann heftiger. Er zeigt dabei auf Dworski, stumm, anklagend. Dann sagt er zu einem Gefreiten: Holen Sie Leutnant Rollinck!
Leutnant Rollinck kommt. Unteroffizier Sebaldt meldet, wobei er nach den richtigen Worten suchen muß: Soldat Dworski verfehlt mit insgesamt dreißig Schuß das Ziel – trotz aller meiner Ermahnungen und Anleitungen – und obgleich ich viel Zeit und Geduld – jetzt erfahre ich, daß er von Beruf Kunstschütze . . .
Lassen Sie mal, schon gut, sagt Leutnant Rollinck. Leutnant Rollinck hat sich ein Schema zurechtgelegt, wie man an Leute herankommt. Immer von der

Sprache ausgehen, denkt Leutnant Rollinck. Sprache ist Umwelt, Sprache ist Kindheit, Sprache ist Heimat des Menschen. Richtige Ansprache als Pforte in die Mentalität des Soldaten, so hieß einer der Vorträge, mit dem Rollinck beim rhetorischen Kurs für Offiziersanwärter Eindruck machte. Leutnant Rollinck möchte einmal ins Kulturreferat. Er hat nicht vor, sich durch Beschwerden von unten nach oben die Personalakte belasten zu lassen.
Tun Sie vonner Woderkant s-tammen? fragt der Leutnant.
Bitte? fragt Dworski zurück.
Oder sind se vonne Pänz aussem Kölschen?
Ach so, sagt Dworski, wir haben unser Winterquartier in Würzburg. Aber sonst bin ich überall und nirgends zu Hause. Sie wissen ja, im Schaugewerbe.
Eben, sagt Leutnant Rollinck. Sind ja Kunstschütze. Darum ist das doch hier ein Jux, die Nummer, die Sie gerade hier abziehen, nicht wahr, Dworski?
Nein, Herr Leutnant, sagt Dworski.
Na, das kann ich Ihnen nicht abnehmen, Herr Dworski, sagt der Leutnant. Kunstschütze, der auf diese Entfernung und bei den großen Dimensionen des Ziels nicht mal einen Treffer landet. Das ist genau so lächerlich – als wenn es dem Chefkoch vom Hotel Hilton trotz mehrfachen Versuchs nicht gelingen wollte, ein einfaches Omelette hinzukriegen.
Kann sein, Herr Leutnant.
Na, sehen Sie, Dworski. Sie werden schon einsichtig. Und ich will mal 'n Auge zudrücken. Bischen Auflockerung des Dienstes durch humoristische Einlagen ist schön und gut, sogar erwünscht. Aber jetzt dauert der Spaß schon zu lange, um noch ans Zwerchfell zu kommen. Wenn ich bitten darf, Herr Dworski, jetzt mal wieder was Ernstes ins Programm, die Abwechslung macht's. Auf der Kirmes bringen sie nach dem Clown auch erst den Salto mortale und dann erst wieder 'nen Clown. Clown auf Clown ist nichts. Schießen Sie, Dworski – und treffen Sie!
Es ist zu sehen, wie Dworski sich anstrengt. Die Schweißtropfen sind nicht mehr da; die Stirn ist eine glänzende nasse Fläche. Die Muskeln vom Kinn bis zum Ohransatz bewegen sich unaufhörlich. Der Finger am Abzug krümmt sich – und dann setzt Dworski das Gewehr hart ab, sichert und keucht: geht nicht, ich mach mich kaputt!
Leutnant Rollinck schaut auf Dworskis fahrige Hände, auf die Pappkameraden, auf die grauen, ausgetretenen Sandmulden im Gras vor den Pritschen. Dann sagt er mit einer Stimme, die er für väterlich hält: Soldat Dworski, Achtung!
Dworski stemmt sich von der knarrenden Pritsche auf, nimmt Haltung an.
Stehen Sie bequem, sagt der Leutnant. Und jetzt mal ehrlich: was ist los, Mann? Ich kann die Leistungen der Kompanie nicht durch Ihr miserables Verhalten herunterdrücken lassen. Sie können schießen, Dworski, aber Sie wollen nicht.

Nein, ich kann nicht.
Ach, Dworski, Sie machen sich was vor.
So, wie ich hier schießen soll, kann ich nicht.
Was ist denn hier anders als in Ihrer Schaubu – in Ihrem Unternehmen? fragt der Leutnant.
Alles, sagt Dworski.
Versteh ich nicht, sagt der Leutnant.
Ich hab von Kindheit an lernen müssen, danebenzuschießen. Ich *muß* danebenschießen. Das ist mein Beruf. Dafür kriege ich mein Geld. Dafür gibt's den Beifall der Zuschauer.
Und auf wen schießen Sie, im Beruf, meine ich?
Sie meinen eigentlich, neben wen ich schieße, Herr Leutnant?
Erfaßt! Also!
Mal neben meinen jüngeren Bruder Jodok, mal neben meine Mutter. Bei uns arbeiten alle aus der Familie mit. Mutter sieht im Trikot immer noch wie ein junges Mädchen aus. Das macht die Bodenakrobatik. Das tägliche Training, wissen Sie!
Schweifen Sie nicht ab, Dworski, sagt der Leutnant.
Tu ich das? fragt Dworski. Ich muß zwei Fingerbreiten außerhalb der Konturen meiner Ziele bleiben. Und jetzt, wo Sie die Ziele kennen, werden Sie das verstehen, Herr Leutnant.
Natürlich verstehe ich, daß Sie nicht auf Ihre Mutter oder Ihren Bruder oder sonstwen schießen können, aber das steht hier ja gar nicht an! Hier haben Sie nur ein Stück bemalte Pappe zu treffen. Das ist alles.
Kann ich nicht, Herr Leutnant, sagt Dworski. Mein Vater hat mich ins Schaugeschäft hineintrainiert. Wenn ich alles zusammenrechne, kommen acht Lehrjahre im ganzen heraus. Soviel braucht sonst kein Lehrling, ob er nun Programmierer oder Flugzeugführer werden will . . .
Mensch, Dworski, bleiben Sie endlich beim Thema!
Mein Vater baute zuerst Pappfiguren vor mir auf mit einem Kranz von Glühbirnen, die ich zerschießen mußte. Wenn ein Schuß die Pappfigur traf, sagte er: Es wird noch ein halbes Jahr länger dauern, bis du auf die Bühne darfst mit dieser Nummer. Dann stellte er ein vergrößertes Farbfoto meiner Mutter vor mir auf. Als ich ein einzigesmal dieses Bild traf, durfte ich ein Jahr lang kein Gewehr mehr anfassen. Und als ich zwei Jahre lang auf Mutters Bild eingeübt war, stellte sich Mutter selbst dahin. Ich habe sie nie gestreift. Sie nicht und kein Lebewesen.
Wer redet denn hier von Lebewesen? Dworski, machen Sie Ihre Augen auf und gucken Sie zu, da!
Unteroffizier Sebaldt mischt sich ins Gespräch und schlägt dem Pappkameraden mit Wucht dahin, wo das Koppelschloß aufgepinselt ist. Es gibt einen trockenen Knall. Der Pappkamerad macht eine Verbeugung.

Ist das ein Lebewesen? fragt Leutnant Rollinck
.Ein Bild von einem Lebewesen, sagt Dworski. Und morgen steht das Lebewesen da und nicht mehr das Bild.
Sie sind ein Spinner, sagt der Unteroffizier.
Nein, sagt Dworski. Wenn ich hier anfange, ein Abbild zu treffen, dann vergesse ich mich nächstens während der Vorstellung und treffe das lebende Ziel. Und dann ist Schluß. Schluß mit dem Menschen, den ich verkrüppelt oder getötet habe. Schluß mit mir, Schluß mit der Darbietung. Ich bringe es nicht fertig, auf den Pappkameraden zu schießen. Ich kriege die Mündung nicht in die Konturen. Sie bleibt draußen, wie ich mich auch anstrenge. Und ich habe mich angestrengt, weil es mir befohlen worden ist.
Sie wollen also den Befehl nicht ausführen, Dworski? fragt der Leutnant. Ich kann den Befehl nicht ausführen, Herr Leutnant.
Dann weiß ich auch nicht weiter, Dworski, dann sollen sich höhere Instanzen mit Ihnen beschäftigen. Mit Ihnen und Ihrer Verklemmung. Jedenfalls muß ich das Ganze jetzt nach oben melden, Dworski.
Ja, nach oben, sagt Dworski.

Gesellschaft und Zukunft

RUDOLF BRAUNBURG

Keine Landschaft für Menschen

Längst stand der blauschimmernde Titangigant[1] mit sanft geneigten Stummelflächen einsam und verloren auf dem Beton, längst waren Champagner-Runde, Truthahnessen und Pressekonferenz vorbei; aber noch immer, während Stuff auf das Vorfeld mit Tribünen und Direktorenloge zuging, strömten ihm Fotografen, Reporter, erregt diskutierende Menschenmassen entgegen. Die Sonne hing heiß und knochenweiß im Zenit, und die rötliche Wüste hinter den Betonbahnen schien in Flammen zu stehen. Stuff war schmächtig und von unscheinbarem Körperbau, und er kämpfte sich gegen den Strom vorwärts wie ein Ertinkender – »macht Platz, Idioten«, murmelte er. Aber er hätte schreien können; sein Schrei wäre untergegangen in den Satzfetzen, die ihn umbrandeten. »Die rassigste Maschine dieses Jahrzehnts«, sagten sie, und »Faszinierend, diese Kombination von Dural und Platin[2]«, sagten sie, und »Sie haben das Triebwerk hochgekitzelt auf achtzehntausend Kilopond«.

Ein Hüne[3] mit mißgelauntem Bulldoggengesicht stellte sich ihm entgegen. »Die Show ist vorbei«, sagte er herausfordernd, »kehr um, du hast versäumt, den Roll-out[4] der großartigsten Überschallmaschine der Welt zu erleben.«

»Mach Platz!« sagte Stuff und versuchte, mit seinen Armen den Riesen beiseite zu drängen. »Sonst wirst du die großartigste Blamage der Welt erleben.«

Der Hüne lachte gutmütig. »Wer bist du denn, Mücke?« fragte er.

Stuff sagte es ihm, und der Hüne hielt das für einen guten Witz und ließ ihn, in Anerkennung seiner Schlagfertigkeit, lachend passieren.

»Ich bin der Pilot«, sagte Stuff.

»Na, war das nicht die beste Lösung, sie auf Mach 2,5[5] zu bringen?« fragte der Technische Direktor, der Wendell hieß und an Magengeschwüren litt. »Und war das nicht ein wunderbarer Trick, die Leute nach Hause zu schicken und gleich hinterher heimlich mit den Geschwindigkeitstest zu beginnen?«

»Das eine wie das andere«, sagte Stuff, ihm war sehr heiß. »Ich habe schlecht geschlafen.«

[1] Titan = harte Metallegierung
[2] Edelmetalle
[3] Riese
[4] die erste Vorführung
[5] Geschwindigkeitseinheit

»Wir haben alle schlaflose Nächte verbracht«, sagte der Verkaufsdirektor gemessen. »Durch unser aller aufopferungsvolle Arbeit haben wir ein technisches Gebilde geschaffen, das endlich, nach anfänglichen Mißerfolgen, seine Aufgabe erfüllt. Testmaschine und Erprobungsträger zu sein für das im Bau befindliche Überschall-Zivilflugzeug.«
»Sehen Sie nur«, sagte der Public-Relations-Manager[6], »wie sich die Sonne auf der makellosen Metallhaut spiegelt. Ich habe phantastische Aufnahmen machen lassen: durch das Fahrwerk hindurch. Über die nathlos verschweißte Unterseite, angeleuchtet von der aufgehenden Sonne. Auf den Bug, der in eine erregende Zukunft weist.«
Stuff drehte der Direktorenloge den Rücken und ging durch die Öllachen auf die Maschine zu, die sich leise in den Federbeinen wiegte. »Du Biest«, sagte er zu der Maschine, deren Stachelbug wie der gestreckte Rüssel eines Flugsauriers auf ihn gerichtet war. »Schon vor einem Jahr habe ich versucht, dich aus deinen lahmen Mach 1,9 auf zweieinhalbfache Schallgeschwindigkeit zu kitzeln. Aber du konntest nichts dafür; du warst einfach eine Fehlgeburt. Ich habe den Herren Ingenieuren erklärt, was sie falsch gemacht haben. Ehe sie einsahen, daß meine Erfahrung größer ist als ihr Hirn, haben wir zusammen weitere vier Millionen sinnlos vertestet. Jetzt bist du wie ein Phönix erneut aus der Asche ihrer Fehlplanung gestiegen; es hat große Reden gegeben, in denen die Herren Direktoren ihren eigenen Weitblick gelobt haben. Nun glotzen sie dich wie einen Gott an, und ich werde dich dazu überreden, heute mit mir Mach 2,5 zu fliegen. Aber ich habe verdammt schlecht geschlafen.«
»Sie ist ein Gedicht in Titanium!« sagte der erste Mechaniker. »Wir haben dreitausendvierhundertundfünfzig Checks[7] mit ihr durchgeführt, und sie ist einwandfrei.«
»Diese Tropensonne ist schlimmer als ein Schweißbrenner«, sagte Stuff und wischte sich das Wasser aus der Stirn; er hatte für die Außenkontrolle anderthalb Stunden benötigt.
»Kein Ventil, keine Sicherung, keine Verkabelung ist undurchleuchtet geblieben«, sagte der zweite Mechaniker. »Wir kennen sie durch und durch, und sie ist durch und durch gesund.«
»Diese verfluchte heiße Gegend!« sagte Stuff. »Dieser Salzlakengeruch! Diese Wüste ist einfach keine Landschaft für Menschen.«
»Unsere Maschine ist hier prächtig gediehen«, sagte der dritte Mechaniker. »Wir haben sechstausend Arbeitsstunden auf sie verwendet, in Tag- und Nachtschichten. Es gibt nichts, was mich mehr interessiert hätte, nicht einmal der Fernsehkrimi.«
Stuff kletterte in das enge, unbequem erreichbare Cockpit. Während er seine

[6] Öffentlichkeitsbeauftragter
[7] Maßnahmen zur Überprüfung der Apparaturen

Lunge, seine Stimme, seinen ganzen Körper an den Kreislauf des Sauerstoff-, U.K.W.-, Klima- und Drucksystems anschloß, sagte er leise: »Ich habe schlecht geschlafen, und mir ist in der Hitze übel geworden.«
»Bis um fünf müssen Sie mit den Geschwindigkeitstests fertig sein«, rief der Public-Relations-Manager von draußen, unten. »Wir wollen Mach 2,5 noch im Abendbulletin[8] bekanntgeben! Das wird sie alle umhauen, wo sie gerade erst vom zweiten Roll-out zu Haus angekommen sind.«
Er startete nach Süden, direkt in die Wüstensonne hinein. Die Maschine reagierte großartig, zog lautlos ihr Fahrwerk ein, reckte den Bug steil in die Stratosphäre und schoß empor, und hinten im Rumpf, der gespickt war mit Test- und Registriergeräten, begannen Computer, Flugschreiber, Barographen[9] und Kameras zu arbeiten. Ruder und Triebwerke führten exakt aus, was Stuff von ihnen verlangte; und während er mit den Geschwindigkeitstests begann und die lateritrote Wüste 60 000 Fuß unter ihm vorüberglitt, stellte er fest, daß die Cockpitbelüftung genauso schlecht arbeitete wie früher und er sich wie in einem Sarg fühlte. Er hatte genauso wenig Ellbogenfreiheit wie im Prototyp vor einem Jahr, und sein Sitz verursachte ihm die gleichen bekannten Rückenschmerzen. Es war, wie er schon häufig in einem Anfall grimmigen Humors gesagt hatte: »Diese Eierköpfe basteln um ein rasantes Triebwerk herum ein paar Stummelflächen, mit denen das Triebwerk anderthalb- oder zweieinhalbfache Geschwindigkeit fliegt. Dann legen sie ihren Finger an die Denkerstirn und sinnieren: ›Mein Gott, das war doch noch was! Irgend etwas haben wir vergessen!‹ – Bis ein ganz Findiger darauf kommt, irgendwo ein Cockpit anzukleben, möglichst ohne die grandiose Stromlinie zu stören.«
Stuff ertappte sich dabei, geistesabwesend die Kontrolle über die Maschine verloren zu haben. Sie wartete darauf zu tun, was er wollte. Er fühlte, wie seine Stirn unter dem Sturzhelm feucht wurde. Dann dachte er: Irgend etwas geht mit der Sauerstoffzufuhr nicht in Ordnung, aber der Druck war normal, und er spürte das Wegbleiben der Zufuhr, als er den Schlauch kniff. Er drosselte und suchte nun die Ursache in den Druckausgleichern, aber die Kontakte waren in Ordnung. Er dachte: Irgend etwas geht mit der Maschine nicht in Ordnung, die Maschine muß einen Fehler haben.
Er dachte es und wußte doch, daß der Fehler nicht in der Maschine lag. Er sah die Unendlichkeit des Himmels über sich, und der Himmel war dunkel über ihm, obwohl auf der Erde unten heller Tag sein mußte, und er sah einige Sterne durchschimmern, fremde Sternbilder, Augen der Unendlichkeit, die ihn schweigend anstarrten.
Er warf das ganze ausgeklügelte Kontroll- und Sicherheitssystem über den Haufen; er selber, winziges Rädchen im Mechanismus des Versuchsfluges, machte nicht mehr mit. Daran scheiterte alles.

[8] Abendmeldung
[9] selbstaufzeichnender Luftdruckmesser

Er spürte, wie alles daran scheiterte und wie sein Interesse sich von der Maschine zurückziehen begann auf sich selber, auf diesen unerträglichen Druck in seinem Körper und auf diesen Wunsch, von diesem langsam erstikkenden Druck befreit zu werden. Der Zeiger des Fahrtmessers sank langsam, aber stetig auf seinen Ausgangspunkt zurück.
Als der schwarze, ölige Rauchpilz sich verzogen hatte, standen alle, Direktoren, Manager, Mechaniker erschüttert im Wüstenstaub. Dann endlich sagte Wendell und griff sich an den Magen: »Rätselhaft, rätselhaft! An dieser Maschine war uns jede Faser vertraut. Und jede Faser war für gut befunden. Es gab keine faule Stelle mehr an dieser Maschine. Wir werden ein Genie benötigen, um die Unfallursache zu klären!«

ERNST BLOCH

Armer und reicher Teufel

Wer genug Geld hat, wird manchmal merkwürdig gut. Er gönnt den Nächsten auch etwas, denkt sich etwas Schönes für sie aus. Reiche Leute wollen gern spielen, setzen dabei Arme ein. So hielt es auch jener Amerikaner, als er den sonderbarsten Wettbewerb erließ. Ein junger Mann war gesucht, am liebsten ein Bergarbeiter, gesund und anstellig. Aus den hunderttausend Bewerbern wurde einer angenommen; der junge Mann meldete sich. Ein hübscher Bursche, hatte nun nichts zu tun als die weiteren Bedingungen zu erfüllen; nämlich auf gute Manier zu essen und zu trinken, feine Kleider mit Schick zu tragen, Figur zu machen. Ein Hofmeister brachte ihm die Künste der Welt bei, Reiten, Golf, gebildete Sprachen vor Damen und was sonst ein amerikanischer Gentleman braucht. Alles mit dem Geld seines Schutzherrn; nach beendetem Schliff trat der Glückliche eine dreijährige Reise um die Welt an, mit Kreditbriefen in der Tasche, die jeden noch so exotischen Wunsch erfüllen ließen. Nur eine kleine letzte Bedingung stand noch aus; der junge Mann mußte nach der Reise wieder ins Bergwerk zurück, als wäre nichts gewesen. Mußte dort mindestens zehn Jahre bleiben, als Grubenarbeiter wie bisher. Auch dies unterschrieb der Glückspilz, hielt sich ans Leben, das näher lag; die Zeit der goldenen Jugend begann. Reiste in den Opernglanz von Europa, hatte Glück bei Frauen und zeigte Begabung dafür, jagte indische Tiger und speiste bei Vizekönigen, kurz, führte das Leben von Prinzen, mit Kontrast-Beleuchtung obendrein. Bis zu dem Tag, wo er heimkehrte und seinem Gönner fast wohlgesättigt dankte, wie einem Gastgeber beim Abschied. Zog die alten Kleider wieder an und stieg in die Grube zurück, zu den Kohlen, blinden Pferden, Kameraden, die ihm so fremd geworden waren, und die ihn verachteten. Stieg ins Bergwerk zurück – unvorstellbar jetzt die ersten Tage, Monate, der Gegenschein und jetzige Kontrast, die Einfahrt ums Morgengrauen, die Arbeit auf dem Rücken, das Schwitzen, Husten, der Kohlenstaub in den Augen, der schlechte Fraß, das Bett mit dreien. Nun hätte der Bursche den Vertrag freilich brechen können; auf gute Manier, indem er eine andere Stelle mit ihr suchte, oder auf revolutionäre, als Arbeiterführer. Statt dessen streikte er verblüffend, fuhr nach New York, sah seinen Wohltäter, erschoß ihn. Für den Arbeiter hatte man Verständnis; das Gericht sprach ihn frei.

HERBERT WATTENHOFER

Die »Ausscheidung«

Er trat ein, bedächtig und ohne Hast, und blickte sich um. Er hatte schon viel von diesem Raum gehört und versucht, ihn sich vorzustellen, und nun sah er ihn in Wirklichkeit.

Der Raum war nicht besonders groß, mehr eine Zelle. – Nein, er überlegte angestrengt, »Kammer« war die richtige Bezeichnung. Zwei Meter auf drei Meter vielleicht, konnte auch mehr sein – oder weniger; er hat noch nie gut geschätzt. Die Wände waren aus bläulich-weißem Plastik. Von der Deckenleuchte fiel grelles Licht auf einen schwarzen Sessel. Woran erinnerte ihn dieser Sessel nur? – Jetzt kam es ihm in den Sinn: an einen Zahnarztstuhl!

Sogleich überfiel ihn jenes flaue Gefühl, das er seit seiner Kindheit verspürte, wenn das Wort »Zahnarzt« fiel. Er gab sich einen Ruck, schritt nun auf den Sessel zu und setzte sich. Bald glimmte vor ihm ein rotes Lämpchen auf, und eine ausdruckslose Stimme ertönte:

»/ich begrüße sie/sie befinden sich im raum xz-12 und werden das übliche programm durchlaufen wie schon so viele vor ihnen/es ist also kein grund vorhanden nervös zu sein und erhöhten puls zu haben/beruhigen sie sich/«

Der Angesprochene biß die Zähne zusammen. Ohne Zweifel waren im Stuhl Sensoren eingebaut, die seine physische Verfassung überwachten. Er wollte jetzt keine Schwäche zeigen und sich beruhigen; er hatte ja schließlich Zeit genug gehabt, sich mit seiner Lage abzufinden. Er atmete tief.

»/so ist es gut/«, fuhr die Stimme fort, »/wir kommen jetzt zu den formalitäten/sie heißen/« – »Keller. Heinz Keller«, sagte er, fast schüchtern, »/wollen sie künftig bitte deutlicher sprechen/ihre adresse/« – »39. Straße, Nummer 117 d.« – »/registriernummer/« – »Meine – eh –«. Heinz Keller griff sich an die Stirn, »einen Moment bitte.« Er dachte angestrengt nach: »D 5022 – eh

– 348c12F79.« – »/ihr genaues Geburtsdatum/« – »8. August 1974.« – »/damit haben sie die voraussetzung/« Die Stimme brach jäh ab, und ein Summen war zu hören. Wahrscheinlich überprüfte der Computer die Angaben.
»/sie waren verheiratet mit karin ebner/«, fuhr die Maschine plötzlich fort.
»Ja.« Er begann zu zittern. Merkwürdig, selbst nach über acht Jahren vermochte ihn der Gedanke an seine Frau noch aus dem Gleichgewicht zu bringen. Was war sie auch für eine Frau gewesen: heiter und stets lebensfroh, selbst an jenem Tag, als sie gehen mußte und nie mehr wiederkommen durfte. Wie wäre er damals am Leben verzweifelt, wenn nicht seine Kinder . . .
»wollen sie für ihre Kinder eine Nachricht hinterlassen/« Keller schrak auf. Der Computer schien genau zu wissen, woran er dachte. »Gerne, wenn das möglich wäre.« – »/sie haben im folgenden drei minuten zeit auf band zu sprechen/warten sie ein stummzeichen ab/«
Heinz Keller blickte auf seine Uhr. Drei Minuten also: nicht viel, wenn er daran dachte, was er ihnen noch alles zu sagen hätte. Er mußte seine Zeit gut einteilen.
Nun ertönte ein kurzes, monotones Summen, und er begann zu sprechen: »Liebe Doris, lieber Martin, meine Kinder. Jetzt ist es also auch bei mir soweit. Ich sitze hier und frage mich, ob eure Mutter möglicherweise im selben Sessel saß, kurz bevor sie starb.
Ihr wißt ja, damals brach eine Welt in mir zusammen. Ich hatte nur noch meinen Beruf, der mich aufrechthielt, und später dann nur noch euch.
Du, liebe Doris, hast mich so oft es ging mit den Kindern im Heim besucht. Das ist keine Selbstverständlichkeit. Viele im Heim haben mich um deine Besuche beneidet. Man kommt sich so – vergessen vor.
Vor allem die Kinder haben meinen Lebensabend erhellt. Sie sind immer so fröhlich und so – jung.« Von Gefühlen bedrängt, mußte er schweigen. Dann erinnerte er sich an die kurze Zeit, die ihm zur Verfügung stand, und fuhr fort: »Du, Martin, hast mir von deinen Geschäftsreisen Karten geschickt, wann immer du konntest.
Ich möchte euch für all das danken. Ich muß das jetzt hier auf Band tun, da wir in den letzten Monaten nur noch selten in persönlichen Kontakt getreten sind. Ich hatte es so angeordnet. Die meisten meiner Heimkollegen machen es nämlich auch so.
Was hat man denn schon mit einem alten Mann zu reden, der bald die Altersgrenze erreicht. Es wäre euch wahrscheinlich peinlich gewesen, mit einem – entschuldigt den theatralischen Ausdruck – ›Todgeweihten‹ zu sprechen. Man gewöhnt sich auch leichter an den Gedanken, seinen Vater zu verlieren, wenn die Kontakte ganz allmählich über eine gewisse Zeit hinweg aufgelöst werden. Bei eurer Mutter war das anders. Ich war mit ihr zusammen bis zu jenem Tag, als sie hierher gebracht wurde, und das hat mir fast das Herz gebrochen. Jetzt muß ich Schluß machen. Macht's gut. Vor allem du, Martin,

solltest besser auf dich achtgeben. Du arbeitest zuviel. Und, Doris, grüß die Kinder von mir – oder nein, sag nichts, später vielleicht, wenn sie älter sind. Und sag Albert, er . . .« »/die Zeit ist um/«, unterbrach ihn der Computer. »/wir gewähren ihnen noch 15 sekunden überzeit/« – »Ja – eh – danke. – Doris, sag Albert, er soll's mir nicht übelnehmen, daß ich die Kinder manchmal zu sehr verwöhnt habe«, er lachte. »Sein Großvater wird mit ihm genauso gewesen sein. Lebt wohl!« Nach einer längeren Pause dröhnte es plötzlich von allen Seiten: »/herr keller/wie sie vielleicht wissen befindet sich unser staat in der bedauerlichen lage dem älteren teil der bevölkerung nicht mehr die erforderliche unterstützung zukommen lassen zu können/der beruflich tätige teil der bevölkerung befindet sich weit in der minderzahl/die steuerlast ist für diese nun schon an der grenze des erträglichen/die regierung sah sich deshalb sehr zu ihrem bedauern veranlaßt gesetz R5-60b zu verfassen das wie folgt lautet/« Der Redeschwall wurde durch ein kurzes Summen unterbrochen.

»/bez. α: alle bürger der Europäisch Neutralen Staaten welche das 55 altersjahr erreicht haben dürfen sich von ihrer bisherigen beschäftigung zurückziehen/

bez. β: sie haben anrecht auf 5 erholungsjahre für die der staat vollumfänglich aufkommt/

/bez. γ: mit erreichung des 60 altersjahres werden die bürger des Europäisch Neutralen Staates von speziell zu schaffenden amtsstellen vollkommen schmerzlos ausgeschieden/

/bez. δ: befreit von dieser regelung sind nur personen die inhaber wichtiger staats- und wirtschaftsfunktionen sind und darum kaum ersetzt werden können/

/bez. ε: die ausführung dieser regelung erfolgt ab 1. 1. 2023/«

Wieder eine Pause. Täuschte er sich, oder erfüllte plötzlich Musik den kleinen Raum? Nein – aus den Lautsprechern drang tatsächlich Solveigs Lied von Grieg, seine Lieblingsmelodie, und dann meldete sich sanft eine warme, weibliche Stimme. War es Karins Stimme? Nein, aber sie war ihr sehr ähnlich.

»Herr Keller, unter dem roten Lämpchen wird sich in wenigen Augenblicken eine Klappe öffnen, und ein Glas Thylizium 4Z wird vor Ihnen stehen. Bitte trinken Sie es in einem Zug aus und begeben Sie sich dann in den Nebenraum, wo Sie eine Liegematte vorfinden werden. In wenigen Minuten werden Sie vollkommen schmerzlos entschlafen sein.

Bitte folgen Sie den eben gegebenen Anweisungen und bedenken Sie, daß es zum Wohl unseres Staates und zum Wohl Ihrer Nachkommen geschieht.«

Die Dame hatte geendet, aber der letzte Satz klang noch eine Weile in Kellers Ohr nach ». . . zum Wohl Ihrer Nachkommen . . .«

Er blickte auf das rote Lämpchen. Unten stand in einer Öffnung ein Glas mit einer bläulichen Lösung, dem – wie hieß es doch gleich; er hatte den Namen schon wieder vergessen.

Keller griff nach dem Glas und führte es an seine Lippen. Wieder stieg jenes merkwürdig flaue Gefühl in ihm auf, und er hörte im Geiste seinen Zahnarzt sprechen: »Spülen bitte.«
Nun stürzte er die Flüssigkeit in sich hinein, erhob sich mit einem schalen Geschmack auf der Zunge und ging in den Nebenraum.
Beim Hinausgehen rief sein Zahnarzt: »Bitte der nächste!«

ELISABETH FAYET-BIETENHADER

Die lange Nacht

Martin öffnete mühsam die Augen, wie nach langem, tiefem Schlaf. »Wo bin ich?« dachte er schwerfällig und bewegte vorsichtig den Kopf. Er lag im Bett, von Drähten und Instrumenten umgeben. Plötzlich erinnerte er sich: Spital . . . Krebs . . . sterben! Gestern der Abschied von Franziska und den Kindern – für immer. »Aber«, durchfuhr es ihn jäh, »ich lebe ja! Ich habe die Nacht überlebt!« Erstaunt schaute er um sich. Sonderbar, dieses Krankenzimmer! Sie mußten ihn, während er geschlafen hatte, in eine andere Station verlegt haben. Auch die Ärzte, die bei ihm standen, waren ihm unbekannt. »Meine F . . . Frau?« stammelte er. Die Ärzte wechselten einen schnellen Blick. »Ihre Frau«, sagte der eine, kaum merklich zögernd, »ist unterrichtet. Sie werden – später von ihr hören.« Martin fühlte dumpf: etwas stimmte hier nicht, und dunkel war ihm auch, als müßte er wissen, was. Angestrengt dachte er nach . . . Gesprächsfetzen aus einem Traum tauchten auf: »Einzige Überlebenschance«, »wissenschaftlicher Fortschritt«, dann ein seltsames Wort – wie hieß dieses nur . . . Nein! Martin stockte der Atem. Hilfesuchend, verwirrt blickte er zu den Ärzten hoch, die ihn aufmerksam beobachteten.
Jetzt trat einer von ihnen nahe an sein Bett und antwortete, als hätte Martin laut gefragt: »Nibernation – heißt das Wort. Sie haben recht. Das war kein Traum.« Er hielt inne, dann, die Augen unverwandt auf ihn gerichtet, fuhr er langsam fort: »Sie dürfen, da Sie gegen Schock abgesichert sind, nun die ganze Wahrheit erfahren.«
Vor sechzig Jahren – Ihrer langen Nacht von gestern auf heute – wurden Sie, Martin Herter, in künstlichen Winterschlaf versetzt und in diesen Tagen, so unglaublich es für Sie klingen mag, wieder zu Bewußtsein gebracht. Krebs ist heute heilbar durch genetische Therapie. Ihre Behandlung ist bereits abgeschlossen. Sie sind gesund!« Feierlich, jede Silbe betonend, fügte er hinzu: »Heute – ist der 24. Februar 2034!« Zuerst hatte Martin geglaubt, er wäre im Irrenhaus, von Wahnsinnigen umgeben, die Zukunft spielten. Nach und nach

aber beschlichen ihn Zweifel. Es beunruhigte ihn, daß er keine Schmerzen mehr spürte, ohne seit seinem Erwachen eine einzige Spritze bekommen zu haben. Er ging umher, turnte sogar, aß und trank wie ein Gesunder. War ein Wunder geschehen? Oder ... Auch seine Umgebung flößte ihm Unbehagen ein. Er lebte in einem modernen, geradezu utopisch anmutenden Raum ohne Fenster, dessen Türen für ihn unsichtbar blieben und nur die Ärzte einließen. Das Schlimmste aber – seine Frau und die Kinder besuchten ihn nicht! Wußten sie überhaupt, wo er war?

Der Computer, der ihm als Gesprächspartner zur Verfügung stand, beantwortete ihm diese Fragen stets auf dieselbe Weise: »Martin Herter! Sie sind 44 Jahre alt, wurden vor 104 Jahren geboren und befinden sich zur Readaptation im unterirdischen Teil einer großen, überkuppelten Spitalstadt – dem ›Europäischen Medical Center, Departement Schweiz‹. Sie leben in den Vereinigten Staaten von Europa.« Anschließend erzählte er ihm jeweils haarsträubende Geschichten über die faszinierenden Errungenschaften des 21. Jahrhunderts.

Martin hätte sich gerne über den Unsinn lustig gemacht, wäre nicht in seinem Innern eine unbestimmte Angst gewesen, eine Beklemmung, die ständig wuchs. Er mußte weg von hier! Womöglich befand er sich sogar als Versuchsobjekt in den Händen von Verbrechern! Jedenfalls wurden ihm die Ärzte, die einzigen Menschen, die er zu sehen bekam, täglich unheimlicher. Sie mußten auf unerklärliche Weise Zugang zu seinem Gedächtnis haben. Besonders Dr. Lambert, der sich meistens um ihn kümmerte, schien über alles, was er dachte, auf dem laufenden zu sein.

»Daß wir Ihre Gedanken lesen, braucht Sie nicht zu wundern«, sagte er eines Tages, noch bevor Martin den Mund zu einer Frage geöffnet hatte. »Meine Kollegen und ich studierten außer Medizin und Psychologie noch Telepathie – heute eine exakte Wissenschaft. Auf diesem Wege sind wir imstande, wichtige Informationen ohne Zeitverlust weiterzugeben. Als hochsensibilisierte Empfänger registrieren wir auch alle mit genügender Intensität ausgesandten Impulse Ihres Gehirns. Wir ...« Martin sprang auf. »Hören Sie auf zu phantasieren. Sie Idiot!« schrie er, plötzlich außer sich. »Ich will hier raus! Benachrichtigen Sie endlich meine Frau!« Er zitterte vor Wut und Verzweiflung. »Ihre Frau ist über neunzig Jahre alt – falls sie noch lebt!«, sagte der Arzt ruhig. »Sie könnte Ihre Großmutter sein.« Einen Augenblick lang betrachtete er ihn forschend, beinahe mitleidig, dann wandte er sich zum Gehen. Die Wand teilte sich ...

In diesem Moment, noch ehe er selber wußte, was er tat, warf sich Martin mit einem wilden Satz auf den Doktor – und schlug zu. Lambert sank zu Boden.

Martin schlüpfte, ohne weiter zu überlegen, hinaus, und die Türe schloß sich hinter ihm. Jetzt befand er sich in einem kleinen Raum, einem Lift wahrscheinlich, der zu seinem Schreck unvermittelt abwärts fuhr und nach wenigen

Sekunden hielt. Atemlos vor Aufregung stieg er aus und betrat eine Halle mit beidseitigen, tunnelartigen Öffnungen. Fast gleichzeitig sauste das eigenartigste Gefährt herbei, das er je gesehen hatte, mit nichts Bekanntem zu vergleichen. Verwundert und beunruhigt fragte sich Martin, welches Land der Welt über solch hypermoderne Verkehrsmittel verfügen mochte. Bestimmt nicht die Schweiz!

Zu seiner Enttäuschung dauerte die Fahrt nur ein paar Minuten, er konnte nicht weit gekommen sein; eine Endstation, stellte er fest. Nun, vielleicht hatte er Glück. Schnell ging er auf den Ausgang zu, dessen unsichtbare Türe sofort auseinanderglitt.

Er eilte hinaus – und blieb mit einem überraschten Ausruf stehen. Die Sonne! Geblendet schloß er die Augen. Die Sonne . . . blauer Himmel! Wie lange hatte er sie nicht gesehen? Wochen, Monate oder . . . Unsinn! Tief sog er die kalte, frische Luft ein und schaute um sich: weite Wiesen, Bäume, Blumen! Er hatte es geschafft, er war draußen. Der schmale Weg vor ihm schien in einiger Entfernung auf eine kleine Anhöhe zu führen. Würde ihm die Aussicht dort den Ort seiner Verbannung verraten?

Er ging sehr rasch, eine ganze Weile, die letzten paar Schritte lief er. Nun stand er oben, unbeweglich, mit verständnislosem Blick: Der Weg war hier zu Ende, vor ihm ein Geländer. Und jetzt, erst jetzt bemerkte er, voll Entsetzen, daß er sich nicht auf ebener Erde, sondern am Rande eines riesigen, künstlichen Hochplateaus befand – mit einer Fernsicht . . . »Die Alpen!« flüsterte er fassungslos. »Die Alpen!« Sein Herz begann wild zu klopfen. Er war zu Hause! In der Schweiz – nicht irgendwo! Langsam glitten seine Augen von den Felsengipfeln über die verschneiten Hänge abwärts, bis – Martin taumelte zurück. Tief unter ihm wölbte sich ein endlos scheinender, gigantischer Kuppelbau bis weit gegen Westen – seinen Heimatort und die anderen, bekannten Dörfer unter sich begrabend. Das Medical Center! Der Computer hatte nicht gelogen! Wie gelähmt, mit leerem Blick, starrte Martin auf die näheren, vertrauten Hügelketten – Bachtel, Farner, Scheidegg . . . Unverändert geblieben wie er, schienen sie ihn an den unheimlichen Monsterbau zu verraten. Wie lange hatte er sich geweigert, zu glauben, was er nicht glauben wollte! Nun brach sein Widerstand jäh zusammen, und der Schmerz überwältigte ihn mit solcher Wucht, daß er fürchtete, die Besinnung zu verlieren.

»Hundertvier Jahre«, dachte er verstört, »ich bin hundertvier Jahre alt! Und mein kleines Mädchen, die Jungen . . . Franziska?« Er stöhnte auf: »Alte Männer und Frauen! Oh Gott, ich werde verrückt!« Verzweifelt preßte er die Faust gegen die Stirn.

Da berührte eine Hand ganz sanft seinen Arm.

»Ein harter Schlag für Sie«, sagte eine bekannte Stimme. Martin wandte den Kopf. Lambert lächelte. »Jedenfalls härter als der, den Sie mir verpaßten«, fügte er friedfertig hinzu.

»Wie haben Sie mich gefunden?« fragte Martin. Es war ihm gleichgültig.
»Ich folgte Ihnen – sozusagen. Alle unsere Fahrzeuge sind computergesteuert, wissen Sie. Daß Sie hier oben landeten, geschah nicht zufällig. Es war Zeit, Sie der Realität gegenüberzustellen.« Er deutete auf die Hügel im Osten. »Alte Bekannte, nicht wahr! Schon vor Jahrzehnten wurden große Teile des Zürcher Oberlandes zu Naturschutzgebiet erklärt – heute Freiluft-Museum und Erholungspark.«
Martin hörte kaum zu. Er dachte nur eines: Herausbekommen, wo seine Familie lebte, koste es, was es wolle! Alles andere war unwichtig. Zu denken, daß sie dieselbe Luft atmeten wie er . . . Er wankte, von plötzlichem Schwindel ergriffen.
»Gehen wir«, meinte der Arzt mitfühlend, »lassen Sie die Vergangenheit hinter sich!«
»Ich will hier raus!« preßte Martin zwischen den Zähnen hervor.
»Bald«, sagte Lambert. »In wenigen Tagen wird man Sie in ein Eingliederungszentrum versetzen, wo Sie nach und nach mit Ihrer veränderten Umwelt vertraut gemacht werden.« Er zögerte, ehe er weiterfuhr: »Ich verstehe durchaus, daß Sie sich nach Ihrer Familie sehnen. Für Sie dauerten sechzig Jahre nicht länger als eine Nacht. Aber für Ihre erwandten sind Sie tot und begraben. Niemand weiß, daß Sie nicht wirklich starben. Geben Sie den Gedanken an ein Wiedersehen auf! Sie quälen sich umsonst.«
»Sie können es tatsächlich nicht lassen, in meinem Gehirn herumzuspionieren«, erwiderte Martin böse. »Zu meiner Zeit durfte man wohl nicht alles aussprechen, aber wenigstens war das Denken zensurfrei!«
Der Arzt schüttelte betrübt den Kopf. »Sie sind ungerecht. Wir kontrollieren Sie in Ihrem eigenen Interesse, und sobald Sie außer Gefahr sind, hört die Telepathie-Überwachung auf. Dann sind Sie frei, ein neues Leben zu beginnen.«
Martin fuhr auf: »Und wenn ich nun ohne die Menschen, die ich liebe, nicht leben will – oder kann?«
»Menschen sind ersetzbar«, sagte Lambert. »Sie werden andere Freunde finden, eine neue Familie gründen.« Er senkte beschwörend die Stimme: »So begreifen Sie doch: Sie erleben eines der erregendsten Abenteuer der Menschheit, Sie werden Ihre Generation um Jahrzehnte – ein Jahrhundert – überleben, oder mehr!« Seine Augen leuchteten in fanatischem Glanz. »Bald ist das höchste Ziel erreicht – Unsterblichkeit!« Wieder sachlich fügte er hinzu: »Im übrigen, seien Sie beruhigt! Sollten Sie nämlich der seelischen Belastung nicht gewachsen sein, würden wir uns einfach Ihrer Erinnerung ein wenig annehmen.«
»Ach – und wie?« fragte Martin, plötzlich auf der Hut.
»Indem wir Ihr Gedächtnis gegen dasjenige eines gleichaltrigen, das heißt, vor 44 Jahren geborenen Mannes austauschten. Das sind keine Hirngespinste!

Schon im letzten Jahrhundert hatte man begonnen, mit Gedächtnisübertragungen zu experimentieren.«

»Und woher nehmen Sie die Spender?« Martin begriff, daß es sinnlos war, sich weiter in Zweifel zu flüchten.

»Alles Freiwillige«, antwortete Lambert, »aus verschiedenen Gründen – Abenteuerlust, Langeweile, Kummer, sogar Nächstenliebe: ›Spende Gedächtnis – rette Leben!‹«

»Oder: ›Deine Sorgen möchte ich haben‹, was?« Martin verzog spöttisch die Lippen. Wie grotesk! Leben – überleben – um jeden Preis, auch um den Verlust seiner selbst! Nein! Auf einmal wich die Betäubung von ihm. Er wollte er selber bleiben! Auch wenn er sich fügen und so verhalten mußte, wie man es von einer normal funktionierenden menschlichen Perfektionsmaschine erwartete – wenigstens solange man ihn überwachte. Später . . . Martin hörte auf zu denken. Denken war verboten.

Er vernahm die Worte des Arztes wie aus weiter Ferne – sie tönten wie Hohn: »Hauptsache, man ist gesund, mein Lieber. Hauptsache, man lebt!«

FRANZ KAFKA

Der Nachbar

Mein Geschäft ruht ganz auf meinen Schultern. Zwei Fräulein mit Schreibmaschinen und Geschäftsbüchern im Vorzimmer, mein Zimmer mit Schreibtisch, Kasse, Beratungstisch, Klubsessel und Telefon, das ist mein ganzer Arbeitsapparat. So einfach zu überblicken, so leicht zu führen. Ich bin ganz jung und die Geschäfte rollen vor mir her. Ich klage nicht, ich klage nicht.

Seit Neujahr hat ein junger Mann die kleine leerstehende Nebenwohnung, die ich ungeschickterweise so lange zu mieten gezögert habe, frischweg gemietet. Auch ein Zimmer mit Vorzimmer hätte ich wohl brauchen können – meine zwei Fräulein fühlten sich schon manchmal überlastet – aber wozu hätte mir die Küche gedient. Dieses kleinliche Bedenken war daran schuld, daß ich mir die Wohnung habe wegnehmen lassen. Nun sitzt dort dieser junge Mann. Harras heißt er. Was er dort eigentlich macht, weiß ich nicht. Auf der Tür steht: »Harras Bureau«. Ich habe Erkundigungen eingezogen, man hat mir mitgeteilt, es sei ein Geschäft ähnlich dem meinigen. Vor Kreditgewährung könne man nicht geradezu warnen, denn es handle sich doch um einen jungen aufstrebenden Mann, dessen Sache vielleicht Zukunft habe, doch könne man zum Kredit nicht geradezu raten, denn gegenwärtig sei allem Anschein nach kein Vermögen vorhanden. Die übliche Auskunft, die man gibt, wenn man nichts weiß.

Manchmal treffe ich Harras auf der Treppe, er muß es immer außerordentlich eilig haben, er huscht förmlich an mir vorüber. Genau gesehen habe ich ihn noch gar nicht, den Büroschlüssel hat er schon vorbereitet in der Hand. Im Augenblick hat er die Tür geöffnet. Wie der Schwanz einer Ratte ist er hineingeglitten, und ich stehe wieder vor der Tafel »Harras Bureau«, die ich schon viel öfter gelesen habe, als sie es verdient.

Die elend dünnen Wände, die den ehrlich tätigen Mann verraten, den Unehrlichen aber decken. Mein Telefon ist an der Zimmerwand angebracht, die mich von meinem Nachbar trennt. Doch hebe ich das bloß als besonders ironische Tatsache hervor. Selbst wenn es an der entgegengesetzten Wand hinge, würde man in der Nebenwohnung alles hören. Ich habe mir abgewöhnt, den Namen der Kunden beim Telefon zu nennen. Aber es gehört natürlich nicht viel Schlauheit dazu, aus charakteristischen, aber unvermeidlichen Wendungen des Gesprächs die Namen zu erraten. – Manchmal umtanze ich, die Hörmuschel am Ohr, von Unruhe gestachelt auf den Fußspitzen den Apparat und kann es doch nicht verhüten, daß Geheimnisse preisgegeben werden.

Natürlich werden dadurch meine geschäftlichen Entscheidungen unsicher, meine Stimme zittrig. Was macht Harras, während ich telefoniere? Wollte ich sehr übertreiben – aber das muß man oft, um sich Klarheit zu verschaffen –, so könnte ich sagen: Harras braucht kein Telefon, er benutzt meins, er hat ein Kanapee an die Wand gerückt und horcht, ich dagegen muß, wenn geläutet wird, zum Telefon laufen, die Wünsche des Kunden entgegennehmen, schwerwiegende Entschlüsse fassen, großangelegte Überredungen ausführen – vor allem aber während des Ganzen unwillkürlich durch die Zimmerwand Harras Bericht erstatten.

Vielleicht wartet er gar nicht das Ende des Gespräches ab, sondern erhebt sich nach der Gesprächsstelle, die ihn über den Fall genügend aufgeklärt hat, huscht nach seiner Gewohnheit durch die Stadt, und ehe ich die Hörmuschel aufgehängt habe, ist er vielleicht schon daran, mir entgegenzuarbeiten.

PAUL MICHAEL MEYER

Die Murmeltiere

Die Murmeltiere leben unter der Erde. Sie haben ein dickes Fell. Im Winter schlafen sie. Im Frühling erwachen sie und im Sommer heuen sie. Murmeltiere sind menschenscheu, und nur sehr selten gelingt es einem, mit ihnen zu reden.

Im **tal (der Name muß geheim bleiben) traf ich die Murmeltiere beim Heuen an. Etwa sechs Tiere rannten geschäftig hin und her, sammelten dürre Grashalme und trugen sie in großen Büscheln in ihre Höhlen. Ein Tier saß aufrecht auf

einem Steinhaufen und hielt Wache. Näherte sich am Boden oder aus der Luft ein Feind (oder was es für einen solchen hielt), stieß es einen grellen Pfiff aus, die Heuer ließen ihre Grashalme fallen und rannten in die sicheren Höhlen. Das steht ähnlich in allen Büchern über die Murmeltiere und wäre allein meinen Bericht nicht wert.
An diesem Tag aber entdeckte ich eine Gruppe von Murmeltieren etwas abseits der Heuerei im Schatten eines Felsbrockens. Obwohl sie weder heueten noch Wache standen, schwitzten sie. Schwitzen ist selbst bei den streng arbeitenden Tieren selten geworden und gibt eher Anlaß zu Besorgnis als zu Freude über ihren Arbeitseifer. Ich fragte daher einen der Schwitzenden, der ein wenig abseits stand, nach dem Grund ihrer Schweißausbrüche.
»Wir tragen die Verantwortung«, sagte er schwer, »tagaus, tagein.«
»Und wann sammelt ihr den Vorrat für den Winter?«
»Dazu haben wir keine Zeit. Für unsere Vorräte sorgen die andern. Dafür tragen wir die Verantwortung für alle, wie Sie sehen.« Er wischte den Schweiß vom Schnauz. Und weil er schon mal redete, sagte er: »Ohne uns wäre das Leben gar nicht denkbar!«
»Was verstehen Sie denn unter Verantwortung?«, wollte ich noch wissen, aber da pfiff der Wächter, warnte vor einem Feind (oder was er für einen solchen hielt), und die Schwitzenden verschwanden in einer besonders schön getarnten Höhle.

Der Elefant

Ein Pygmäe, der am äußeren Rand eines großen Waldes lebte, ging eines Morgens auf Jagd, weil seine Familie Fleisch brauchte. Er war noch nicht lange im Wald, da sah er plötzlich einen Elefanten vor sich, den größten, dem er jemals begegnet war. Obwohl er große Angst hatte, gelang es ihm wider Erwarten, das Riesentier mit vergifteten Pfeilen zu töten. Sogleich malte er sich aus, daß die Beute seine Familie für Monate versorgen würde. Doch dann fiel ihm ein, daß sein Jagdglück ihm überhaupt nichts nütze, da er viel zu schwach war, den Riesen auch nur zu bewegen, geschweige denn, ihn nach Hause zu bringen. Zudem würden sich sehr schnell andere Tiere über seinen Elefanten hermachen, wenn er ihn noch lange im Wald liegen ließe. Kaum aber war er mit seinen Überlegungen soweit gekommen, als er auch schon losrannte. Er suchte seine Nachbarn, und noch im Laufen rief er ihnen zu, was vorgefallen war.
Sofort schlossen sich ihm die Männer an und liefen, aufgeregt vor Freude über

die reiche Beute, mit ihm auf den Wald zu. Plötzlich jedoch ging dem Jäger auf, was das bedeutete. So schrie er laut, als sie gerade mit Stricken das tote Tiere binden wollten: »Laßt das, das ist mein Elefant!« Da sanken ihnen die Hände herab, und er fing mit dem Einsatz seiner ganzen Kraft wieder allein zu arbeiten an. Ebensoschnell jedoch sah er die Vergeblichkeit seiner Anstrengung ein. Diesmal rief er: »Nein, es ist nicht mein Elefant, es ist unser Elefant!« Darauf nahmen sie alle gemeinsam die Arbeit wieder auf, und es gelang ihnen tatsächlich, das schwere Tier bis vor das Dorf zu ziehen. Dort wurde es dem Jäger noch einmal leid, den ganzen Stamm an der Beute beteiligen zu müssen. Aber schließlich kamen sie doch alle miteinander mit ihrem Elefanten und in Eintracht im Dorf an.

QUELLENNACHWEISE

14 Hermann Gilhaus, Der Adler, aus: Ders., Inmitten der City, Ars sacra-Verlag, München 1970

15 Heinrich Böll, Anekdote zur Senkung der Arbeitsmoral, aus: Ders., Erzählungen 1950–1970, Verlag Kiepenheuer & Witsch, Köln 1973, 43ff.

17 Günter Wallraff, Am Fließband, aus: Für eine andere Deutschstunde, Asso Verlag, Oberhausen 1971, 191

20 Josef Hen, Der Tod des Millionärs, aus: Ders., Der Boxer und der Tod, Langen-Müller Verlag, München 1964, 108–110

24 Oliver Storz, Finale eines Stürmers, aus: Ders., Lokaltermin, Nymphenburger Verlagshandlung, München 1962

31 Heinz Rein, Rattenfänger der Publicity, aus: Bayer. Sonntagsblatt vom 30. 9. 1973, 12

32 Reinhard Pertsch, Nur noch eine Fünf. Für dieses Buch geschrieben

36 Siegfried Lenz. Jäger des Spotts, aus: Ders. Jäger des Spotts. Geschichten aus dieser Zeit, © Hoffmann & Campe Verlag, Hamburg 1958

44 Theodor Weißenborn, Der Sprung ins Ungewisse, aus: Ders., Das Liebe-Haß-Spiel, Horst Erdmann Verlag, Tübingen 1973, 7–15

50 Annette Rauert, Der Schritt zurück – Preisgekrönte Arbeit des literarischen Schülerwettbewerbs des Privatgymnasiums Derksen, München 1976

51 Josef Reding, Die Mutproben der Mallingroths, aus: Ders., Sie nannten ihn Padre, Johannes Kiefel Verlag, Wuppertal 1974, 19–29

56 Heinz Liepmann, Eine Gerichtsverhandlung in New York, abgedruckt in: W. G. Esser (Hg.), Zum Religionsunterricht morgen II, Verlag J. Pfeiffer, München 1971, 58–60

58 Manfred Gregor, Dein Risiko, aus: Ders. Die Straße, Lichtenberg-Verlag, München 1964, abgedruckt in: Anpassung oder Wagnis. Materialien für den Religionsunterricht in der Sekundarstufe I, Verlag Moritz Diesterweg, Frankfurt/M. 1973[3]

61 Max v. d. Grün, Das Stenogramm, aus: Ders., Am Tresen gehn die Lichter aus, Verlag Eremiten-Presse, Düsseldorf 1972

67 Felix Brant, Der gefundene Geldschein, aus: Neue Bildpost vom 20. 7. 1969

67 Wir sind anständige Leute, aus: Herausforderungen I, W. Crüwell Verlag, Dortmund 1970, 120

68 Lore Graf, Er zeigte keine Reue. Für dieses Buch geschrieben

70 Josef Reding, Der Gegenschlag, aus: Ders., Sie nannten ihn Padre, Johannes Kiefel Verlag, Wuppertal 1974, 43–47

72 Georg Britting, Brudermord im Altwasser, aus: Ders., Erzählungen 1920–1936, Nymphenburger Verlagshandlung, München 1958

74 Paul G. Lendle, Ein prächtiger Mensch, aus: Westermanns Monatshefte, Nr. 12/1967, 80–88

82 Werner Bergengruen, Gerechtigkeit, aus: Ders., Der dritte Kranz, Copyright © 1962 by Verlags AG »Die Arche« Peter Schifferli, Zürich

86 Ernst Eggimann, Der Lehrer teilt die Probenhefte aus, aus: Ders., Die Landschaft des Schülers, Copyright © 1973 by Verlags AG »Die Arche«, Peter Schifferli, Zürich

87 Heike Doutiné, Die Niete, aus: Dies., Deutscher Alltag, Claassen Verlag, Düsseldorf 1972, Lizenzausgabe Verlagsgruppe Bertelsmann, Gütersloh, 147–153

92 Detlef Marwig, Die Blauschicht, aus: F. Hüser/W. Promies (Hg.), Aus der Welt der Arbeit, Luchterhand Verlag, Neuwied/Berlin 1966

95 Paul Gurk, Haus ohne Mitleid, aus: W. Flemmig u. a. (Hg.), Nur keinen Streit vermeiden, Gütersloher Verlagshaus Gerd Mohn, Gütersloh 1974, 43ff

96 Wolfgang Borchert, Holz für morgen, aus: Ders., Die traurigen Geranien, © Rowohlt Verlag GmbH, Reinbek bei Hamburg 1962

99 Josef Reding, Apotheke Vita Nova, aus: Ders., Allein in Babylon, Georg Bitter Verlag, Recklinghausen 1963

102 Nikos Kazantzakis, Die Blinden, aus: Ders., Griechische Passion, F. A. Herbig Verlagsbuchhandlung, Berlin / München / Wien 1957

102 Barbara Imgrund, Beppo und sein Luftballon, aus: D. Steinwede / S. Ruprecht, Vorlesebuch Religion Kinder von 5–12, Verlag Ernst Kaufmann, Lahr/Schwarzwald 1971

104 Hans Schumacher, Es lag auf der Hand, aus: In der Rechnung ein Fehler, Artemis Verlag, München/Zürich 1968

107 Gerd Heinz-Mohr, Urteil im Gewitter, aus: Das Zeichen 7/8 1972, 244–245

109 Elfriede Becker, Das Kind in der Krippe, aus: E. Becker/A. Fuchshuber, Kinder sehen Dich an, Adventskalender, Verlag E. Kaufmann, Lahr/Schwarzwald 1972

111 Bernhard Roeder, Weruschij, aus: Ders., Der Katorgan, Verlag Kiepenheuer & Witsch, Köln 1956

112 Josef Reding, Zungen wie von Feuer. Mit freundlicher Genehmigung des Autors

116 Leo Tolstoi, Das Gottschauen. Quelle nicht feststellbar

122 Haug von Kuenheim, Das Leben des Chr. B., aus: Die Zeit vom 24. 5. 1968 (gekürzt)

123 Renate Sprung, Die gestohlene Chance, Mit freundlicher Genehmigung der Autorin

126 Das Geschenk, aus: Nebelspalter. Leserbrief, Red. Nebelspalter, Rorschach

128 Ursula Wölfel, Hannes fehlt, aus: Dies., Die grauen und die grünen Felder, Anrich Verlag, Mülheim a. d. Ruhr 1970, 29–31

129 Lore Graf, Nichts Besseres zu tun. Für dieses Buch geschrieben

130 P. Feicht, Der Weihnachtsabend. Quelle nicht feststellbar

133 Margrit Studer, Ein älterer Herr. Mit freundlicher Genehmigung der Autorin

140 Ursula Wölfel, Drei Straßen weiter, aus: Dies., Die grauen und die grünen Felder, Anrich Verlag, Mülheim a. d. Ruhr 1970, 73–77

142 Peter Kilian, Wer wirft den ersten Stein, aus: Leiterbrief Zürich, 4. Okt. 1965

146 Max von der Grün, Kinder sind immer Erben, aus: Ders., Fahrtunterbrechung und andere Erzählungen, Europäische Verlagsanstalt GmbH, Frankfurt/M. 1965, 45–48

149 Gertrud Schneller, Das Wiedersehen. Mit freundlicher Genehmigung der Autorin

150 Hermann Heer, Bob Whiston, aus: Von der Christen Freude und Freiheit. Protestantische Monatsschrift, Zürich April 1971

155 Heinz Rein, Freundschaft mit Hamilton, aus: A. Juhre (Hg.), Freundschaft mit Hamilton, Verlag Ernst Kaufmann, Lahr

157 Wolfdietrich Schnurre, Jenö war mein Freund, aus: Ders., Als Vaters Bart noch rot war (Erzählungen), © 1958 by Verlags AG »Die Arche«, Peter Schifferli, Zürich

161 Detlef Marwig, Rein äußerlich, aus: »Schrauben haben Rechtsgewinde« in der Reihe »Sachbuch Literatur«, Verlag Schwann, Düsseldorf

162 Josef Reding, Im Schwenkkreis des Krans, aus: Ders., Sie nannten ihn Padre, Johannes Kiefel Verlag, Wuppertal 1974, 53–58

165 Josef Reding, Dialog ohne Tannengrün, aus: »Helfende Hände«, Sonderheft: Weihnachten in unserer Zeit, 10ff

170 Udo Kelch, Unser Gast aus Kairo, aus: Informationen – Evangelischer Religionsunterricht in Berlin – Herausgeber: Amt für Evangelischen Religionsunterricht, 2. Jahrgang, Heft 1, Juni 1972

171 Allahs Gebot stoppte den Bus, aus: Die Rheinpfalz 1973

174 Der Liebescomputer, aus: Jugend unter dem Wort, Nr. 1/1969

175 Theodor Weißenborn, Es ist alles aus, aus: Ders., Das Liebe-Haß-Spiel, Horst Erdmann Verlag, Tübingen 1973, 136–142
177 Siegfried Lenz, Ein Haus aus lauter Liebe, aus: Ders., Jäger des Spotts. Geschichten aus dieser Zeit, © Hoffmann & Campe Verlag, Hamburg 1958
183 Siegfried Lenz, Der seelische Ratgeber, aus: Ders., Jäger des Spotts. Geschichten aus dieser Zeit, © Hoffmann & Campe Verlag, Hamburg 1958
187 Ernst Lange, Der Dreckspatz, aus: Ders., Wie ich die drei Weisen aus dem Abendland traf. Weihnachtswerkbogen, Burckhardthaus-Verlag, Gelnhausen 1955
194 Harvey Cox, Die komische Figur des Christen, aus: Ders., Stadt ohne Gott, Kreuz Verlag, Stuttgart 1969[5]
194 Kurt Marti, Der Fürst, aus: Neue Zürcher Zeitung vom 26. 9. 1971
197 Ernst Lange, Die Kerzen, aus: Ders., Wie ich die drei Weisen aus dem Abendland traf. Weihnachtswerkbogen, Burckhardthaus-Verlag, Gelnhausen 1955
199 Werner Simpfendörfer, Haarschneiden in der Kirche, aus: Ders., Offene Kirche – kritische Kirche, Kreuz Verlag, Stuttgart 1969
200 Josef Reding, Nipfes visitiert . . ., aus: Sonntagsblatt für Bayern 12/1974, 12
207 Josef Reding, Gastspiel ohne Gage, aus: Kölner Kirchenzeitung vom 18.12.1970, 12f
213 B. Traven, Der Großindustrielle, aus: Das Diogenes Lesebuch, © by Diogenes Verlag, Zürich 1973, detebe 58, 137–142
218 Josef Reding, Aufenthalt in Dum-Dum, aus: Ders., Sie nannten ihn Padre, Johannes Kiefel Verlag, Wuppertal 1974, 73–80
222 Günther Weisenborn, Zwei Männer, © Mit Genehmigung des Feuilletondienstes im Rowohlt Verlag
226 Robert Sheckley, Der Tod spielt mit, aus: Ders., Das geteilte Ich, (Goldmann Science Fiction, Band 064) Wilhelm Goldmann Verlag, München 1963, 57–78 (gekürzt)
238 Kurt Kusenberg, Ein verächtlicher Blick, aus: Ders., Gesammelte Erzählungen, © Rowohlt Verlag GmbH, Reinbek bei Hamburg 1969
241 Walter Jens, Bericht über Hattington, aus: Ders., Herr Meister. Dialog über einen Roman. Mit freundlicher Genehmigung des R. Piper & Co. Verlags, München 1963
244 Gerhard Zwerenz, Nicht alles gefallen lassen, aus: Ders., G. Zwerenz, Nicht alles gefallen lassen, Fischer-TB 1314, © Fischer Taschenbuch Verlag GmbH, Frankfurt/M. 1972, 7–9
246 Ernest Hemingway, Alter Mann an der Brücke, aus: Ders., Sämtliche Erzählungen, © Rowohlt Verlag GmbH, Reinbek bei Hamburg 1966
248 Josef Reding, Schonzeit für Pappkameraden, aus: Kölner Kirchenzeitung vom 30. 3. 1973
254 Rudolf Braunburg, Keine Landschaft für Menschen, aus: chic, Nr. 11/1973, 205
257 Ernst Bloch, Armer und reicher Teufel, aus: Ders., Spuren, Bibliothek Suhrkamp, Suhrkamp-Verlag, Frankfurt/M. 1970, 44–46
258 Herbert Wattenhofer, Die »Ausscheidung«, aus: Der schweizerische Beobachter, Nr. 10/1974, 5–8
261 Elisabeth Fayet-Bietenhader, Die lange Nacht, aus: Der schweizerische Beobachter, Nr. 10/1974, 81–84
265 Franz Kafka, Der Nachbar, aus: Ders., Beschreibung eines Kampfes, S. Fischer Verlag, Frankfurt/M. 1954, 131–133, Copyright 1936, 1937 by Heinr. Mercy Sohn, Prague; Copyright 1946 by Schocken Books Inc., New York City; Copyright 1964 (1965) by Schocken Books Inc., New York USA
266 Paul Michael Meyer, Die Murmeltiere, aus: Lesetexte 2/3 1974, Arbeitsgruppe Lesetexte, Bern
267 Der Elefant, aus: Die Kirche in Hamburg, Nr. 9/1966

FOTONACHWEISE

S. 13, Junge Näherin im Betrieb. Dolf Toussaint, Amsterdam / S. 35, Auf dem Markt im Jordaan-Viertel von Amsterdam. Dolf Toussaint, Amsterdam / S. 66, In einer Jugendstrafanstalt. Der Spiegel, Hamburg / S. 85, Zechkumpanen. Pontis Photo (Kreutschmann), München / S. 101, Der Elefant und die Blinden. Ateljé Rodhe, Göteborg / S. 121, Insasse eines Pflegeheims mit Puppe. Werner Haug, Bern / S. 127, Mädchen beim Pop-Festival auf Fehmarn. Oswald Kettenberger, Maria Laach / S. 139, Helferin im Obdachlosenasyl. Erich Auerbach, London / S. 154, Fremdarbeiter. Bernhard Moosbrugger, Zürich / S. 173, Zuschauer bei einem Rennen in den Dünen. Dolf Toussaint, Amsterdam / S. 193, Münchner Frauenkirche. Heinz Gebhardt, München / S. 206, Vor dem Befreiungsdenkmal in Djakarta. Thomas Höpker, München / S. 225, Am Rand eines zerstörten Dorfes in Vietnam. Camera Press, London / S. 253, Junge vor der großen Brücke. Pontis Photo (Pfältzer), München.

Die Aufnahmen zu den drei Hauptabschnitten S. 11, 119 und 191 stammen von Ed van der Elsken, Amsterdam.